आधुनिक भारत का इतिहास

आधुनिक भारत का इतिहास

कुसुम वाजपेयी

इशिका पब्लिशिंग हाउस
जयपुर दिल्ली

इशिका पब्लिशिंग हाउस

ए -25, "गणेश सदन", गली न. 4, आदर्श बस्ती,
बी.एल. हाउस के पास, टोंक फाटक,
जयपुर-302018 (राजस्थान) भारत
फोन : 0141-2761280, Mob. 9887532741
Email: ishikapublishinghouse@yahoo.in

दिल्ली कार्यालय : 102, प्रथम मंजिल, 'सत्यम हाउस'
4324/3, अंसारी रोड़, दरियागंज, नई दिल्ली - 110 002
फोन : 011-45652440

ISBN: 9788189471477

टाइपसेटिंग : बी.एस. कम्प्यूटर्स, जयपुर

मुद्रक : थॉमसन प्रेस, नई दिल्ली

प्रस्तावना

अठारहवीं शताब्दी के मध्य में पुर्तगाली, डच, फ्रांसीसी एवं अंग्रेज मुख्य रूप से भारत में व्यापार करते थे। अंग्रेज और फ्रांसीसी के व्यापार के कारण पुर्तगाली और डचों की स्थिति अच्छी नहीं रही और अंग्रेजों और फ्रांसिसियों के मध्य ही प्रभुत्व स्थापना के लिए सीधा संघर्ष होने लगा। इन दो यूरोपियन शक्तियों ने अपने उद्देश्य की पूर्ति के लिए तीन बार युद्ध किया। इस युद्ध का परिणाम निकला भी नहीं था कि अंग्रेजों ने बंगाल के शासक से युद्ध शुरू कर दिया। इस युद्ध में अंग्रेज विजयी हुए जिसके बाद उसने यहाँ से फ्रांसीसियों को सफलतापूर्वक हटा दिया और बंगाल, बिहार एवं उड़ीसा पर अधिपत्य स्थापित कर लिया। इसके बाद धीरे-धीरे सम्पूर्ण भारत पर अपनी सत्ता स्थापित करने में सफल हुए। इस तरह भारत पर अंग्रेजों की विजय बंगाल से आरम्भ हुई। अंग्रेजों ने बंगाल पर विजय दो युद्धों में सफलता प्राप्त करके ली— पहला प्लासी का युद्ध और दूसरा बक्सर का युद्ध।

सालबाई की सन्धि ने भारत में अंग्रेजी सत्ता के इतिहास को एक नवीन दिशा प्रदान की। निस्सन्देह, भारत में श्रेष्ठता प्राप्त करने के लिए यह उनका एक साहसपूर्ण प्रयास था। परन्तु मराठों ने उस प्रयास को असफल कर दिया। तब भी युद्ध में अंग्रेजों का भाग सम्मान पूर्ण रहा। इस कारण, निस्सन्देह, यह सन्धि भारतीय इतिहास में महत्त्वपूर्ण है। मराठा सरदार संगठित नहीं हो पाया और उनकी एक भूल यह भी रही कि जबकि हैदरअली ने अपने वायदे को पूरा किया था तब भी मराठों ने उसे सन्धिवार्ता में शामिल नहीं किया था और उसे अंग्रेजों से युद्ध करने के लिए अकेला छोड़ दिया था।

अंग्रेजों ने भारतीय कुटीर एवं घरेलू उद्योगों को विनष्ट कर दिया था। 19वीं सदी के प्रारंभ में भारत का आर्थिक शोषण स्पष्ट रूप से परिलक्षित होने लगा था। मुक्त व्यापार, अंग्रेजी व्यापारियों के भारत आने और इंग्लैंड के निर्मित वस्त्रों को अधिकाधिक मात्रा में भारत में बेचने से यहाँ के कुटीर उद्योग लुप्तप्राय ही हो गए। अंग्रेजी प्रशासन से निर्धनता बड़ी तेजी से बढ़ रही थी। अंग्रेजों ने प्रशासनिक अधिकार से फायदा उठाकर भारतीय व्यापार, वाणिज्य एवं कुटीर उद्योगों को अपने नियंत्रण में कर लिया। अंग्रेजी राज्य के आर्थिक शोषण से पुराना जमींदार वर्ग भी खत्म हो गया। स्थायी और रैयतवाड़ी प्रथा के कृषकों पर अत्यन्त हानिकारक प्रभाव हुए। 1856 ई. के भूमि प्रबंध कानून द्वारा अवध के ताल्लुकेदारों के सभी अधिकार खत्म कर दिए गए।

कुसुम वाजपेयी

अनुक्रमणिका

1

भारत में अंग्रेजी साम्राज्य का प्रसार

1757 का विद्रोह

अठारहवीं शताब्दी के मध्य में पुर्तगाली, डच, फ्रांसीसी एवं अंग्रेज मुख्य रूप से भारत में व्यापार करते थे। अंग्रेजों और फ्रांसीसियों के व्यापार के कारण पुर्तगाली और डचों की स्थिति अच्छी नहीं रही और अंग्रेज के मध्य ही प्रभुत्व स्थापना के लिए सीधा संघर्ष होने लगाँ इन दो यूरोपियन शक्तियों ने अपने उद्देश्य की पूर्ति के लिए तीन बार युद्ध किया। इस युद्ध का परिणाम भी यही निकला था कि अंग्रेजों ने बंगाल के शासक से युद्ध शुरू कर दिया। इस युद्ध में अंग्रेज विजयी हुए जिसके बाद उसने यहां से फ्रांसीसियों को सफलतापूर्वक हटा दिया और बंगाल, बिहार एवं उड़ीसा पर आधिपत्य स्थापित कर लिया। इसके बाद धीरे-धीरे सम्पूर्ण भारत पर अपनी सत्ता स्थापित करने में सफल हुए। इस तरह भारत पर अंग्रेजों की विजय बंगाल से आरम्भ हुई। अंग्रेजों ने बंगाल पर विजय दो युद्धों में सफलता प्राप्त कर ली– पहला प्लासी का युद्ध और दूसरा बक्सर का युद्ध।

उस समय बंगाल के सूबा में बंगाल, बिहार और उड़ीसा शामिल थे और यह भारत का सबसे अधिक सम्पन्न सूबा था। अंग्रेजों ने इस सूबे पर अधिकार करने के लिए षड्यंत्र और युद्ध दोनों का सहारा लिया।

घटनाएँ—सिराजुद्दौला ने कासिम बाजार में स्थित फैक्ट्री पर आक्रमण कर अंग्रेजों को चुनौती दीया एवं इस फैक्ट्री पर अपना अधिकार स्थापित कर लिया। 16 जून, 1756 ई॰ को उसने कलकत्ता पर हमला किया। कम्पनी का गवर्नर, ड्रेक अधिकांश अंग्रेजों को लेकर फुलता के द्वीप पर भाग गया और फोर्ट विलियम की सुरक्षा का उत्तरदायित्व होलवैल के नेतृत्व में कुछ अंग्रेजों पर छोड़ गया। होलवैल ने 20 जून को आत्म-समर्पण कर दिया। कुछ अंग्रेज इतिहासकारों ने यह लिखा है कि उस रात 246 व्यक्ति एक छोटी कोठरी में बन्द कर दिए गए और जब सुबह दरवाजा खोला गया, तब उनमें से सिर्फ 23 व्यक्ति जीवित निकले। जब होलैवेल की आत्मसमर्पण की खबर मद्रास (चेन्नई) पहुँची तो वहाँ से जल और स्थल दोनों मार्गों से अंग्रेजी सेना बंगाल के लिए भेजी गयी। वाटसन ने जलसेना का नेतृत्व किया और क्लाइव थलसेना के साथ आया। उन्होंने 2 जनवरी, 1757 ई॰ को कलकत्ता पर अधिकार कर लिया। नवाब सिराजुद्दौला कलकत्ता की ओर बढ़ा और छुटपुट युद्ध के पश्चात् संधि कर ली। यह एक अस्थाई समझौता मात्र था क्योंकि दोनों पक्षों में से कोई भी उस संधि की शर्तों को पूरा करने के लिए तत्पर न था। अंग्रेजों को भय था कि कहीं नवाब फ्रांसीसियों से संधि न कर ले और नवाब को अहमदशाह अब्दाली के हमले का भय था जिसने दिल्ली पर अधिकार कर लिया था। इसी वजह से मजबूरी में यह संधि की गयी। इस संधि से अंग्रेजों ने कलकत्ता की किलेबन्दी करने का, बिना कर दिए व्यापार करने का, सिक्के बनाने का, क्षतिपूर्ति के धन को प्राप्त करने, आदि वे सभी अधिकार प्राप्त कर लिए, जो वे चाहते थे। परन्तु तब भी वे संतुष्ट न रहे। उन्होंने नवाब से असंतुष्ट सभी व्यक्तियों को प्रोत्साहन दिया और उसके विरुद्ध होने वाले षड्यंत्र में शामिल हो गये। नवाब सिराजुद्दौला ने मीरजाफर से मीर बक्शी का पद छीन लिया था, बंगाल के सबसे धनाढ्य व्यक्ति जगत सेठ को अपमानित किया गया था, इसके अतिरिक्त, हिन्दू और अंग्रेज व्यापारियों के हित समान हो गये थे और वे नवाब से असंतुष्ट थे। वे सभी षड्यंत्रकारी अंग्रेजों के साथ मिलकर निश्चय किया कि वे सिराजुद्दौला को गद्दी से हटाकर मीरजाफर को नवाब बनाएँगे। उसके पश्चात् अंग्रेजों ने नवाब के सम्मुख ऐसी माँगों को ठुकरा दिया तब क्लाइव सेना लेकर प्लासी के मैदान की ओर बढ़ा। नवाब भी अपनी सेना लेकर प्लासी के मैदान में पहुँच गया। 23 जून, 1757 ई॰ को युद्ध हुआ। वह युद्ध नाममात्र का था। मीरजाफर और रायदुर्लभ के नेतृत्व में नवाब की अधिकांश सेना ने युद्ध में भाग नहीं लिया। अंग्रेजों ने 21 सैनिक खोये जबकि नवाब के 500 सैनिक मारे गये। नवाब युद्ध के मैदान से भाग खड़ा हुआ परन्तु राजमहल के निकट पकड़ा

गया। उसे मुर्शिदाबाद भेजा गया जहाँ मीरजाफर के पुत्र मीरन ने उसका वध कर दिया। 24 जून को मीरजाफर मुर्शिदाबाद पहुँचा और पाँच दिन के उपरात क्लाइव ने उसे बंगाल, बिहार और उड़ीसा का नवाब घोषित कर दिया।

परन्तु अन्य कई दृष्टि से यह युद्ध महत्त्वपूर्ण सिद्ध हुआ। अंग्रेज कम्पनी, उसके अधिकारियों और कर्मचारियों को अत्यधिक आर्थिक फायदा हुआ। कम्पनी को बंगाल-सूबा में बिना कर दिए व्यापार करने का, कलकत्ता के निकट चौबीस परगनों की जागीर और नवाब सिराजुद्दौला ने जो नुकसान उसे पहुँचाया था, उसकी पूर्ति के लिए 17,700,000 रुपया प्राप्त हुआ। 1757 ई॰ में कम्पनी ने कलकत्ता में अपनी पहली टकसाल (सिक्के बनाने का कारखाना) आरम्भ की। कम्पनी के अधिकारियों को रिश्वत अथवा पुरस्कार-स्वरूप बड़ी धनराशियाँ प्राप्त हुईं। क्लाइव को बीस लाख रूपये और वाटसन को दस लाख रुपये प्राप्त हुए।

भारतीयों का आर्थिक शोषण बंगाल-सूबा से आरम्भ हुआ जिसने, अन्त में, उन्हें अत्यधिक गरीब बना दिया। बंगाली कवि नवीन चन्द्र सेना ने ठीक ही कहा था कि 'प्लासी के युद्ध के पश्चात् भारत के लिए कभी खत्म न होने वाली काली रात्रि आरम्भ हुई।'

बक्सर का युद्ध (23 अक्टूबर 1764 ई.)

मीरकासिम ने नवाब बनने पर अंग्रेज-कम्पनी को बर्दवान, मिदनापुर और चटगाँव की जागीर एवं दक्षिण के युद्धों में व्यय करने के लिए पाँच लाख रुपये दिए, कम्पनी के अधिकारियों को मूल्यवान उपहार दिए और यह वायदा किया कि नवाब मीरजाफर ने जो धन कम्पनी को देने का वायदा किया था वह भी देगाँ उसने शीघ्र ही अपना वायदा पूरा कर दिया। उसने विद्रोही जागीरदारों को दबाया, अपने अधिकारियों को अनुचित ढंग से एकत्रित किये हुए धन को सरकारी खजाने में जमा करने के लिए बाध्य किया, अवाब नामक कुछ नवीन कर लगाये, अपने दरबार और महल के व्यय को कम किया, अपने सैनिकों को पूरा वेतन दिया, मुर्शिदाबाद के स्थान पर मुंगेर को अपनी राजधानी बनाया, अपनी सेना को यूरोपियन ढंग से प्रशिक्षित करने का प्रयास किया, तोपखाने में सुधार का प्रयास किया, योग्य अधिकारियों की नियुक्ति की और योग्य सरदारों की वफादारी प्राप्त करने में सफलता प्राप्त की। इस प्रकार, उसने अपने राज्य के हित के लिए सभी सम्भव प्रयास किये। परन्तु उसने नवाब की दृष्टि से अपनी दशा को दृढ़ करने का भी प्रयास किया एवं कम्पनी के हाथों में कठपुतली बनने से इनकार कर दिया। कम्पनी इसे सहन न कर सकी जिससे नवाब और कम्पनी में संघर्ष हुआ।

घटनायें– मीरकासिम 1763 जून से सितम्बर के बीच कई जगहों पर युद्ध किया परंतु पराजित हो गया। उसके बाद वह भागकर अवध गया जहाँ उसने ग्यारह लाख रुपया प्रतिदिन व्यय के रूप में देने के बदले में अवध के नवाब और मुगल बादशाह के वजीर शुजाउद्दौला से सैनिक-सहायता की माँग की। उसने मीरकासिम और शाहआलम को असन्तुष्ट कर दिया जिसके कारण शाहआलम ने अंग्रेजों से पत्र-व्यवहार आरम्भ कर दिया और उसने बंगाल के तत्कालीन नवाब मीरजाफर को भी यह सूचना देकर अप्रसन्न कर दिया कि शाहआलम ने बंगाल की गद्दी उसके पुत्र आसफुद्दौला को देने का निश्चय कर लिया है। इसके विपरीत अंग्रेजों ने शुजाउद्दौला के बहुत से अधिकारियों और जागीरदारों को अपने पक्ष में करने में सफलता प्राप्त की। शुजाउद्दौला ने 1764 ई. में जब बिहार में प्रवेश किया तो पटना के नजदीक एक युद्ध में पराजित हो गया। वह बक्सर वापिस लौट गया। 23 अक्टूबर 1764 ई॰ को बक्सर का युद्ध हुआ जहाँ अंग्रेज-सेनापति हेक्टर मुनरो ने उसे बुरी तरह परास्त कर दिया। शुजाउद्दौला ने मलहारराव होल्कर से मदद ली परन्तु अंग्रेजों ने 23 मई, 1765ई॰ को उनकी शामिल सेना को परास्त कर दिया। शुजाउद्दौला ने स्वयं को अंग्रेजों को सौंप दिया। मीरकासिम बक्सर के युद्ध से पहले ही दिल्ली भाग गया था जहाँ 1777 ई॰ उसकी मृत्यु हुई और मुगल-बादशाह शाह आलम पहले ही आत्मसमर्पण क्र चुका था।

इस युद्ध के पश्चात् अंग्रेज बंगाल-सूबा के वास्तव में मालिक बन गये। उन्होंने जुलाई 1763 ई॰ में मीरजाफर को बंगाल की गद्दी पर बिठा दिया था। उसने भारतीय व्यापारियों पर पुनः व्यापारिक्र कर लगा दिया और बक्सर के युद्ध के लिए अंग्रेजों को भरपूर धन दिया। 5 फरवरी, 1756 ई॰ मीरजाफर की मौत के बाद उसके नाबालिग पुत्र, नज्मुद्दौला को बंगाल का नवाब बनाया गया। नवीन नवाब ने अपने अधिकारियों को नियुक्त करने का अधिकार अंग्रेजों को दे दिया और अपनी सेना को भंग कर दिया।

(अ) मुगल बादशाह से समझौता–बक्सर के युद्ध के पश्चात् मुगल-बादशाह, शाहआलम अंग्रेजों पर आश्रित हो गया था। क्लाइव के सम्मुख कई मार्ग थे। वह मुगल -बादशाह के नाम से दिल्ली पर अधिकार कर सकता था। परन्तु क्लाइव ने ऐसा नहीं किया क्योंकि इससे कम्पनी का उत्तरदायित्व बहुत बढ़ जाता और सम्भवतया, मराठों से उसका संघर्ष हो जाता जिसके लिए वह तैयार न थी। एक अन्य मार्ग यह था कि वह बादशाह को दिल्ली जाने के लिए स्वतंत्र छोड़ देता। परन्तु ऐसा करने से बादशाह मराठों के हाथों में कठपुतली बनता और कम्पनी उससे कोई

फायदा नहीं पा सकती थी। इस कारण, क्लाइव ने उपरोक्त कोई मार्ग नहीं अपनाया। उसने इनके स्थान पर बादशाह से निम्न समझौता किया–

(1) कड़ा और इलाहाबाद के जिले (इलाहाबाद के किले के साथ) अवध के नवाब से छीनकर मुगल-बादशाह को दे दिये गये जहाँ उसे रहना भी था।

(2) बादशाह ने अंग्रेज-कम्पनी को बंगाल, बिहार और उड़ीसा की दीवानी (लगान वसूल करने और असैनिक न्याय करने का अधिकार) के अधिकार दिए।

(3) कम्पनी ने बादशाह को 26 लाख रुपया प्रतिवर्ष देना स्वीकार किया। बादशाह ने दक्षिणी भारत में हैदराबाद राज्य के कुछ उत्तरी जिले कम्पनी को जागीर के रूप में दिये।

उपरोक्त समझौता कम्पनी के लिए पूर्ण लाभदायक था। कम्पनी के उत्तरदायित्व में वृद्धि नहीं हुई एवं मुगल-बादशाह को एक मित्र राज्य, अवध की सीमाओं में कम्पनी के एक पेंशनर के रूप में रहने के लिए बाध्य किया गया–

(ब) अवध के नबाव से समझौता–अवध के सम्बन्ध में भी क्लाइव के सम्मुख दो मार्ग थे। एक, वह अवध मुगल-बादशाह को दे सकता था और दूसरा, वह अवध पर कम्पनी का अधिकार स्थापित कर सकता था। परन्तु उसने उपरोक्त दोनों मार्गों में से किसी को नहीं चुना। पहले मार्ग को अपनाने से कम्पनी के उत्तरदायित्व में वृद्धि होती क्योंकि बादशाह बिना कम्पनी की मदद के अवध को अपने अधिकार में नहीं रख सकता था। दूसरे मार्ग को अपनाने से नवाब शुजाउद्दौला कम्पनी का शत्रु बन जाता। सम्भव था कि वह मराठों से मदद प्राप्त करने का प्रत्यन करता जिससे कम्पनी को कठिनाइयों में वृद्धि हो जाती। क्लाइव ने जो समझौता अवध के नवाब शुजाउद्दौला से किया, वह निम्न प्रकार था–

(1) अवध शुजाउद्दौला को वापिस दे दिया गया।

(2) नवाब ने कम्पनी को पचास लाख रुपया दिया।

(3) कड़ा और इलाहाबाद (किले-सहित) के जिले नवाब से लेकर मुगल-बादशाह को दे दिये गये।

(4) नवाब ने चुनार का किला अंग्रेजों को दे दिया।

(5) राजा बलवन्त सिंह को बनारस और गाजीपुर पैतृक जागीर के रूप में दे दिए गए और कम्पनी को उसका संरक्षक बना दिया गया।

(6) नवाब ने अवध में बिना व्यापारिक कर लिये हुए कम्पनी को व्यापार करने का अधिकार दे दिया।

(7) एक पृथक् सन्धि के द्वारा नवाब ने यह स्वीकार किया कि अपने राज्य की

सुरक्षा के लिए वह कम्पनी से मदद लेगा और अंग्रेजों के व्यय को धन देकर पूरा करेगाँ

यह समझौता भी पूर्णतया अंग्रेजों के हित में था। इससे बंगाल सूबा मराठा-आक्रमणों से सुरक्षित हो गया। मि॰ राम्जे म्योर ने लिखा है– "उस समय से अंग्रेजों की अवध को सर्वदा मित्र राज्य बनाए रखने की नीति निश्चित हो गयी जो मराठा-आक्रमणों के विरुद्ध एक सुरक्षा-कवच थी।"

(स) बंगाल के नवाब से समझौता—कम्पनी ने मुगल-बादशाह से बंगाल-सूबा की दीवानी प्राप्त कीया। परन्तु निज़ामत (शान्ति, सुरक्षा और सैनिक न्याय के अधिकार) नवाब के पास विद्यमान रहा। इन कार्यों की पूर्ति के लिए कम्पनी ने सूबे की आय से बावन करोड़ छियालीस लाख तेरह हजार एक सौ नब्बे (52,46,13,190) रुपया प्रतिवर्ष नवाब को देना स्वीकार किया।

क्लाइव दूरदर्शी था और यह उसके समझौतों में भी दृष्टिगत होता है। बक्सर के युद्ध ने अचानक अंग्रेजों को एक ऐसी दशा में डाल दिया था कि अगर वह चाहते तो उत्तरी भारत के एक बड़े भाग पर अपना राज्य स्थापित कर सकते थे। परन्तु अंग्रेज-कम्पनी उस समय इतनी शक्तिशाली नहीं थी कि इस उत्तरदायित्व को उठा सके। ऐसा करने से वह भारत और यूरोप में अपने अनेक शत्रु बना लेती जो उसके हित में न होता। इस कारण, क्लाइव ने वह मार्ग चुना जिससे कम्पनी को प्रत्येक स्थान पर अधिकतम फायदा तो प्राप्त हो गया परन्तु उसके उत्तरदायित्व में कोई वृद्धि न हो।

अंग्रेजी साम्राज्य का प्रसार (1765-1856 ई.)

मैसूर-विजय (प्रथम, द्वितीय, तृतीय और चतुर्थ मैसूर-युद्ध)

मैसूर दक्षिणी भारत में स्थित था। हैदर अली के नेतृत्व में यह राज्य शक्तिशाली बन गया। मैसूर-राज्य में बुदीकोट नामक स्थान पर 1721 ई॰ में हैदरअली का जन्म हुआ था। उसके पिता ने मैसूर के हिन्दू-राजा के यहाँ सैनिक-सेवा आरम्भ की एवं फौजदार का पद और बुदीकोट की जागीर प्राप्त की। हैदर अली जब सात वर्ष का ही था तो उसके पिता की मौत हो गयी। उसके परिवार को उस समय तक काफी कठिनाइयाँ उठानी पड़ीं जब तक कि हैदरअली जवान होकर सेना में भर्ती नहीं हो गया। उस समय मैसूर-राज्य का राजा कृष्णराज था परन्तु शासन की वास्तविक सत्ता उसके मंत्री नन्दराज के हाथों में थी। जब हैदराबाद के

निज़ाम, नासिरजगं का कत्ल हुआ उस समय भाग्यवश उसके खजाने का कुछ हिस्सा हैदरअली को प्राप्त हो गया। हैदरअली ने अपने सैनिकों की संख्या में वृद्धि की और उन्हें फ्रांसीसी-पद्धति पर युद्ध-नीति सिखाई। उसे धीरे-धीरे उच्च पद प्राप्त होते गये। एक समय यह नन्दराज के साथ त्रिचिनापल्ली पर हमला करने गया और वहाँ उसे अंग्रेजों की कुछ तोपों पर अधिकार करने का मौका मिल गया। उनसे उसे अच्छी तोपें बनाने में मदद मिली। 1755 ई॰ में उसे दिन्दिगुल का फौजदार नियुक्त किया गया। अगले पाँच वर्षों में उसने राज्य की बहुत सेवा की और उसके गौरव को बढ़ाया। इससे उसके सम्मान और शक्ति में वृद्धि हुई और अन्त में, उसने राज्य-शक्ति नन्दराज के हाथों से छीनने में सफलता प्राप्त की। 1761 ई॰ में वह मैसूर का वास्तव में शासक बन गया यद्यपि नाममात्र का शासक हिन्दू-राजा ही रहा जिसे वर्ष में एक बार प्रजा को दिखा दिया जाता था। कर्नाटक और हैदराबाद के उत्तराधिकार के युद्धों, दक्षिण भारत में अंग्रेज और फ्रांसीसियों की शत्रुता और पानीपत के तृतीय युद्ध में मराठों की हार ने उसे मैसूर-राज्य को विस्तृत और दृढ़ बनाने में सुविधा प्रदान की। उसने बेदनूर, कनारा और निकट के सीमा क्षेत्रों को विजित किया और वल्लपुर, राज्यदुर्ग, चित्तलदुर्ग आदि जैसे दृढ़ किलों के सरदारों को अपना आधिपत्य स्वीकार करने के लिए बाध्य किया। इससे मराठे और हैदराबाद का निजाम उससे ईर्ष्या करने लगे। 1764 ई॰ में पैशवा माधवराय नारायण ने उस पर हमला करके उसे एक सन्धि करने के लिए बाध्य किया जिसके अनुसार उसने मराठों को अठाईस लाख रुपया प्रतिवर्ष देना स्वीकार किया और अपने राज्य का कुछ भाग भी उन्हें दिया। उसके पश्चात् हैदराबाद के निजाम ने अंग्रेजों के साथ मिलकर उसको दबाने का प्रयास किया जिसके कारण प्रथम आंग्ल-मैसूर युद्ध हुआ।

(अ) प्रथम आंग्ल-मैसूर-यूद्ध(1766-1769 ई.)—1765 ई॰ में हैदराबाद के निजाम ने हैदरअली के विरुद्ध अंग्रेजों की मद्रास-सरकार से मदद माँगी। उसने निजाम के प्रस्ताव को इस शर्त पर मान लिया कि उसे उत्तरी-सरकारी के जिले (हैदराबाद-राज्य के कुछ उत्तरी जिले) सौंप दिए जायेंगे। 1766ई॰ में मराठे भी इस संधि में शामिल हो गए।

1766ई॰ में मराठों के मैसूर पर हमला करने से युद्ध आरम्भ हुआ। हैदरअली ने मराठों को पैंतीस (35) लाख रुपया दिया। आधा धन तत्काल दे दिया गया और आधे धन के बदले में कोलरा का जिला उन्हें दे दिया गया। उसके पश्चात् मराठे वापिस चले गये। उसके उपरांत निजाम ने जोसफ स्मिथ के नेतृत्व में अंग्रेजी-सेना की मदद से मैसूर पर हमला किया परन्तु वह हमला विफल हुआ। सितम्बर 1767

ई. में निजाम ने अंग्रेजों का साथ छोड़कर हैदरअली से सन्धि कर ली। त्रिचिनापल्ली के निकट हुए युद्ध में निजाम और हैदरअली को सफलता नहीं मिली। हैदरअली की एक अन्य स्थान पर भी हार हुई। अंग्रेजों ने हैदराबाद पर हमला करने की योजना बनाई। उससे निजाम का मनोबल टूट गया और उसने हैदरअली का साथ छोड़कर मार्च 1768 ई. में अंग्रेजों से एक सन्धि कर ली।

इस सन्धि ने हैदरअली और निजाम को स्थाई शत्रु बना दिया क्योंकि इसमें निजाम ने मैसूर को जीतने के पश्चात् उसकी दीवानी अंग्रेजों को देने का वायदा किया था। इस सन्धि के हो जाने के पश्चात् हैदरअली मित्ररहित भी हो गया। तब भी उसने साहस नहीं छोडा। उसने बम्बई से भेजी गयी एक अंग्रेजी सेना को परास्त किया और मंगलौर को जीत लिया। 1 मार्च, 1769 ई. में उसने मद्रास पर हमला किया और अंग्रेजों को 4 अप्रैल 1769ई. को निम्न शर्तों पर सन्धि करने के लिए मजबूर किया–

> दोनों पक्षों ने एक दूसरे के जीते हुए प्रदेश वापिस कर दिए। हैदरअली ने कसर का जिला कर्नाटक के नवाब को दे दिया, दोनों पक्षों ने यह वायदा किया कि कोई अन्य शक्ति यदि उनमें से किसी पर हमला करेगी तो वह उसके विरुद्ध एक-दूसरे की मदद करेंगे।

इस तरह प्रथम मैसूर-युद्ध समाप्त हो गया परन्तु यह एक अस्थाई शान्ति थी।

(ब) द्वितीय आंग्ल-मैसूर युद्ध (1780-1748)–हैदर अली और निजाम दोनों अंग्रेजों से नाराज थे। निजाम अंग्रेजों से इसलिए अप्रसन्न हो गया क्योंकि अंग्रेजों ने उस 1768 ई. की संन्धि द्वारा जो सात लाख रुपया प्रतिवर्ष देना स्वीकार किया था, उसे नहीं दिया, उन्होंने निजाम के एक सम्बन्धी बसालतजंग से गुण्टूर का जिला छीन लिया। हैदरअली अंग्रेजों से इसलिए अप्रसन्न हो गया क्योंकि अंग्रेजों ने 1769 ई. में हुई संन्धि के अनुरूप 1771 ई. में मराठा हमला के मौका पर उसे मदद नहीं दी। उसने गुण्टूर पर अंग्रेजों के आधिपत्य को अनुचित समझा। जब अंग्रेजों ने 1779 ई. में फ्रांसीसियों के अधीन माही पर अधिकार किया जो हैदरअली की संरक्षकता में था, तब उसने अंग्रेजों से बदला लेने का निश्चय किया। उस समय अंग्रेजों का मराठों से प्रथम युद्ध आरम्भ हो गया था। इस कारण, हैदरअली ने मराठों और निजाम दोनों से बातचीत आरम्भ की। यह निश्चय हुआ कि तीनों मिलकर अंग्रेजों से युद्ध करेंगे। यह भी निश्चिय हुआ कि मराठे बरार और मध्य भारत होते हुए अंग्रेजों पर उत्तरी भारत में हमला करेंगे, निजाम 'उत्तरी सरकार' के जिलों पर हमला करेगा और हैदरअली मद्रास और उसके निकट के क्षेत्रों पर आक्रमण करेगाँ

हैदरअली ने जुलाई, 1800 ई॰ में कर्नाटक में प्रवेश किया। उसके पास एक सौ तोपें और 83,000 सैनिकों थे। अंग्रेजों ने एक सेना कर्नल बैली और दूसरी सेना हैक्टर मुनरों के नेतृत्व मे उसका मुकाबला करने के लिए भेजी। हैदरअली के पुत्र टीपू ने इन दोनों सेनाओं को मिलने से रोका। उसने कांजीवरम के निकट बैली से युद्ध किया जिसमें बैली की सम्पूर्ण सेना विनष्ट हो गयी। मुनरों, जो कांजीवरम मे बैली का इन्तजार कर रहा था, इतना हतोत्साहित हुआ कि वह शीध्र मद्रास वापिस चला गया। दिसम्बर, 1780 ई॰ तक हैदरअली ने अर्काट को जीत लिया।

अंग्रेज-कम्पनी के गवर्नर-जनरल, वारेन हेस्टिंग्स ने कूटनीति का सहारा लिया और निजाम एवं मराठों को हैदरअली से अलग करने की कोशिश की। वह उसमें सफल हुआ। उसने गुन्टूर निजाम को दे दिया जिससे निजाम युद्ध से अलग हो गया। उसने भौंसले और सिन्धिया को भी हैदरअली का साथ छोड़ने के लिए तैयार कर लिया। इस कारण हैदरअली अंग्रेजों से युद्ध करने के लिए अकेला रह गया।

1781ई॰ में सर आयकूट ने हैदरअली को फोर्टोनोवो के युद्ध में परास्त किया। टीपू को भी वाडेवाश का घेरा उठाने के लिए बाध्य होना पड़ा। कर्नल पीयर्स के नेतृत्व में बंगाल से आई हुई एक सेना पर आयरकूट की सेना से मिल गयी और उनकी शामिल सेना का मुकाबला हैदरअली से पोलीलुर नामक स्थान पर हुआ। यह युद्ध अनिर्णयात्मक रहा। सितम्बर 1781ई॰ में आयरकूट ने हैदरअली को सोलिंगुर नामक स्थान पर परास्त किया और नवम्बर में अंग्रेजों की हार हुई। टीपू ने तंजौर को जीत लिया। 7 दिसम्बर, 1782 ई॰ में हैदरअली की मृत्यु हो गयी। आयरकूट की भी जो बंगाल वापिस चला गया था, 26 अप्रैल, 1783 ई॰ को मृत्यु हो गयी।

अपने पिता की मृत्यु के पश्चात् भी टीपू ने युद्ध को जारी रखा। बम्बई सरकार ने ब्रिगेडियर मैथ्यू को मंगलौर और बेदनोर पर हमला करने के लिए भेजा परन्तु टीपू ने उसे परास्त करके कैद कर लिया। जून, 1783 में फ्रान्स और ब्रिटेन में सन्धि हो जाने के कारण, फ्रान्सीसी युद्ध से अलग हो गये। यह टीपू का एक बड़ा नुकसान था। अंग्रेजों ने उस समय पालघाट और कोयम्बटूर को जीतने में भी सफलता पाई। परन्तु जब कर्नल फूलरटन मैसूर की राजधानी श्री रंगपटम की और बढ़ा, तब मद्रास के गवर्नर, मैकार्टने ने आर्थिक कठिनाइयों के कारण उसे वापिस आने के आदेश दिये और टीपू से सन्धि-वार्ता आरम्भ की। उस समय तक टीपू भी शान्ति का इच्छुक हो गया था।

7 मार्च, 1784 ई॰ की दोनों पक्षों में मंगलौर की सन्धि हो गयी। दोनों ने एक दूसरे के जीते हुए प्रदेश और युद्ध-बन्दियों को छोड़ देने का वायदा किया।

(स) तृतीय आंग्ल-मैसूर युद्ध (1790-1992 ई.)—मैसूर-राज्य का अंग्रेजों से तृतीय युद्ध उस समय हआ जब कार्नवालिस अंग्रेज-कम्पनी का गवर्नर-जनरल बनकर आया। टीपू अंग्रेजों का पक्का दुश्मन था। वह विदेशी राज्यों से भी अंग्रेजों के विरुद्ध मदद प्राप्त करने की कोशिश कर रहा था और इसके लिए, उसने फ्रान्स और टर्की अपने राजदूत भेजे थे। इस कारण कार्नवालिस का विश्वास था कि टीपू को दबाना जरूरी है। उसने गुन्टूर जिले के सम्बन्ध में निजाम से एक समझौता किया। इस समझौते को करते हुए टीपू से कोई परामर्श नहीं लिया गया। इससे टीपू को विश्वास हुआ कि अंग्रेज युद्ध की तैयारी कर रहे है।

टीपू को त्रावनकोर के राजा से, जो अंग्रेजों की संरक्षकता में था, कई शिकायतें थीं। उसने टीपू के कई दुश्मन सरदारों को, जो टीपू की सीमा पर हमला करते रहते थे, संरक्षण दे रखा था। उसने डचों से दो बन्दरगाह खरीदे थे जिनको टीपू अपनी सीमा में मानता था। टीपू अपने इन विवादों का निर्णय अंग्रेजों के सौजन्य से कराना चाहता था। परन्तु जब अंग्रेजों ने इसमें कोई रुचि न ली तब उसने दिसम्बर 1789ई॰ में त्रावणकोर पर हमला कर दिया।

कार्नवालिस ने टीपू सुल्तान से युद्ध शुरू करने से पूर्व मराठों और हैदारबाद के निजाम से पत्र-व्यवहार किया। दोनों अंग्रेजों से सन्धि करने के लिए तैयार हो गये। अंग्रेजों ने 1 जून, 1790 ई॰ को मराठों से और जुलाई, 4, 1790ई॰ को निजाम से सन्धि कर ली। दोनों ने टीपू के खिलाफ सहायता करने का आश्वासन दिया। और समझौता जीते प्रदेशों को आपस में विभाजित कर लेंगे। यह कार्नवालिस की एक बड़ी सफलता थी। यद्यपि यह निश्चित था कि युद्ध का अधिकांश भार अंग्रेजों पर पड़ेगा परन्तु अंग्रेज इस बात से आश्वस्त हो गये कि युद्ध के मौका पर टीपू को कहीं से मदद नहीं मिलेगी। तब 1790ई0 में अंग्रेजों ने टीपू से युद्ध घोषित कर दिया।

अंग्रेजों का सामना टीपू ने अकेले किया। यह युद्ध दो वर्ष चला। जनरल मीडोज़ के नेतृत्व में मैसूर पर अंग्रेजों का पहला हमला विफल हुआ। इस कारण, दिसम्बर 1790ई॰ में स्वयं कार्नवालिस ने सेनापतित्व ग्रहण किया। उसने वैलोर और अम्बर की ओर से बढ़ते हुए बंगलौर पर हमला किया और मार्च 1791ई॰ में उसे जीत लिया। मई में अंग्रेज अरीकेरा पहुँच गये जो मैसूर की राजधानी श्रीरंगपटम से सिर्फ नौ मील दूर था। टीपू ने युद्ध में वीरतापूर्वक अंग्रेजों का मुकाबला किया और वर्षा ऋतु में अंग्रेजों को स्वयं ही वापिस जाना पड़ा। नवम्बर, 1791ई॰ में टीपू को कोयम्बटूर में सफलता मिली परन्तु उसकी शक्ति क्षीण हो रही थी। कार्नवालिस ने

राजधानी के मार्ग के सम्पूर्ण किलों पर अधिकार कर लिया और राजधानी की बाहरी दीवार तक पहुँच गया। टीपू ने निराश होकर 1792 ई0 में कार्नवालिस से श्रीरंगपट्टम की संधि कर ली। अंग्रेजों को टीपू के विरुद्ध मदद देने का वायदा किया। यह भी निश्चय हुआ कि जीते हुए प्रदेशों को तीनों मित्र आपस में बाँट लेंगे।

कुछ अंग्रेज इतिहासकारों ने इस सन्धि के कारण कार्नवालिस की अलोचना की है। उन्होंने कहा है कि कार्नवालिस ने इस सन्धि को करने में शीघ्रता की। अगर वह थोड़े समय और युद्ध को चलता तो वह सरलता से टीपू को सर्वदा के लिए खत्म कर सकता था।

(द) चतुर्थ आंग्ल-मैसूर युद्ध (1799 ई.)–टीपू तीसरे युद्ध में अंग्रेजों से मिली पराजय को भूल नहीं पाया। उसने अपने सम्मान और शक्ति को पुनः प्राप्त करने का प्रयास किया। उसने अपनी राजधानी की सुरक्षा को दृढ़ किया, अपनी पैदल और घुड़सवार सेना की संख्या में वृद्धि की, उनके प्रशिक्षण पर ध्यान दिया, विद्रोही जागीदारों को दबाया और कृषि की उन्नति का प्रयास किया। 1796 ई. में मैसूर के हिन्दू राजा की मृत्यु के पश्चात् स्वयं सिंहासन पर बैठकर सुल्तान की पदवी ग्रहण कर ली। उसने अंग्रेजों के विरुद्ध विदेशी शासकों से सन्धि करने का प्रयास किया और अरब, टर्की, अफगानिस्तान और मॉरीशस में स्थापित फ्रान्सीसी गवर्नर को अपने राजदूत भेजे। उसने फ्रान्स के जैकोदिन-दल की सदस्यता ले ली और अपने को नागरिक टीपू पुकारा।

लार्ड वैलजली, जो 1798 ई. में अंग्रेज-कम्पनी का गवर्नर-जनरल बनकर भारत आया, भी टीपू को सर्वदा के लिए खत्म करने के लिए उत्सुक था। वह टीपू के कार्यों को एक शत्रु-राज्य के कार्य मानता था। वह मैसूर से नहीं अपितु सभी भारतीय नरेश-राज्यों से फ्रान्सीसियों के प्रभाव को विनष्ट करना चाहता था।

इसके अतिरिक्त, वैलेजली एक महान् साम्राज्यवादी था जो भारत में अंग्रेजी साम्राज्य का अधिकतम प्रसार चाहता था। इस कारण उसने टीपू को सर्वदा के लिए विनष्ट करने का प्रयास किया। उसने भी, युद्ध से पहले, हैदराबाद के निजाम एवं मराठों से बातचीत आरम्भ की। निजाम ने सितम्बर 1798 ई. में अंग्रेजों से सन्धि कर ली। मराठों ने कोई स्पष्ट उत्तर नहीं दिया परन्तु तब भी वैलेजली ने पेशवा को आश्वासन दिया कि युद्ध में जीते हुए प्रदेश का आधा भाग अंग्रेज उसे दे देंगे। इस प्रकार, निजाम और मराठों की तटस्थता से आश्वासित होकर, वेलजली ने 1799 ई. में श्रीरंगपट्टम को जीत लिया। टीपू किले के दीवार के निकट युद्ध करता हुआ मारा गया और उसके पुत्र ने आत्मसमर्पण कर दिया।

चतुर्थ मैसूर युद्ध ने हैदर अली द्वारा दृढ़ किये गये मैसूर-राज्य को खत्म कर दिया। अंग्रेजों ने कुछ शर्तों पर कुछ भू-भाग पेशवा को देना चाहा परन्तु उसने लेने से इन्कार कर दिया। निजाम को उसकी सीमाओं के निकट कुछ प्रदेश, जिसमें गूटी किले को छोड़कर गुरुमकोडा और चित्तल दुर्ग का जिला शामिल थे, प्राप्त हुए। अंग्रेजों ने पश्चिमी में कन्नड़ दक्षिण-पश्चिम में बेनद, कोयम्बटूर और दारापुरम और पूर्व में श्रीरंगपट्टम एवं दो अन्य जिले प्राप्त किये। मैसूर राज्य का बचा हुआ भाग पिछले हिन्दू-राजा पुत्र को दे दिया। टीपू के परिवार के सदस्य बैलोर के किले में कैद कर दिये गये।

इस प्रकार, मैसूर राज्य अंग्रेजों द्वारा खत्म कर दिया गया। वह वैलेजली की एक महान् सफलता थी और इसके लिए अंग्रेज सरकार ने उसे मारक्वेस का पद दिया।

मराठों पर विजय

पेशवा बालाजी पानीपत के तृतीय युद्ध में मराठों की हार के धक्के को सहन न कर सका। 23 जून 1761 ई॰ को उसकी मृत्यु हो गयी। उसके पश्चात् उसका पुत्र माधवराव पेशवा बना। माधवराव को महान् पेशवाओं में स्थान प्रदान किया गया है। उसने अपने भाई रघुनाथ राव की महत्त्वाकांक्षाओं को सीमा में रखा, मराठों सरदारों की एकता को बनाये रखा और पानीपत के तृतीय युद्ध में होने वाली मराठों की शक्ति और सम्मान की क्षति की पूर्ति सफलता से की। उसके समय में मराठे पुनः उत्तरी और दक्षिणी भारत में प्रभावपूर्ण हो गये। वह अंग्रेजों के सम्पर्क में आया, उनकी सैनिक क्षमता से परिचित हुआ और कभी-2 उसने तोपखाने की सहायता भी ली। परन्तु वह उनको अधिक महत्त्व नहीं देता था और भारतीय राजनीति में उनको नगण्य मानता था। परन्तु अंग्रेज भारत में साम्राज्य विस्तार में सबसे बड़ा अवरोध मराठा को मानता था इसलिए उसे कमजोर करना चाहता था। । 1772 ई॰ में पेशवा माधवराव की मृत्यु हो जाने से उन्हें उसका मौका प्राप्त हो गया।

माधवराव की मृत्यु के पश्चात् उसका पुत्र नारायनराव पेशवा बना। परन्तु उसके चाचा रघुनाथ राव ने, 30 अगस्त , 1773 ई॰ को उसकी हत्या करा दी और स्वयं पेशवा बन गया। परन्तु मराठा-सरदार रघुनाथराव से असन्तुष्ट हो गये। उन्होंने 'बड़े भाइयों' के नाम से एक मंत्री परिषद् का संगठन किया जिसका प्रमुख उद्देश्य रघुनाथराव को पेशवा के पद से हटाना था। स्वर्गीय नारायण राव की धर्मपत्नी ने 18

अप्रैल 1779 को एक बेटे को जन्म दिया। मराठा सरदारों की परिषद ने तुरन्त उसे पेशवा घोषित कर दिया। 48 दिन के पश्चात् मराठा-छत्रपति ने भी उस बच्चे को पेशवा मान लिया और रघुनाथराव को कैद करने के आदेश दिये। रघुनाथराव भाग खड़ा हुआ। उसके बाद मराठाराव छत्रपति रघुनाथराव से मुलाकत कर उस बच्चे का संरक्षक बनने का प्रस्ताव दिया। परन्तु रघुनाथराव ने बम्बई की अंग्रेजी सरकार से प्रोत्साहन पाकर इस प्रस्ताव को ठुकरा दिया। इसके पश्चात् सिन्धिया और होल्कर ने उस पर आक्रमण कर दिया और माही नामक जगह पर पराजित कर दिया।। रघुनाथराव भागकर फरवरी, 1775 ई० में सूरत में अंग्रेजों की शरण में चला गया। वहाँ मार्च 7, 1775 ई० को उसने बम्बई सरकार से सन्धि की–

कर्नल कीटिंग एक सेना लेकर फरवरी 1775 ई० में सूरत पहुँच गया। उसने मई 18, 1775 ई० को आरा के मैदान में एक मराठा सेना को परास्त भी किया। इस तरह अंग्रेजों का मराठों से प्रथम युद्ध आरम्भ हो गया। इसका प्रमुख कारण अग्रेजों का मराठों को दुर्बल करने के लिए उनके आन्तरिक विवाद में हस्तक्षेप करना था।

परन्तु अंग्रेजों की कलकत्ता कौंसिल ने बम्बई सरकार के इस कदम को अनुचित बताया। उस समय अंग्रेज और मराठे दोनों को आर्थिक कठिनाइयाँ थीं। उसी मौके पर मराठा सरदार गायकवाड़ ने अंग्रेजों से एक समझौता कर लिया। कलकत्ता कौंसिल ने कर्नल उपटोन को पूना-दरबार से सन्धि की शर्तें निश्चित करने के लिए भेजा। तीन माह के पश्चात् मार्च 1776 ई० के दोनों पक्षों में पुरन्दर की सन्धि हुई।

बंबई सरकार ने इन शर्तों को मानने से इंकार कर दिया। उसने रघुनाथराव को अपने संरक्षण में ही रखा। 1775ई० में अमेरिका (यू.एस.ए.) का स्वतंत्रता संग्राम आरम्भ हो गया। फ्रान्स ने अमेरिका की मदद की और अपना एक प्रतिनिधि पूना-दरबार में भी भेजा। इस बीच में डाइरेक्टरों की समिति ने पुरन्दर की सन्धि को मानने से इन्कार कर दिया और बेसीन को कम्पनी के हाथों में रखने की हठ की। बम्बई-सरकार ने गवर्नर जनरल वारेन हेस्टिंग्स को भी पुरन्दर की सन्धि को ठुकरा देने के लिए तैयार कर लिया। इससे युद्ध पुनः आरम्भ हो गया। अंग्रेज युद्ध से अधिक फायदा की आशा करते थे क्योंकि मराठे उस समय कठिनाई में थे। उस समय मैसूर-राज्य के मराठों में शत्रुता थी, हैदराबाद के निजाम की अंग्रेजों से सन्धि थी, मराठा सरदार मुदोजी भोंसले के वारेन हेस्टिंग्स से अच्छे सम्बन्ध थे, और फतेहसिंह गायकवाड़ बम्बई सरकार और रघुनाथ के पक्ष में था। इस कारण, 1778

ई॰ में वारेन हेस्टिंग्स ने एक अंग्रेज सेना पूना पर हमला करने के लिए भेज दी। परन्तु उस सेना की बुरी तरह हार हुई और उसके सेनापति को बादगाँव का समझौता करने के लिए बाध्य होना पड़ा।

परन्तु वारेन हेस्टिंग्स ने इस समझौते की शर्तों को मानने से इन्कार कर दिया। उसने एक बड़ी सेना गोडार्ड के नेतृत्व में दक्षिण की ओर भेजी। उस सेना ने मध्य-भारत की ओर से प्रवेश किया और फरवरी 1780 ई॰ में अहमदाबाद को जीत लिया। दिसम्बर, 1780ई॰ अंग्रेजों ने बेसीन को भी जीत लिया। परन्तु जब गौड़ाई पूना की ओर बढ़ा तब उसकी हार हुई और उसको वापिस लौटना पड़ा। वारन हेस्टिंग्स ने एक अन्य सेना कर्नल पोफम के नेतृत्व में भेजी। उस सेना ने 3 अगस्त, 1780 ई॰ को ग्वालियर को जीत लिया और 16 फरवरी 1781 ई॰ को सीपरी नामक स्थान पर सिन्धिया को परास्त किया। इन विजयों ने अंग्रेजों के सम्मान को पुनः स्थापित कर दिया और सिन्धिया सन्धि का इच्छुक हो गया। उसी समय मराठों की राजनीतिक पराजय भी हो गयी। उन्होंने हैदराबाद में निजाम और मैसूर के हैदरअली से समझौता करने में सफलता पाई थी और हैदरअली ने कर्नाटक पर हमला भी कर दिया। उसी प्रकार, उन्होंने भौंसले को धन देकर बंगाल पर आक्रमण करने से रोक दिया। इससे अंग्रेज परेशानी से बच गये और मराठे कोई फायदा न उठा सके।

अक्टूबर, 1781ई. को महादजी सिन्धिया ने अंग्रेजों से एक समझौता कर लिया जिसके अनुसार उसने आश्वासन दिया कि वह पूना-दरबार से अंग्रेजों की सन्धि कराने के लिए मध्यस्थ का कार्य करेगाँ 1782 ई॰ के आरम्भ में सन्धि की बातचीत आरम्भ हुई और 17 मई, 1782 ई॰ को सन्धि हो गयी–

डाडवैल ने लिखा है–"सालबाई की सन्धि ने भारत में अंग्रेजी सत्ता के इतिहास को एक नवीन दिशा प्रदान की।" निस्सन्देह, भारत में श्रेष्ठता प्राप्त करने के लिए यह उनका एक साहसपूर्ण प्रयास था। परन्तु मराठों ने उस प्रयास को असफल कर दिया। तब भी युद्ध में अंग्रेजों का भाग सम्मानपूर्ण रहा। इस कारण, निस्सन्देह, यह सन्धि भारतीय इतिहास में महत्त्वपूर्ण है। मराठा सरदार संगठित नहीं हो पाया और उनकी एक भूल यह भी रही जबकि हैदरअली ने अपने वायदे को पूरा किया था, तब भी मराठों ने उसे सन्धिवार्ता में शामिल नहीं किया था और उसे अंग्रेजों से युद्ध करने के लिए अकेला छोड़ दिया था।

द्वितीय मराठा-युद्ध (1803-1805 ई.)

प्रथम मराठा युद्ध के बाद मराठा और कमजोर हो गए। नाना फड़नवीस शक्ति

को अपने ही हाथों में केन्द्रित करने के लिए प्रयासशील हो गया एवं महादजी सिन्धिया से ईर्ष्या करने लगाँ वह अंग्रेजों पर भी अधिक निर्भर करने लगाँ पेशवा माधवराव द्वितीय ने अपनी ओर से सुधार का प्रयास किया परन्तु मराठा-सरदारों की प्रतिस्पर्धा को रोकने में असमर्थ रहा। 1794 ई॰ में महादजी सिन्धिया की मौत के बाद दौलतराव ने इसका स्थान ग्रहण कर लिया। महादजी की मृत्यु के पश्चात् पूना-दरबार में नाना फड़नवीस सबसे अधिक शक्तिशाली हो गया और अंग्रेजों ने उत्तरी भारत में अपने प्रभाव क्षेत्र को बढ़ा लिया। अक्टूबर 25, 1995 ई॰ में नाना फड़नवीस के आधिपत्य से दुखी होकर पेशवा माधवराव द्वितीय ने आत्महत्या कर ली। उसके पश्चात् रघुनाथ राव का छोटा पुत्र चिमनाजी और उसके पश्चात् उसका बड़ा पुत्र बाजीराव द्वितीय पेशवा बना। बाजीराव इतने विस्तृत मराठा साम्राज्य की देखभाल करने में पूर्ण असमर्थ था। उसके सम्बन्ध नाना फड़नवीस से खराब हो गये जिससे मराठा-राज्य और दुर्बल हुआ। उसी समय मराठों के योग्य नेता तुकोजी होल्कर का देहांत हो गया। इसके अतिरिक्त उसकी गद्दी के उत्तराधिकार के प्रश्न को लेकर मराठों में मतभेद हो गया। उसका बड़ा पुत्र काशीराव मूर्ख था परन्तु बाजीराव और दौलतराव सिन्धिया ने इसके लिए नाना फड़नवीस को दोषी ठहराया। महादजी सिन्धिया की विधवा पत्नियों ने दौलताराम सिन्धिया के विरुद्ध बगावत कर दीया और अनेक छोटे मराठा सरदारों ने उनका साथ दिया। दौलतराव सिन्धिया ने एक बार नाना फड़नवीस को कैद में भी डाल दिया था परन्तु जब उसने उससे कोई फायदा न देखा तब उसे रिहा कर दिया गया। 1800 ई. में नान फड़नवीस की मृत्यु हो गयी। कुछ इतिहासकारों ने यह विचार प्रकट किया कि उसकी मृत्यु के साथ ही मराठों की बुद्धिमानी खत्म हो गयी। परन्तु आधुनिक इतिहासकार इस मत से सहमत नहीं हैं। उनका कहना है कि बाद के समय में नाना फड़नवीस ने मराठा-राज्य को फायदा के स्थान पर नुकसान पहुँचाया। वह अंग्रेजों पर निर्भर करने लगा था, उसने शासन की सभी शक्तियों को अपने हाथों केन्द्रित करके मराठा सरदारों को असंतुष्ट किया था और उसने मराठा सरदारों की पारस्परिक प्रतिस्पर्धा को भी बढ़ा दिया था।

1798 ई. में लार्ड वैलेजली अंग्रेज कम्पनी का गवर्नर जनरल बनकर भारत आया। वह कम्पनी को भारत की सर्वश्रेष्ठ शक्ति बनाने के लिए निश्चय करके आया था। उसने पहले टीपू की शक्ति को विनष्ट किया। उसके पश्चात् उसने मराठों की ओर ध्यान दिया। मराठों की आंतरिक दुर्बलता और पारस्पारिक प्रतिस्पर्धा ने उसे शीघ्र ही उनके आंतरिक मामलों में हस्तक्षेप करने का मौका प्रदान कर दिया। वैलेजली ने आते ही पेशवा बाजीराव को अंग्रेजों से मित्रता करने का लालच दिया।

उसने उससे टीपू के विरुद्ध मदद माँगी, मैसूर राज्य को जीतने के उपरांत उसका एक भाग उसको देने के लिए सुरक्षित छोड़ दिया और 1800 ई. मे ंउसे अपनी सुरक्षा के लिए अंग्रेजों से मदद संधि करने के लिए प्रोत्साहन दिया। बाजीराव उन प्रलोभनों को टालता रहा। परन्तु वैलेजली को मराठों के मामलों में हस्तक्षेप करने का शीघ्र ही मौका मिल गया।

जसवन्तराव होल्कर उत्तरी भारत में सिन्धिया की सीमाओं पर हमला कर रहा था जबकि उसका भाई विठोजी पेशवा की सीमाओं में गंभीर उपद्रव कर रहा था। ऐसी परिस्थिति में पेशवा और सिन्धिया ने एक-दूसरे से मिलकर कार्य करने का निर्णय किया। 16 अप्रैल, 1801 ई. को विठोजी होल्कर को पकड़कर कत्ल कर दिया गया। उसी समय सिन्धिया ने जसवन्तराय होल्कर को इंदौर के निकट परास्त कर दिया। परन्तु जसवन्तराव अपने भाइ की मृत्यु का बदला लेने के लिए बहुत शीघ्रता से पूना की ओर बढ़ा और उसने 25 अक्टूबर, 1802 ई. को पूना के निकट एक वृद्ध से पेशवा को परास्त कर दिया।

पेशवा बाजीराव ने हताश होकर, 31 अक्टूबर, 1802 ई. को अंग्रेजों से बेसीन की सन्धि कर ली थी।

इस सन्धि ने मराठा सरदारों को शंकालु बना दिया। होल्कर ने घोषणा की कि बाजीराव ने मराठा राज्य को विनष्ट कर दिया है। सिन्धिया और भोसले भी इस सन्धि से असंतुष्ट थे। स्वयं बाजीराव इस सन्धि से अप्रसन्न था। उसने शीघ्र ही अंग्रेजों के विरुद्ध मराठा सरदारों से गुप्त पत्र व्यवहार आरंभ कर दिया। दौलत राव सिन्धिया और रघुजी भोसले ने अब भारतीय नरेशों की भी मदद लेने का प्रयास किया लेकिन अब वे सफल नहीं हुए। होल्कर स्वयं सिन्धिया पर विश्वास न करने के कारण मालवा की ओर चला गया। गायकवाड़ युद्ध के खत्म होने तक तटस्थ रहा जबकि अन्य भारतीय नरेश अंग्रेजों के विरुद्ध मराठों की मदद करने के लिए तत्पर नहीं हुए। जबकि मराठे पत्र-व्यवहार और वार्तालाप में लगे हुए थे, अंग्रेज आने वाले युद्ध की तैयारी करने में लगे रहे।

अगस्त 1803 ई. में युद्ध शुरू हुआ। अंग्रेजों ने युद्ध की योजना पूर्ण कर ली थी। उत्तरी भारत में युद्ध का नेतृत्व जनरल लेक को व दक्षिणी भारत की सेना का नेतृत्व वैलेजली को सौंपा गया। इसके अतिरिक्त अंग्रेजों ने गुजरात, बुदेलखंड और उड़ीसा में भी युद्ध करने की तैयारी कर ली और उनका मराठा सरदारों की सेनाओं को संगठित नहीं होने देना था। मराठों ने अंग्रेजों की भाँति युद्ध की कोई योजना नहीं बनाई। इसके अतिरिक्ति मराठो ने अपने परंपरागत युद्ध के तरीके को छोड़कर

यूरोपियन युद्ध नीति को अपनाया जिसमें वे उस समय तक पारंगत नहीं हो सके थे। इस कारण सिन्धिया और भोसले की युद्ध में बहुत जल्दी पराजित हो गया।

भोंसले ने 17, दिसम्बर 11803 ई. को अंग्रेजों से देवगाँव सन्धि की।

इन सन्धियों से अंग्रेजों ने सिन्धिया और भोसले को अपने प्रभाव में कर लिया। लेकिन जसवन्तराव होल्कर उस समय तक उनके काबू से बाहर था। अप्रैल 1804, में उसने जयपुर राज्य में लूटमार आंरभ की। उस पर अंग्रेजों ने उससे युद्ध घोषित कर दिया। होल्कर ने कर्नल भोन्सन को घायल कर दिया। जिससे प्रोत्साहित होकर उसने अक्टूबर, 1804 में दिल्ली पर आक्रमण कर दिया। परन्तु लेफ्टिनेट कर्नल ओक्टर-लोनी एवं लेफ्टिनेट कर्नल वर्न ने दृढ़ता से दिल्ली की सुरक्षा की जिसके कारण होल्कर ने एक सप्ताह के पश्चात् ही घेरा उठा लिया। भरतपुर का राजा होल्कर का मित्र था, इसलिए अंग्रेजों ने भरतपुर पर हमला किया। भरतपुर के किले को जीतने का उनका पहला प्रयास असफल हुआ। लेकिन राजा सन्धि को मान गया। 10 अप्रैल, 1805 ई. को भरतपुर राज्य से अंग्रेजों की सन्धि हो गई।

अंग्रेज धीरे-धीरे सफल हो रहे थे। उसी समय कम्पनी के डाइरेक्टरों ने लार्ड वैलेजली को वापस बुला लिया और उसके स्थान पर लार्ड कार्नवालिस को गवर्नर बनाकर भेजा। डाइरेक्टरों को मोन्सन की हार और भरतपुर के किले को जीतने के प्रयास की असफलता ने परेशान कर दिया था। लार्ड कार्नवालिस की 5 अक्टूबर 1805 ई. को कलकत्ता पहुँचते ही उसकी मौत हो गयी। उसकी मृत्यु के पश्चात् सर जार्ज वार्लो ने अस्थाई रूप से गवर्नर-जनरल का पद संभाला। वह भी शांति के पक्ष में था। उस समय होल्कर सिक्ख राज्य से मदद प्राप्त करने के लिए पंजाब की ओर गया था। जनरल लेक उसका पीछा करत हुआ अमृतसर तक गया। होल्कर को सिक्ख-राज्य से मदद न मिली और उसने जनरल लेक के सम्मुख सन्धि का प्रस्ताव रखा। जार्ज वार्लो ने उस प्रस्ताव को तुरन्त मान लिया और 7 जनवरी 1806 ई. को दोनों पक्षों में राजपुर घाटी की सन्धि हो गयी।

सर जार्ज वार्लो ने 22 अक्टूबर, 1805 ई. को सिन्धिया से एक नवीन सन्धि की थी जिसके अनुसार सुरज-अर्जनगाँव की सन्धि में कुछ बदलाव किए गये। अंगेजों ने इसे सन्धि के गोहद और ग्वालियर का किला सिन्धिया को वापस कर दिया। अंग्रेजों ने वायदा किया कि वह चम्बल नदी के दक्षिण की सिन्धिया की किसी भूमि पर दावा नहीं करेंगे और सिन्धिया ने वायदा किया कि वह चम्बल नदी के उत्तर की किसी भूमि पर अपना दावा नहीं करेगाँ अंग्रेजों ने राजपूत राज्यों से अपने संरक्षण को भी हटा दिया।

तृतीय मराठा युद्ध (1817-1818 ई.)

जार्ज वार्लो और लार्ड मिन्टो के शासनकाल में अंग्रेजों ने भारतीय नरेश राज्यों के संबंध में हस्तक्षेप न करने की नीति को अपनाया। परन्तु मराठों ने उस समय का उपयोग अपनी शक्ति के विकास के लिए नहीं किया। इसके विपरीत उनकी दुर्बलताओं में वृद्धि हुई। 20 अक्टूबर 1811 ई. को जसवन्तराव होल्कर की मृत्यु हो गई। उसके उपरांत उसका अल्पायु पुत्र मल्हार राव गद्दी पर बैठा। उसकी विधवा तुलसीबाई ने उसकी संरक्षक बनकर शासन संभाला परन्तु वह विफल रही और होल्कर राज्य दुर्बल रहा। दौलतराव सिन्धिया ने सेना का व्यय राज्य की आय से अधिक कर लिया। वह अपने सैनिक अधिकारियों को भी अपने अधिकार में न रख सका और स्वतंत्रता से उन्होंने अपने आर्थिक साधन जुटाने शुरू कर दिये। रघुजी भोंसले की दशा होल्कर और सिन्धिया की तुलना में अधिक दुर्बल थी। गायकवाड़ अंग्रेजों का मित्र था और 21 अप्रैल, 1805 ई. को अंग्रेजों की गई सहायक सन्धि का पालन करने के लिए पूर्णतया तत्पर था। पेशवा बाजीराव द्वितीय पूर्णतया अयोग्य था। इस तरह कोई भी मराठा सरदार अंग्रेजों का मुकाबला करने की स्थिति में न था। परन्तु गायकवाड़ के अतिरिक्त, वे सभी अपने ऊपर लादी गई सहायक सन्धियों से असंतुष्ट थे और अंगेजों के प्रभाव से मुक्त होना चाहते थे। ऐसी दशा में लार्ड हेस्टिंग्स कम्पनी का गवर्नर-जनरल बनकर भारत आया। वह साम्राज्य प्रसार की नीति में विश्वास करता था और लार्ड वैलेजली के बचे हुए कार्य की पूर्ति करना चाहता था। परन्तु सबसे पहले उसे एक युद्ध नेपाल में करना पड़ा। उसमें विजय प्राप्त करने के पश्चात् उसने पिंडारी और पठानों का दमन किया। उसका अगला लक्ष्य मराठा-शक्ति का विनाश था जिसकी सुविधा उसे शीघ्र ही प्राप्त हो गई।

पेशवा बाजीराव अपनी दशा से असंतुष्ट था। उसने भोंसले, सिन्धिया और होल्कर के पास अपने प्रतिनिध भेजे और उन्हें अंग्रेजों के विरुद्ध मिलकर एक सन्धि करने के लिए तत्पर करने का प्रयास किया। उसने अपनी सैनिक शक्ति में भी वृद्धि करने का प्रयास किया और 1871 ई. में पिंडारी और पठानों से भी सहयोग लेने के लिए वार्तालाप आंरभ किया। उसने अंग्रेजों के मित्र मराठा सरदार के विवाद का निर्णय करने के लिए अपने एक प्रतिनिधि, गंगाधर शास्त्री को पूना दरबार में भेजा। पूना में गंगाधर शास्त्री की हत्या हो गई। यह सन्देह किया गया कि उसकी हत्या से पेशवा के कृपापात्र त्रिम्बकजी का हाथ था।

अंग्रेज रेजीडेन्ट, एलफिसटन ने त्रिम्बकजी को अंग्रेजों को सौंप देने की माँग

की। पेशवा को उसकी बात माननी पड़ी और त्रिम्बकजी को थाना के किले में कैद कर दिया गया। लेकिन एक वर्ष के बाद ही त्रिम्बकजी कैद से निकल भाग गया। एलफिसटन को संदेह हुआ कि इसमें उसने पेशवा बाजीराव ने सहायात दी थी। लार्ड हेस्टिंग्स इन कारणों से पेशवा से असंतुष्ट हो गया। उसने एलफिसटन को आदेश दिए जिससे बाजीराव को एक नवीन सन्धि करने के लिए बाध्य होना पड़ा और उसने 13 जून, 1817 ई. को पूना की सन्धि स्वीकार की।

अंग्रेजों ने गायकवाड़ से भी एक सन्धि की। इस संधि के प्रावधान के अनुसार गायकवाड़ ने अपनी सेना की संख्या कम कर दी एवं अंग्रेजों की सहायक-सेना में घुड़सवारों की दो रेजीमेंट और एक हजार पैदल सैनिकों की वृद्धि किया जाना मान लिया और उसके बदले में कुछ जिलों की भूमि अंग्रेजों को सौंप दी। इस तरह गायकवाड़ अंग्रेजों पर अत्यधिक निर्भर हो गया।

रघुजी भोंसले का 21 मार्च, 1816 ई. को देहांत हो गया। उसका पुत्र पार्सोजी शरीर और मस्तिष्क दोनों में बेकार था। उसके पश्चात् गद्दी का अधिकारी उसका चचेरा भाई, आप्पा साहब था। वार्सोजी की माँ बुकाबाई ने एक ऐसी संरक्षक-परिषद् बनाने का प्रयास किया जिसमें आप्पा साहब शामिल न हो। इससे राज्य-परिवार के सदस्यों में मतभेद हो गया। बाद में एक संरक्षक परिषद् बनी जिसमें आप्पा साहब को शामिल किया गया। अंग्रेजों ने राज्य-परिवार के सदस्यों के मतभेदों का फायदा उठाया और आप्पा साहब को अंग्रेजों से एक नयी सन्धि के लिए राजी कर लिया जिससे मराठा संघ-राज्य कमजोर हो गया। माल्कम ने लिखा है, "भारत के लिए उन परिस्थितियों में नागपुर की सन्धि से अधिक सौभाग्यपूर्ण कोई घटना नहीं हो सकती थी।"

लार्ड हैस्टिंग्स ने 5 नवम्बर, 1817 ई. को दौलतराव सिन्धिया को भी ग्वालियर की नयी संधि करने के लिए मजबूर कर दिया। इस सन्धि के द्वारा सिन्धिया ने अंग्रेजों को पिंडारियों के विरुद्ध मदद देने का वायदा किया और चम्बल नदी के बायीं ओर राजा के राज्यों जैसे उदयपुर, जोधपुर, कोटा, बूँदी आदि से अपने संरक्षण के अधिकार को खत्म कर दिया।

अंग्रेजों ने अपनी कूटनीति से मराठों को युद्ध से पूर्व ही कमजोर कर दिया। इस तरह से उन्होंने आधा युद्ध तो युद्ध शुरू होने से पहले ही जीत लिया था।

तृतीय मराठा युद्ध का प्रारम्भ पेशवा बाजीराव के द्वारा अंग्रेजों की किर्की की रेजीडेन्सी पर हमला करने से हुआ। परन्तु उसका हमला शीघ्र ही असफल हो गया। उसी समय नागपुर में आप्पा साहब ने और इन्दौर में होल्कर ने अंग्रेजों के विरुद्ध

शस्त्र उठा लिया। अंग्रेजों ने 27 नवम्बर, 1817 ई. को आप्पा साहब को सीताबल्दी के युद्ध में और 21 दिसम्बर 1817 में होल्कर को महीदपुर के युद्ध में परास्त किया। आप्पा साहब पहाड़ियों में भाग गया और जबकि होल्कर ने 6 जनवरी, 1818 ई. को मंदसौर की सन्धि कर ली।

इस तरह होल्कर अंग्रेजों पर निर्भर करने वाला मित्र-राज्य का शासक बनकर रह गया।

आप्पा साहब ने कुछ समय तक अंग्रेजों का विरोध किया। बाद में वह पंजाब भाग गया। अंत में उसने जोधपुर-राज्य में शरण प्राप्त की और 1840 ई. में उसकी मृत्यु हो गई। नागपुर की गद्दी पर रघुजी भोंसले के एक अल्पायु प्रपौत्र को बिठाया गया जिसने एक सन्धि के द्वारा नर्बदा नदी के उत्तर की वापस सभी भूमि अंग्रेजों को सौंप दी।

किर्की में अपनी हार के पश्चात् पेशवा बाजीराव सतारा भाग गया था परन्तु वह वहाँ अधिक समय तक न रह सका। 1 जनवरी, 1818 ई. में कोरगाँव में उसकी हार हुई और 20 फरवरी को अस्थी के युद्ध में वह पुनः पराजित हुआ। हताश होकर जून, 1818 ई. में उसने अपने आपको अंग्रेजों को सौंप दिया। अंग्रेजों ने पेशवा का पद खत्म कर दिया, पेशवा के सम्पूर्ण भू-क्षेत्र पर अपना अधिकार कर लिया। पेशवा को कानपुर के निकट बिठुर में निवास करने की सुविधा दी और व्यय के लिए उसे आठ लाख रुपया प्रतिवर्ष की पेंशन निश्चित कर दी। त्रिम्बकजी को भी पकड़ लिया गया और उसे बनारस के निकट चुनार के किले में आजीवन कैद में डाल दिया।

इस तरह मराठा शक्ति सर्वथा के लिए खत्म हो गई। सभी मराठा सरदार परास्त कर दिए गए, उसके राज्यों की सीमाएँ छोटी कर दी गयीं और उनकी विदेश नीति पर अंग्रेजों का अधिकार हो गया। कोई भी मराठा सरदार स्वतंत्र नहीं रहा। उनमें से प्रत्येक अंग्रेजों पर निर्भर करने वाला मित्र शासक मात्र रह गया। उनमें से कोई, भी आगे आने वाले दिनों में अंग्रेजों की शक्ति का मुकाबला करने योग्य नहीं रह गया। अंग्रेजों ने छत्रपति शिवाजी के एक वंशज प्रतापसिंह को सतारा में नाममात्र का छत्रपति अवश्य बना दिया परन्तु यह अंग्रेजों पर निर्भर करने वाला एक छोटा राजा मात्र रहा। मराठों की हार ने अंग्रेजों को भारत की सर्वोच्च शक्ति बना दिया। निस्संदेह, अंग्रेजों को भारत में अपने साम्राज्य के प्रसार के लिए आगे आने वाले दिनों में भी युद्ध लड़ने पड़े, परन्तु उनसे किसी में उनकी असफलता का प्रश्न न था।

सिन्ध की विजय

यदि अंग्रेज सिन्ध को प्राप्त कर लेते तो व्यापारिक फायदा होता। सिन्ध पर आधिपत्य हो जाने के पश्चात् अंग्रेजों का अधिकार सिन्ध नदी पर हो जाता जिसके कारण जल मार्ग से समुद्र से लेकर पंजाब एवं उत्तर--पश्चिम के क्षेत्रों तक में उनको व्यापारिक सुविधा प्राप्त हो जाती। यही नहीं, बल्कि इन क्षेत्रों को आधार बनाकर अंग्रेज अफगानिस्तान एवं मध्य एशिया से भी व्यापार करने की सुविधा प्राप्त कर सकते थे। इसलिए सिंध पर अंग्रेजों ने आधिपत्य स्थापित कर लिया। अंग्रेजों को रूस द्वारा पूर्व की ओर बढ़कर उनके भारतीय साम्राज्य का संकट उपस्थित कर देने का भय था।

अंग्रेज सिन्ध के व्यापारिक महत्त्व को भली-भाँति जानते थे। उन्होंने 1630 ई. में ही मुगल-बादशाह से इजाजत लेकर सिन्ध से अपना व्यापार करना आरंभ कर दिया था। परन्तु उन्हें वहाँ खास सफलता प्राप्त न हो सकी। उपरांत में जब उन्हें स्थल के मार्ग से नेपोलियन द्वारा भारत पर हमला किये जाने की आशंका हुई, तब उन्हें सिंध का कूटनीतिक महत्त्व भी स्पष्ट हुआ। 1801 ई. में अंग्रेजों ने सिन्ध के अमीरों से एक समझौता किया कि वे अपनी सीमाओं में फ्रांसीसियों को निवास की स्वीकृति प्रदान नहीं करेंगे। 1820 ई.में अमीरों ने यह भी वायदा किया कि वे किसी भी यूरोपियन या अमेरिकन को अपनी सीमा में नहीं बसने देंगे।

पंजाब के शासक रणजीत सिंह की तरफ से उस समय तक युद्ध का खतरा पैदा हो गया 1823-25 ई. के मध्य रणजीतसिंह को सिन्ध को जीतने की आशंका थी। परन्तु अंग्रेजों ने उसे यह स्पष्ट कर दिया कि वे उसे सिन्ध में हस्तक्षेप नहीं करने देंगे। प्रथम अफगान युद्ध के मौके पर अंग्रेजों को सिन्ध का कूटनीतिक महत्त्व और अधिक स्पष्ट हो गया क्योंकि भारत से बोलन दर्रे द्वारा अफगानिस्तान का मार्ग सिन्ध के अमीरों की राज्य की सीमाओं में था।

1831 ई. में ब्रिटेन के शासक, विलियम चतुर्थ ने कुछ घोड़े भेंटस्वरूप रणजीतसिंह को भेजे। अंग्रेज कम्पनी ने उन घोड़ों को सिन्ध-नदी के मार्ग से रणजीतसिंह के पास भेजना चाहा ज़िसके लिए अमीरों ने मना कर दिया। परंतु रणजीत सिंह की धमकी के बाद अमीरों ने इजाजत दे दीया। अंग्रेजों का तात्पर्य सिन्ध नदी के जल-मार्ग के व्यापारिक महत्त्व को जानना था। अमीरों के स्वीकृति प्रदान करने पर एलेक्जेन्डर बर्न्स के नेतृव में एक मिशन इस कार्य के लिए नियुक्त किया गया। बर्न्स सिन्ध-नदी के मार्ग से लाहौर पहुँचा। सिन्ध के निवासी अंग्रेजों

के प्रति बहुत ही शंकालु थे। सिन्ध-निवासियों की आशंका शीघ्र ही सत्य साबित हुई।

बर्न्स के मिशन ने सिन्ध के व्यापारिक महत्त्व को अंग्रेजों को स्पष्ट कर दिया। कम्पनी ने कच्छ के अपने रेजीडेंड, लेफ्टिनेट पोगिंर को सिन्ध के अमीरों से एक सन्धि के लिए बातचीत आरंभ करने को कहा। सिन्ध के अमीर अंग्रेजों से कोई संबंध नहीं रखना चाहते थे। उन्होंने अफगानिस्तान के अमीर से मदद माँगी। परन्तु जब वे उससे मदद प्राप्त करने में विफल हुये तब उन्हें अंग्रेजों की बात मानने के लिये बाध्य होना पड़ा 1832 ई. में खैरपुर और हैदराबाद के अमीरों ने अंग्रेजों को सिन्ध-नदी को इस्तेमाल करने का अधिकार दे दिया।

इसके पश्चात् अंग्रेज सिन्ध पर अपने प्रभाव को बढ़ाते चले गये और अन्य किसी को वहाँ हस्तक्षेप करने का मौका प्रदान नहीं किया। उन्होंने अफगानिस्तान से भागकर आये हुए वहाँ के अमीर शाहशुजा से कहा कि वह सिन्ध के अमीरों की कोई मदद न करे। उन्होंने रणजीतसिंह को भी सिन्ध में किसी प्रकार का हस्तक्षेप नहीं करने दिया। 1838 ई. में रणजीतसिंह के हमले की आशंका से अमीरों को भयभीत करके अंग्रेजों ने अमीरों को एक अन्य सन्धि करने के लिए बाध्य किया–

इस सन्धि से सिन्ध पर अंग्रेजों के प्रभाव में वृद्धि हुई। 1834 स्वयं शाहशुजा ने, जब तक अफगानिस्तान का अमीर था, अमीरों को इस उत्तरदायित्व से मुक्त कर दिया था। इसके अतिरिक्त, स्वयं अंग्रेजों ने भी अमीरों से धन लिया और उन्हें यह भी स्पष्ट कर दिया कि वे 1832 ई. में हुई सन्धि के विपरीत अमीरों की सीमाओं से अंग्रेजी-सेना को अफगानिस्तान भेजेंगे।

24 दिसम्बर, 1838 ई. को खैरपुर के अमीर को एक अन्य संन्धि करने के लिए बाध्य किया गया।

हैदराबाद के अमीर ने इस सन्धि का विरोध किया। अंग्रेजों ने तुरंत कराची पर अधिकार कर लिया। उसके पश्चात्, मार्च 1839 ई. में उसने भी अंग्रेजों से एक सन्धि कर ली।

जुलाई 1841 ई. में मीरपुर का अमीर भी अंग्रेजों से सन्धि करने के लिए बाध्य हुआ। इस सन्धि द्वारा ही वास्तव में सिन्ध पर अंग्रेजों का आधिपत्य हो गया। अमीरों का न तो स्वतंत्र अस्तित्व रहा और न वे एक-दूसरे के साथ मिलकर कोई कार्य करने की दशा में रह सके।

प्रथम अफगान युद्ध के समय अमीरों ने अंग्रेजों की पूर्ण मदद की परन्तु अंग्रेजों ने युद्ध के पश्चात् उनकी सेवाओं को किसी भी रूप में मान्यता प्रदान नहीं

की। इसके अतिरिक्त इस युद्ध के पश्चात् सिन्ध पर अधिकार करने का प्रयास अंग्रेजों ने किया। आर. सी. मजूमदार ने लिखा है–"सिन्ध की विजय अफगान युद्ध से संबंधित ही नहीं अपितु उसका परिणाम भी थी।"

नवीन गवर्नर-जनरल, एलनबरों ने सिन्ध पर अधिकार करना इस कारण जरूरी समझा क्योंकि उससे दो फायदा हो सकते थे। एक अंग्रेजों के मनोबल में वृद्धि होना और दूसरा, भारतीय नरेशों पर अंग्रेजों की सैनिक शक्ति का प्रभाव दृढ़ होना जो प्रथम अफगान युद्ध में अंग्रेजों के नुकसान के कारण कुछ कम हो गया था। इस कारण एलनबरों ने रेजीडेन्ट आउट्रम को अमीरों के विरुद्ध आरोप तैयार करने का आदेश दिया। आउट्रम ने यह कार्य वफादारी से पूरा किया। उसके पश्चात् 1842 ई. में सर चार्ल्स नैपियर को सम्पूर्ण सैनिक और असैनिक अधिकार देकर सिन्ध भेजा गया। नैपियर ने न सिर्फ आउट्रम द्वारा अमीरों के विरुद्ध लगाये गये आरोपों को ही स्वीकार किया बल्कि अमीरों पर अंग्रेजों के प्रति वफादार न होने का दोष लगाया। उसने अमीरों से निम्न शर्तों को स्वीकार करने की माँग की–

वे अंग्रेजों को सिक्के तैयार करने का अधिकार सौंप दें, वे सिन्ध नदी में जाने वाले अंग्रेजी जहाजों को कोयला देने का वायदा करें, और वे कराची, थट्ठा, सक्खर, बक्सर, रोहरी इसके निकट की सम्पूर्ण भूमि अंग्रेजों को सौंप दें।

अमीरों द्वारा यह शर्त मान ली गई । इसके पश्चात्, नैपियर ने खैरपुर के अमीर की गद्दी के उत्तराधिकारी के प्रश्न में हस्तक्षेप किया। वहाँ के अमीर रुस्तम खाँ ने मीर मुहम्मद को अपना उत्तराधिकारी नियुक्त किया। परन्तु उसके भाई, अली मुहम्मद खाँ ने नैपियर से मिलकर मीर मुहम्मद को भागने के लिए मजबूर कर दिया तभी नैपियर ने उसे तुरन्त अमीर स्वीकार कर लिया। नैपियर स्वयं खैरपुर पहुँचा और तीनों अमीरों को एक नवीन सन्धि के लिए जनवरी, 20, 1843 ई. को वहाँ बुलाया। तीनों अमीरों ने नवीन सन्धि को स्वीकार करने की सम्मति भेज दी और खैरपुर के अमीर के अतिरिक्त, दो अमीरों ने आट्रम के सम्मुख हैदराबाद में सन्धि पर हस्ताक्षर कर दिये। खैरपुर का अमीर हैदराबाद समय से न पहुँच सका यद्यपि उसने संदेश भेज दिया कि वह सन्धि पर शीघ्र हस्ताक्षर कर देगाा। आउट्रम ने इसकी सूचना चार्ल्स नैपियर को भेज दी परंतु नैपियर सेना का लेकर हैदराबाद की तरफ बढ़ा।

नैपियर द्वारा सेना-सहित हैदराबाद की ओर बढ़ना बलूची-सैनिकों द्वारा बगावत का कारण बन गया। उन्होंने अंग्रेज रेजीडेन्सी पर धावा बोल दिया परंतु आउट्रम भागने में सफल रहा। 17 फरवरी 1843 ई. को नैपियर ने बलूची-सैनिकों को मियानी के युद्ध में परास्त कर दिया। मार्च 24, 1843 ई. को मीरपुर के अमीर

शेर मुहम्मद ने दाबों के युद्ध में नैपियर का मुकाबला किया परन्तु पराजित हुआ। इसके पश्चात् तीनों अमीरों ने आत्मसमर्पण कर दिया। जून 14 को नैपियर ने एलनबरों को सूचित किया–"मैंने सिन्ध ले लिया है।" जून 14 को शेर मुहम्मद ने फिर से अंग्रेजों से युद्ध किया लेकिन पराजित हो गया और भाग गया। अगस्त 1843 ई. में सिन्ध को अंग्रेजी साम्राज्य में शामिल कर लिया गया।

पंजाब की विजय

अंग्रेजी साम्राज्य के विस्तार के समय पंजाब पर रणजीत सिंह का अधिकार था। रणजीतसिंह अंग्रेजों से संतुष्ट नहीं रहा लेकिन उसने अपने सर्वदा उनसे मित्रता के संबंध रखे और अमृतसर की सन्धि का पालन किया। अंग्रेज 1814 ई. में नेपाल युद्ध के मौके पर और 1824 ई. में बर्मा-युद्ध के मौके पर बहुत कठिनाई में फँस गये थे परन्तु रणजीत सिंह ने उनकी कठिनाई से फायदा उठाने का प्रयास नहीं किया। यही नहीं बल्कि जब गोरखों ने उससे मदद माँगी तब उसने इंकार कर दिया। तृतीय मराठा युद्ध में अंग्रेजों से परास्त होकर जब भोंसले उसके पास मदद माँगने पहुँचा, तब भी उसने उसकी मदद करने से इंकार कर दिया। इसी प्रकार 1825 ई. में जब भरतपुर के जाट-राजा ने अंग्रेजों के विरुद्ध मदद माँगी, तब भी उसने उसे मदद नहीं दी।

इनके विरीत अंग्रेजों ने रणजीत सिंह से कभी भी मित्रता का व्यवहार नहीं किया। अंग्रेजों ने उसके राज्य-विस्तार के मार्ग में बाधा डाली और उसकी प्रत्येक कठिनाई से फायदा उठाने का प्रयास किया। 1826 ई. में वहाबियों ने रणजीत सिंह के विरुंद्ध धर्म-युद्ध की घोषणा की और अंग्रेजों के राज्य की सीमाओं के अंतर्गत संगठन करके उस पर हमला किया। अंग्रेज इससे सर्वदा परिचित थे, परन्तु उन्होंने वहाबियों को रोकने का कोई प्रयास नहीं किया। इसके विपरीत, उन्होंने उसमें प्रसन्नता अनुभव की क्योंकि उससे रणजीत सिंह की शक्ति को नुकसान पहुँचता था। अंग्रेजों ने रणजीत सिंह के प्रभाव को सतलुज नदी के पूर्व के राज्यों पर भी बढ़ने से रोका उन्होंने इसके द्वारा सिन्ध की विजय में भी बाधा डाली। अंग्रेजों ने सिन्ध के अमीरों को स्वयं अपने संरक्षण में ले लिया। रणजीत सिंह ने शिकारपुर को जीतने की लालसा की परन्तु अंग्रेजों ने उसे रोक दिया। अंग्रेजों ने पहले फीरोजपुर पर रणजीत सिंह के आधिपत्य को मान लिया था परन्तु बाद में, उस पर अपना अधिकार कर लिया। फीरोजपुर अंग्रेजों के लिए सैनिक दृष्टि से महत्त्वपूर्ण था और रणजीत सिंह की राजधानी लाहौर के निकट थी।

इस तरह जबकि रणजीत सिंह ने अंग्रेजों को कभी भी अप्रसन्न नहीं किया। लेकिन रणजीत सिंह की प्रसन्नता या अप्रसन्नता के प्रति अंग्रेज पूर्णतया उदासीन थे। अनेक इतिहासकारों ने रणजीत सिंह द्वारा अंग्रेजों के प्रति अपनाई गई नीति को व्यावहारिक बुद्धिमान बताया है। उनका तर्क है कि अंग्रेजों से मित्रता रखना उसके स्वार्थ में था। इस कारण उसने बुद्धिमता से अंग्रेजों से युद्ध को टाला जो अगर हो जाता तो, निस्संदेह, उसकी हार और विनाश का कारण होता।

परन्तु इतिहासकारों का एक ऐसा भी वर्ग है जिसने यह विचार प्रकट किया कि अंग्रेजों के प्रति रणजीत सिंह की नीति दुर्बलता और आत्मविश्वास एवं दूरदर्शिता की कमी को प्रदर्शित करती है। एन. के. सिन्हा ने लिखा है–"जैसा कि बिस्मार्क ने विचार प्रकट किया था कि प्रत्येक दशा में एक सन्धि का अर्थ होता है कि सन्धि करने वालों में एक घोड़ा और एक घुड़सवार है। आंग्ल-सिक्ख सन्धि में अंग्रेज सरकार घुड़सवार और रणजीत सिंह घोड़ा। अंग्रेजों के साथ संबंध बनाये रखने में रणजीत सिंह ने बड़ी भूल की थी। उसने कभी भी साहस का परिचय नहीं दिया। वह सर्वदा हिचकिचाता रहा और निर्णय नहीं हो सका।"

कुछ इतिहासकारों के द्वारा शिवाजी से रणजीत सिंह की तुलना की गई है। निस्संदेह दोनों की सफलता में सामंजस्य है। दोनों ने अपने-अपने व्यक्ति-समूह को संगठित किया और अपने-अपने प्रदेशों में ऐसे सैनिक राज्यों की स्थापना की जो अपने से अधिक शक्तिशाली पड़ोसियों के मुकाबले खड़े हो सकें। रणजीत सिंह की मृत्यु के बाद सिखों से युद्ध में अंग्रेजों को आसानी से विजय हासिल नही हुई और अगर वह सिख फौजें रणजीत सिंह के नेतृत्व में लड़ी होतीं तब राभवतः, उन युद्धों का परिणाम कुछ और भी हो सकता था। इसी वजह से यह सवाल उठा है कि जो कार्य शिवाजी ने शक्तिशाली मुगलों के विरुद्ध किया है, वह रणजीत सिंह ने अंग्रेजों के विरुद्ध क्यों नहीं किया। इतिहासकारों ने इस प्रश्न का उत्तर विभिन्न प्रकार से दिया है। एक उत्तर यह है कि रणजीत सिंह के व्यक्तिगत चरित्र में वे गुण न थे जो शिवाजी के व्यक्तित्व में थे। उसके चरित्र की दुबर्लताओं ने उसके नैतिक साहस को दुर्बल बना दिया था जिसके कारण अंग्रेजों के खिलाफ खड़ा होने की हिम्मत नहीं जुटा पाया। रणजीत सिंह का शासन पूर्णतया उसी पर निर्भर करता था। उसने शिवाजी की भाँति अष्ट प्रधान' जैसी परिपद शासन को व्यवस्थित रखने के लिए नहीं बनाई थी।

अंग्रेजों द्वारा पंजाब की विजय

प्रथम सिख-युद्ध (1845-46 ई.)—रणजीत सिंह के द्वारा स्थापित किया गया

राज्य उसकी मृत्यु के पश्चात् ही विनष्ट हो गया। अंग्रेजों ने लगातार दो युद्धों में विजय प्राप्त कर उसके राज्य पर आधिपत्य स्थापित कर लिया। इन युद्धों का प्रमुख कारण अंग्रेजों की साम्राज्यवादी नीति थी। अंग्रेज रणजीत सिंह की मृत्यु के पश्चात् ही पंजाब को जीतने के लिए उत्सुक हो गये थे, क्योंकि उससे उत्तर-पश्चिम की ओर उनके भारतीय राज्य की सीमायें भारत की प्राकृतिक सीमाओं मे मिल पाती थीं।

रणजीत सिंह की मौत के बाद उसका मंदबुद्धि पुत्र खड्ग सिंह सिंहासन पर बैठा। इस कारण, राज्य की शक्ति का इस्तेमाल वास्तविक रूप में उसके पुत्र नौनिहाल सिंह ने किया। 5 नवम्बर, 1840 ई. में खड्गसिंह का देहांत हो गया। उसी दिन लाहौर के किले के एक फाटक के नौनिहाल के ऊपर गिर जाने से उसकी भी मृत्यु हो गई। यह विश्वास किया गया था कि उनकी मृत्यु दुर्घटना के कारण नहीं अपितु एक षड्यंत्र का परिणाम थी। उसकी पत्नी माई चाँद कौर ने सिंहासन पर अपने पैदा होने वाले बच्चे का दावा किया। उसका समर्थन सिंधियानवाला ने किया। परन्तु उसका विरोध रणजीत सिंह के एक अन्य पुत्र शेरसिंह ने किया। दोनों प्रतिद्वंद्वी दलों ने अंग्रेजों से मदद की माँग की। माई चाँद कौर अंग्रेजों की मदद के बदले में उन्हें कश्मीर अथवा सम्पूर्ण राज्य की वार्षिक आय का 1/5 भाग देने को तैयार थी। अंत में सेना की सहायता से शेरसिंह ने सिंहासन प्राप्त करने में सफलता प्राप्त की। सिंधियानवाला सरकार भागकर अंग्रेजों के शरण में चले गये और माई चाँद कौर को एक जागीर प्रदान कर दी गई। शेरसिंह ने भी दो वर्ष तक विलासप्रिय जीवन व्यतीत किया । 1843 ई. के अंतिम चरण में वह, उसका पुत्र प्रताप सिंह और वजीर ध्यानसिंह सिंधियानवाला सरदारों के द्वारा कत्ल कर दिये गये। सिंधियानवाला सरदार अंग्रेजों के आश्वासन के पश्चात् पंजाब वापिस चले आये थे और यह संदेह किया गया कि इन तीन व्यक्तियों के कत्ल में अंग्रेजों का हाथ था। उसके पश्चात् हीरासिंह ने सेना की मदद से महारानी जिंद और उर्फ रानी झिन्डल के अल्पायु पुत्र दिलीप सिंह को सिंहासन पर बिठा दिया। रानी झिन्डन जिसने अपने पुत्र के संरक्षक के रूप में कार्य किया, एक योग्य स्त्री थी। परन्तु वह कुचक्री भी थी। उसकी अधिक समय तक हीरा सिंह के साथ न निभ सकी। 1844 ई. में हीरा सिंह की हत्या कर दी गयी। उसके पश्चात् राज्य की वास्तविक सत्ता का उपभोग उसके भाई एवं राज्य के वजीर जवाहर सिंह और उसके प्रेमी लालसिंह ने किया। लेकिन उनमें से कोई भी शासन करने के योग्य न था ऐसी परिस्थितियों में शासन में सेना का हसतक्षेप बढ़ गया जिसने खड्ग सिंह की मृत्यु के पश्चात् से उत्तराधिकारियों के लिए प्रत्येक संघर्ष में प्रभावपूर्ण ढंग से हस्तक्षेप किया था। सेना ने अपनी स्वयं की पंचायत बना

ली जिसने राज्य-शासन के संबंध में निर्णय लेने शुरू कर दिये लेकिन सेना शासन को ठीक प्रकार से चला नहीं सकी। इससे लाहौर-दरबार सेना से असंतुष्ट हो गया। लेकिन दरबार सेना को अपने नियंत्रण में न ला सका। इस कारण, बहुत से सरदारों ने यह सोचा था कि खालसा सेना की शक्ति को विनष्ट करने का एक ही उपाय है कि स्वयं रानी झिन्डन और तेज सिंह एवं गुलाब सिंह जैसे महत्त्वपूर्ण सरदारों ने खालसा-सेना को अंग्रेजों के विरुद्ध भड़काया था।

अंग्रेज भी पंजाब की इन परिस्थितियों के प्रति उदासीन न थे। उन्होंने पंजाब की दुर्बल होती हुई परिस्थितियों से फायदा उठाकर उसे जीतने का सुअवसर तलाश करना शुरू किया। रणजीत सिंह की मृत्यु के पश्चात् से ही अंग्रेज पंजाब को जीतने की लालसा कर रहे थे। प्रथम-अफगान युद्ध में प्रारंभिक सफलता के पश्चात् एक बार उन्होंने यह भी सोचा था कि पेशावर अफगानिस्तान को दे दिया जाये। मिसेज हेनरी लारेन्स द्वारा लिखे गए पत्रों से स्पष्ट होता है कि अंग्रेज 1841 ई. में ही पंजाब को जीतने के लिए लालायित हो गये थे। 26 मई, 1841 में उसने एक पत्र में लिखा था—"इसमें कोई संदेह नहीं है कि अगले जाड़ों में पंजाब को जीतने का कार्य पूरा हो जायेगाँ" परन्तु अफगान युद्ध में प्रारंभिक सफलता के पश्चात् अंग्रेजों को जो नुकसान हुआ उसके कारण वे पंजाब के विरुद्ध उस समय तक कोई कदम न उठा सके। परन्तु उन्होंने लालसिंह, तेजसिंह और गुलाब सिंह जैसे महत्त्वपूर्ण सरदारों से अपने संबंध घनिष्ठ कर लिए। उनका यह विचार रहा कि जैसे ही सुविधा मिलेगी वह पंजाब को जीतने का प्रयास करेंगे। उन्होंने सिख और डोगरा सरदारा में मतभेद कराने का भरपूर प्रयत्न किया। एलबरो, जिसने आरम्भ से ही पंजाब को जीतने की आकांक्षा करता था। उसने गवर्नर जनरल का पद संभालने से पहले ही ड्यूक-आप-वैंलिटन से पंजाब-युद्ध की योजना के बारे में वार्तालाप किया था। उसने सतलुज नदी को पार करने के उद्देश्य से एक योजना बनाई। उसकी सिन्ध-विजय, सिन्धिया के साथ की गयी सन्धि, 1843 ई. में कैथल के सिख-राज्य पर अधिकार और करनाल एवं फिरोजपुर में अंग्रेजी सेना को एकत्रित करना पंजाब पर हमला किये जाने की पृष्ठभूमि थी। परन्तु उसे पंजाब पर आक्रमण करने का अवसर नहीं मिला। लेकिन उसके पद-त्याग करने के मौके पर पंजाब की सीमा पर अठारह हजार अंग्रेजी सैनिक और छियासठ (66) तोपें थीं। गवर्नर जनरल लार्ड होर्डिंग की नीति के कारण प्रथम सिख युद्ध आरंभ हुआ। इस युद्ध के समय पंजाब की सीमा पर चालीस हजार अंग्रेजी-सेना और चौरानवे (94) तोपें थीं। युद्ध के शुरू होने से पहले बम्बई में तैयार की गई नावें भी फीरोजपुर लाई जा चुकी थीं। इस तरह युद्ध के

शुरू होने से बहुत पहले ही अंग्रेजों ने अपनी सैनिक तैयारियाँ कर ली थीं। अंग्रेजों ने कूटनीति का भी सहारा लिया। ब्रेडफुट ने सिख सरदारों को विभाजित कर कमजोर कर दिया और उसने तेजसिंह और गुलाबसिंह को सिख-सेना के साथ सतलुज-नदी को पार करने के लिए भड़काया था जिसका परिणाम प्रथम विश्व युद्ध हुआ। ब्रोडफुट के मृत शरीर को देखकर रोबर्ट एन. कस्ट ने कहा था–"यह उस व्यक्ति का मृत शरीर पड़ा है जो कई व्यक्तियों के मतानुसार उस युद्ध के लिए प्रमुख रूप से उत्तरदाई है जिसे हम आरंभ करने जा रहे हैं।" अंग्रेजों ने अपनी सैनिक तैयारियों को गोपनीय रखने का कोई प्रयत्न नहीं किया, सतलुज-नदी के पूर्व के छोटे राज्यों पर अधिकार कर लिया, सीमा-विवादों को प्रोत्साहन दिया और अनेक अवसरों पर सिख-पदाधिकारियों का अपमान किया। इस तरह सिखों को युद्ध के लिए प्रोत्साहित करने में सफल रहा। खालसा-सेना को स्वयं यह संदेह था कि अंग्रेज पंजाब पर हमला करने की तैयारी कर रहे हैं और जब उनके सरदारों ने उसे आगे बढ़ने के लिए प्रोत्साहित किया तब वह तेजसिंह की अगुवाई में सतलुज नदी के किनारे इकट्ठा हो गया।

दिसम्बर, 1845 ई. को मुदकी नामक स्थान पर सिखों और अंग्रेजों में प्रथम युद्ध शुरू हुआ जिसमें सिख पराजित हो गये। परन्तु जनवरी 21, 1846 ई. को रणजीत सिंह मजीठिया के नेतृत्व में सिखों ने बुदवाल नामक स्थान पर अंग्रेजों को परास्त कर दिया। अलीवाल नामक स्थान पर जनवरी 28 को सिखों की पुनः हार हुई। फरवरी 10, 1846 ई. को सोबराव का निर्णयात्मक युद्ध हुआ जिसमें सिखों की हार हुई। फरवरी 13, 1846 को अंग्रेजों ने सतलुज नदी को पार किया और फरवरी 20 को राजधानी लाहौर पर अधिकार कर लिया।

लाहौर की संधि (1846 ई.)– 1 मार्च, 1846 को अंग्रेजों और लाहौर-दरबारी में लाहौर की संधि हुई।

इस संधि की शर्तें ऐसी थीं कि सिख अंग्रेजों का विरोध करने की दशा में नहीं रह गये थे। परन्तु तब भी अंग्रेज सिख-राज्य को लगातार दुर्बल करते गये। जब कश्मीर में एक बगावत हुई जिसे कराने में लालसिंह का हाथ था तब लालसिंह को वजीर के पद से हटा दिया गया। अंग्रेजों ने बगावत को दबा दिया परन्तु उस मौके का इस्तेमाल उन्होंने सिख-दरबार को एक नवीन संधि करने के लिए बाध्य किया। 16 दिसम्बर, 1846 ई. को उन्होंने सिख-दरबार से भैरावल की संधि की। इस संधि ने अंग्रेजों को प्रायः पंजाब का मालिक बना दिया। उसने रानी झिन्डन को संरक्षक पद से हटा दिया गया। उसे डेढ़ लाख रुपया प्रतिवर्ष की पेंशन दे दी गयी। उसके स्थान पर, अंग्रेज रेजिडेंट की देखभाल में आठ सरदारों की एक संरक्षक परिषद् स्थापित कर दी गयी।

द्वितीय सिख-युद्ध (1844-1849)–प्रथम सिख युद्ध के पश्चात् जो व्यवस्था पंजाब में की गयी, वह अस्थायी मात्र थी, उससे न तो अंग्रेजों की साम्राज्यवाद की भावना संतुष्ट हुई और न सिख ही संतुष्ट रह सके। इस कारण, द्वितीय सिख-युद्ध के कारण बहुत मुसलमान शीघ्र ही उपस्थित हो गये। अंग्रेजों ने पंजाब में मुसलमानों को कुछ सुविधाएँ प्रदान कीं जिससे सिख असंतुष्ट हुए। जिन सैनिकों को सेना से निकाल दिया गया था, उन्हें अन्य नौकरी मिलना संभव नहीं हुआ जिससे वे असंतुष्ट रहे। सिखों की यह भी भावना थी कि उनकी पराजय का प्रमुख कारण उनके सरदारों की गद्दारी थी। और उन्हें अगर एक और मौका मिल जाए तो वे निःसंदेह अंग्रेजों को परास्त कर देंगे। इस कारण वे अंग्रेजों से एक और युद्ध करने का मौका चाहते थे। सिख अंग्रेजों द्वारा पंजाब के आंतरिक शासन में किये जाने वाले हस्तक्षेप से भी असंतुष्ट थे। रानी झिन्डन के प्रति किये गये असम्मानित व्यवहार से भी सिख असंतुष्ट थे। इस तरह विभिन्न कारणों से सिख अंग्रेजों द्वारा पंजाब पर अधिकार किये जाने से असंतुष्ट थे। दूसरी तरफ अंग्रेज पंजाब को अपने राज्य में शामिल करने के लिए उत्सुक थे। नवीन गवर्नर-जनरल डलहौजी तो पूर्णतया साम्राज्यवादी था। उसे तो पंजाब को अंग्रेजी साम्राज्य में शामिल करने के लिए एक बहाने मात्र की तलाश थी और वह उसे मूलराज के बगावत ने उसे प्रदान कर दिया।

1844 ई. में अपने पिता सावन्तराव की मृत्यु के पश्चात् मूलराज मुल्तान का सूबेदार बना। महाराजा ने उससे उत्तराधिकारी कर के रूप में तीस लाख रुपया माँगाँ मूलराज ने उस धन को देने में अपनी असमर्थता व्यक्त की। अंत में यह निर्णय हुआ कि उससे जंग का जिला ले लिया जायेगा और वह पहले पच्चीस लाख रुपया और उसके पश्चात् तीस लाख रुपया प्रतिवर्ष महाराज को देगाँ मूलराज ने इस निर्णय को भी मानने से इंकार कर दिया और पद छोड़ने की इच्छा व्यक्त की। तत्कालीन अंग्रेज रेजीडेन्ट मि. लारेन्स ने उसके पदत्याग को स्वीकर नहीं किया परन्तु उसके उत्तराधिकारी रेजीडेन्ट मि. कुरी ने उसे स्वीकार कर लिया। उसके बाद खानसिंह को सूबेदार के रूप में अंग्रेज अधिकारी के साथ मुल्तान भेजा गया । मूलराज ने खानसिंह को किले का आधिपत्य सौंप दिया परन्तु उसी दिन दोनों अंग्रेज अधिकारी कत्ल कर दिये गये। यह संदेह किया गया कि उनकी हत्या में मूलराज का हाथ था। परन्तु आधुनिक इतिहासकार अब इस विचार को स्वीकार नहीं करते।

मूलराज ने जब बगावत कीया तो अंग्रेजों ने आरंभ में दबाने का प्रयत्न नहीं किया। उन्होंने यह बहाना किया कि वह चाहते थे कि बगावत फैलकर पंजाब को पंजाब से बाहर भेजना था। विद्रोही रानी झिंडन से उम्मीद लगा रखा था। मि.

कुरी ने अपने एक पत्र में लिखा :" निःसंदेह यह सत्य है कि दीवान मूलराज, संपूर्ण, सिख-सेना और नागरिकों की आँखें रानी पर केन्द्रित थी जो बगावत का केन्द्र-बिन्दु हो सकती थी।" परन्तु, इसमें भी संदेह नहीं है कि रानी झिन्डन का इस बगावत में कोई हाथ न था। मि. कुरी ने लिखा था–"यह संदेह अवश्य किया गया है यद्यपि इसका प्रमाण कोई नहीं है कि महारानी ने मुल्तान के बगावत को भड़काया था।"

अंग्रेजों ने स्वयं ही सिखों को विद्रोह के लिए भड़काया था। इस तथ्य के स्पष्ट प्रमाण प्राप्त होते हैं कि मूलराज की बगावत के पश्चात् भी पंजाब में संगठित बगावत की कोई भावना न थी और लाहौर दरबार तो अंतिम समय तक अंग्रेजों के प्रति पूरी तरह वफादार रहा था। अगस्त, 1848 ई. में पंजाब के अंग्रेज रेजीडेंट ने अंग्रेज-सेनापति को लिखा था "कैप्टन आबोट के कहने के विपरीत अभी तक पंजाब में सरदारों द्वारा मिलकर बगावत करने या षड्यंत्र करने अथवा लाहौर में किन्हीं दलों या लाहौर-दरबार के किसी भी व्यक्ति का इस विद्रोह में शामिल होने का कोई चिन्ह नहीं है।" इस कारण, डलहौजी को यह कहने का कोई औचित्य न था कि "बिना सूचना के और बिना किसी कारण के सिख-राष्ट्र ने युद्ध को निमंत्रण दिया है। और मैं अपनी ओर से आप सभी महानुभावों को विश्वास दिलाता हूँ कि इसका प्रतिशोध लिया जायेगाँ" और यह वक्तव्य डलहौजी ने उस समय दिया था जब लाहौर दरबार किसी भी तरह से विद्रोह में शामिल नहीं था। डलहौजी और कुछ विश्वासपात्र अधिकारियों के अतिरिक्त, संभवतया, किसी को यह पता भी नहीं था कि अंग्रेज लाहौर-दरबार से युद्ध करेंगे।

अंग्रेज सेनापति लार्ड गफ को भी लार्ड डलहौली की योजना के बारे में पता नहीं था। उसने लिखा था–''मुझे यह पता नहीं कि हम युद्ध की दशा में हैं अथवा शान्ति की अथवा हम किससे युद्ध कर रहे हैं।'' वह जब लाहौर पहुँचा तभी उसे पता लगा कि उसे लाहौर-दरबार से युद्ध करने के लिए भेजा गया है। डलहौजी की योजना यह थी कि बगावत को फैलने का मौका दिया जाय और उसके लिए लाहौर दरबार को दोषी ठहराया जाय जिससे उसे पंजाब पर अधिकार करने का बहाना मिल जाय। इसी कारण, जबकि लाहौर-दरबार अंग्रेजों के प्रति वफादार रहा और महाराज दलीपसिंह ने विद्रोह में कोई भाग नहीं लिया और न उसमें भाग लेने की दशा में था तब भी डलहौजी ने उसे अपना शत्रु माना और द्वितीय सिख-युद्ध के बाद पंजाब को अंग्रेजी राज्य में शामिल कर लिया।

सिखों और अंग्रेजों का पहला युद्ध रामनगर नामक स्थान पर 22 नवम्बर 1848 ई. को हुआ। लेकिन उस युद्ध में कोई निर्णय नहीं हुआ। दूसरा युद्ध 12

जनवरी, 1849 ई. को चिलियानवाला में हुआ। यह युद्ध भी अनिर्णयात्मक रहा यद्यपि इसमें सिखों की तुलना में अंग्रेजों को अधिक नुकसान हुआ परन्तु अंग्रेजों को मुलतान में सफलता मिली जहाँ जनवरी 22 को मूलराज ने आत्मसमर्पण कर दिया। लेकिन उस समय शेरसिंह और छतरसिंह की सेनाएँ एक-दूसरे से मिल गयीं। लार्ड गफ को भी इस बीच मुल्तान से आई हुई सेना की मदद मिल गयी। अन्तिम युद्ध 21 फरवरी, 1849 ई. को चिनाब नदी के निकट गुजरात नामक नगर में हुआ। इस युद्ध में सिख बुरी तरह से परास्त हुए और अंग्रेजों ने सिखों का पीछा पन्द्रह मील तक किया। 12 मार्च 1849 ई. को शेरसिंह, छतरसिंह और बाकी अन्य सिख सरदारों ने भी आत्मसमर्पण कर दिया। अपने शस्त्रों को समर्पित करते हुए एक वृद्ध सिख सैनिक ने कहा—''आज रणजीत सिंह की मृत्यु हो गई।''

डलहौजी ने डाइरेक्टरों की स्वीकृति की जरूरत अनुभव नहीं की और 29 मार्च, 1849 ई. को पंजाब को अंग्रेजी राज्य में शामिल कर लिया। उसने घोषणा की—''पंजाब का राज्य खत्म हो गया और अब से महाराजा दलीपसिंह का सम्पूर्ण राज्य अंग्रेजी राज्य का एक भाग है।'' महाराजा दलीपसिंह को चार अथवा पाँच लाख रुपया प्रतिवर्ष की पेंशन दे दी गई और उसे एवं उसकी मां रानी झिन्डन को इंग्लैंड भेज दिया गया।

इसके लिए उनके द्वारा पूर्व में भारतीय राजाओं से लड़े गए युद्ध और उसकी सफलता का भय पर्याप्त था। सिखों के युद्ध में हारने के बाद अब कोई भी ऐसा राज्य नहीं था जो अंग्रेजों के खिलाफ खड़ा हो सके।

2

1857 का विद्रोह

भारत में द्वितीय सिख युद्ध के पश्चात् अंग्रेजों का वर्चस्व स्थापित हो गया। अब कोई शासक या राजा इस स्थिति में नहीं था कि अंग्रेजों का विरोध कर सके। अंग्रेजों ने अपने साम्राज्य की स्थापना के लिए नीति अपनाई उससे आम जनता असंतुष्ट हो गई और सैनिकों में बगावत भावना जागृत हो गई। इसकी अभिव्यक्ति 1857 के विद्रोह के रूप में सामने आई। 1857 के इस विद्रोह के निम्नलिखित कारण थे–

सेना में असंतोष–तत्कालीन भारत में अंग्रेजी सेना को दो वर्गों में विभाजित किया गया था। एक भाग में अधिकारी एवं सैनिक दोनों ही अंग्रेज एवं दूसरे में अंग्रेज अधिकारी एवं भारतीय सैनिक होते थे। बंगाल, मद्रास और बंबई प्रांतों की अलग-अलग सेनाएँ होती थी। कंपनी की समस्त सेना का अध्यक्ष बंगाल सेनाध्यक्ष होता था। बंगाल सेना में बंगाल सेना में बंगाली सैनिक नाममात्र के होते थे। इसमें अधिकांशतः सैनिक उत्तर-प्रदेश के होते थे। हिंदू सैनिकों में अधिकतर ऊँची जातियों के ब्राह्मण, राजपूत तथा जाट होते थे। बंबई और मद्रास की सेनाओं में मोपला एवं तमिल और तेलगू क्षेत्र जिन्हें तिलंगा कहा जाता था के सिपाही होते थे।

भारतीय सिपाहियों को उच्च पद विरले ही दिया जाता था वरिष्ठता के आधार पर पदोन्नति मिलती थी लेकिन फिर भी परिश्रमिक नौ रूपये मासिक ही दिया जाता था। अंग्रेजी सैनिकों को उनसे कई गुना अधिक वेतन मिलता था। पूरी भारतीय सेना में अंग्रेजी सैनिकों की संख्या एक छठे भाग से कम थी। लेकिन सैनिक खर्च का

आधे से अधिक अंग्रेजों पर ही किया जाता था। सेना का गठन ही इस प्रकार से हुआ था कि इन दोनों भागों में बहुत मनमुटाव था।

1806 ई. से 1856 ई. तक विभिन्न मौकों पर भारतीय सैनिकों ने अंग्रेजों के इस व्यवहार के विरुद्ध विद्रोह किए। 1806 ई. में वैलोर में मद्रास सेना में एक विशेष प्रकार की पगड़ी पहनने, दाढ़ी मुँड़वाने एवं तिलक न लगाने के आदेशों के विरुद्ध विद्रोह हुआ। 1824 ई. में बैरकपुर की छावनी में दोहरे भत्ते के बिना रंगून जाने के प्रश्न पर उपद्रव हुआ जिसमें सैकड़ों सैनिक मारे गए। इस समय भारतीय सैनिकों को आश्वासन देकर भी भत्ता न दिए जाने की घटनाएँ सामान्य थीं। 1830 ई. में शोलापुर में, 1842 ई. में हैदराबाद में, 1842-43 ई. में सिंध में भेजी गई सेनाओं में, विद्रोह हुए। इन सब विद्रोहों का दमन कठोरतापूर्वक किया गया।

भारत से बाहर जाने पर उनके जाति से बहिष्कृत होने की आशंका रहती थी। बंगाल सेना को भारत के बाहर लड़ने के लिए भेजना भी असंतोष पैदा करने में मददगार हुआ। उस समय सेना का सामान्य जनता से दैनिक जीवन में संपर्क बना रहता था इसलिए ईसाई मिशनरियों की गतिविधियों के संबंध में जनता की प्रतिक्रिया का भी उन्हें पूरा ज्ञान था। सेना में अधिकारियों के प्रति अविश्वास पहले से ही व्याप्त था। ऐसे वातावरण में चरबी वाले कारतूस की घटना हुई। 1 जनवरी, 1857 ई. को एन्फील्ड राइफल का प्रयोग अंग्रेज सेना अधिकारियों द्वारा प्रारंभ किया गया। इस राइफल में चरबी लगे विशेष प्रकार के छर्रे वाले कारतूस प्रयोग किए जाते थे। यह छर्रे एक विशेष चिकनाई (जो गाय और सूअर की चर्बी से तैयार होती थी) में लपेटकर कारतूस (गोली कोश) में रखे रहते थे। उन्हें मुँह से काटकर राइफल में भरा जाता था। इन कारतूसों का प्रयोग प्रारंभ हो जाने के बाद दमदम अस्त्रागार में एक खलासी ने ब्राह्मण के लोटे से पानी पीने का आग्रह किया। ब्राह्मण को अपने जाति से पतित हो जाने का डर था। उसके मना करने पर खलासी ने उसे व्यंग्य किया कि उसकी जाति नए कारतूसों के प्रयोग के बाद समाप्त हो जाएगी। इस घटना का अंग्रेज अधिकारियों ने वर्णन किया है।

सिपाहियों के आपत्ति करने पर सेनाध्यक्ष एनसन ने मार्च, 1857 ई. में गोलाबारी अभ्यास को कुछ समय के लिए स्थगित कर दिया लेकिन लार्ड कैनिंग ने अप्रैल में आदेश दिए कि गोलाबारी अभ्यास चलता रहे और जो सिपाही इस अभ्यास से मना करे उसे सैनिक रीति से दंड दिया जाए। कुछ अन्य स्थानों पर चरबी की अपेक्षा उस कारतूस में लगे विशेष प्रकार के चमकीले कागज पर आपत्ति उठाई गई। इन आपत्तियों की ओर अंग्रेजी अधिकारियों का दृष्टिकोण अनुशासनिक होता था। इस नीति से असन्तोष कम होने के स्थान पर शीघ्रता से फैला।

आर्थिक शोषण—अंग्रेजों ने भारतीय कुटीर एवं घरेलू उद्योगों को विनष्ट कर दिया था। 19वीं सदी के प्रारंभ में भारत का आर्थिक शोषण स्पष्ट रूप से परिलक्षित होने लगा था। मुक्त व्यापार, अंग्रेजी व्यापारियों के भारत आने और इंग्लैंड के निर्मित वस्त्रों को अधिकाधिक मात्रा में भारत में बेचने से यहाँ के कुटीर उद्योग लुप्तप्राय ही हो गए। अंग्रेजी प्रशासन से निर्धनता बड़ी तेजी से बढ़ रही थी। अंग्रेजों ने प्रशासनिक अधिकार से फायदा उठाकर भारतीय व्यापार, वाणिज्य एवं कुटीर उद्योगों को अपने नियंत्रण में कर लिया। अंग्रेजी राज्य के आर्थिक शोषण से पुराना जमींदार वर्ग भी खत्म हो गया। स्थायी और रैयतवाड़ी प्रथा के कृषकों पर अत्यन्त हानिकारक प्रभाव हुए। 1856 ई. के भूमि प्रबंध कानून द्वारा अवध के ताल्लुकदारों के सभी अधिकार खत्म कर दिए गए। अंग्रेजों ने पुराने समय से चली आ रही करमुक्त भूमि को फिर से अपने नियंत्रण में लेने का निर्णय भी लिया।

इसके लिए विशेष आदेश लॉ खिराज रेगूलेशंस पारित किया गया। करमुक्त जागीरों के स्वामियों से शिक्षा, ज्ञान या परमार्थ हेतु मिली हुई भूमि के स्वामित्व के पक्ष में प्रमाण प्रस्तुत करने के लिए कहा गया। जो लोग ऐसा करने में असमर्थ रहे उनकी भूमि छीन ली गई। इससे बहुत से व्यक्तियों के समक्ष जीविकोपार्जन का संकट उत्पन्न हो गया। यह नीति विलियम बैंटिंक के समय में प्रारंभ हो चुकी थी लेकिन लॉर्ड डलहौजी के समय में इस नीति को बड़ी कठोरता से लागू किया गया। 1852 ई. में इनाम आयोग ने दक्षिणी भारत में हजारों जमींदारों की भूमि छीन ली। इससे भारी असंतोष उत्पन्न हुआ।

अंग्रेजी आर्थिक नीतियों से कृषक, शिल्पी, जमींदार, व्यापारी सभी वर्ग दुःखी थे, सिर्फ वे प्रसन्न थे जो नवीन स्थान प्राप्त करना चाहते थे। सरकारी नौकरियों के इच्छुक अंग्रेजी पढ़े-लिखे नवयुवक या बंगाल का जमींदार वर्ग अथवा वकीलों को छोड़कर समाज के अन्य सभी वर्ग अंग्रेजी साम्राज्य की नीतियों से त्रस्त थे।

राजनीतिक तथा प्रशासकीय कारण—भारतीय नरेशों व राजवंशों को समाप्त करके अंग्रेजी साम्राज्य की स्थापना की गई थी। इसका प्रभाव सिर्फ कुछ व्यक्तियों तक ही सीमित नहीं था अपितु उन पर आश्रित सामंतों, सैनिकों, शिल्पियों एवं अन्य वर्गों पर भी पड़ा था। डलहौजी की राज्य हड़प नीति से यह आशंका होने लगी कि भारत के शेष बचे राज्यों को भी अंग्रेजी साम्राज्य में शामिल कर लिया जाएगाँ अवध से अधिक अंग्रेजों का समर्थक एवं आज्ञाकारी राज्य अन्य कोई भी नहीं था। सतारा से पुराने या नागपुर से अधिक प्रतिष्ठित राजघराने कम ही थे। जब इन राज्यों को भी अंग्रेजी साम्राज्य में मिला लिया गया तब शेष राज्यों का अस्तित्व कभी भी खत्म

किया जा सकता था। सिर्फ अपदस्थ राज्यों में ही नहीं अपितु शेष राज्यों में भी यह डर पैदा हो गया कि अंग्रेजी साम्राज्यवाद के समक्ष उनके हित असुरक्षित हैं। अंग्रेजी साम्राज्य के प्रशासकीय बदलावों ने यहाँ प्रचलित व्यवस्था को झकझोर दिया। कागज पर देखने में भले ही ये बदलाव सुधार दिखाई देते हों लेकिन व्यावहारिक दृष्टि से अत्यंत अलोकप्रिय एवं कष्टप्रद बदलाव थे।

भारत में होने वाले प्रशासकीय परिवर्तनों में दो विषेष रूप से उल्लेखनीय हैं—न्याय प्रशासन एवं भूराजस्व प्रबंध। अंग्रेजी न्याय प्रशासन एक भिन्न शासन व्यवस्था का सूचक था। विधि प्रणाली एवं संपत्ति अधिकार पूरी तरह से नए थे। सामान्य भारतीय उनसे पूरी तरह अपरिचित था। न्याय प्रणाली में अत्यधिक धन एवं समय विनष्ट होता और फिर भी निर्णय अनिश्चित था। भूराजस्व प्रणाली को नियमित बनाने में राजस्व का बोझ कृषकों पर अधिक बढ़ गया था। अधिकतर प्रत्येक भूराजस्व प्रणाली—स्थायी, रैयतवाड़ी, महलवाड़ी—का एक ही परिणाम था कि कृषकों से पहले की अपेक्षा दुगुने से भी अधिक लगान लिया गया। प्रशासन में अंग्रेजों ने प्रजातीय भेदभाव की नीति अपना रखी थी। कार्नवालिस ने भारतवासियों को उच्च पदों से वंचित कर रखा था जिससे भारतीयों के मन में उनके प्रति अविश्वास की मनोवृत्ति और बढ़ गई थी। यद्यपि 1833 ई. के चार्टर एक्ट में जाति का या रंग के आधार पर भेद की नीति को खत्म करने की घोषणा की गई थी लेकिन यह घोषणा मात्र ही रह गई। शिक्षित एवं सम्मानित भारतीयों के प्रति भी अंग्रेजों का दृष्टिकोण अहंकार भरा हुआ था।

असंतोष—अंग्रेज अपनी जातीय सभ्यता उच्चता में विश्वास रखते थे और सभी भारतीय को उसकी हीनता से अवगत कराना चाहते थे। राजा राममोहन राय, सर सैयद अहमद खाँ और अन्य सम्मानित भारतीय नेताओं को अपने जीवन में अंग्रेजों के तिरस्कारपूर्ण व्यवहार का अनुभव करना पड़ा। समाचार पत्रों में विभिन्न ऐसी घटनाओं का वर्णन होता रहता था जिसमें यह बताया जाता था कि अंग्रेजों के भारतीयों पर घातक करने पर भी न्यायालय द्वारा उन्हें निर्दोष घोषित कर दिया जाता था। इससे भी अधिक असंतोष अंग्रेज अधिकारियों द्वारा पादरियों के समर्थन से पैदा हुआ था। 19वीं सदी के पूर्वार्द्ध में ईसाई मिशनरियों की कार्यवाही से व्यापक असंतोष फैला हुआ था। मिशनरी स्कूलों में पढ़े भारतीय विद्यार्थियों द्वारा भारतीय धर्मों की खुली आलोचना से यह विश्वास बड़ी सरलता से फैलता गया कि मिशनरी स्कूल भारतवासियों को ईसाई बनाने के साधन मात्र थे। बहुत से अंग्रेज अधिकारी इस विचार का स्पष्ट समर्थन करते थे। सरकारी स्कूलों में बाइबिल की शिक्षा अनिवार्य

थी। विद्यार्थियों को हिंदू धर्म की आलोचना एवं ईसाई धर्म की सर्वोच्चता बताई जाती थी। अकालपीड़ितों, बंदियों, विधवाओं, अनाथ बालकों को बलपूर्वक ईसाई बना लिया जाता था। बहुत से अधिकारी भी मिशनरियों के इस तर्क का समर्थन करते थे कि जैसे भारत में राजनीतिक एकता स्थापित हुई उसी तरह एक ही धर्म की प्रधानता भी स्थापित हो जानी चाहिए। 1850-1856 ई. के समाज सुधार अधिनियम हिंदू समाज पर खुले प्रहार थे। रेलों का निर्माण भी उस दूषित वातावरण में हिंदू समाज पर एक आक्षेप समझा गया। भारतवासियों को अपने धर्म के संबंध में अंग्रेजी नीति के प्रति घोर असंतोष था। इसे ईसाई मिशनरियों की गतिविधियों के परिप्रेक्ष्य में देख सकते हैं। इसी संदेह के वातावरण में चरबी वाले कारतूस की घटना हुई जिससे विद्रोह भड़क उठा। चरबी वाला कारतूस इस विद्रोह की तात्कालिक घटना थी।

तात्कालिक घटना—जनवरी, 1857 ई. से चरबी वाले कारतूसों की खबर बंगाल सेना में फैलनी प्रारंभ हो गई। यह खबर दमदम के तोपखाने में काम करने वाले एक खलासी ने एक ब्राह्मण सिपाही को व्यंगात्मक रूप से दी थी। इससे बैरकपुर (कलकत्ता से 15 मील दूर) में बंगाल सेना की टुकड़ी (34 एन.आई.) में सबसे अधिक अशांति फैली। इसी टुकड़ी की कुछ कंपनियाँ फरवरी में बरहामपुर (कलकत्ता से 120 मील दूर) पहुँचीं और 26 फरवरी, 1857 ई. को बरहामपुर में 19 एन.आई. के सिपाहियों ने चरबी लगे कारतूसों के प्रयोग से इंकार कर दिया। कैनिंग ने उस पूरी टुकड़ी को बर्खास्त कर दिया। इससे 34 एन.आई. के सैनिकों में असंतोष बढ़ा और मंगल पांडे नामक सैनिक ने अकेले अनुशासन भंग करने का निश्चय किया। 29 मार्च, 1857 ई. को उसने अपनी सेना के दो अंग्रेज अधिकारियों पर हमला करके घायल कर दिया। लेकिन उस समय अन्य सैनिकों ने उसका साथ नहीं दिया। तब भी अंग्रेजों ने 34 एन.आई. को भंग कर दिया। इस तरह अप्रैल की शुरुआत में सिपाहियों ने चरबी वाली कारतूस की बात प्रसारित की। 2 मई, को ऐसी ही एक घटना लखनऊ में 7वीं अवध रेजिमेंट के साथ हुई जिसने कारतूसों का प्रयोग करने से मना कर दिया। अवध के चीफ कमिश्नर हेनरी लारेंस ने अगले दिन इस रेजिमेंट को बर्खास्त कर दिया।

इस समय उत्तरी भारत में एक जगह से दूसरी जगह भेजी गईं इन चपातियों के साथ किसी निश्चित सूचना का ज्ञान उपलब्ध नहीं है। कुछ लोग इसको अंग्रेजी सरकार द्वारा प्रारंभ किया हुआ मानते थे, दूसरे लोग इसे किसी आने वाली विपत्ति से बचने का उपाय समझते थे। चपातियों के वितरण के संबंध में शुरू में कहा था कि जितने क्षेत्र में ये चपातियाँ पहुँचाई जा सकेंगी वह उसके पक्ष में हो जाएगाँ

मेरठ में चरबी लगे कारतूसों की खबर बहुत जल्दी फैल गई। अप्रैल, 1857 ई. में तीसरी लाइट कैवेलरी के अधिकारी कारमाइकेल स्मिथ ने स्थिति को बिगाड़ने में बहुत मदद की। सेना में व्यापक असंतोष का पता होते हुए भी उसने 24 अप्रैल, को 3 एल.सी. की परेड का आदेश दिया। 90 घुड़सवारों में से 85 ने नए कारतूसों को लेने से मना कर दिया। इजाजत उल्लंघन के अपराध में उन 85 सवारों को कोर्ट मार्शल द्वारा 5 वर्ष का कारावास दे दिया गया और 9 मई, को मेरठ छावनी के सैनिकों के सामने अपमानित करके हथकड़ी लगा दीया। उन्होंने अन्य सैनिक साथियों को इस अपमान का बदला लेने के लिए चुनौती दी। उसी दिन रात्रि के समय अंग्रेज अधिकारियों को इस अफवाह का ज्ञान था कि अगले दिन (अर्थात् 10 मई, 1857 ई.) विद्रोह होने वाला था। 10 मई को इतवार का दिन था और अंग्रेजों की सायंकाल की सामूहिक प्रार्थना का समय 6.30 बजे था। विद्रोह सायं 5 और 6 बजे के मध्य प्रारंभ हुआ। विद्रोह पहले पैदल टुकड़ी (20 एन.आई.) में प्रारंभ हुआ और बाद में 3 एल.सी. में फैल गया। कारमाइकेल स्मिथ अपनी जान बचाने के लिए अन्य अधिकारियों के बंगलों में शरण लेने के लिए भागता रहा। उसने विद्रोह को कुचलने का कोई प्रयास नहीं किया।

डॉ. सुरेन्द्रनाथ ने विद्रोह के प्रारंभ का कारण 10 मई की सायंकाल की सैनिक परेड और एक खानसामा की अफवाह को माना है। उन्होंने इसकी आकस्मिकता पर अत्यधिक बल दिया है। लेकिन यह ठीक नहीं है। इस विद्रोह की पूर्व सूचना 9 मई को अंग्रेज अधिकारियों को थी। मेरठ में 3 एल.सी. के कमांडर लेफ्टिनेंट गफ को यह सूचना दी गई कि विद्रोह पैदल सेना द्वारा प्रारंभ होगा और उपरांत में घुड़सवार (एल.सी.) टुकड़ी उसमें शामिल हो जाएगी। विद्रोह ठीक उसी क्रम से हुआ जिसकी पूर्व सूचना गफ को दी गई थी। इसके अतिरिक्त दिल्ली और मेरठ में तार संबंध 4 बजे के पूर्व ही कट चुके थे। ये दोनों घटनाएँ इस बात को स्पष्ट करती हैं कि 10 मई का विद्रोह किसी योजना का ही परिणाम था। सैनिकों का तुरन्त दिल्ली के लिए प्रस्थान भी इस बात को स्पष्ट करता है कि विद्रोह प्रारंभ करने के पूर्व योजना का कुछ प्रारूप तैयार हो चुका था।

विद्रोह का प्रसार

11 मई को मेरठ के विद्रोही सैनिक दिल्ली पहुँचे और मुगल उत्तराधिकारी बहादुरशाह को भारत का सम्राट घोषित कर दिया। बहादुरशाह ने पहले इस विद्रोह का नेतृत्व स्वीकार करने में संकोच किया एवं उत्तर-पश्चिमी (वर्तमान यू.पी.) प्रांत

के उप- गवर्नर को इसकी सूचना भी भिजवाई। अंग्रेजों ने बहादुरशाह को ही विद्रोह के लिए उत्तरदायी समझ लिया जबकि बहादुरशाह ने विवश होकर इसका औपचारिक नेतृत्व स्वीकार किया। कुछ ही दिनों में उत्तरी भारत के अधिकांश भाग में यह विद्रोह फैल गया। उत्तर-पश्चिम प्रांत में विद्रोह के प्रमुख केन्द्र कानपुर, बरेली, फर्रुखाबाद, बिजनौर, मुरादाबाद, शाहजहाँपुर, बदायूँ, अलीगढ़, मथुरा, आगरा, मुजफ्फरनगर आदि थे। अवध राज्य के सभी क्षेत्र इस विद्रोह में शामिल थे। झाँसी, नागपुर एवं बिहार के अधिकांश भाग भी इस विद्रोह में शामिल हो गए। अन्य क्षेत्रों में इस विद्रोह का प्रभाव सीमित एवं आंशिक रूप में पड़ा। राजस्थान में नसीराबाद की सैनिक छावनी में 28 मई को, नीमच में 3 जून को विद्रोह हुआ लेकिन विद्रोह के मुख्य केन्द्र कोटा और आवा रहे। जोधपुर में एरनपुरा में पहले विद्रोह हुआ। इसमें आवा के ठाकुर एवं मेवाड़ और मारवाड़ के कुछ जागीरदार शामिल हो गए। जोधपुर के शासक द्वारा भेजी गई सेना को बड़ी सरलता से हराया जा सका। दिल्ली पर अंग्रेजों का अधिकार हो जाने से भी इस विद्रोह पर विशेष प्रभाव नहीं हुआ। कोटा में अंग्रेज विरोधी भावनाएँ अधिक थीं। वहाँ अंग्रेज रेजिडेंट की हत्या कर दी गई और शासक को घेर लिया गया। अंग्रेजों को इस विद्रोह को कुचलने के लिए विशेष सेना भेजनी पड़ी। विद्रोहियों को बड़ी बर्बरता से खत्म किया गया।

यह संभावना थी कि पंजाब में जहाँ अंग्रेजी राज्य की स्थापना हुए अधिक समय नहीं बीता था, उपद्रव हो जाता लेकिन वहाँ ऐसा नहीं हुआ। विरोध के स्थान पर सतलुज के पूर्वी तट के सिक्ख राज्यों ने अंग्रेजी साम्राज्य का समर्थन करना ही अधिक उचित समझा। कुछ आधुनिक इतिहासकार का मानना है कि बंगाली सेना से सिख बदला लेना चाहते थे या सिक्ख किसी भी प्रकार से दिल्ली के मुगल सम्राट का जिसने गुरु तेग बहादुर को मरवाया था समर्थन करने के लिए तैयार नहीं थे। इसलिए वे अंग्रेजों के समर्थक बने रहे। एक अन्य तर्क यह भी दिया गया है कि पुराना सिक्ख कुलीन वर्ग अपनी पराजय से स्तब्ध था और पतन की ओर जा रहा था। पंजाब में बड़े जमींदार भी नहीं थे, 1849-57 ई. के मध्य अंग्रेज प्रशासकों ने जनता का विश्वास हासिल कर लिया था।

अंग्रेजी प्रशासनिक नीति से पंजाब के लोग बहुत नाराज थे। अंग्रेज विरोधी भावना कूका आंदोलन में साकार हुई। पंजाब के पुराने कुलीन सामंत नेता प्रायः मर चुके थे या पंजाब के बाहर जा चुके थे। पंजाब का नया जमींदार वर्ग सुरक्षा को अराजकता में बदलने के लिए तैयार नहीं था। इसके अलावा पंजाबी सैनिकों को नये स्वरूप में गठन किया गया था। इसलिए इस विद्रोह में पंजाब शामिल नही

हुआ। तीन महीनों में 34,000 सैनिक भर्ती किए गए। इस भर्ती में पठानों और उत्तर पश्चिमी सीमा के लोगों को अधिक मौका दिया गया। इससे जहाँ एक ओर अंग्रेजों को सैनिक मिल गए दूसरी ओर पंजाब में भंग किए गए सैनिकों के सामने अंग्रेजी सेना में शामिल होने का अवसर मिल गया। पंजाब को अंग्रेजी नियंत्रण में रखने के लिए जॉन लारेंस ने विद्रोह की शंका पर भी बर्बरतापूर्ण दंड देने की नीति अपनाई।

अवध में क्रांति—अवध को अंग्रेजी राज्य में मिला लिया गया जिससे सामंत वर्ग नाराज हो गया। अंग्रेजों ने केवल राज्य प्रशासन पर ही अधिकार करने तक अपनी नीति सीमित नहीं रखी अपितु उन्होंने नवाब के महलों पर, ताल्लुकेदारों की जागीरों पर अधिकार किया; और व्यापारियों, कृषकों पर नए करों का बोझ लाद दिया। शाही परिवार के कुछ सदस्यों को कई अवसरों पर आर्थिक कठिनाइयों का सामना करना पड़ा। इस प्रकार अवध में अंग्रेजी नीति के विरुद्ध व्यापक असन्तोष था। यह असन्तोष इसलिए और अधिक बढ़ गया कि सैनिकों और सामान्य प्रजा में मतभेद नहीं था। बंगाल सेना के अधिकांश सैनिक अवध के निवासी ही होते थे।

3 मई को लखनऊ में सेना ने विद्रोह किया परंतु उसे कुचल दिया गया। इसके बाद 30-31 मई को विद्रोह हुआ जो शीघ्र ही अवध के विभिन्न भागों में फैल गया। लखनऊ का नवाब तो अवश्य कलकत्ता में एक राजनीतिक बंदी के रूप में रह रहा था लेकिन उसके अवयस्क पुत्र, बिरजीस कद्र, को नवाब घोषित कर दिया गया और प्रशासन बेगम हजरत महल द्वारा चलाया गया। अवध के विभिन्न क्षेत्रों में ताल्लुकेदारों और जमींदारों ने अपना-अपना प्रशासन स्थापित किया। अंग्रेजी सेना की चिनहट (लखनऊ से 10 मील उत्तर-पूर्व में) के स्थान पर विद्रोहियों से मुठभेड़ हुई और अंग्रेजों को बुरी तरह परास्त होना पड़ा (20 जून, 1757 ई.)। अगले दिन लखनऊ में स्थित अंग्रेज अधिकारी लखनऊ रेजिडेंसी में घेर लिए गए और यह घेरा 8 महीनों तक चलता रहा। इस बीच कई बार अंग्रेजों ने रेजिडेंसी में घिरे हुए अधिकारियों और सैनिकों को बचाना चाहा, लेकिन वे असफल रहे। जून-जुलाई में अधिकांश ताल्लुकेदारों ने अपनी-अपनी जागीरों और जमींदारों पर अधिकार कर लिया। अवध के विभिन्न ताल्लुकेदारों और जमींदारी ने अगस्त, 1857 ई. के बाद ही लखनऊ विद्रोहियों का समर्थन किया था।

झांसी की रानी लक्ष्मीबाई—1853 ई. में झाँसी के शासक गंगाधर राव की मृत्यु हो गई। अंग्रेजी सरकार ने उत्तराधिकारी के अभाव में 1854 ई. में झाँसी को अंग्रेजी राज्य में मिला लिया। झाँसी की रानी की पेंशन निश्चित कर दी गई।

लक्ष्मीबाई दुर्ग में रहना छोड़कर एक सामान्य विधवा की भाँति महल में रहने लगी। 5 जून, 1857 ई. को झाँसी की सेना ने उपद्रव कर दिया। लक्ष्मीबाई ने प्रारंभ में विद्रोहियों का समर्थन नहीं किया। विद्रोहियों ने अंग्रेज सेना अधिकारियों को दुर्ग में घेर लिया और 8 जून को उनकी हत्या कर दी। उसी दिन लक्ष्मीबाई के सैनिकों ने विद्रोहियों का समर्थन करना प्रारंभ किया। रानी लक्ष्मीबाई ने कुछ दिनों तक अंग्रेजों के प्रति मैत्रीपूर्ण दृष्टिकोण रखा और 12-14 जून, 1857 ई. को सागर डिवीजन के कमिश्नर-अर्सकाइन को अपनी स्थिति स्पष्ट करते हुए पत्र भी लिखे। अर्सकाइन ने लक्ष्मीबाई को अंग्रेजों की ओर से झाँसी के प्रशासन संचालन का उत्तरदायित्व भी सौंपा। लेकिन अंग्रेजी सरकार को झाँसी में अंग्रेजों की हत्या के लिए बलि के बकरे की जरूरत थी इसलिए उन्होंने उन सब समाचारों को ही ठीक मान लिया जिनके अनुसार झाँसी की रानी को दोषी ठहराया गया था। झाँसी की स्थिति का समाचार सुनकर ओर्छा और दतिया के शासकों ने झाँसी पर हमला कर दिया। लक्ष्मीबाई अंग्रेजों से मदद चाहती थी और अंग्रेज उस पर संदेह की दृष्टि रखते थे। लक्ष्मीबाई के समक्ष विकल्प था—अंग्रेजों द्वारा मृत्युदंड स्वीकार करना या अंग्रेजों के विरुद्ध संघर्ष करना। उसने विवशता में फाँसी के फंदे की अपेक्षा एक शहीद की भाँति मरना अधिक उचित समझा। झाँसी की सुरक्षा असंभव समझकर रानी लक्ष्मीबाई 4 अप्रैल, 1858 ई. को रात के अँधेरे में निकल पड़ी और बड़ी बहादुरी से लड़ती हुई कालपी पहुँची। कालपी में उस समय मध्य भारत के सब विद्रोही नेता एकत्रित थे। मई, 1858 ई. में कालपी पर भी अंग्रेजों का अधिकार स्थापित हो गया। इसके बाद सभी नेताओं ने सिंधिया की सेना की मदद से ग्वालियर के दुर्ग पर अधिकार कर लिया यद्यपि ग्वालियर का राजा अंग्रेजों का भक्त था। ग्वालियर की रक्षा का प्रबंध करते हुए लक्ष्मीबाई को वीरगति प्राप्त हुई। रानी लक्ष्मीबाई की वीरता पर विभिन्न लोकगाथाएँ बन गई हैं। भारतीय लोक परंपरा में उनकी स्मृति अत्यंत वीर, देशप्रेम से ओतप्रोत, साहसी सेनानी के रूप में सुरक्षित है।

कानपुर के नाना साहब—1818 ई. में पेशवा बाजीराव द्वितीय के समर्पण के बाद उसे कानपुर के कुछ मील दूर बिठूर में रखा गया। 1851 ई. में बाजीराव द्वितीय की मृत्यु हो गई। उस समय उसके दो गोद लिए हुए पुत्र—नाना साहब एवं बाला साहब जीवित थे। बाजीराव को 8 लाख रुपए की वार्षिक पेंशन मिलती थी। कई अवसरों पर यह बात स्पष्ट कर दी गई थी कि यह पेंशन केवल बाजीराव के जीवन में ही मिलेगी। बाजीराव ने अपनी वसीयत में नाना साहब को अपना एकमात्र उत्तराधिकारी घोषित किया। बाजीराव को मिलने वाली पेंशन को नाना साहब अपने लिए प्राप्त करने में असफल रहे।

मेरठ विद्रोह की खबर जब कानपुर के अंग्रेज अधिकारियों के पास पहुँची तो उसने नाना साहब से मदद का आग्रह किया और खजाने एवं बारूदघर की सुरक्षा का उत्तरदायित्व नाना साहब के सिपाहियों को सौंप दिया। 4 जून को कानपुर में विद्रोह प्रारंभ हो गया। 5 जून को यह विद्रोह अधिक व्यापक बन गया। 6 जून को नाना के नेतृत्व में ये सिपाही देहली जाने के बदले वापस कानपुर आ गए।

अंग्रेजों ने कानपुर पर फिर अधिकार करने के लिए इलाहाबाद से सेना भेजी जिसमें 16 जुलाई को सफलता भी मिल गई। इस दिन कानपुर के बीबीघर नामक मकान में कुछ अंग्रेज स्त्रियों और बच्चों की हत्या कर दी गई। कानपुर पर अधिकार करने के बाद अंग्रेजों ने जी खोलकर प्रतिशोध लिया। सभी भारतीयों को नाना का सहयोगी मानकर अंग्रेज सैनिक हत्या करने लगे थे। अंग्रेज सेनाधिकारी नील ने आदेश दिया था कि प्रत्येक व्यक्ति से कोड़े मार-मारकर बीबीघर में लगे खून के दाग साफ कराकर उसे मृत्युदंड दे दिया जाए। दीवानी के एक मुसलमान अधिकारी को फर्श का खून जीभ से साफ करने का आदेश दिया गया। नील ने ब्राह्मणों को जमीन में गड़वा दिया और मुसलमानों को जलवा दिया।

नील के व्यापक नरसंहार के संबंध में टाइम्स के संवाददाता रसल ने लिखा है कि नील की सैनिक टुकड़ी के एक सहायक अधिकारी ने उसकी व्यापक रक्तपात की नीति का प्रतिरोध यह कहकर किया कि अगर उसने प्रदेश को निर्जन उजाड़ बना दिया तो उसकी सेना के वास्ते खाद्य सामग्री नहीं बचेगी।

19 जुलाई, 1857 ई. को अंग्रेजों ने बिठूर पर अधिकार कर लिया। नाना के महल आदि को आग लगा दी गई। सामान पूरी तरह लूट लिया गया। सोने का एक भारी कलश जिसका वजन 41 पौंड था उपलब्ध हुआ। 3 जनवरी, 1858 ई. को एक अंग्रेज अधिकारी ने लिखा कि सिपाहियों को इतना अधिक सोना-चाँदी कुएँ से मिला कि वे ले जा नहीं सकते थे। नाना नेपाल चले गए और उनके अंत के संबंध में निश्चित रूप से नहीं कहा जा सकता।

वीर कुंवर सिंह—भोजपुर जिला के जगदीशपुर (बिहार) के प्रतिष्ठित जमींदार थे कुंवर सिंह इन्होंने 70 वर्ष की अवस्था में 1857 के विद्रोह में सक्रिय भाग लिया और अंग्रेजों को नाकों चने चबवाए। उसकी जमींदारी काफी बड़ी थी लेकिन उसकी आर्थिक स्थिति खराब थी। वह अंग्रेज अधिकारियों के सहयोग से अपनी जमींदारी का प्रबंध बोर्ड ऑफ रेवेन्यू को सौंपना चाहता था। लेकिन यह प्रस्ताव अंततः स्वीकृत नहीं हुआ। इससे कुंवर सिंह दिवालियेपन की स्थिति में पहुँच गया। बिहार में सर्वप्रथम सैनिक विद्रोह दानापुर में हुआ। विद्रोहियों ने आरा पहुँचकर कुंवर सिंह को

भी उसके गाँव से बुलवा भेजा और अंग्रेजों के विरुद्ध संघर्ष संचालन का उत्तरदायित्व उसे सौंप दिया। यह घटना जुलाई, 1857 ई. के अंतिम सप्ताह की थी। शाहबाद जिले में विद्रोहियों ने नीलहों की संपत्ति को सबसे अधिक नुकसान पहुँचाया। यह उस जातीय भेद एवं शोषण की नीति का परिणाम था जो अंग्रेज प्रशासकों के संरक्षण में नीलाहों ने अपनाई थी। अगस्त, 1857 ई. में कुंवर सिंह आरा से लखनऊ की दिशा में चल दिया, नवंबर में वह कालपी पहुँचा लेकिन कानपुर पर हमला करने में उसे कोई विशेष सफलता नहीं मिली। उपरांत में वह आजमगढ़ की ओर चल दिया और मार्च, 1858 ई. में उस स्थान पर अधिकार कर लिया। यह उसकी सबसे बड़ी सफलता थी लेकिन उसमें युद्ध कुशलता की अपेक्षा व्यूह कौशल कम था। अंग्रेजों ने आजमगढ़ पर हमला किया। दो ओर से सेनाओं को भेजकर कुंवर सिंह को घेर लिया गया। स्थिति को अपने अनुकूल न देखकर वह शाहबाद वापस पहुँच गया। इस अभियान में उसने अपना समस्त रण-कौशल दिखाया। समस्त क्षेत्र में अंग्रेजों के विरुद्ध प्रायः एक वर्ष तक संघर्ष चलता रहा। अंग्रेज इस सफल विद्रोह से इतने खीझ उठे थे कि मेजर आयर ने जगदीशपुर के महल और मंदिरों को विनष्ट करके ही अपने दिल की भड़ास निकाली।

1857 के विद्रोह का स्वरूप

समकालीन अंग्रेज लेखकों और प्रशासकों से लेकर आज तक यह विवाद का विषय बना हुआ है कि 1857 ई. के विद्रोह का स्वरूप क्या था? 1857-58 ई. में भी कुछ अंग्रेज लेखकों की यह मान्यता थी कि यह विद्रोह जनसाधारण द्वारा असंतोष अभिव्यक्ति का एक उदाहरण था लेकिन अधिकांश अंग्रेज लेखक इसे एक सैनिक विद्रोह मात्र ही मानते थे। ईसाई मिशनरी एवं इवेजेलिकल विचारधारा से प्रभावित लेखक इस विद्रोह को ईश्वर द्वारा भेजी गई विपत्ति समझते थे क्योंकि कंपनी प्रशासन ने भारतीय प्रजा को ईसाई नहीं बनाया। 19वीं सदी के अंतिम वर्षों में अंग्रेज लेखक साम्राज्यवादी दृष्टिकोण से अधिक मात्रा में प्रभावित थे इसलिए वे 1857 ई. को सिर्फ एक सैनिक विद्रोह मात्र कहते थे। विभिन्न पुस्तकों में अंग्रेजों की कठिन तथा विषम परिस्थितियों की, अंग्रेजों के साहस, सैनिक कौशल की अधिक चर्चा होती थी साथ ही अंग्रेजों की जातीय सर्वोच्चता, उनके धैर्य और व्यक्तिगत उपक्रम एवं उद्यम की महानता को स्पष्ट किया जाता था। अंग्रेजी साम्राज्य के शक्तिशाली प्रभाव में भारतीय लेखक भी उसी दृष्टिकोण को स्वीकार कर लेते। इस विचार के विपरीत पहली बार 1909 ई. में विनायक दामोदर सावरकर ने 1857 ई. के विद्रोह को 'भारत

की स्वतंत्रता का युद्ध' कहा और इस शीर्षक से एक ग्रंथ भी लिखा। यह ग्रंथ भारत में स्वतंत्रता संग्राम के सेनानियों को प्रेरणा देने में कुछ सीमा तक सहायक हुआ।

1957 ई. में स्वतंत्र भारत ने 1857 ई. की क्रान्ति की पहली शताब्दी मनाई। इस मौका पर सरकार की ओर से एवं अन्य शोधकर्त्ताओं और लेखकों ने इस विद्रोह पर पुनः विचार-विमर्श किया। सुरेन्द्रनाथ सेन ने अपनी पुस्तक '1857' में वाद-विवाद से बचने का पूरा प्रयास किया। न केवल शीर्षक ही इस बात का द्योतक है अपितु विभिन्न स्थानों पर वह विभिन्न बातों का समर्थन करते हैं। 'आंदोलन एक सैनिक विद्रोह की भाँति शुरू हुआ परंतु वह सिर्फ सेना तक ही सीमित नहीं रहा इसलिए इस उपद्रव को केवल सैनिक उपद्रव कहना गलत होगाँ' 1857 ई. में विद्रोह अवश्यंभावी नहीं था लेकिन साम्राज्य के संविधान में यह निहित था। आर.सी. मजूमदार ने 'दी सिपोए म्यूटी एंड दि रिवोल्ट ऑफ 1857' में इस विद्रोह को सैनिकों का एक विद्रोह बताया यद्यपि कुछ क्षेत्रों में इलाकों में आम जनता ने इसका समर्थन किया । प्रो. शशीभूषण चौधरी ने 'सिविल रिबेलियन इन दि इंडियन म्यूटनी' लिखी। इसमें उन्होंने 1857 ई. के विद्रोह को सामान्य जनता का विद्रोह बताया। यह विद्रोह केवल एक सामंतीय विद्रोह नहीं था। जमींदारों और ताल्लुकेदारों ने केवल सामंतीय पद्धति के आधार पर संघर्ष में भाग नहीं लिया। इस विद्रोह में समस्त जनता भी उनके साथ रही थी। आर्थिक तत्वों को प्रमुख बताने के लिए '1857 ई. एक संगोष्ठी' पूरनचंद्र जोशी द्वारा संपादित-प्रकाशित हुई। लेकिन ये सब विद्वान किसी एक मत पर सहमत नहीं हो सके हैं और विवाद उसी प्रकार हैं। शशीभूषण चौधरी की पुस्तक का प्रति उत्तर डॉ. मजूमदार ने 'ब्रिटिश पैरामाउंटसी एंड इंडियन रेनेसां' में दिया और डॉ. मजूमदार का प्रभावशाली उत्तर प्रो. चौधरी ने अपनी पुस्तक 'थियोरीज ऑफ दि इंडियन म्यूटनी' में दिया।

यह तथ्य तो अब सर्वविदित हो चुका है कि 1857 का विद्रोह सिर्फ सैनिक विद्रोह नहीं था। डॉ. ताराचंद ने यह मत प्रतिपादित किया है कि यह विद्रोह मध्ययुगीन विशिष्ट लेकिन अशक्त वर्गों का अपनी खोई हुई सत्ता को प्राप्त करने का अंतिम प्रयत्न था। ये वर्ग अंग्रेजी नियंत्रण से मुक्ति चाहते थे क्योंकि अंग्रेजी प्रशासकीय नीतियों से उन विशिष्ट वर्गों के हितों को हानि पहुँचती थी। पूरनचंद जोशी इसे राष्ट्रीय और सामान्य जनता तक फैला हुआ विद्रोह मानते हैं। बैंजेमिन डिज्रैली ने इंग्लैंड की संसद में इस विद्रोह को एक राष्ट्रीय विद्रोह कहा था। डॉ. के. एल. श्रीवास्तव के विचार में 1857 ई. के विद्रोह में कृषकों के संघर्ष सामाजिक संघर्ष और स्वतंत्रता संग्राम के तत्व मिले हुए थे। पामर इस विवाद को तय करने के लिए

यह प्रश्न उठाते हैं कि एक विद्रोह को कितना व्यापक होना चाहिए कि वह सामान्य विद्रोह कहा जा सके? उनके अनुसार सैनिक विद्रोह उसे कहा जाता है जिसमें सिर्फ सैनिक सम्मिलित हों। पूरी सेना के सामान्य विद्रोह को सैनिक विद्रोह नहीं कहा जा सकता। विशेष रूप से उस स्थिति में जब सैनिकों और सामान्य नागरिकों में उतना घनिष्ठ संबंध हो जितना बंगाल सेना के सैनिकों में और अवध एवं बिहार और उत्तर-पश्चिमी प्रांत के नागरिकों में था। बंगाल सेना के सैनिकों में एकता केवल सैनिक अनुशासन पर ही आधारित नहीं थी अपितु व्यवसाय, आर्थिक स्थिति और क्षेत्रीय आधार पर भी थी। संसार में अन्य (फ्रांस और रूस) व्यापक क्रांतियाँ भी एक जन-समुदाय द्वारा ही प्रारंभ हुई हैं। इन सब उदाहरणों में शामिल असंतोष के साथ-साथ सत्ताधारी वर्ग की नियत पर संदेह ने उस जन-समुदाय को संघर्ष के लिए प्रेरित किया।

विद्रोह के स्वरूप पर एक अन्य विवाद इस प्रश्न को लेकर पैदा हुआ है कि साधारण जनता ने इस विद्रोह में भाग किस समय लिया? सैनिक विद्रोह से पहले या बाद में? डॉ. मजूमदार का विचार है कि जनता का विद्रोह उस समय हुआ जब अंग्रेजी प्रशासन सैनिक विद्रोह के परिणामस्वरूप समाप्त हो चुका था। डॉ. चौधरी के विचार में विभिन्न स्थानों पर जनता ने पहले विद्रोह किया और उपरांत में सेना ने। अंग्रेजी सत्ता का भारत के विभिन्न भागों से खत्म किया जाना सैनिक विद्रोह पर कम और साधारण जनता के विद्रोह पर अधिक निर्भर करता था। इस आधार पर वे इसे केवल सैनिक विद्रोह नहीं मानते हैं। उन्होंने कुछ समकालीन ग्रंथों के आधार पर यह बताया है कि अंग्रेजों ने स्वयं इसे एक सामान्य जनता का विद्रोह बताया था।

डॉ. मजूमदार ने विद्रोह के स्वरूप निर्धारण में बहादुरशाह, लक्ष्मीबाई, नानासाहब, कुंवरसिंह आदि नेताओं के व्यक्तिगत स्वार्थों को अधिक निर्णायक बनाया है। अगर यह मान लिया जाए कि 1857 ई. की घटनाएँ इन नेताओं के प्रयत्नों द्वारा प्रारंभ हुई तब उन नेताओं के उद्देश्यों को 1857 ई. के स्वरूप के लिए निर्धारक मानना चाहिए। अगर इन नेताओं ने अनिच्छा और विवशता से 1857 ई. की क्रांति में भाग लिया हो जैसा सही मायने में था और अगर क्रांति उन नेताओं के विद्रोह के पूर्व ही प्रारंभ हो गई हो तब केवल इन चार प्रमुख नेताओं के स्वार्थों को इस क्रांति के कारण या स्वरूप निर्धारण में प्रमुख नहीं माना जा सकता था। डॉ. चौधरी का यह कथन सही है कि अधिक प्रसिद्ध नेताओं के व्यक्तिगत स्वार्थों का '1857' ई. के प्रारंभ होने में कोई योगदान नहीं था। इन चार नेताओं के व्यक्तिगत स्वार्थों और हितों पर 1857 ई. के स्वरूप का निर्धारण ऐतिहासिक तथ्यों की अनदेखी करना है।

1857 ई. के विद्रोह का सही स्वरूप समझने में हमें संसार की अन्य क्रांतियों के संबंध में कुछ महत्त्वपूर्ण बातें समझ लेनी चाहिएँ। किसी भी क्रांति का स्वरूप केवल उस क्रांति के प्रारंभ करने वालों के लक्ष्यों द्वारा निर्धारित नहीं होता। निर्धारक तथ्य यह है कि राष्ट्रीय स्मृति में उस क्रांति की क्या छाप रह जाती है या वह आने वाली घटनाओं को किस प्रकार प्रभावित करती है? उदाहरणार्थ : मेग्नाकार्टा सही मायने में सामंतों द्वारा अपने अधिकारों की सुरक्षा के लिए प्राप्त किया गया अधिकार मात्र था लेकिन इंग्लैंड में इतिहासकारों एवं राजनीतिज्ञों ने इसे अंग्रेजी स्वतंत्रता की आधारशिला, संविधान की बाइबिल आदि माना है। कालांतर में इस मेग्नाकार्टा का महत्त्व उन बातों में नहीं था जो उसमें लिखी हुई थीं अपितु उन अर्थों में था जिनको आदर्श बनाकर उसमें ढूँढ़ा गया और जो आने वाली पीढ़ियों को प्रभावित करती रही। इसी प्रकार 1688 ई. की रक्तहीन क्रांति को गौरवपूर्ण कहा जाता है। सही मायने में उस क्रांति में कोई भी कार्य गौरवपूर्ण नहीं था। एक बाह्य राजकुमार एवं सेना की मदद से इंग्लैंड के निवासियों ने अपने उन अधिकारों को प्राप्त किया था जिन्हें उन्होंने स्वयं आपसी फूट से खोया था। इंग्लैंड में इस क्रांति से प्रजातंत्र की स्थापना या संवैधानिक विकास की दिशा में कोई प्रगति नहीं हुई। लेकिन इंग्लैंड के इतिहास में इस क्रांति को गौरवपूर्ण कहते हैं। सामंत वर्ग राजा की निरंकुश शासन पद्धति को खत्म करना चाहते थे इसलिए 1789 में फ्रांसीसी क्रांति की शरुआत हुई। लेकिन इतिहास में फ्रांस की क्रांति को राष्ट्रीयता और प्रजातंत्र का जनक मानते हैं।

1857 ई. के विद्रोह में शामिल नेता अंग्रेजों को 'काफिर', 'फिरंगी' कहते थे और उन्हें भारत से निकालना चाहते थे। विभिन्न घोषणाओं में अंग्रेज विरोधी भावनाएँ स्पष्ट थीं। इस विद्रोह का लक्ष्य अंग्रेजों को हिन्दुस्तान से बाहर भगाना था। इससे बढ़कर स्वतंत्रता संघर्ष के लिए और कोई लक्ष्य नहीं हो सकता। डॉ. ताराचंद भी यह स्वीकार करते हैं कि विद्रोहियों को संगठित करने वाला एकमात्र तत्व विदेशी शासन को खत्म करने की भावना थी। इस लक्ष्य की प्राप्ति के लिए ही संघर्ष हुआ और इसी की सुरक्षा के लिए यह संघर्ष 1857 ई. के अंत तक चलता रहा। डॉ. मजूमदार का यह कथन सही नहीं प्रतीत होता कि सामान्य जनता का अंग्रेजों के प्रति दृष्टिकोण सहानुभूतिपूर्ण था। कुछ अंग्रेज जनता की सहानुभूति का तो कुछ ने जनता द्वारा विरोध किये जाने का वर्णन किया है। अंग्रेज अधिकारियों का सामान्य निहत्थी जनता के प्रति निर्मम तथा कठोर व्यवहार उनके प्रतिशोध का प्रतीक था। डॉ. सेन ने एक स्थान पर ठीक ही लिखा है कि जो संघर्ष धर्म सुरक्षा के लिए प्रारंभ हुआ उसका अंत स्वतंत्रता प्राप्ति के लिए हुआ। इसमें लेशमात्र भी संदेह नहीं कि

विद्रोह के नेता अंग्रेजी प्रशासन को खत्म करके मुगल सम्राट और पुरानी व्यवस्था को पुनः स्थापित करना चाहते थे।

अंग्रेज विरोधी भावनाएँ केवल अंग्रेजों के विरुद्ध ही व्यक्त नहीं की गईं अपितु अंग्रेज समर्थक भारतीय व्यापारी एवं अधिकारी वर्ग के भी खिलाफ थीं। जमींदारों और कृषकों की आर्थिक कठिनाइयों का फायदा उठाकर बनियों ने अंग्रेजी न्यायालयों की मदद से भूमि पर अधिकार कर लिया था इसलिए अवध और अन्य क्षेत्रों में कृषकों और पुराने जमींदारों ने बनियों और नए भूस्वामियों के विरुद्ध विद्रोह किया।

1857 ई. के विद्रोह के बारे में कुछ लोगों का मत है कि यह कुछ सीमित क्षेत्रों में ही फैला था। जबकि वास्तविकता यह है कि इसका मुख्य केंद्र आधुनिक उत्तर प्रदेश, बिहार, हरियाणा और मध्य प्रदेश के कुछ भाग थे लेकिन भारत के अन्य भागों में भी इसका प्रभाव रहा। बंगाल और दक्षिणी भारत के कुछ भाग को छोड़कर शेष भारत में प्रमुख स्थानों पर विद्रोह हुए। इतने व्यापक क्षेत्र में इससे पहले कभी इतना अधिक विद्रोह नहीं हुआ था। अगर यह विद्रोह अधिक व्यापक नहीं हो सका तो भारत की भौगोलिक विशालता एवं यातायात की दुर्गमता इसके लिए उत्तरदायी थी।

1857-58 ई. के विद्रोह की असफलता से यह स्पष्ट हो गया कि अंग्रेजों के विरुद्ध सैनिक विद्रोह व्यर्थ था लेकिन भारतीय परंपरा में 1857 ई. की क्रांति और इसके प्रसिद्ध नेता अंग्रेजों के विरुद्ध स्वतंत्रता संघर्ष के सूचक बनकर रहे। यह संघर्ष भावी पीढ़ियों को भारत की स्वतंत्रता की ओर प्रेरित करता रहा। सामंतीय तत्वों का नेतृत्व अवश्य उपलब्ध रहा लेकिन उस समय 'सामंतीय भक्ति और निष्ठा ही देशभक्ति की पर्यायवाची थी।' किसी भी आंदोलन की लोकप्रियता का अनुमान लगाते समय हमें यह नहीं भूलना चाहिए कि किसी भी विद्रोह में एक अल्पसंख्यक वर्ग ही दृढ़संकल्प वाला होता है और किसी भी समय में किसी भी देश में एक क्रांति का शत-प्रतिशत समर्थन नहीं होता।

विद्रोह की असफलता

जिस समय विद्रोह का श्रीगणेश हुआ था उस समय अंग्रेज सैनिक या असैनिक अधिकारी इस विद्रोह के स्वरूप की कल्पना भी नहीं कर सके। मेरठ में विद्रोह के उपरांत अंग्रेजी सेना दो दिन तक निष्क्रिय रही। मई, 1857 ई. में कलकत्ता में जीवन सामान्य रहा। कैनिंग एवं सेनाध्यक्ष जार्ज एनसन दोनों ने ही विद्रोह को बहुत कम महत्त्व दिया। सेनाध्यक्ष एनसन को युद्ध का बहुत कम अनुभव था। जॉन

लारेंस द्वारा दिल्ली पर शीघ्र ही हमला का सुझाव मिलने पर भी एनसन ने इसे स्वीकार नहीं किया। लेकिन शीघ्र ही उसकी मृत्यु हो गई। इसके उपरांत ही दिल्ली पर हमला की तैयार की गई।

दिल्ली के भारतीय सैनिकों में कुशल युद्ध संचालकों की कमी थी। उन्होंने अपना ध्यान अंग्रेजों को दिल्ली रिज (लम्बा पहाड़ी टीला) से हटाने पर केंद्रित किया। वे पंजाब से पहुँचने वाली मदद को रोकने में असमर्थ रहे। इस बीच यद्यपि भारतीय सैनिकों की संख्या में वृद्धि होती रही फिर भी वे अपनी सैनिक शक्ति को अधिक नहीं बढ़ा सके। अगस्त, सितम्बर में पंजाब से बड़ी तोपें दिल्ली पहुँच गईं और 14-20 सितंबर के मध्य दिल्ली के विभिन्न स्थानों पर अधिकार कर लिया गया। 21 सितंबर को बहादुरशाह, उसकी बेगम जीनत महल और उसके पुत्र को बंदी बना लिया गया। इसके उपरांत अंग्रेजों ने दिल्ली में बेगुनाहों के कत्ल से खून की नदियाँ बहा दीं। सामान्यतः भारतीय सिपाहियों द्वारा की गई अंग्रेजों की हत्या का वर्णन अंग्रेज इतिहासकारों या लेखकों द्वारा लिखा हुआ मिलता है लेकिन अंग्रेजों द्वारा किए गए अत्याचार का वर्णन कम उपलब्ध होता है। न तो विद्रोही नेताओं का वर्णन लिखित था और न ही कोई उनमें जीवित बचा जो उपरांत में अपने संस्मरण लिख सकता। अंग्रेजों और विद्रोही सिपाहियों द्वारा की गई हत्याओं में केवल अंतर इतना था कि विद्रोही सैनिकों ने अंग्रेजों को प्रशासक वर्ग का प्रतिनिधि समझकर मारा था। वे हत्याएँ प्रतिशोध की पहली घड़ी में ही हुई थीं एवं अधिकांश अवसरों पर ये हत्याएँ नेताओं के आदेशों के अभाव में हुईं। इसके विपरीत अंग्रेजों द्वारा रक्तपात अधिकारियों की अनुमति से एवं निष्ठुर प्रतिशोध की भावना से किया गया। अंग्रेजों ने केवल सैनिकों का ही नहीं बल्कि साधारण नागरिकों का भी रक्तपात किया। यह रक्तपात युद्ध या संघर्ष के समय नहीं हुआ (जैसा विद्रोही सैनिकों ने किया था) अपितु भारतीय जनसंख्या को एक पाठ पढ़ाने के लिए विद्रोह समाप्ति के बाद किया गया।

पंजाब के सैनिकों ने अगर युद्ध में महत्वपूर्ण योगदान नहीं दिया होता तो दिल्ली विजय संभव नहीं थी। ऐसा कहा जाता है कि अंग्रेजों ने गुरु तेगबहादुर की सिक्खों द्वारा दिल्ली के मुगल सम्राट से प्रतिशोध लेने की भविष्यवाणी की अफवाह फैलाई थी। दिल्ली की विजय के पूर्व ही प्राइज एजेंट नियुक्त कर दिए गए थे। एक अंग्रेज अधिकारी का विचार था कि दिल्ली में सब कुछ समाप्त करके सिर्फ एक चर्च रहने दिया जाए। दिल्ली की लूट और विनाश की कल्पना सम्भवतः इस बात से हो सकती है कि नादिरशाह की लूट और कत्लेआम उसके सामने फीकी है। 21

सितंबर से नवंबर के अंत तक यह कार्यक्रम चलता रहा। अग्रेज सिपाहियों ने भारतीय जनता को मारना शुरू कर दिया और भारतीय सैनिकों के साथ लूट में शामिल हो गए। लूट का अनुमान शायद इस बात से हो सके कि चार्ल्स ग्रिफ्थिस दिल्ली की जीत के समय एक अंग्रेज अधिकारी था। उसने दिल्ली के घेरे का वर्णन करते हुए लिखा है कि अंग्रेज अधिकारियों को दो लाख की लूट की सामान्य छूट थी। उपरांत में ग्रिफ्थिस के अधीन अंग्रेज सिपाहियों ने सैनिक सेवा से मुक्ति पाने के लिए धन दिया। इंग्लैंड के विभिन्न नगरों में भारतीय हीरे-जवाहारात बिक्री के लिए प्रदर्शन मंजूषा में रखे रहते थे। मिर्जा गालिब और जहीर देहलवी, नजीर अहमद आदि के लेखों से यह तथ्य सत्य सिद्ध होता है।

कानपुर पर अंग्रेजों का आधिपत्य जुलाई, 1857 ई. में स्थापित हो गया था यद्यपि तांतिया टोपे और विद्रोहियों से अंग्रेजों की कई बार मुठभेड़ हुई। लखनऊ और पूर्वी अवध में व्यापक अशांति एवं अव्यवस्था फैल गई इसलिए अंग्रेजों ने नेपाल के प्रधानमंत्री के मदद के प्रस्ताव को स्वीकार किया। मार्च, 1858 ई. तक अंग्रेजों का लखनऊ पर अधिकार हो गया। अंग्रेजों को रुहेलखंड, बुंदेलखंड और मध्य भारत में अधिकांश क्षेत्रों पर जून 1858 ई. तक अपना अधिकार स्थापित करने में सफलता मिल गयी थी।

1858 ई. में मार्शल ला लागू कर दिया गया और इलाहाबाद और बनारस में बिना मुकदमा चलाए लोगों को मृत्युदंड दिया जाने लगाँ इतिहासकार 'जान के' ने लिखा है कि तीन महीनों तक आठ गाड़ियाँ सुबह से शाम तक शवों को चौराहों और बाजारों से हटाकर ले जाने में व्यस्त रहीं। गाँव के गाँव आग के हवाले कर दिये गए और लोगों को बचकर भागने से रोक दिया जाता था। अंग्रेजों द्वारा विद्रोहियों की निर्मम हत्या से भारत में एक आतंक सा स्थापित हुआ। वे भारतवासियों को यह पाठ पढ़ाना चाहते थे कि अंग्रेजी साम्राज्य के विरुद्ध विद्रोह करना सरल नहीं था। ये अत्याचार अशिक्षित एवं असभ्य व्यक्तियों द्वारा नहीं अपितु उन प्रशासकों द्वारा किए गए जो अपने आपको सभ्य एवं प्रगतिशील और शिक्षित कहते थे।

1857 विद्रोह की असफलता के प्रमुख कारण

1857 ई. के विद्रोह की असफलता पूर्व निश्चित थी। इस असफलता के लिए मुख्य कारण निम्नांकित थे–

केंद्रीय संगठन की कमी–यद्यपि विद्रोह के पूर्व संगठन या योजना अवश्य रही थी लेकिन इस योजना का क्रमबद्ध रूप नहीं था न ही कोई केंद्रीय संस्था या

संगठन इसके संचालन के लिए उत्तरदायी था। सेनाओं के दिल्ली पहुँचने तक तो किसी योजना का रूप दिखाई पड़ता है लेकिन उपरांत में यह खत्म सा दिखाई पड़ता है। इस योजना, संगठन या नेतृत्व की कमी को कुछ आलोचकों ने विद्रोह में राष्ट्रीयता के तत्व का अभाव मान लिया है लेकिन यह गलत है। विद्रोहियों के उत्साह या प्रेरणा में कोई कमी नहीं थी उनके लिए सामंतीय नेतृत्व ही पर्याप्त था। राष्ट्रीयता का उस समय कोई सवाल नहीं था। दुर्भाग्य की बात यह थी कि विभिन्न सामंती नेता आपस में सहमत नहीं हो सके। सैनिक अभियान की सफलता की दृष्टि से भले ही यह कहा जा सके कि एक क्षेत्र तक कार्य सीमित रखना सफलता में मददगार था लेकिन कोई नेता ऐसा भी होना चाहिए था जो अंग्रेजों की गतिविधियों को ध्यान में रखकर सब क्षेत्रों के कार्यों के संचालन को समन्वित कर सकता। उदाहरणार्थ–झाँसी और बुंदेलखंड में विद्रोह का उस समय प्रारंभ हुआ जबकि दिल्ली और कानपुर पर अंग्रेजी सफलता स्थापित हो चुकी थी। संभवतः 1857 ई. के नेताओं में इस प्रकार का दृष्टिकोण विकसित होना संभव नहीं था। इसके लिए पहले से योजना और संगठन की जरूरत थी इसीलिए यह कहा जा सकता है कि 1857 ई. के विद्रोह प्रारंभ करने के पीछे भले ही कुछ योजना या संगठन रहा हो लेकिन इसका संचालन किसी योजना के अधीन नहीं था।

ठोस लक्ष्य की कमी–ज्यादातर विद्रोही नेताओं ने विद्रोह में विशेष रुचि नहीं थी। बहादुरशाह, कुंवर सिंह, नाना साहब, रानी लक्ष्मीबाई आदि नेता परिस्थितियों के अनुरूप अपने आपको ढालते चले गए। इनमें से किसी ने भी इस विद्रोह की योजना नहीं बनाई थीं। सैनिकों या सामान्य जनता के विद्रोह प्रारंभ कर देने के बाद भी कुछ समय तक नेता अंग्रेजों से अपने निजी फायदा और स्वार्थों की उचित व्यवस्था चाहते थे।

निराशा मिलने पर ही उन्होंने विद्रोहियों का समर्थन किया। ऐसी स्थिति में इस विद्रोह के समक्ष साकार लक्ष्यों की कमी थी। इन नेताओं के निजी पत्रों तथा वक्तव्यों को देखकर ही यह सहज धारणा बन जाती है कि 1857 ई. के विद्रोह के पीछे उनकी कोई योजना नहीं थी। ऐसे व्यापक आंदोलन या विद्रोह का प्रारंभ बिना योजना के संभव ही नहीं था। इसके संयोजक कौन लोग थे, इस सवाल का उत्तर नहीं दिया जा सकता क्योंकि विद्रोहियों और उनके समर्थकों का विनाश पूरी तरह किया गया। विद्रोह में भाग लेने वालों का दृष्टिकोण व्यक्तिनिष्ठ था। सही मायने में अंग्रेजी शासन को समाप्त करने का भ्रांतिपूर्ण तात्पर्य उन्होंने अंग्रेज अधिकारियों की समाप्त कर देना ही समझा। लेकिन ये बात उनके समझ में नहीं आई कि कुछ

अंग्रेजों को खत्म कर देने से ही अंग्रेजी सत्ता खत्म नहीं हो सकती थी। इस बात को नहीं समझ पाना ही उनकी असफलता के लिए मूल रूप से उत्तरदायी रहा।

योग्य नेतृत्व का अभाव—जिन नेताओं ने विद्रोह किया था उनमें सैन्य कुशलता एवं संगठित होकर कार्य करने की कमी थी। नाना साहब, लक्ष्मीबाई, कुंवर सिंह, बहादुरशाह जफर आदि मिलकर कार्य नहीं कर सके। इनमें से सभी में कुशल सैन्य संचालन के गुणों सर्वथा कमी थी। यह तथ्य दिल्ली, कानपुर, झाँसी, ग्वालियर के अभियानों से स्पष्ट हो जाता है। सैनिक अदूरदर्शिता का सबसे बड़ा उदाहरण यह है कि दिल्ली में अंग्रेजों को बाहर से सैनिक सहायता मिल गयी। विद्रोह प्रारंभ करने वाले सैनिक प्रशिक्षित अंग्रेजी सेना के अंग जरूर थे उनमें सफलता से लड़ने का गुण भी विद्यमान था। लेकिन अंग्रेजों के विरुद्ध उनकी सैनिक योग्यता का भली-भाँति प्रयोग नहीं किया जा सका। अंग्रेजी विजयी सेना में उनसे अधिक प्रशिक्षित सैनिक कम ही थे लेकिन भारतीय सैनिकों की असफलता का कारण कुशल नेतृत्व की कमी थी।

अंग्रेजी सेना की तुलना में साधनों कमी—अंग्रेजी सेना एवं शासकों की तुलना में भारतीय सैनिकों एवं नेताओं के समीप साधन बहुत कम थे। अंग्रेजी सरकार की मदद के लिए अधिकांश भारतीय नरेश, पंजाब, बंगाल और मद्रास, बंबई प्रांतों का अधिकांश राजस्व उपलब्ध था। भारत को छोड़ कर विदेश जैसे इंग्लैंड से भी उन्हें सैन्य सामग्री पर्याप्त मात्रा में उपलब्ध हो सकती थी। भारतीय नेताओं के आर्थिक एवं सैनिक साधन अत्यंत सीमित थे जबकि उनके पास जनसंख्या अधिक थी। कई मौकों पर भारतीय सैनिकों के समीप सामान्य शस्त्र भी नहीं होते थे, अधिक विकसित शस्त्रों के समक्ष मानव शक्ति अधिक समय तक नहीं टिक सकती। इन नेताओं की आर्थिक कठिनाइयाँ भी सामान्य ही थीं।

इन साधनों में अंग्रेज सरकार के समीप तार एवं रेल की सुविधा थी। मेरठ से दिल्ली और आगरा तक तार के माध्यम से प्रत्यक्ष रूप से सम्बन्ध स्थापित किया जा सकता था। दिल्ली से तार संपर्क तो विद्रोहियों ने काट दिया था लेकिन आगरे के तार काटने में थोड़ा विलंब हुआ और मेरठ के सैनिक विद्रोह की सूचना आगरा 10 मई, 1857 ई. की रात को ही पहुँच गई। विद्रोही सैनिकों के पास इस तरह की व्यवस्था नहीं रहने की वजह से विद्रोह सफल नहीं हो पाया।

3

प्रशासनिक व्यवस्था

अंग्रेज खुद को श्रेष्ठ समझते थे इसलिए शुरू से ही वह भारतीय सैनिकों से खुद को दूर रखता थे। उनका प्रशासनिक नीति फूट डालो और राज करो के सिद्धांत पर आधारित थी। इसके लिए भारतीय सैनिकों पर कई प्रकार के प्रतिबंध लगाते था, तोपखाने से दूर रखना, प्रदेश और जाति के आधार पर रेजिमेंट बनाकर उनको विभाजित करना था। भारतीय को निम्न पद दिया जाता था एवं उन्हें अयोग्य घोषित करना, रंगभेद करना अंग्रेजों की आदत बन चुकी थी। 1857 से पहले भी वे भारतीयों से मेलजोल को तुच्छ कार्य समझता था। लेकिन अब वे अपनी उच्चता और प्रधानता को बनाए रखने के लिए भारतीयों के साथ सामाजिक संपर्क प्रायः कम रखते थे।

1857 ई. के विद्रोह का भारतीय और अंग्रेजों के संबंधों पर सबसे अधिक प्रभाव पडा। एक वर्ष के प्रजातीय संघर्ष, परस्पर द्वेष और रक्तपात का परिणाम यह हुआ कि अंग्रेजों ने अपने आपको शत्रु क्षेत्र में एक घिरी हुई सेना के रूप में समझा। जातीय आधार पर भेदभाव की नीति तीव्र वेग से अपनाई गई और नौकरों अथवा निम्न समुदाय के लोगों से ही संपर्क स्थापित किये गये। भारत की जनसंख्या के विभिन्न भागों में विभाजन को अधिक प्रोत्साहन दिया गया।

व्यापारिक तथा आर्थिक दृष्टि से ईस्ट इंडिया कंपनी पूरी तरह से इंग्लैंड में प्रचलित आर्थिक विचारधाराओं से प्रभावित थी। 1858 ई. में ईस्ट इंडिया कंपनी की समाप्ति के पश्चात् उन विचारों का प्रभाव बढ़ा। भारतीय आर्थिक स्थिति इंग्लैंड की नीतियों के अधीन हो गई और भारत का आर्थिक शोषण और अधिक बढ़ गया।

कंपनी का अस्तित्व बरकरार रखने के लिए उसके संचालकों ने कहा कि इंग्लैंड सरकार की नीतियों के अनुसार कंपनी काम करती है और कंपनी के होने से इंग्लैंड सरकार के आदेशों के पालन में विघ्न नहीं पड़ता था। कंपनी द्वारा लागू की गई नीतियों को इंग्लैंड सरकार ने पूर्व स्वीकृति दी थी। इसलिए 1857 ई. के विद्रोह का दोष कंपनी के सिर नहीं थोपा जा सकता। इंग्लैंड सरकार ने कंपनी को समाप्त करते समय मुख्य बल प्रशासनिक सुविधा पर दिया। संचालक समिति और बोर्ड ऑफ कंट्रोल के बीच कागजों के लेनदेन में होने वाला विलंब खत्म हो जाएगाँ 1857-58 ई. का विद्रोह कंपनी के अधिकारों को समाप्त करने का अवसर मात्र था, कारण नहीं। 19वीं सदी के मध्य में इंग्लैंड के राजनीतिक विचारक इतने बड़े साम्राज्य का एक व्यापारिक कंपनी द्वारा संचालन समय के विपरीत समझते थे। यह अधिकार केवल इंग्लैंड के शासक में ही निहित होना चाहिए। भारत सरकार अधिनियम 1858 ई. में पास किया गया जिसकी मुख्य धाराएं निम्नवत् हैं–

1. ईस्ट इंडिया कंपनी द्वारा अधिकार का प्रयोग अब इंग्लैंड के शासक द्वारा तथा उसके नाम में किया जाएगाँ बोर्ड ऑफ कंट्रोल, संचालक समिति तथा प्रोपराइटर्स द्वारा किए जाने वाले कार्य अब एक मंत्री, भारत सचिव, द्वारा किए जाएँगे।

2. भारत सचिव के परामर्श के लिए 15 सदस्यों की एक इंडिया कौंसिल का गठन किया गया। इसमें से 7 संचालक समिति द्वारा मनोनीत किए जाएँगे और 8 इंग्लैंड सरकार द्वारा। 15 सदस्यों में से 9 सदस्य ऐसे होने चाहिएँ जो 10 वर्ष भारत में रह चुके हों और भारत से इंग्लैंड लौटे हुए उन्हें दस वर्ष से अधिक न हुए हों।

3. इंडिया कौंसिल के निर्णय बहुमत के आधार पर होंगे लेकिन भारत सचिव को को यह अधिकार होगा कि वे इसके विपरीत भी काम कर सकें। इंडिया कौंसिल के सदस्यों को इंग्लैंड संसद में बैठने अथवा मत देने का अधिकार नहीं होगाँ भारत सचिव और उनकी कौंसिल का खर्च अंग्रेजी राज्यकोष से प्रदान नहीं किया जाएगाँ संसद के बहुत से सदस्य भारतीय विषयों की चर्चा के समय उपस्थित भी नहीं रहते थे।

इस अधिनियम में केवल भारत सचिव और इंग्लैंड के शासक द्वारा प्रशासन सँभालने से संबद्ध व्यवस्था का उल्लेख था। 1858 ई. के एक्ट द्वारा स्थापित परिवर्तन केवल औपचारिक तथा नाममात्र के थे, इनसे कोई महत्त्वपूर्ण अथवा वास्तविक परिवर्तन नहीं हुआ। भारत सचिव वास्तव में बोर्ड ऑफ कंट्रोल के अध्यक्ष का ही दूसरा नाम था। 1853 ई. के एक्ट के अनुसार 1/3 संचालक (अर्थात् 6

सदस्य) इंग्लैंड के शासक द्वारा नियुक्त किए जाते थे। अब 18 के स्थान पर 15 सदस्यों की इंडिया कौंसिल बनाई गई जिसमें 6 के स्थान पर 8 इंग्लैंड के शासक द्वारा नियुक्त होंगे। इस प्रकार स्थिति पूर्व की भाँति ही रही केवल नाम का अंतर अवश्य हो गया।

इंग्लैंड सरकार ने भारतीय साम्राज्य पर नियंत्रण स्थापित करते समय कंपनी के सार्वजनिक ऋण, मूलधन आदि को भारत के राजस्व पर ऋण के रूप में डाल दिया। इस प्रकार कंपनी द्वारा भारत जीतने के संबंध में खर्च को भी भारतीय जनता को ही देना पड़ा। यह पूर्णतया अनुचित तथा अन्यायपूर्ण था तथा उपनिवेशवाद और साम्राज्यवाद के इतिहास में भी अद्वितीय था। इंग्लैंड सरकार ने अफ्रीका और अमरीका में अन्य व्यापारिक कंपनियों के अधीन राज्य क्षेत्र पर अधिकार करते समय उन्हें मुआवजा मात्र दिया। 1869 ई. में इंग्लैंड सरकार ने 'हडसन बे कंपनी' को 4 लाख पौंड, 1900 ई. में नाइजीरिया के लिए 'रायलनाइजर कंपनी' को 5 लाख 65 हजार पौंड का मुआवजा दिया।

विक्टोरिया घोषणा : 1858 ई. में कंपनी के समाप्त कर दिए जाने और इंग्लैंड सरकार द्वारा प्रबन्ध अपने हाथ में लेने की जानकारी रानी विक्टोरिया के घोषणापत्र द्वारा दी गई। इस घोषणापत्र में गवर्नर जनरल कैनिंग के लिए वायसराय की उपाधि का भी प्रयोग किया गया। इस घोषणा में वर्णित आश्वासन दो प्रकार के थे, कुछ पिछली नीतियों से संबंधित और कुछ आगामी काल में अपनाई जाने वाली नीतियों के संबंध में थे।

पहली श्रेणी में दिए गए आश्वासन केवल उन तीन समस्याओं से संबंधित थे जो 1857 ई. के विद्रोह के लिए उत्तरदायी समझी जाती थी—अंग्रेजी राज्य अपहरण नीति पर भारतीय नरेशों का क्षोभ, भारतीय जनता में बलपूर्वक ईसाई बनाने का भय और कृषकों तथा भूस्वामियों को भूमि अपहरण की शंका। 1858 ई. की घोषणा को ध्यान से पढ़ने पर उन तीनों आश्वासनों की भाषा में उल्लेखनीय अंतर दिखाई पड़ता है। धार्मिक क्षेत्र में रानी विक्टोरिया ने ईसाई धर्म की सच्चाई में विश्वास रखते हुए भी अपने धर्म को भारतवासियों पर थोपने की इच्छा का ही नहीं बल्कि ऐसा कर सकने के अपने अधिकार का भी स्वत्व त्याग दिया। अपने अधीनस्थ अधिकारियों को भी भारतीय जनता के धार्मिक जीवन में किसी प्रकार से हस्तक्षेप न करने का आदेश दिया। इस क्षेत्र में अधिकारियों का आज्ञा उल्लंघन रानी की अत्यधिक अप्रसन्नता का कारण होगाँ

भूमि अधिकारों के संबंध में विक्टोरिया ने भारतीयों के अपने पैतृक भूमि से

लगाव और परंपरागत अधिकारों को स्वीकार ही नहीं किया बल्कि उनकी रक्षा करने की भी इच्छा व्यक्त की। किंतु अपने इस आश्वासन को उसी समय तक निभाने की बात भी कही जब तक राज्य द्वारा लगाए गए करों का कृषक वर्ग भुगतान करता रहे। उन्होंने यह आदेश भी दिया कि भूमि व्यवस्था से संबंधित नियमों का निर्माण और संचालन करते समय सरकार भारतीयों के परंपरागत अधिकारों का उचित सम्मान करेगी। भारतीय नरेशों को विक्टोरिया ने अपनी ओर से समस्त संधियों के पालन करने का आश्वासन दिया लेकिन साथ ही नरेशों से भी उसी प्रकार के पालन की आशा की। अपने राज्यक्षेत्र के विस्तार करने की अनिच्छा की अभिव्यक्ति के साथ-साथ उन्होंने अपने राज्यक्षेत्र अथवा अधिकारों का अतिक्रमण सहन न करने तथा दूसरों पर अतिक्रमण न करने की बात कही। इन तीनों आश्वासनों से स्पष्ट हो जाता है कि इंग्लैंड सरकार ने ईसाई धर्म प्रचारकों, भूमि व्यवस्था से उत्पन्न असंतोष तथा भारतीय नरेशों को अपने राज्य अपहरण का भय इसी क्रम में विप्लव के लिए उत्तरदायी समझे। ईसाई मिशनरियों के संबंध में विक्टोरिया की घोषणा अत्यधिक महत्त्वपूर्ण है क्योंकि यह वक्तव्य राज्याध्यक्ष द्वारा दिया गया था।

आगामी काल में अपनाई जाने वाली नीतियों के संबंध में इस घोषणा में पर्याप्त व्यापक आश्वासन थे। जैसे– (1) राजकीय सेवाओं में जाति और धर्म के भेद का ध्यान रखे बगैर प्रत्येक व्यक्ति को निष्पक्षता से उसकी क्षमता, योग्यता, शिक्षा और निष्ठा के आधार पर स्थान दिया जाए। (2) आंतरिक शांति स्थापना के पश्चात् भारत में उद्योगों की वृद्धि, लोकहित तथा सार्वजनिक कार्यों का निर्माण तथा प्रशासन का संचालन समस्त निवासियों के लाभ के लिए किया जाए। (3) भारतीय नागरिकों के प्रति कर्तव्य अन्य नागरिकों के समान निभाए जाएँगे।

ये तीनों वायदे भारतीय जनमानस को गुमराह करने के लिए किए गए थे। अंग्रेजी सरकार का इन वायदों को पूरा करने का कोई दृढ़ विचार कभी नहीं था। इसलिए ये आश्वासन केवल शुभेच्छाओं से अधिक नहीं बढ़ सके, वास्तव में विक्टोरिया ने इस घोषणापत्र की भाषा को लोकलुभावन बनाने के उद्देश्य से विशेष आदेश दिया था।

प्रशासनिक विकास (1858-1906)

1858 ई. में भारत सचिव और इंडिया कौंसिल का गठन किया गया जिसे 'गृह सरकार' भी कहा जाता था। भारत सचिव का खर्च भारत राजस्व से दिए जाने

का परिणाम यह हुआ कि इंग्लैंड संसद के समक्ष सैद्धांतिक रूप में उत्तरदायी होते हुए भी वह प्रायः निरंकुश अथवा नियंत्रण से मुक्त हो गया। ईस्ट इंडिया कंपनी के चार्टर नवीनीकरण के समय भारतीय प्रशासन पर काफी चर्चा हो जाती थी लेकिन 1858 ई. के पश्चात् यह अवसर भी जाता रहा। भारतीय नेता समझ चुके थे कि संसद के सदस्य भारतीय परिस्थिति का बदलाव नहीं चाहता है। 20वीं सदी के आरंभ तक निराशा और असफलता तथा उग्र राष्ट्रवादियों के उत्थान के पश्चात् यह मान्यता समाप्त हुई।

भारत सचिव और इंडिया कौंसिल—1858 ई. में इंडिया कौंसिल को पर्याप्त अधिकार दिए गए। वित्तीय अधिकार तथा प्रशासनिक कार्यों पर नियंत्रण रखने के लिए व्यवस्था की गई। 1869 ई. में कौंसिल के रिक्त स्थानों की पूर्ति का अधिकार भारत सचिव को दे दिया गया तथा कौंसिल के सदस्यों का कार्यकाल (जो आरंभ में अस्पष्ट था) घटाकर दस वर्ष कर दिया गया। 1889 ई. में कौंसिल के सदस्यों की संख्या भी घटाकर 10 कर दी गई। भारत सचिव को आवश्यक कार्यों पर कौंसिल की अनुमति के बिना गोपनीय आदेश देने का अधिकार था। केवल वित्तीय मामलों में इंडिया कौंसिल के बहुमत की आवश्यकता होती थी। इस प्रावधान को भारत सचिव ने बड़ी सरलता से निरर्थक कर दिया। वह अपने कार्यों के लिए इंग्लैंड संसद के प्रति उत्तरदायी होता था और कैबिनेट के अनुमोदन के पश्चात् उसे अत्यधिक मनोबल मिल जाता था इसलिए व्यावहारिक रूप में इंडिया कौंसिल का वित्तीय नियंत्रण औपचारिक मात्र रहा।

भारत में प्रशासन संचालन गवर्नर जनरल द्वारा होता था। भारत सचिव को 'नियंत्रण तथा निदेशन का अधिकार' उपलब्ध था। 1858 ई. के पूर्व भारतीय प्रशासन को काफी स्वतंत्रता थी और संचालक समिति अथव बोर्ड ऑफ कंट्रोल की स्वीकृति बहुधा औपचारिक होती थी लेकिन अब स्थिति में आमूल परिवर्तन हुआ। 1858 ई. में भारतीय राजस्व से खर्च की स्वीकृति देने का अधिकार भारत सचिव को ही दिया गया। 1861 ई. के एक्ट से भारत सचिव को भारतीय लेजिस्लेटिव कौंसिल द्वारा पारित नियमों को अस्वीकृत करने का अधिकार था। इसलिए विधेयक का प्रारूप पहले भारत सचिव द्वारा स्वीकृत कराने की परंपरा आरंभ हुई। गवर्नर जनरल की कौंसिल के सदस्यों की नियुक्ति भारत सचिव अपनी कौंसिल के परामर्श से ही किया करता था। इसके अतिरिक्त अन्य नियुक्तियाँ भी जो इंग्लैंड सम्राट द्वारा की जाती थीं भारत सचिव के परामर्श पर ही होती थीं। 1868-70 ई. के मध्य स्वेज नहर के निर्माण और समुद्री तार के माध्यम से इंग्लैंड द्वारा भारतीय प्रशासन पर

नियंत्रण अधिक सरल हो गया, इंग्लैंड से अब विस्तृत आदेश शीघ्रता से भेजे जा सकते थे।

1870 ई. में 'कांट्रेक्ट एक्ट' और 'एविडेंस एक्ट' के पास करने के लिए भारत सचिव ने आदेश दिए। गवर्नर जनरल मेयो के विरोध करने पर भी उसे वे दोनों अधिनियम पास करने पड़े। नार्थब्रुक ने भारतीय सरकार की वित्तीय स्वाधीनता का तर्क प्रस्तुत करना चाहा किंतु यह स्वीकृत नहीं हुआ। भारत सचिव सेलिसबरी ने पार्लियामेंट के समक्ष भारत सचिव के पूरी तरह से उत्तरदायी होने तथा पार्लियामेंट के सर्वोच्च अधिकारों की दुहाई देकर भारतीय प्रशासन पर सचिव के नियंत्रण का औचित्य बताया। इतना अवश्य कहा जा सकता है कि यह नियंत्रण बहुत अंशों में व्यक्तिगत (गवर्नर जनरल और भारत सचिव) योग्यताओं और क्षमता पर काफी घटता-बढ़ता रहता था। आर्थिक और साम्राज्यवादी हितों के प्रश्न पर इंग्लैंड में व्यापारी, उद्योगपति अथवा अन्य वर्ग बहुत जागरूक रहते थे। बहुधा इंग्लैंड और भारत के हितों में परस्पर विरोध भी होता था किंतु ऐसी स्थिति में सदा ही इंग्लैंड के हितों को प्रधानता दी जाती थी।

ये तथ्य 19वीं सदी के अंतिम दशकों में उस समय भली-भाँति स्पष्ट हुए जब लिटन और रिपन के समय में लंकाशायर और मेंचेस्टर के उद्योगपतियों के दबाव में इंग्लैंड से उत्पादित कपड़े का आयात करना पड़ा चाहे उससे भारत की कपड़ा मिलों को कितनी भी कठिनाइयों का सामना क्यों न करना पड़ा हो। राष्ट्रीय कांग्रेस ने भारतीय हितों के संदर्भ में एक भिन्न आर्थिक नीति का प्रतिपादन किया किंतु सरकार ने इस कार्यक्रम को अस्वीकार कर दिया गया। कालांतर में भारतीय राष्ट्रीय जनमत इंडिया कौंसिल के प्रतिक्रियावादी दृष्टिकोण से इतना खिन्न हो गया कि अंततः यह उसकी समाप्ति के लिए प्रयत्नशील रहा। 1935 ई. के अधिनियम से इस कौंसिल को समाप्त किया गया।

भारत में प्रशासकीय विकेंद्रीकरण : (1861–1892) भारतीय साम्राज्य के लिए नियम बनाने का दायित्व कलकत्ता के स्थापित लेजिस्लेटिव कौंसिल के पास था। विभिन्न प्रांतों से उपलब्ध राजस्व एक ही फंड का भाग समझा जाता था और गवर्नर जनरल की अनुमति के बिना यह धन खर्च नहीं किया जा सकता था। इस पद्धति के विरुद्ध असंतोष अधिक था। 1857-58 ई. के संकट के पश्चात् स्थानीय अधिकारों तथा स्वायत्तता की माँग बढ़ी। 1857-60 के मध्य विभिन्न भारतीय संस्थाओं ने यह माँग की कि भारतीयों को भी लेजिस्लेटिव कौंसिलों में शामिल किया जाए।

उपरोक्त परिस्थितियों के अतिरिक्त एक अन्य कठिनाई कैनिंग के समक्ष यह थी कि 1853 में स्थापित लेजिस्लेटिव कौंसिल का संचालन डलहौजी ने संसदात्मक प्रणाली पर किया, इससे 6 गैर सरकारी सदस्य विभिन्न प्रकार की प्रशासनिक जाँच आदि की माँग अथवा इंग्लैंड संसद के विरोधी दल की भाँति सरकार की तीव्र आलोचना करते थे। 1857-58 ई. में इस प्रकार की लेजिस्लेटिव कौंसिल से कैनिंग को अत्यधिक कठिनाई हुई। भारतीय विचार एवं प्रतिक्रियाओं से अंग्रेज प्रशासन वाकिफ नहीं था। इसलिए कुछ भारतीय सदस्यों को लेजिस्लेटिव कौंसिलों में सम्मिलित करने से लाभ होगाँ 1858 ई. में ईस्ट इंडिया कंपनी की समाप्ति के पश्चात् भारतीय प्रशासन में कुछ परिवर्तन आवश्यक हो गए थे। इसलिए 1861 ई. पारित में इंडियन कौंसिल्स की मुख्य धाराएँ निम्नवत् हैं–

1. गवर्नर जनरल की कौंसिल में एक सदस्य और बढ़ा दिया गया। अब 5 सामान्य सदस्य हो गए। पूर्व की भाँति सेनाध्यक्ष को कौंसिल का विशिष्ट सदस्य बनाए रखा गया।

2. गवर्नर जनरल को अपनी कौंसिल के सदस्यों में कार्य विभाजन का अधिकार दिया गया। विभिन्न विभागों का प्रशासन कुछ सदस्यों के नियंत्रण में कर देने से गवर्नर जनरल के प्रभाव में वृद्धि और कौंसिल के महत्त्व में कमी हुई। सप्ताह में एक बार कौंसिल का प्रत्येक सदस्य तथा प्रत्येक विभाग का सचिव गवर्नर जनरल से अलग-अलग भेंट करते थे। अत्यंत महत्त्वपूर्ण अथवा सामान्य हित के विषयों को कौंसिल के सामने पेश किया जाता था और बहुमत के आधार पर निर्णय होता था, जब तक कि गवर्नर जनरल अपने विशेष अधिकार का प्रयोग न करे।

3. लेजिस्लेटिव कौंसिल के गठन के संबंध में यह मौलिक सिद्धांत लागू किया गया कि जिस समय कार्यकारिणी के सदस्य किसी बिल को पास करने के लिए बैठक करें उस समय कुछ अतिरिक्त सदस्य उस बैठक में सम्मिलित हों। कार्यकारिणी की उस बैठक को जिसमें अतिरिक्त सदस्यों को कानून बनाने के लिए आमंत्रित किया गया हो, लेजिस्लेटिव कौंसिल की बैठक कहते थे। ये अतिरिक्त सदस्य केवल बिल पास करने के समय ही कौंसिल के अधिवेशन में सम्मिलित हो सकते थे। इन अतिरिक्त सदस्यों की संख्या कम-से-कम 6 और अधिक-से-अधिक 12 रखी गई जिनमें से आधे गैर-सरकारी सदस्य होंगे। इन सदस्यों का कार्यकाल 2 वर्ष होता था यद्यपि उन्हें पुनः नियुक्त किया जा सकता था।

4. इस लेजिस्लेटिव कौंसिल द्वारा पास किए गए बिल, गवर्नर जनरल की स्वीकृति मिल जाने के बाद समस्त अंग्रेजी अधिकृत क्षेत्र में लागू होंगे। भारत सचिव

को इस प्रकार के पास किए हुए अधिनियम को रद्द करने का अधिकार था। इस कौंसिल के गठन से इंग्लैंड की संसद के अधिकारों पर किसी प्रकार की रोक नहीं लगाई गई।

5. इस एक्ट से बंबई और मद्रास प्रांतों के गवर्नरों को कम-से-कम 4 और अधिक-से-अधिक 8 अतिरिक्त सदस्यों की नियुक्ति का अधिकार दिया गया जिनमें से आधे सदस्य गैर-सरकारी होते थे। ये सदस्य कार्यकारिणी की उन बैठकों में, जो नियम पास करने के लिए बुलाई जाएँ, भाग ले सकते थे। उनका कार्यकाल 2 वर्ष था। प्रांतों में भी लेजिस्लेटिव कौंसिल का पृथक् अस्तित्व नहीं था। इन कौंसिलों का कार्यक्षेत्र प्रांतीय विषयों तक सीमित था। बहुत से विषयों से संबंधित विधेयक पास करने के लिए उन्हें केंद्र से अनुमति लेनी पड़ती थी।

इस एक्ट से प्रांतों को बिल पास करने के संबंध में कुछ स्वतंत्रता अवश्य उपलब्ध हो गई लेकिन केंद्र का नियंत्रण पूर्व की भाँति बना रहा। इतना लाभ अवश्य हुआ कि कुछ भारतीयों को अंग्रेजी प्रशासन के साथ संबद्ध कर दिया गया। इन अतिरिक्त सदस्यों को प्रश्न पूछने अथवा कार्यकारिणी के कार्यक्षेत्र में हस्तक्षेप करने का अधिकार नहीं था। आरंभ में कुछ ऐसे जमींदारों अथवा सामंतों को सदस्य नियुक्त किया गया जो भारतीय भावनाओं तथा आकांक्षाओं से अपरिचित थे लेकिन बाद में ऐसे सदस्यों की नियुक्ति कम होती चली गई। 1861 ई. का एक्ट 1853 ई. की तुलना में प्रतिगामी था। 1853 ई. में लेजिस्लेटिव कौंसिल का गठन संसदात्मक प्रणाली पर था। 1861 ई. में इसके स्थान पर गवर्नर जनरल और उसकी कार्यकारिणी की निरंकुशता बढ़ाई गई। भारत सचिव, सर चार्ल्स वुड, ने कैनिंग के उत्तराधिकारी एलगिन को स्पष्ट लिखा : 'तुम्हारी कौंसिल कभी-कभी कानून बनाती है और उस समय कुछ अतिरिक्त व्यक्ति तुम्हारी कौंसिल में बैठते हैं—लेकिन तुम्हारी कौंसिल एक ही है—हमने बड़े ध्यान से अधिनियम में ऐसा कोई प्रावधान नहीं रखा जिससे इस लेजिस्लेटिव कौंसिल के पृथक् अस्तित्व को बल मिल सके। लार्ड डलहौजी ने गलती से ऐसा समझ लिया था। हमने बड़े परिश्रम से उसकी गलती को ठीक किया है।' एक अन्य प्रतिक्रियावादी कार्य यह किया गया कि गवर्नर जनरल को कौंसिल की अनुमति अथवा पूर्व सूचना के बिना अध्यादेश प्रसारित करने का अधिकार दे दिया गया। ये अध्यादेश 6 महीने तक वैध रहते थे। यह अधिकार अंग्रेजी प्रशासक अंत तक प्रयोग में लाते रहे। इस कौंसिल के गैर-सरकारी सदस्य गवर्नर जनरल अथवा उसकी कार्यकारिणी के खिलाफ जाने का साहस नहीं जुटा पाते थे। नवाब रामपुर और पटियाला महाराज अपनी सदस्यता काल की 36 बैठकों में केवल 3 और

8 में क्रमशः उपस्थित रहे। कार्यकारिणी के सदस्यों की उन्नति की संभावना केवल गर्वनर जनरल की कृपा पर निर्भर करती थी।

गवर्नर जनरल के अधिकारों में वृद्धि भारत सचिव के साथ पत्र व्यवहार के कारण हुआ। भारत सचिव भी अपनी इंडिया कौंसिल के नियंत्रण से मुक्ति और भारतीय प्रशासन पर अपना अधिकार स्थापित करना चाहता था। इसलिए महत्त्वपूर्ण विषयों से संबंधित निर्णय वह गवर्नर जनरल से निजी स्तर पर विचार-विमर्श करके ले लिया करता था। वह भारत सरकार से अपनी इच्छानुसार प्रस्ताव भी मनवा लेता और फिर इंडिया कौंसिल से उसे पास कराने में कोई कठिनाई नहीं होती थी। यही पद्धति गर्वनर जनरल को भी बहुत से विवादास्पद नीतियों के निर्णय में सहायक होती थी। इस निजी पत्र-व्यवहार का प्रभाव अधिक व्यापक हो गया।

अतिरिक्त सदस्यों में से कुछ के भाग न लेने तथा लेजिस्लेटिव कौंसिल के अधिकारों के कम होने के बावजूद भी इस पद्धति में विकास की आवश्यकता अनुभव की जा रही थी। अंग्रेजी अधिकारी यह समझते थे कि भारतीयों के दृष्टिकोण से उन्हें लाभ हुआ था, वे प्रतिष्ठित एवं सम्मानित सामंतों की अपेक्षा शिक्षित और पश्चिमी विचारों से प्रभावित भारतवासियों को भी अवसर प्रदान करना चाहते थे। लार्ड डरफिन ने सर जार्ज चेनी की अध्यक्षता में एक समिति का गठन किया जिसने लेजिस्लेटिव कौंसिलों को छोटी संसद के रूप में विकसित करने की सिफारिश की। इसने गैर-सरकारी सदस्यों में से कुछ को निर्वाचन के आधार पर भी नियुक्त किए जाने की सिफारिश की।

इंडियन नेशनल कांग्रेस ने भारतीय जनमत को संस्थागत रूप में पेश किया। इंडियन लेजिस्लेटिव कौंसिल के ढाँचे में सुधार के लिए प्रायः प्रतिवर्ष प्रस्ताव पास किए जाते रहे। प्रमुख समाचार-पत्र, राजनीतिक संगठन तथा प्रतिष्ठित व्यक्ति विभिन्न अवसरों पर अधिक भारतीय सदस्यों की नियुक्ति तथा कौंसिलों को अधिक अधिकार दिए जाने की समस्या पर सरकार का ध्यान आकर्षित करते थे। संसद सदस्यों को भारतीय विचारों से अवगत कराने के लिए कांग्रेस न इंग्लैंड में भी आंदोलन शुरू किया। 1889 ई. में कांग्रेस द्वारा पारित प्रस्ताव के आधार पर हाउस ऑफ कामंस के एक सदस्य ब्रैड ला ने 1890 ई. में एक विधेयक प्रस्तुत किया। इंग्लैंड सरकार ने भी इस प्रस्ताव का श्रेय लेने के लिए एक विधेयक प्रस्तुत किया जिसे 1892 ई. में इंडियन कौंसिल एक्ट के रूप में पास किया।

1892 के अधिनियम की मुख्य धाराएँ : इस अधिनियम ने तीन प्रकार के सुधार किए : (1) अतिरिक्त सदस्यों की संख्या बढ़ा दी गई। केंद्रीय कौंसिल में अब

कम-से-कम 10 और अधिक-से-अधिक 16 अतिरिक्त सदस्य नियुक्त किए गए। बंबई और मद्रास की प्रांतीय कौंसिलों मे 8 से 20 तक, बंगाल और उत्तर पश्चिम प्रांत की कौंसिल में क्रमशः 20 और अतिरिक्त सदस्य नियुक्त किए गए। (2) इन सदस्यों को कुछ अधिक अधिकार भी दे दिए गए। वार्षिक बजट पर वाद-विवाद हो सकता था तथा संबंधित प्रश्न भी पूछे जा सकते थे। लेकिन उस पर मत विभाजन तथा कोई संबंधित प्रस्ताव पास नहीं हो सकता था। इस प्रकार बजट से संबंधित निर्णय में अतिरिक्त सदस्यों का योगदान नहीं था। अतिरिक्त सदस्यों को प्रशासन से संबंधित प्रश्न पूछने का अधिकार दे दिया गया लेकिन लेजिस्लेटिव कौंसिल के अध्यक्ष को किसी भी प्रश्न के अस्वीकार करने का अधिकार था। प्रश्न के उत्तर पर वाद-विवाद का अधिकार नहीं था। प्रश्न सूचनात्मक ही हो सकते थे। पूरक प्रश्नों का अधिकार नहीं दिया गया। (3) अतिरिक्त सदस्यों में 2/5 सदस्य गैर सरकारी होंगे। इन गैर सरकारी सदस्यों की नियुक्ति के लिए एक ऐसी प्रणाली अपनाई गई। जो निर्वाचन और मनोनयन के मध्य थी तथा जिसमें प्रतिनिधित्व का कुछ अंश सम्मिलित था। एक्ट में इस संबंध में कोई स्पष्ट व्याख्या नहीं की गई। कुछ निदेशात्मक तत्वों के अनुसार गवर्नर जनरल की कौंसिल भारत सचिव और इंडियन कौंसिल की सहमति के समय-समय पर नियम बना सकती थी।

इस अधिनियम के अंतर्गत बनाए गए उपनियमों के अनुसार अतिरिक्त सदस्यों को भारतीय समाज के विभिन्न वर्गों, जातियों तथा विशिष्ट हितों के आधार पर नियुक्त किया गया। यह परंपरा कालांतर में भारतीय राष्ट्रीय एकता के विकास में बाधाजनक बनी। फलस्वरूप भारतीय समाज के विभिन्न वर्गों में अपने विशिष्ट हितों के प्रति भावनाएँ विकसित हुईं। उदाहरणार्थ : बंबई प्रांत में 8 अतिरिक्त सदस्यों में 2 बंबई विश्वविद्यालय के 2 यूरोपीय व्यापारियों के, 1 सिंध के जमींदारों का, 1 दक्खिन के सरदारों का और 2 सामान्य जनता के प्रतिनिधि नियुक्त किए गए।

कार्यकारिणी अपनी नीतियों के लिए लेजिस्लेटिव कौंसिल के प्रति उत्तरदायी नहीं थी। किंतु अतिरिक्त सदस्यों की संख्या बढ़ने से गवर्नर जनरल की कौंसिल के सदस्य एक गठित मंडल की भाँति कार्य करने लगे। कौंसिल के सदस्यों को सरकारी नीति से अलग मत व्यक्त करने की स्वतंत्रता नहीं रही। कई अवसरों पर भारत सचिव के आदेशानुसार ऐसे बिल भी लेजिस्लेटिव कौंसिल में सरकारी सदस्यों के समर्थन से पास किए गए जो स्पष्ट रूप से भारतीय हितों के विरुद्ध थे। गैर-सरकारी सदस्यों की अल्पसंख्या किसी भी विवाद के प्रत्यक्ष-परिणामों को बदलने में असमर्थ रहती थी इसलिए कौंसिलों में वाद-विवाद का लाभप्रद प्रभाव नहीं हुआ।

इस एक्ट से असंतोष और अधिक बढ़ा क्योंकि भारतीय सदस्यों को प्रशासन में अधिक-से-अधिक सक्रिय भाग लेने का अवसर नहीं मिला, यद्यपि 1861 ई. की अपेक्षा स्थिति में कुछ लाभदायक परिवर्तन हुए लेकिन भारतीयों को बहस करने के अधिकार मात्र से संतुष्ट नहीं किया जा सकता था। कौंसिल में वाद विवाद को कई बार सार्वजनिक हित का बहाना बनाकर खत्म कर दिया जाता था। यह अंग्रेजी सरकार की असफलता थी कि वह बदलती परिस्थितियों के साथ अपनी नीति में परिवर्तन करके जागरूक भारतीयों की आकांक्षाओं को पूरा नहीं कर सकी। यह संभावना थी कि यदि इस समय प्रतिनिधित्व प्रणाली को वास्तव में आरंभ कर दिया जाता तो 20वीं सदी के आरंभ में क्रांतिकारी और अंग्रेज विरोधी भावनाओं का विकास शीघ्र नहीं होता।

एक्ट के नियमों द्वारा निर्वाचन पद्धति की संभावना को भारत में खत्म कर दिया गया। इससे भारतीय नेताओं को यह अनुभव हुआ कि अंग्रेजी नौकरशाही भारतीय आकांक्षाओं से सहानुभूति नहीं रखती थी।

एक्ट में दोष होते हुए भी यह सही दिशा में एक प्रयास था। लार्ड कर्जन के समय में विभिन्न प्रतिक्रियावादी कानून बना देने से कौंसिलों के विरुद्ध आलोचना अधिक बढ़ी। भारतीय प्रतिनिधि ऐसे नियमों को पास होने से रोकने में असमर्थ रहे। उसी समय कुछ ऐसी परिस्थितियाँ भी देश में अथवा देश के बाहर हुई जिसके कारण अंग्रेजी नीति का विरोध और अधिक बढ़ गया। 1905 ई. के बंग विभाजन से स्थिति में मौलिक परिवर्तन हो गया। उग्र विचारधारा अधिक वेग से बढ़ी और सरकार को शीघ्र ही एक नए अधिनियम की आवश्यकता अनुभव हुई। लेकिन इस अधिनियम से अंग्रेजी साम्राज्यवादियों की कूटनीति तथा भेदनीति अधिक स्पष्ट हुई।

वित्त व्यवस्था एवं भू प्रबन्धन में बदलाव के प्रयास

1857 के विद्रोह को जब समाप्त कर दिया गया तो कैनिंग ने अंग्रेजी साम्राज्य को जनप्रिय बनाने का प्रयास किया। वह जानता था कि भारत में अंग्रेजी सेना की संख्या भी अत्यधिक नहीं बढ़ाई जा सकती थी और अंग्रेजी जनसंख्या भारतीय जनसंख्या का अत्यंत छोटा भाग ही रहेगी। इसलिए भारतीय कुलीन वर्गों को अंग्रेजी साम्राज्य का समर्थक बनाने की अत्यधिक आवश्यकता थी। उसकी शांतिप्रियता तथा कोमल हृदयता उसकी कूटनीति का आवश्यक अंग थी। उसे ज्ञात था कि भारतीय समाज के उच्चवर्गों—राजाओं, जमींदारों तथा कर्मचारियों से अंग्रेजों के प्रति भक्ति

और निष्ठा की आशा की जा सकती थी, अंग्रेज सरकार द्वारा उनके प्रति नरम नीति अपनाए जाने के पश्चात् यह भक्ति और निष्ठा के काफी बढ़ जाने की आशा है। अंग्रेजी सेना की उपस्थिति और विशेषकर तोपखाने पर अंग्रेजी नियंत्रण साम्राज्य की सुरक्षा में सहायक था लेकिन एक यूरोपीय युद्ध के समय अंग्रेजी सेना की यूरोप में अधिक आवश्यकता होगी इसलिए वह चाहता था कि भारत के प्रभावशाली वर्गों में एक ऐसी भावना पैदा की जाए जिससे अंग्रेज आवश्यकता के समय आंतरिक शांति और सुरक्षा के उत्तरदायित्व का बोझ उनके कंधों पर डाल सकें।

भारतीय नरेशों के प्रति अपनी बदली हुई नीति की घोषणा करने के लिए कैनिंग ने आगरा तथा लाहौर में दो दरबार किए। इनमें उन नरेशों को जिन्होंने अंग्रेजों का समर्थन किया था, पुरस्कृत किया गया। भारतीय नरेशों को गोद लेने के अधिकार की पूरी छूट दे दी गई। नरेशों के अतिरिक्त कैनिंग ने जमींदारों और ताल्लुकेदारों को अपने पक्ष में करने का प्रयत्न किया। अवध में ताल्लुकेदारों का पूरा समर्थन किया गया। उन्हें अपने क्षेत्र में मुकदमे तय करने का भी अधिकार दे दिया गया। उन्हें जिले के अधिकारियों से सीधे संपर्क का भी अधिकार प्रदान किया गया।

भूस्वामी वर्ग के समर्थन प्राप्त करने की नीति केवल अवध तक ही सीमित नहीं रखी गई। इस नीति के आधार पर बंगाल, उत्तर पश्चिमी प्रांत, तथा पंजाब में भी परिवर्तन किए गए। बंगाल में जमींदारों को छोटे मुकदमे सुनने का अधिकार दिया गया। उत्तर पश्चिमी प्रांत (आधुनिक यू.पी.) में पहले का जमींदार वर्ग तो प्रायः समाप्त ही हो चुका था, ढूँढ़-ढूँढ़कर 57 व्यक्तियों को जिनमें 13 अंग्रेज थे न्यायिक अधिकार दिए गए। पंजाब में पिछले 10 वर्षों से चली आ रही नीति (बड़ी जमींदारियों को समाप्त करना) को उलट दिया गया और भूस्वामियों को अधिक अधिकार दिए गए। मध्य प्रदेश में मालगुजारों के अधिकारों को बढ़ावा दिया गया। उनको भी न्यायिक अधिकार दे दिए गए। इस नीति से कैनिंग का लक्ष्य यह था कि परोक्ष रूप से अंग्रेजों और भारतवासियों के मध्य संबंध अधिक मधुर हो सकेंगे। भारतवासियों को सरकार द्वारा उचित सम्मान दिए जाने का प्रभाव अंग्रेजों पर अनुकूल ही होगाँ

कैनिंग की अभिजात वर्गों के समर्थन की नीति भारतीय राजनीतिक परिस्थिति की पृष्ठभूमि में तैयार हुई थी। यह नीति तत्कालीन अंग्रेजी विचारधाराओं के अनुकूल भी थी। 19वीं सदी के मध्य में उदारवादी विचारधारा भी संपन्न व्यापारिक और पूँजीपति वर्ग की प्रधानता में आस्था रखने लगी थी इंग्लैंड में वह युग एक विशिष्ट वर्ग के नेतृत्व में विश्वास रखता था जो समाज के पिछड़े हुए वर्ग का भी संरक्षण

कर सके। इंग्लैंड में उदारवादियों के 'लेसे फेयर' सिद्धांत ने भारत के जमींदारों और भूस्वामियों के पुनरुत्थान में अधिक योगदान दिया।

कैनिंग की इस नीति से सरकार को जमींदारों और ताल्लुकेदारों का समर्थन तो अवश्य मिल गया लेकिन समाज के एक बहुसंख्यक वर्ग का शोषण आरंभ हो गया। आरंभ में लगान वसूली की निश्चितता और 19वीं सदी के मध्य में राजनीतिक निष्ठा और समर्थन प्राप्त करने के लिए भूमि से संबंधित अधिकार अंग्रेजों ने लगान जमा कराने वाले जमींदारों को दिए। इन अधिकारों को न्यायालयों और विधि व्यवस्था से स्थिर कर दिया गया। 1818 ई. के बाद युद्ध तथा विदेशी आक्रमण के कारण देश की जनसंख्या में वृद्धि हुई जिसका जमींदार कृषक संबंधों पर काफी प्रभाव पड़ा। कृषि उत्पाद के दाम बढ़ने से भूराजस्व बढ़ाने का बहाना मिल गया।

उपरोक्त तत्वों ने मिलकर स्थिति को अत्यधिक जटिल बना दिया। जमींदार कृषक संबंध परंपरा की अपेक्षा विधि प्रधान होते गए। इंग्लैंड में भारत सचिव इस आदर्श की व्याख्या करते थे कि भूमि व्यवस्था में कृषकों के परंपरागत अधिकारों को सुरक्षित रखा जाए किंतु किसी भी परंपरागत स्थिति को विदेशी विधि व्यवस्था से सुरक्षित रखना ही कठिन था। इंग्लैंड के अधिकांश नेता उस उदारवादी वातावरण के समर्थक थे जिसमें आर्थिक स्थिति सुदृढ़ हुई थी। फलस्वरूप किसी भी ऐसी व्यवस्था का जो जमींदारों के स्वच्छंद अधिकारियों पर प्रतिबंध दिखाई पड़े, विरोध किया जाता था।

भारत के अलग-अलग प्रांत में जमींदार और कृषक समर्थक विचारधारा रखने वाले लोग मौजूद थे। बंगाल में अंग्रेज अधिकारी अधिकांशतः जमींदारों के पक्ष में रहते थे। पंजाब में अधिकांश अधिकारी उदार निरंकुशवाद में विश्वास रखते थे, इसलिए कृषकों का अधिक समर्थन करते थे। अंग्रेज न्यायाधीश कृषकों को मुकदमेबाजी का इच्छुक समझते थे। भारतीय राज्यों में अंग्रेज रेजिडेंट (जिनका स्थानांतरण होता रहता है) कुलीन वर्गों के समर्थक थे, इसलिए 19वीं सदी के मध्य में कृषकों से संबंधित विधि निर्माण में अत्यधिक कठिनाई हुई।

बंगाल में 1859 ई. का 'टेनेन्सी एक्ट' का प्रमुख उद्देश्य कृषकों को लगान वृद्धि से बचाव करना था। एक्ट पास होने के पश्चात् सर्वोच्च न्यायालय के मुख्य न्यायाधीश, पीकाक ने एक्ट की व्याख्या इस प्रकार से की कि कृषकों को किसी प्रकार की सुरक्षा ही उपलब्ध न रही। 1865 ई. में कलकत्ता हाईकोर्ट ने पीकाक के निर्णय को बहुमत से बदल दिया और 12 वर्षीय नियम का पालन करने पर जोर दिया। लेकिन जमींदारों ने इस एक्ट के नियमों का पालन नहीं किया। कृषकों को

एक खेत से दूसरे पर भेजकर अथवा पटवारी के रिकार्ड में परिवर्तन कराकर 12 वर्षीय नियम का उल्लंघन सरल था। कृषकों में बढ़ते हुए असंतोष को दूर करने के लिए 1879 ई. में एक 'रेंट कमीशन' नियुक्त किया गया और इसकी सिफारिशों के अनुसार 1885 ई. में पुनः एक एक्ट पास किया गया जिसमें 12 वर्षीय सिद्धांत की उदार व्याख्या की गई। परंतु कृषकों के लगान वृद्धि मान लेने के अलावा कोई मार्ग नहीं बचा था।

बंगाल से अधिक जटिल अवध के कृषकों की समस्या थी। कैनिंग को ताल्लुकेदारों के समर्थन के लिए कृषकों की कोई चिंता नहीं थी, उसने अपनी नीति को क्रियान्वित करने का उत्तरदायित्व अवध के चीफ कमिश्नर, चार्ल्स विंगफील्ड को सौंप दिया। विंगफील्ड ने कृषकों को किसी भी प्रकार के अधिकार प्रदान करने से मना कर दिया। उसने पट्टेदार कृषक, काश्तकार अथवा रैयत में किसी प्रकार के भेद को स्वीकार नहीं किया। इस नीति का कुछ अधिकारियों ने विरोध भी किया था लेकिन वे अत्यंत अल्पसंख्यक थे। 1864 ई. में सर जॉन लारेंस के गवर्नर जनरल बन जाने के बाद यह समस्या अधिक विवादास्पद हो गई। लारेंस पंजाब में मुख्य अधिकारी रह चुका था और पंजाब अधिकारियों की परंपरा के अनुसार कृषकों के हितों का समर्थक भी था। 1858 ई. में कैनिंग द्वारा दिए गए आश्वासनों को वह बदल भी नहीं सकता था लेकिन साथ ही वह कृषकों के समर्थन में कुछ कार्य करना चाहता था। 1864 ई. में डेवीज की अध्यक्षता में कृषकों के स्वामित्व के विषय में एक जाँच आयोग की नियुक्ति की गई। इस आयोग के समक्ष दोनों पक्षों ने अपने समर्थन में तर्क प्रस्तुत किए। इसका निष्कर्ष कृषकों के स्वामित्व के पक्ष में अवश्य था लेकिन सब कृषकों ने यह स्वीकार किया था कि उन्हें ताल्लुकेदारों के विरुद्ध अधिकार नहीं थे। 1856 ई. से पूर्व कृषक कम उपलब्ध रहते थे, भूमि अधिक रहती थी तथा ताल्लुकेदारों को नवाब के अधिकारियों के विरुद्ध कृषकों की आवश्यकता रहती थी। इसलिए कृषकों के प्रति उनके व्यवहार में उदारता थी। 1858 ई. के पश्चात् परिस्थितियाँ बदल चुकी थीं। ताल्लुकेदारों को किसी नवाब के विरुद्ध कृषकों की सहायता नहीं चाहिए थी। अंग्रेजी प्रशासन पूरी तरह से उनका समर्थक था। 1860 ई. के पश्चात प्रतिवर्ष रैयत से लिए जाने वाले लगान की मात्रा और रैयत के विरुद्ध लगान की वसूली मुकदमों की संख्या में वृद्धि होती गई। डेवीज ने कब्जादारी कृषकों के समर्थन में किसी भी नियम पास करने का समर्थन किया।

अवध का चीफ कमिश्नर, विंगफील्ड, ताल्लुकेदारों का उग्र समर्थक था। इसका कुछ व्यक्तिगत कारण था। 1857-58 ई. के विप्लव में जब वह बहराइच

से भागा, तब ताल्लुकेदारों ने ही उसकी तथा इसके अन्य साथियों की रक्षा की थी। विंगफील्ड के विरोध के बावजूद जॉन लारेंस ने कृषकों के समर्थन में कुछ नियम पास करने की सोची। तुरंत ही गैर-सरकारी अंग्रेजों—प्लांटर्स, व्यापारी तथा बंगाल के जमींदारों ने इस योजना का विरोध करना आरंभ किया। भारत सचिव वुड ने भी लारेंस को न्यूनतम समर्थन प्रदान किया।

1866 ई. में विंगफील्ड के चले जाने पर लारेंस ने जॉन स्ट्रेची को अवध का चीफ कमिश्नर बनाया। स्ट्रेची को कृषकों के अधिकारों की सुरक्षा के लिए विशेष आदेश दिए गए। स्ट्रेची ने अवध की स्थिति की विवशता को देखते हुए ताल्लुकेदारों की सहमति से ही कुछ समझौता करना उचित समझा। अगस्त 1866 ई. में किए गए समझौते के आधार पर अवध 'रेंट एक्ट' 1868 में पास किया गया। इस एक्ट के अनुसार उन सब कृषकों को जिन्हें 1856 ई. के पूर्व 30 वर्षों में स्वामित्व का अधिकार उपलब्ध था, भूमि पर कब्जे का अधिकार प्रदान कर दिया गया। ताल्लुकेदारों ने इस श्रेणी के कृषकों से 12½% कम लगान लेना स्वीकार किया। लेकिन भविष्य में इन कृषकों को अन्य कोई अधिकार नहीं होंगे। इस श्रेणी के कृषकों को अपने अधिकार (1856 ई. के पूर्व) न्यायालय में सिद्ध करने थे। अन्य कृषकों के संबंध में किसी भी न्यायालय को लगान संबंधी मुकदमे सुनने का अधिकार नहीं होगाँ

अवध रेंट एक्ट मूल्यांकन : स्ट्रेची ने इस संधि के लिए ताल्लुकेदारी की बहुत तारीफ कीया। लारेंस और स्ट्रेची का अनुमान था कि 20% कृषकों को कब्जा दिलाया जा सकेगा लेकिन वास्तव में केवल 1% कृषकों को ही लाभ हुआ। शेष 99% को पूरी तरह ताल्लुकेदारों की कृपा पर छोड़ दिया गया। इस समझौते से कृषकों का काफी नुकसान हुआ। रेंट एक्ट ने ताल्लुकेदारों को कृषकों की बेदखली के असीमित अधिकार प्रदान किए। कृषकों की स्थिति सुधारने की अपेक्षा एक्ट ने उनकी स्थिति को और अधिक खराब कर दिया। इस एक्ट के माध्यम से आशा से अधिक ताल्लुकेदारों के हितों में बढ़ोतरी हुई।

अवध के कृषकों के असंतोष को दूर करने के लिए 1886 ई. में एक अन्य एक्ट पास किया गया लेकिन इससे भी स्थिति में कोई विशेष सुधार नहीं हुआ। इसमें कृषकों के किसी भी भूमि पर 7 वर्षों तक खेती करने के अधिकारों को सुरक्षित रखा गया। उसके पश्चात् उसे 6½% लगान वृद्धि के लिए सहमत होना पड़ता था लेकिन इससे ताल्लुकेदारों के अधिकार पर कोई नियंत्रण नहीं लगाँ कृषक अगर ताल्लुकेदारों को नजराना नहीं देता था तो उन्हें बेदखल होना पड़ता था। ताल्लुकेदारों के निरंकुश

अधिकार ही 1920-21 के असहयोग आंदोलन को कृषकों में अत्यधिक लोकप्रिय बना सके।

पंजाब में कृषकों को खेती का अधिकार 12 वर्षीय नियम के आधार पर दिया गया। 1857-58 ई. में पंजाब में विद्रोह का प्रभाव बहुत कम था लेकिन कैनिंग द्वारा अभिजात वर्ग के समर्थन की नीति का प्रभाव पंजाब पर भी पड़ा। 1866 ई. में अमृतसर के कमिश्नर, प्रिंसेप ने जमींदार वर्ग का समर्थन प्राप्त करने के लिए कृषकों के आधिपत्य अधिकार को कम करने का प्रयत्न किया। कमिश्नर का मानना था कि कृषकों को आधिपत्य अधिकार प्रदान करने से जमींदारों में असंतोष पैदा होगाँ पंजाब और अवध में अंतर इतना था कि अवध में कृषकों को अधिकार दिलवाने के लिए प्रचलित व्यवस्था को समाप्त करने का सुझाव था। पंजाबी कृषकों के अधिकार खत्म करने के लिए प्रचलित व्यवस्था को बदलना आवश्यक था। गवर्नर जनरल की कौंसिल के विधि सदस्य, सर हेनरी मेन, ने लारेंस की नीति का समर्थन 'संपत्ति के अधिकार की सुरक्षा' के आधार पर किया। कृषकों को पंजाब में और ताल्लुकेदारों को अवध में संपत्ति अधिकार नहीं दिया गया था इसलिए बदलाव नहीं किया किया गया। 1868 ई. के पंजाब रेंट एक्ट में सामान्यतः पुरानी स्थिति को प्रचलित रखा गया किंतु आधिपत्य प्राप्त कृषकों को मुआवजा देकर बेदखल किया जा सकता था। इस प्रकार जमींदारों को एक अधिकार उपलब्ध हुआ जो पहले नहीं था।

इंडिया कौंसिल में विंगफील्ड, मोंटगुमरी आदि ने कृषकों के अधिकारों के विरुद्ध बहुत कुछ कहा, लेकिन उसका भारत सरकार पर कोई विशेष प्रभाव नहीं हुआ। भारत सचिव का विचार था कि बड़े जमींदार ही भारत की प्रगति में सहायक हो सकते थे लेकिन उसने गवर्नर जनरल का विरोध करना उचित नहीं समझा।

इन तीनों नियमों से संबंधित वाद-विवाद के अध्ययन से यह पता चलता है कि 1857 ई. के पश्चात् भारत में अंग्रेज सरकारी मत जमींदार हितों का पोषक बन गया था। भारत में गैर-सरकारी अंग्रेज भी संपत्ति अधिकार की अत्यधिक सुरक्षा चाहते थे। भारत सचिव और उसकी कौंसिल के अधिकांश सदस्य भूस्वामियों और जमींदारों के समर्थक थे। 19वीं सदी के अंतिम चतुर्थांश में अंग्रेजी सरकार ने राष्ट्रवादियों के व्यापक प्रभाव को कम करने के लिए अपने आपकी रैयत के हितों का भी पोषक कहा। संयोगवश इंडियन नेशनल कांग्रेस में बहुत समय तक नए मध्यम वर्गों (जिसमें जमींदार भी थे) का प्रभुत्व था इसलिए अंग्रेज सरकार अपना बाह्य रूप साधारण कृषक के पक्ष में बनाए रख सकी। लेकिन वास्तव में सरकार कुलीन वर्गों के हितों का ही समर्थन करती रही। बढ़ते हुए राष्ट्रीयता के प्रभाव को

अभिजात वर्ग ही रोकने में सहायक हो सकता था। इसलिए अंग्रेज सरकार के कृषकों से संबंधित अधिनियम इस बात को ध्यान में रखकर बनाए जाते थे कि जमींदारों के हितों को कोई हानि न पहुँचे।

नवीन आर्थिक व्यवस्था

1858 ई. में इंग्लैंड सरकार ने ईस्ट इंडिया कंपनी के समस्त ऋणों को भारत द्वारा चुकाए जाने का निर्णय लेकर भारत सरकार की वित्तीय स्थिति को काफी संकटमय बना दिया। 1857-58 ई. के विप्लव और प्रशासनिक अव्यवस्था से सरकार की वित्तीय स्थिति और भी अधिक संकटमय हो गई। इस वित्तीय कठिनाई को दूर करने के लिए कैनिंग ने आयात कर (जो पहले 3½% से 5% तक था) को बढ़ाकर 10% कर दिया। इंग्लैंड सरकार ने इसकी अनुमति तो दे दी लेकिन यह नीति स्पष्ट रूप से इंग्लैंड के उत्पादन वर्ग के हितों के विरुद्ध थी इसलिए वित्त विशेषज्ञों को (जेम्सविलसन–1859-1860 ई. और सेम्बेल लैंग–1860-1862 ई) भारत सरकार की सहायता के लिए भेजा गया। विलसन ने दो नए कर व्यापार पर, लाइसेंस कर और आय कर, लगाए। आय कर लोकप्रिय नहीं हुआ क्योंकि इसका बोझ भारतीयों पर कम और अंग्रेज व्यापारियों तथा प्लांटर्स पर अधिक पड़ा। 1860 ई. में विलसन की मृत्यु हो गई। इंग्लैंड के उद्योगपतियों ने भारत में लगा 10% आयात कर समाप्त करने की माँग रखी। लैंग ने लाइसेंस टैक्स को समाप्त कर दिया। भारत सचिव ने आयात कर कम करने का सुझाव दिया किंतु लैंग ने इसे स्वीकार नहीं किया। इसके विपरीत उसका यह मानना था कि यदि भारत में अंग्रेजी सेना की संख्या कम कर दी जाए तो आय कर भी हटाया जा सकता था। अंग्रेज के साम्राज्यवादी दृष्टिकोण के कारण भारत सचिव और भारत सरकार की यह मान्यता बन गई कि इंग्लैंड से वित्त विशेषताओं को भारत भेजना ठीक नहीं था।

कैनिंग के समय में (1860 ई.) आय कर पांच वर्षों के लिए लगाया गया था। प्लांटर्स और अंग्रेज व्यापारियों ने इसका काफी विरोध किया। आरंभ में यह कर 200 रु. से 500/- की आय पर 2% और 500 से ऊपर की आय पर 4% था। 1862 ई. में न्यूनतम आय सीमा 500/- कर दी गई। 1863 ई. में 4% आय कर भी घटाकर 3% कर दिया गया। प्लांटर्स के विरोध के कारण जॉन लारेंस फिर से आयकर लागू नहीं कर पाया। जमींदार पहले से ही कर भार से मुक्त थे। 1867 ई. में लाइसेंस टैक्स और इस टैक्स के दोषों को दूर करने के लिए 1868 ई. में सर्टिफिकेट टैक्स लगाया गया। इससे ऊँची आय वाले लोगों पर कर कम कर दिए गए। 1869-70

ई. में इन दोनों करों के स्थान पर पुनः आय कर लगाया गया। नमक कर का सबसे अधिक प्रभाव गरीबों के ऊपर पड़ता था। नमक कर की दर चैन्नई और बुम्बई प्रांतों में रु. 4.60 प्रति क्विंटल थी, जबकि बंगाल में रु. 8.12 से रु. 9.00 प्रति क्विंटल थी। बंगाल में कर की दर नमक उत्पादन लागत का 15 से 20 गुना थी। लारेंस ने चैन्नई (मद्रास), बुम्बई में कर की मात्रा बढ़ाकर रु. 5.44 प्रति क्विंटल और बंगाल में रु. 6.12 से रु. 7.44 प्रति क्विंटल तक कर दी। लारेंस ने मुंबई तथा चेन्नई की जनता पर कर का बोझ बहुत बढ़ा दिया। भारत में लगाए गए आयात करों के विरुद्ध इंग्लैंड में निरंतर प्रचार होता रहता था। 1864 ई. में 10 प्रतिशत आयात कर को घटाकर 7½% कर दिया गया। तंबाकू पर लगे आयात कर को 20% से घटाकर 10% कर दिया गया। आय बढ़ाने के लिए स्टांप कर लगा दिया गया।

1858 ई. के बाद कैनिंग ने गैर-सरकारी अंग्रेज समुदाय से अपने संबंध सुधारने का प्रयत्न किया क्योंकि उसकी नरम राजनीति का भारत में स्थित अंग्रेजी व्यापारियों और प्लांटर्स ने काफी विरोध किया था। उसने बंजर भूमि को सस्ते मूल्य पर प्लांटर्स को बेचने का तथा अंग्रेज प्लांटर्स को भूमि कर में कुछ सुविधा देने का निर्णय लिया। ये दोनों निर्णय भारत सचिव की पूर्व अनुमति के बिना ही लिए गए। उसी समय अत्यंत प्रभावशाली बंगाली नाटक 'नील दर्पण' जिसमें नीलाहों के अत्याचारों का वर्णन किया गया, प्रकाशित हुआ। बंगाल के उप-गवर्नर, ग्रांट, ने इसका अंग्रेजी भाषा में बंगाल सरकार के सचिव, सेटनकार से अनुवाद करवाया। सेटनकार ने इस अनुवाद की प्रतियाँ विभिन्न सरकारी अधिकारियों को भिजवा दीं। इस पर उसके विरुद्ध प्लांटर्स ने न्यायालय में मुकदमा दायर कर दिया। कलकत्ते के मुख्य न्यायाधीश, पीकाक, ने प्लांटर्स का समर्थन किया। कैनिंग ने सेटनकार को नौकरी से त्यागपत्र देने पर विवश किया। कैनिंग की नीति का लक्ष्य स्पष्ट था कि वह अंग्रेजों और भारतीयों के परस्पर संबंधों को सुधारने की अपेक्षा सरकारी और गैर सरकारी अंग्रेजों में घनिष्ठता बढ़ाना चाहता था। भारतीय सामंती वर्गों के समर्थन की कैनिंग की नीति अपने लक्ष्य को प्राप्त करने में पूरी तरह सफल रही। किंतु यह नीति न केवल अंग्रेजों और भारतवासियों में संबंध सुधारने में असफल रही बल्कि भारतवासियों का अंग्रेजी साम्राज्य के प्रति समर्थन प्राप्त करने में भी असफल रही। कैनिंग की यह नीति प्रतिगामी थी। इस नीति ने अंग्रेजी साम्राज्य को भारतीय प्रतिक्रियावादी वर्गों के समर्थन से संबद्ध कर दिया। आने वाले समय में भारत में शिक्षित वर्ग अधिक प्रभावशाली बन सकता था। कैनिंग की नीति में ऐसे कोई लक्षण दिखाई नहीं पड़ते थे जिससे यह कहा जा सके कि वह अंग्रेजी साम्राज्य की आने वाली समस्याओं के विषय में जागरूक था।

आर्थिक विकेंद्रीकरण

1861 ई. के प्रशासकीय विकेंद्रीयकरण के पश्चात् वित्तीय विकेंद्रीयकरण को अधिक नहीं रोका जा सकता था। 1833 ई. के पूर्व तीनों प्रेजीडेंसियाँ अपनी-अपनी वित्तीय व्यवस्था का संचालन करती थीं। 1834 ई. के पश्चात् समस्त अंग्रेजी अधिकृत क्षेत्र के वित्तीय संचालन का अधिकार कलकत्ता सरकार को सौंप दिया गया। इसका मूल कारण वह समझौता था, जो कंपनी संचालकों और अंग्रेजी सरकार के मध्य हुआ था जिससे कंपनी को 6,30,000 पौंड वार्षिक लाभांश भारतीय राजस्व से दिया गया। इस लाभांश को चुकाने के लिए कंपनी भारत के प्रशासन संचालन का अधिकार धरोहर के रूप में दे दिया गया। इंग्लैंड सरकार ने समस्त अंग्रेजी साम्राज्य की वित्तीय स्थिति का केंद्रीकरण कर दिया।

1839 ई. के पश्चात् इस केंद्रीकरण का विकास होता रहा। प्रांतीय सरकारों को केंद्र की अनुमति के बिना किसी नए पद की स्थापना का अधिकार नहीं रहा तथा छोटे से छोटे खर्चे के लिए केंद्र से अनुमति प्राप्त करना आवश्यक हो गया। और यह कार्य वित्तीय वर्ष आरंभ होने के पूर्व ही हो जाना आवश्यक था। फलस्वरूप प्रांतीय सरकारें अधिक खर्च की माँग करतीं और उन्हें बचत करने में कोई रुचि नहीं रही। 1858 ई. के पश्चात् भारत सचिव का भारतीय वित्तीय प्रबंध पर नियंत्रण स्थापित हो गया। कार्यरूप में इस प्रबंध से केंद्रीय सरकार का प्रांतों पर नियंत्रण और अधिक बढ़ गया।

1870 का विकेंद्रीकरण प्रस्ताव—1861 ई. में प्रशासकीय विकेंद्रीकरण के पश्चात् वित्तीय विकेंद्रीकरण हुआ। केंद्रीय सरकार अधिक राजस्व चाहती थी और उसे स्थानीय आय स्रोतों के विषय में पूरी जानकारी नहीं थी। प्रांतीय और केंद्रीय सरकारों के मध्य वित्तीय प्रश्नों पर तनाव अधिक पैदा हो रहा था। प्रांतीय शासक भी केंद्र के वित्तीय नियंत्रण से मुक्ति पाना चाहते थे। विकेंद्रीकरण से दोनों समस्याओं के हल करने का प्रयत्न किया गया। 1870 ई.लार्ड मेओ ने में प्रस्ताव पारित करके वित्तीय विकेंद्रकरण शुरू किया। । इसके अनुसार कुछ विभागों के प्रशासन का उत्तरदायित्व और उनके लिए निश्चित राजस्व भी प्रांतीय सरकारों को दे दिया गया। प्रांतीय सरकारों को उस राजस्व को विभिन्न विभागों में बाँटने की स्वतंत्रता होगी। किसी वर्ष में यदि किसी प्रांतीय सरकार के पास कुछ धनराशि बची रहेगी तो वह केंद्र को नहीं लौटाई जाएगी। अगले वर्ष में उसे खर्च करने का अधिकार प्रांतीय सरकार को होगाँ

1882 का प्रस्ताव—पाँच वर्षों के लिए प्रांतों को निश्चित धनराशि देने से मुक्त कर दिया। इसके स्थान पर कुछ राजस्व के साधनों को पूरी तरह से और कुछ को आंशिक रूप से प्रांतीय सरकार को सौंप दिया गया। स्वाभाविक रूप से कुछ आय के साधन अब केवल केंद्रीय ही रह गए। प्रांतों को दिए गए आय के स्रोतों से आमदनी कम होती थी इसलिए भू-राजस्व से होने वाली आय का कुछ प्रतिशत भी उन्हें दे दिया गया। युद्ध और प्राकृतिक आपदा के खर्च को बोझ प्रांतों पर कम कर दिया गया। युद्ध का समस्त खर्च केंद्र पर पड़ेगा और अकाल के लिए केंद्र की ओर से सहायता शीघ्र मिला करेगी। यह पाँच वर्षीय व्यवस्था 1902 ई. तक चलती रही।

अर्द्ध-स्थायी व्यवस्था (1904 ई.)—पंचवर्षीय व्यवस्था से अधिक लाभ नहीं मिला। अधिक धनराशि की माँग जब प्रति पाँच वर्ष के बाद उसी भाँति होती थी जैसी पहले प्रतिवर्ष होती थी और संबंधित वाद-विवाद अधिक तीव्र होता क्योंकि निर्णय का प्रभाव 5 वर्षों तक रहता था। इन वाद-विवादों का प्रशासनिक कुशलता पर हानिकारक प्रभाव पड़ा। दूसरे इस व्यवस्था के अंतिम दो तीन वर्षों में बहुत खर्च अनुचित होता था। वे प्रांत जो आरंभ में उचित खर्च करते थे तथा उचित माँग रखते थे सदा ही साधन उपलब्धि की दौड़ में पीछे रह जाते थे इसलिए केंद्रीय सरकार ने प्रांतों के राजस्व निर्धारित करने के लिए कुछ तर्कसंगत आधार पर अर्द्ध स्थायी व्यवस्था करने की सोची। 1902 ई. में भारत सरकार ने इस व्यवस्था के निम्न सिद्धांतों की विवेचना की—

1. किसी भी आय स्रोत को केंद्र और प्रांतों में बाँटते समय उस मद के खर्चे को भी उसी अनुपात में बाँट लेना चाहिए।
2. प्रत्येक प्रांत में प्रांतीय और केंद्रीय राजस्व स्रोत अलग-अलग निर्धारित किए जाएँ।
3. किसी भी आय स्रोत को बाँटते समय 25% से कम भाग प्रांतों को न दिया जाए।

इन आधारों के स्वीकृत हो जाने पर 1904 ई. में अर्द्ध स्थायी राजस्व विभाजन योजना लागू की गई।

नौकरशाही और भारतीय लोकसेवा (1858–1917)

1833 ई. के चार्टर एक्ट की धारा 87 और विक्टोरिया की घोषणा में यह आश्वासन भारतवासियों को दिया गया कि उन्हें लोकसेवाओं में रंग, जाति, धर्म के भेद का ध्यान रखे बिना उनकी योग्यता के आधार पर स्थान दिया जाएगाँ व्यावहारिक

रूप में इसका उल्लंघन अधिक हुआ। 1833 ई. से 1855 ई. तक नियुक्तियों का अधिकार, संचालकों और बोर्ड ऑफ कंट्रोल में बंटा रहता था। इस अवधि में आधे से अधिक स्थानों पर कंपनी के अधिकारियों के और शेष स्थानों पर इंग्लैंड के अन्य प्रतिष्ठित तथा सम्मानित अधिकारियों, पादरियों के पुत्रों को नियुक्त किया गया।

1855 में प्रतियोगिता परीक्षाएँ आरंभ हुईं और 1858 के अधिनियम के अनुसार भारत सचिव को सेवाओं में भरती का अधिकार प्राप्त हुआ। इन सेवाओं से संबंधित तीन महत्त्वपूर्ण प्रश्न उत्पन्न हुए–

(अ) भरती करने की अधिकतम आयु निर्धारित करना।

(ब) प्रशासनिक तथा न्यायिक सेवाओं को अलग-अलग रखना।

(स) भारतीयों को नौकरी के अधिक अवसर उपलब्ध होना।

भरती करने की अधिकतम आयु निर्धारित करना : 1858 ई. में सेवाओं में भरती की अधिकतम आयु 23 वर्ष थी। 1859 ई. में इसे घटाकर 22 वर्ष कर दिया गया। 1864 ई. में इसे 21 वर्ष और 1877 में अधिकतम आयु को घटाकर 19 वर्ष और निम्नतम आयु को 17 वर्ष कर दिया गया। 19वीं सदी के उत्तरार्द्ध में इंडियन सिविल सर्विस की भर्ती के लिए अधिकतम आयु घटाने का प्रश्न भारतीय समाचार पत्रों में सबसे अधिक चर्चा का विषय बना रहा। इस विषय पर भारतीय शिक्षित वर्गों को बड़ी सरलता से संगठित किया जा सका। सुरेंद्रनाथ बनर्जी का राजनीतिक अभियान इसी प्रश्न को लेकर आरंभ हुआ था। 1876 ई. में लार्ड सेलिसबरी ने आयु घटाने से दो लक्ष्य प्राप्त करने की सोची थी–

(अ) अधिक अच्छे अंग्रेज अभ्यर्थियों की भरती।

(ब) प्रतियोगिता के माध्यम से अधिक भारतीयों के प्रवेश पर रोक।

सही मायने में पहला लक्ष्य प्राप्त नहीं हुआ बल्कि आयु घटाने से विपरीत प्रभाव हुआ। अधिक अच्छे अभ्यर्थियों की अपेक्षा नए अभ्यर्थियों का शिक्षा स्तर गिरता गया। 1864 ई. के पूर्व 40% अभ्यर्थी आक्सफोर्ड और कैंब्रिज विश्वविद्यालयों के स्नातक होते थे। 1874 ई. तक यह प्रतिशत कुल 16% से भी कम हो गया। 1876 ई. के पश्चात् यह प्रतिशत घटता गया। यहाँ तक कि 1883 ई. में केवल तीन प्रतिशत ही स्नातक होते थे। दूसरी ओर इस आयु घटाने का परिणाम यह हुआ कि व्यावहारिक रूप में भारतीयों के लिए सेवाओं में प्रवेश द्वार प्रायः बंद हो गया। लिटन ने अपने गोपनीय पत्र में भारत सचिव को लिखा कि आयु घटा देने से अंग्रेज सरकार की बेईमानी स्पष्ट होती थी। रिपन ने लिखा कि भारतवासियों के अनुसार सेलिसबरी का यह निर्णय भारतवासियों के लिए सेवाओं का द्वार बंद करने के समान

था। यह परिवर्तन अनावश्यक, अदूरदर्शी, न्यायविरुद्ध तथा असामयिक था। आयुसीमा कम करने से भारतीयों का अंग्रेजों की न्यायप्रियता में आस्था खत्म हो गई। 1893 ई. में अधिकतम आयु सीमा बढ़ाकर 23 वर्ष कर दी गई।

प्रशासनिक तथा न्यायिक सेवाओं का पृथक्कीकरण—1833 ई. के चार्टर एक्ट के पश्चात् विभिन्न विधि संहिताओं के संकलन की ओर ध्यान दिया गया। उसी समय यह अनुभव किया गया कि भारतीय वकील भाषा और विधि ज्ञान में अंग्रेज जजों से बहुत आगे बढ़े हुए थे। अंग्रेज जज मुकदमों का फैसला करते समय स्थानीय अधिकारियों पर अत्यधिक आश्रित रहते थे जिससे भ्रष्टाचार को बढ़ावा मिला। कई बार यह तर्क अधिकारियों के समक्ष रखा गया कि न्यायिक सेवाओं को प्रशासनिक सेवाओं से अलग कर दिया जाए। लेकिन इसे यह कहकर स्वीकार नहीं किया गया कि प्रत्येक सेवा में उच्चतम पदों पर योग्य व्यक्ति नियुक्त किया जाना चाहिए, इसलिए सेवाएँ सम्मिलित ही रहें। जबकि सच्चाई यह थी कि न्यायिक सेवाओं से अलग कर देने पर अंग्रेज जजों को प्रशिक्षण देना पड़ता। इन सेवाओं की भर्ती के समय अभ्यर्थियों की शैक्षणिक योग्यता इतनी कम होती थी कि भारतीय वकीलों की तुलना में वे अधिक योग्यता सरलता से प्राप्त नहीं कर सकते थे। बंगाल और उत्तर पश्चिमी प्रांत में अंग्रेज न्यायाधीशों की अयोग्यता प्रसिद्ध थी।

भारतीयों को सेवाओं में अधिक भरती करना : 19वीं शताब्दी में कावेनेंटिड तथा अनकोवेनेंटिड, दो तरह की सेवाएँ थीं। कोवेनेंटिड सेवाओं में कर्मचारियों को अनुबंध (कोवेनेंट) पर हस्ताक्षर करने होते थे कि वे निष्ठा तथा ईमानदारी के साथ कार्य करेंगे, इस सेवा के लिए इंग्लैंड में ही चयन होता था। आरंभ में इसमें केवल अंग्रेज ही होते थे। अनकोवेंटिड सेवाओं की भर्ती भारत में की जाती थी। ये सेवाएँ अस्थायी होती थीं और किसी प्रकार के अनुबंध पर हस्ताक्षर नहीं कराए जाते थे। ये अधिकांशतः लगान तथा न्याय विभाग में निम्न पदों से संबंधित होती थीं, जिसमें भारतीय तथा भारत में निवास करने वाले अंग्रेज का चयन किया जाता था। इस सेवा में 90% पद ऐसे होते थे जिनका वार्षिक वेतन 300 पौंड से कम होता था। इनमें न तो उन्नति के अवसर होते थे और न क्रमबद्ध वेतन शृंखला।

1870 ई. में एक एक्ट द्वारा तीसरी प्रकार की सेवाओं की स्थापना की गई जिसे स्टेट्यूटरी सिविल सर्विस कहा जाता है। इस सेवा से संबंधित नियम 1879 ई. में पारित किये गए। इसके अनुसार सिर्फ भारतीय का ही चयन किया जाता था। इसकी भरती संख्या कोवेनेंटिड सेवाओं की संख्या का 1/6 निर्धारित की गई। इस स्टेट्यूटरी सर्विस में नियुक्ति योग्यता की अपेक्षा सामाजिक प्रतिष्ठा, अच्छे कुल के

आधार पर अधिक होती थी। यह सर्विस और अनकोवेनेंटिड के समान थी। विभिन्न प्रांतों में इन दोनों सेवाओं की भरती के लिए न तो समान योग्यताएँ निर्धारित थीं और न भरती करने की समान पद्धति। इसलिए इन सेवाओं के संबंध में 1886 ई. में सर चार्ल्स एचिसन की अध्यक्षता में एक लोकसेवा आयोग की नियुक्ति की गई। इसका उद्देश्य भारतीयों की अधिक मात्रा में नियुक्ति के लिए सुझाव देना था। इस आयोग ने सेवाओं को दो भागों में विभक्त किया था– इंडियन सिविल सर्विस तथा प्रांतीय सिविल सर्विस–और प्रांतीय सिविल सर्विस में दो प्रकार की सेवाएँ–उच्च तथा निम्न–स्थापित कीं। निम्न श्रेणी में तहसीलदार, मामलतदार तथा अन्य छोटे पदाधिकारी होते थे। इसलिए इन्हें अधीन सेवाएँ भी कहा जाता था। कुछ उच्च पदों को जो पहले इंडियन सिविल सर्विस में थे अब प्रांतीय सेवाओं में स्थानांतरित कर दिया गया। अर्थात् उन पदों पर प्रांतीय सेवाओं में भरती किए गए लोग ही पहुँच सकते थे। अधीन सेवाओं से प्रांतीय सेवाओं तथा प्रांतीय सेवाओं से इंडियन सिविल सर्विस में कुछ लोगों को उनकी निष्ठा तथा विशेष योग्यता के आधार पर स्थान मिल जाता था। इस प्रकार व्यावहारिक रूप से तीन श्रेणी की सेवाओं को बनाए रखा गया। 1891 ई. में स्टूटेयूटरी सिविल सर्विस को समाप्त कर दिया गया।

सेवाओं के इस वर्गीकरण से भारतीयों के लिए प्रांतीय सेवाओं में ही अधिक अवसर उपलब्ध हो सके और प्रांतीय सेवाओं में भरती के नियम भिन्न-भिन्न प्रांतों में अलग-अलग होते थे। इंडियन सिविल सर्विस और प्रांतीय सिविल सर्विस में एक मौलिक अंतर बना रहा। आई.सी.एस. के लोगों को निर्णय लेने का अधिकार था और उन्नति किसी व्यक्ति के प्रयत्न से नहीं रुक सकती थी। भारतीयों के लिए उपलब्ध सेवाएँ अधिकांशतः 300 रुपए मासिक वेतन वाली ही होती थीं। 500 रु से अधिक वेतन वाली सेवाओं में भारतीयों के लिए 16% से अधिक स्थान नहीं थे। इसमें भी उत्तरोत्तर ऊँची सेवाओं में स्थान कम उपलब्ध होते थे।

एचिसन कमीशन की अस्वीकृति के बावजूद भी भारत में 1893 ई. के बाद इंडियन सिविल सर्विस की परीक्षाओं की माँग दिन-प्रतिदिन बढ़ती गयी 1912 ई. में इंग्लैंड में भारतीय लोकसेवाओं के लिए इस लिंगटन की अध्यक्षता में एक रायल कमीशन नियुक्त किया लेकिन जब तक इसकी रिपोर्ट प्रकाशित हुई (जनवरी 1917 ई.) उस समय तक स्थिति बदल चुकी थी। अगस्त 1917 ई. में भारत सचिव की घोषण के पश्चात पूर्व प्रचलित नीति का अस्तित्व बिल्कुल खत्म हो गया था।

4

प्रशासनिक व सामाजिक स्थिति (1858 से 1905 तक)

इंग्लैंड की औद्योगिक विकास के लिए भारत का विशाल बाजार आवश्यक था। ब्रिटिश प्रशासक अपने नियंत्रण को हमेशा सर्वोच्च साबित करने के लिए प्रयासरत रहे। इसके लिए उसने घोषणा की कि वह भारत का हितैषी है और भारतीय नागरिकों के सभ्य व सुदृढ़ बनाना चाहते हैं। भारत में समाचार पत्रों एवं अन्य राजनीतिक संस्थाओं का उदय हो रहा था। जिसके द्वारा भारतीय अंग्रेजी प्रशासन के उचित पद व स्थान की माँग करते थे। भारतवासियों द्वारा अंग्रेजी 'कथनी' और 'कर्नी' में अंतर बताए जाने से अंग्रेजी साम्राज्यवाद के लिए जटिल समस्या उत्पन्न हो गई।

अंग्रेजी प्रशासकों एवं राजनीतिज्ञों ने इस समस्या के समाधान के लिए दो विचारधाराएँ पेश कीं। एक के विचार में अंग्रेजी नीति एक सैनिक विजेता की भाँति ही होनी चाहिए। भारतीयों के प्रति उदारता को दुर्बलता की नीति बताया इसलिए अंग्रेजों को प्रशासन पर अपना अधिकार पूर्ण रूप से बनाए रखना चाहिए। यह नीति रूढ़िवादी एवं प्रतिक्रियावादी कही जाती है। दूसरी विचारधारा के अनुरूप योग्य तथा शिक्षित भारतवासियों को प्रशासन के साथ संबद्ध किया जाना चाहिए। ऐसा न करना अंग्रेजी साम्राज्य के लिए अधिक हानिकारक हो सकता था। इसे उदारवादी नीति कहते हैं। पहली नीति के समर्थक्र अंग्रेजी सर्वोच्चता को सुरक्षित रखने के लिए

प्रजातीय विभेद के पक्ष में थे। वे शिक्षित वर्गों की आलोचना से बचने के लिए भारतीय अभिजात एवं सामंती वर्गों का समर्थन लेने का प्रयास करते थे। दूसरी नीति के अनुयाई भारतवासियों को स्थानीय स्तर पर कुछ प्रशासनिक अनुभव का मौका प्रदान करना चाहते थे। वे प्रजातीय विभेद की नीति को कुछ क्षेत्रों में सीमित करने के पक्ष में थे।

ये दोनों विचारधाराएँ 19वीं सदी के उत्तरार्ध में अंग्रेजी प्रशासनिक नीति को प्रभावित करती रहीं। इन नीतियों में मतभेद केवल इस बात पर था कि अंग्रेजी साम्राज्य को दृढ़ किस प्रकार बनाए जाया। 1876 ई. से 84 ई. तक ये दोनों नीतियाँ उभर कर सामने आईं। लार्ड लिटन (1876-80 ई.) और लार्ड रिपन (1880-1884 ई.) इंग्लैंड के दोनों राजनीतिक दलों के और संयोगवश दोनों दृष्टिकोणों के ज्वलंत प्रतिनिधि थे।

अंग्रेजों की प्रजातीय विभेद नीति

अंग्रेज लेखकों या अधिकारियों ने अंग्रेजी साम्राज्य की एक प्रमुख उपलब्धि भारत में विधिसंगत न्याय की भावना बताया है और न्याय प्रशासन में ही प्रजातीय विभेद नीति के सबसे अधिक प्रमाण हैं। विभिन्न क्षेत्रीय भाषाओं के समाचार पत्रों में न्यायालयों के अन्यायपूर्ण निर्णयों की व्याख्या मिलती है। केवल अंग्रेज जज ही अंग्रेजों से संबंधित मुकदमों का निर्णय कर सकता था। भारतीयों पर अत्याचारों के लिए अंग्रेजों को दंड दिया ही नहीं जाता अथवा अत्यंत हलका जुर्माना आदि कर दिया जाता था। 1876 में एक अंग्रेज वकील फुलर ने अपने कोचवान को इतना मारा कि वह मर गया। आगरे के एक मजिस्ट्रेट लीड्स ने उस पर 30 रुपया जुर्माना कर दिया। यह सामान्य घटना थी। इसलिए उत्तर-पश्चिमी प्रदेश सरकार या इलाहाबाद हाईकोर्ट ने इस ओर कोई ध्यान नहीं दिया। लेकिन क्षेत्रीय भाषाओं के समाचार पत्रों ने इसकी आलोचना की। लिटन को भारत आते ही इसका पता चला। वह उग्र साम्राज्यवादियों की भाँति अपने आपको भारतीय जनता का सच्चा संरक्षक बताना चाहता था। प्रांतीय सरकार एवं हाईकोर्ट से भी कोई उचित उत्तर न मिलने पर लिटन ने लीड्स के एवं हाईकोर्ट के कार्यों से असंतोष व्यक्त किया एवं लीड्स को दंड भी दिया। उसकी दृष्टि में यह घटना कार्यकारिणी एवं न्यायालय के मध्य एक संघर्ष था। हाईकोर्ट ने लिटन के कार्य को न्यायालय की स्वतंत्रता में एक बाधा बताया। हाईकोर्ट को गर्वनर जनरल के नियंत्रण से मुक्ति के सिद्धांत का भारत

सचिव ने खंडन किया। लेकिन लिटन ने शीघ्र ही लीड्स के विरुद्ध दिए गए दंड को रद्द कर दिया और प्रजातीय विभेद की नीति यथास्थिति में रही।

भारत के नवीन औद्योगिक वर्गों के खिलाफ नीति

भारत में 1870 ई. के बाद बहुत तेजी से कपड़ा मिलों की स्थापना की गई। इन सब मिलों में प्रायः मोटा कपड़ा ही तैयार होता था, जो कच्चे माल की स्थानीय उपलब्धि एवं सस्ती मजदूरी के कारण इंग्लैंड की अपेक्षा सस्ता होता था। इंग्लैंड से आयात किया हुआ कपड़ा अच्छी किस्म का होता था। इंग्लैंड में लंकाशायर और मैंचेस्टर के कपड़ा मिल मालिकों को भारत में कपड़ा मिलों के विकास से अपना भविष्य अंधकारमय लगने लगाँ इसलिए उन्होंने भारत में लगे आयात कर को खत्म करने की माँग की। डिजरेली सरकार इस आयात कर को इसलिए खत्म करवाना चाहती थी कि कपड़ा उद्योगपतियों का समर्थन उपलब्ध होना कंजर्वेटिव दल के सत्ताधारी बने रहने के लिए जरूरी था। मुक्त व्यापार सिद्धांत के अनुरूप इन करों को समाप्त नहीं किया गया। इंग्लैंड सरकार स्वयं भारत से निर्यात होने वाली चाय और काफी पर इंग्लैंड में लगे भारी आयात कर को खत्म करने के लिए तैयार नहीं थी। भारतीय जनता को आर्थिक फायदा पहुँचाने का तर्क भी बहुत ठीक नहीं था क्योंकि भारतीय नेता नमक कर को पूरी तरह समाप्त करवाना चाहते थे।

1877 ई. में हाउस ऑफ कामंस ने कपड़े पर लगे आयात कर को समाप्त करने के लिए एक प्रस्ताव पारित कर दिया। मार्च 1879 ई. में यह आयात कर उस समय खत्म किया गया जबकि अफगान युद्ध के परिणामस्वरूप आर्थिक स्थिति भी अच्छी नहीं थी। लिटन की कार्यकारिणी के अधिकांश सदस्यों ने इस समाप्ति का विरोध किया। लिटन अपने अधिकारों का प्रयोग द्वारा कौंसिल के बहुमत को नाकामयाब कर दिया। इंडिया कौंसिल में भारत सचिव को अपने निर्णायक मत का प्रयोग करना पड़ा। इस आयात कर को 1879 ई. में खत्म करने का एक विशेष कारण 1880 में होने वाले सामान्य निर्वाचन में कंजर्वेटिव की सफलता के लिए एक आधार तैयार करना था। इस नीति में भारत के हितों का कोई ध्यान नहीं रखा गया अपितु बढ़ते हुए औद्योगिक विकास को रोकने के लिए नीति अपनाई गई। भारतीय कपड़ा उद्योग के लिए एक विशिष्ट आपत्ति खड़ी हो गई।

फैक्ट्री विधेयक—भारत के फैक्ट्रीयों के विकास को रोकने के लिए 1874-75 से कोशिश शुरू हो गई। 1875 ई. में बुम्बई सरकार ने एक आयोग

नियुक्त किया जिसे फैक्ट्रियों से संबंधित नियंत्रण के संबंध में सुझाव देने के लिए कहा गया। इस आयोग की रिपोर्ट से यह पता चला कि सामान्यतः फैक्ट्रियों के भवन सुरक्षित थे, 8 वर्ष की आयु से कम बालकों को काम पर नहीं लगाया जाता था, और सूर्योदय से सूर्यास्त तक (आधे घंटे के विश्राम को छोड़कर) कार्य होता था। उस समय भारतीय उद्योगों में बिजली न होने से अधिक कार्य करने का प्रश्न नहीं था। भारत आने के उपरांत लिटन ने इस समस्या पर लंकाशायर के मिल मालिकों को खुश करने के लिए ध्यान दिया। उसके अधिकांश सलाहकारों एवं मद्रास, बंगाल, उत्तर-पश्चिमी प्रांत की सरकारों ने फैक्ट्री विधेयक को अनावश्यक बताया। बुम्बई एवं पंजाब की सरकारों ने इस प्रकार के विधेयक का स्वागत किया। भारतीय समाचार पत्रों में इस प्रकार के विधेयक को मैंचेस्टर के उद्योगों को बढ़ावा देने और भारत के उद्योगों के विकास को रोकने में सहायक बताया।

लिटन ने 7 नवंबर 1879 ई. को एक विधेयक अपनी कौंसिल में प्रस्तुत किया, जो मार्च 1880 ई. में एक सिलेक्ट कमेटी को सौंप दिया गया। यह विधेयक लिटन के समय में पास नहीं हो सका लेकिन इसके सिद्धांत एवं धाराएँ उसी के समय में निश्चित हो चुकी थीं।

निष्कर्ष—लिटन का शासनकाल अपनी प्रतिक्रियावादी एवं प्रजातीय विभेद की नीति के लिए विख्यात है। वह प्रजातांत्रिक पद्धति एवं संस्थाओं को हानिकारक समझता था। उसकी नीतियाँ रूढ़िवादी और प्रतिक्रियावादी थीं। प्रजातीय विभेद, आर्म्स एक्ट, वर्नाक्यूलर प्रेस एक्ट, अकाल के समय दिल्ली-दरबार आदि नीतियों से साम्राज्यवादी प्रशासन का स्वरूप स्पष्ट हुआ। मध्यम वर्ग की अपेक्षा अभिजातवर्ग का समर्थन भी उसी स्वरूप की व्याख्या थी। भारतवासियों की सहानुभूति उसके प्रशासनिक कार्यों से उत्पन्न असंतोष के परिणामस्वरूप 1880 ई. में इंग्लैंड में हुए निर्वाचन में लिबरल दल के साथ हो गई। लिटन की अफगान नीति से अंगेजी साम्राज्यवादी एवं विस्तारवादी नीति स्पष्ट हुई और परिणामस्वरूप 1880 ई. के निर्वाचनों में लिबरल दल की विजय हुई।

रिपन का शिक्षित मध्यम वर्ग को समर्थन (1880-1884)

भारत के गवर्नर जनरल पद पर रिपन की नियुक्ति, इंग्लैंड में सरकार बदलाव का परिणाम था। भारतवासियों ने इस नियुक्ति का स्वागत किया लेकिन गैर-सरकारी अंग्रेज एवं अधिकारी इस नियुक्ति से असंतुष्ट थे। 1880 ई. के पूर्व पुराने अभिजात

वर्ग, जमींदारों और ताल्लुकेदारों का समर्थन प्राप्त करने का ही प्रयास किया गया था। रिपन उदारवादी दल का एक प्रमुख नेता था। वह अंग्रेजी साम्राज्यवादी नीति में कुछ बदलाव लाना चाहता था। यह बदलाव इस बात में निहित था कि वह नए शिक्षित वर्ग को अंग्रेजी साम्राज्य के प्रति भक्त एवं निष्ठावान बनाना चाहता था। इस दिशा में उसका शासनकाल विशिष्ट महत्त्व रखता है। इस नीति की स्थापना में वह बहुत सफल नहीं हो सका लेकिन वह अपने प्रयास से भारतीयों की दृष्टि में एक अत्यधिक लोकप्रिय गवर्नर जनरल अवश्य बन गया।

रिपन की बुद्धिमानी एवं दूरदर्शिता इस बात में थी कि वह यह समझ सका कि अल्पसंख्यक शिक्षित वर्ग भारतीय रंगमंच पर शीघ्र ही अत्यधिक महत्त्वपूर्ण बन जाएगाँ इसलिए साम्राज्य की सुरक्षा के लिए इस वर्ग को संतुष्ट रखा जाए। शिक्षित वर्ग के प्रति उसका दृष्टिकोण सैद्धांतिक कम और व्यावहारिक अधिक था। उसका विश्वास था कि जब तक अंग्रेजी उच्च शिक्षा का विस्तार होता रहेगा तब तक इस वर्ग की उपेक्षा नहीं की जा सकती। इस वर्ग को प्रशासन से अधिक मात्रा में संबंधित करके साम्राज्य दृढ़ हो सकेगाँ यह वर्ग अंग्रेजी प्रशासकों से सहयोग करना चाहता था और उनकी न्यायप्रियता एवं निष्पक्षता में विश्वास करता था। यह वर्ग प्रशासन की गलत नीतियों को 'अंग्रेजों जैसा नहीं' कहता था। ऐसे वर्ग को रिपन ने अंग्रेजी साम्राज्य की ओर आकर्षित किया। इस दिशा में उसके प्रमुख कार्य स्थानीय स्वायत्त शासन और भारतीय भाषाई समाचार पत्रों से संबंधित थे। इन कार्यों में वह सफल भी रहा। लेकिन जब उसने प्रजातीय विभेद एवं उच्च सेवाओं में भारतीयों को अधिक स्थान देने की योजना बनाई तो अंग्रेजों के भारी विरोध के कारण वह सफल नहीं हो पाया।

लोकल सेल्फ गवर्नमेंट में सुधार—रिपन शिक्षित वर्ग की राजनीतिक महत्त्वाकांक्षा के लिए कुछ उपयोगी कार्य को जरूरत समझता था। वह भारतीयों को प्रशासन से संबंधित करके साम्राज्य को भविष्य में होने वाले खतरे से बचाना चाहता था। शिक्षित वर्ग को अंग्रेज प्रशासन का सहयोगी बनाना चाहता था। रिपन के पूर्व सभी प्रांतों में स्थानीय संस्थाएँ थीं, जो बड़े-बड़े नगरों की स्थानीय समस्याओं को हल करती थीं, केंद्रीय प्रशासनिक नीतियों को इनके द्वारा ही लागू किया जाता था। इस संस्थाओं में सरकारी और गैर-सरकारी सदस्य होते थे। इनको कुछ वित्तीय अधिकार उपलब्ध थे लेकिन सरकार की स्वीकृति के बिना खर्च नहीं कर सकती थी। विभिन्न स्थानों पर निर्वाचित सदस्यों की भी व्यवस्था थी लेकिन ये संस्थाएँ कार्य करने में

स्वतंत्र और प्रशासनिक अनुभव एवं राजनीतिक शिक्षा की वृद्धि में सहायक नहीं थीं। सरकारी सदस्य, संख्या में कम होते हुए भी, अत्यधिक प्रभावशाली होते थे।

रिपन ने स्थानीय प्रशासन में एक नई जान डालने की कोशिश की। 1881 ई. में एक प्रस्ताव पास करके उसने प्रांतीय सरकारों से स्थानीय प्रशासन को स्वायत्तता प्रदान करने की दिशा में सुझाव माँगे। 18 मई 1882 को पारित प्रस्ताव में उसने कहा कि वह स्थानीय प्रशासन में स्वायत्तता केवल प्रशासनिक सुविधा के लिए नहीं अपितु राजनीतिक अनुभव और सार्वजनिक शिक्षा के लिए चाहता था। वह जानता था कि स्वायत्तता देने से प्रारंभ में गलतियाँ हो सकती थीं लेकिन कालांतर में शिक्षित वर्ग इतना कुशल हो जाएगा कि प्रशासनिक काम ठीक ढंग से कर सके।

स्थानीय संस्थाओं के नए गठन के लिए रिपन चाहता था कि मनोनीत सरकारी सदस्यों की संख्या कुल संख्या का 1/3 से अधिक न हो। शेष सदस्यों को यथासंभव निर्वाचन प्रणाली के आधार पर चुना जाए। निर्वाचन अधिकार स्थानीय परिस्थिति के अनुसार निर्धारित किया जाए। सरकारी नियंत्रण बाहर से होना चाहिए अर्थात् इन संस्थाओं द्वारा किए गए निर्णयों पर सरकार पुनः दृष्टि डाल सकती थी। अगर बार-बार अनुचित कार्य करते रहने के कारण किसी स्थानीय संस्था के अधिकारों को खत्म करना जरूरी हो, तो केवल केंद्रीय सरकार की अनुमति से ही ऐसा हो सकता था। निश्चित अधिकार एवं वित्तीय साधन इन संस्थाओं को प्रदान कर दिए गए। प्रत्येक बोर्ड का कार्य क्षेत्र निर्धारित कर दिया गया।

इस प्रस्ताव का भारी स्वागत किया गया। रिपन समझता था कि उसने पूर्व प्रचलित मेओ की नीति को ही आगे बढ़ाया। वह अपने इस प्रस्ताव को सही अर्थों में रूढ़िवादी कहता था। इंडिया कौंसिल के सदस्यों ने इस नीति की आलोचना की लेकिन भारत सचिव के समर्थन से रिपन इसे लागू कर सका। रिपन के रचनात्मक कार्यों में स्थानीय स्वायत्त संस्थाओं का निर्माण सबसे अधिक महत्त्वपूर्ण है।

वर्नाक्यूलर प्रेस एक्ट को रद्द करना—ग्लेडस्टन ने लिटन द्वारा पास किए गए वर्नाक्यूलर प्रेस एक्ट की भारी आलोचना की थी और सत्ता संभालने के उपरांत उसने रिपन को आदेश दिए कि इस पर पुनः विचार किया जाए। इस एक्ट के अंतर्गत अधिक समाचार पत्र बंद नहीं हुए थे और एक को छोड़कर अन्य किसी पर मुकदमा नहीं चलाया गया था। इसलिए लिटन के समर्थक कह सकते थे कि एक्ट अत्यधिक कठोर नहीं था। उसी आधार पर रिपन का कहना था कि यह पर्याप्त प्रमाण था कि एक्ट अनावश्यक था। 1882 ई. में इसे रद्द कर दिया गया। इसे खत्म करने में उसी कौंसिल ने बहुमत से सहमति प्रकट की जिसने कि इसे पास किया था। इस कार्य

से रिपन भारतीय भाषाई समाचार पत्रों में लोकप्रिय हो सका। साथ ही नए शिक्षित मध्यम वर्ग का उसे अधिक समर्थन प्राप्त हो सका।

प्रजातीय विभेद को मिटाने का प्रयास—लिटन के समय में दो अधिनियमों ने प्रजातीय विभेद को अत्यधिक स्पष्ट किया—आर्म्स एक्ट और स्टेट्यूटरी सिविल सर्विस। रिपन ने इन दोनों दिशाओं में कुछ कार्य करने का प्रयास किया। भारत सचिव ने रिपन को सूचित किया कि ग्लेडस्टन आर्म्स एक्ट को खत्म करवाने के पक्ष में था, लेकिन रिपन आर्म्स एक्ट को रद्द करने के पक्ष में नहीं था। वह चाहता था कि कृषकों और निर्धन व्यक्तियों को जिन्हें जंगली पशुओं से अपनी रक्षा करनी पड़ती थी बिना लाइसेंस फीस के हथियार रखने की अनुमति दे दी जाए एवं सब व्यक्तियों को लाइसेंस लेकर हथियार रखने का अधिकार होना चाहिए। उसने इस दिशा में 1882 ई. में एक प्रस्ताव भारत सचिव की अनुमति के लिए भेजा। वहाँ उसे समर्थन नहीं मिला और 1883 ई. के बाद इसकी संभावना और कम हो गई।

सिविल सर्विस में भारतीयों की भरती के लिए दो मार्ग थे—प्रतियोगिता परीक्षा द्वारा आई.सी.एस. में प्रवेश, सरकार द्वारा स्टेट्यूटरी सर्विस में भरती। पहले में अंग्रेजी शिक्षा प्राप्त वर्ग के लिए प्रवेश व्यावहारिक रूप में बंद था और दूसरे में पारिवारिक एवं सामाजिक प्रतिष्ठा वाले कुलीन वर्गों को विशेष स्थान उपलब्ध था। 1883 ई. तक रिपन का ध्यान इस व्यवस्था में किसी बदलाव की ओर नहीं गया। उसने भारत सचिव को इंडियन सिविल सर्विस में प्रवेश की अधिकतम आयु सीमा बढ़ाने के प्रश्न पर विचार करने के लिए कहा लेकिन भारत सचिव ने स्पष्ट मना करके इस विषय पर चर्चा ही खत्म कर दी। इसी प्रकार स्टेट्यूटरी सर्विस में भी योग्यता के आधार पर भारतीयों को नियुक्त करवाने में रिपन असमर्थ रहा।

इलबर्ट विधेयक 1883— इस विधेयक को समझने से पहले कुछ ऐतिहासिक तथ्यों को जानना आवश्यक है। 1882 ई. में भारत सचिव ने रुड़की इंजीनियरिंग कॉलेज में पढ़े हुए केवल भारतीयों को ही सरकारी नौकरियों में स्थान दिए जाने की व्यवस्था की। इससे यहां रहने वाले अंग्रेजों को बहुत दुःख हुआ। इसी समय भारत सचिव ने कलकत्ता हाईकोर्ट के न्यायाधीशों को अन्य हाईकोर्ट के समान वेतन (पहले उन्हें अधिक मिलता था) देना निर्धारित कर दिया। इससे न्यायालय और कार्यकारिणी मे मतभेद बढ़ा। 1882 ई. में कलकत्ता हाईकोर्ट के मुख्य न्यायाधीश, गार्थ के छुट्टी पर चले जाने से एक भारतीय न्यायाधीश—रमेशचंद्र मित्तर (जो सबसे अधिक वरिष्ठ थे) को मुख्य न्यायाधीश बना दिया गया। इन घटनाओं से रिपन कलकत्ता के अंग्रेजों

में अत्यंत लोकप्रिय हो गया था। उसे अंग्रेजों को एकत्रित करने के लिए उचित अवसर की तालाश थी यह अवसर इलबर्ट विधेयक से उपलब्ध हो गया।

1883 ई. के पूर्व यह स्थिति थी कि यूरोपियनों के मुकदमे केवल जस्टिस ऑफ पीस (जे.पी.) या हाईकोर्ट द्वारा सुने जा सकते थे। अन्य न्यायाधीशों को यह अधिकार उपलब्ध नहीं था। प्रेजीडेंसी नगरों (बंबई, कलकत्ता, मद्रास) में कोई भी मजिस्ट्रेट अंग्रेजों के मुकदमे सुन सकता था। 1882 ई. में आई.सी.एस. के एक सदस्य बिहारीलाल गुप्ता और बंगाल के गवर्नर, एडन, ने यह प्रश्न उठाया कि आई. सी.एस. के कुछ भारतीय सदस्य अब इतने वरिष्ठ हो चुके थे कि वे सेशंस जज आदि बन सकते थे। ऐसी स्थिति में उनके अधिकार अपने अंग्रेज सहयोगियों से कम नहीं होने चाहिएँ। एडन के इस सुझाव को रिपन ने विभिन्न प्रांतीय सरकारों एवं अपनी कौंसिल के सदस्यों की सम्मति के लिए भेजा, जिसका किसी ने विरोध नहीं किया। रिपन ने यह प्रस्ताव 1882 ई. में भारत सचिव के पास भेज दिया। फरवरी 1883 ई. में सी.पी. इलबर्ट (विधि सदस्य) ने एक विधेयक लेजिस्लेटिव कौंसिल में रखा जिसके अनुसार आई.सी.एस. एवं स्टेट्यूटरी सिविल सर्विस के सदस्यों, सहायक कमिश्नरों और छावनी के मजिस्ट्रेटों को 'जे.पी.' बनने का अधिकार दिया गया। सेशंस जज और जिला न्यायाधीश को पदेन जे.पी. बनाया गया। सहायक सेशंस जज तीन वर्ष कार्य करने के पश्चात् अंग्रेजों के मुकदमे सुनने का अधिकारी होगाँ

मुफस्सिल में भारतीय मजिस्ट्रेटों पर लगे प्रजातीय प्रतिबंध इस विधेयक से समाप्त हो जाता अर्थात् अंग्रेजों को मुफस्सिल में उपलब्ध विशेष अधिकारों में से कुछ को खत्म करना था। व्यावहारिक रूप में अगले 10 वर्षों में समस्त भारत में केवल 9 भारतीय जजों को यह अधिकार उपलब्ध हो सकता था। इतने सीमित बदलाव का भारी विरोध होगा इसकी आशा रिपन और उसके सहयोगियों को नहीं थी। लेकिन प्लांटर्स और अंग्रेज व्यापारियों एवं ईसाइयों ने इस विधेयक से फायदा उठाकर सरकारी नीति के विरुद्ध अपने असंतोष को व्यक्त किया। भारत के अधिकांश गैर-सरकारी अंग्रेज इस विरोध में शामिल हुए। इस विद्रोह को 'सफेद विद्रोह' की संज्ञा दी जाती है। विरोध अधिक होने के कारण रिपन ने प्रांतीय सरकारों एवं उच्च न्यायालयों की सम्मति जाननी चाही। एक भी अंग्रेज अधिकारी ऐसा नहीं था, जिसने इसका समर्थन किया हो। गैर-सरकारी अंग्रेजों ने सरकार को विभिन्न ज्ञापन प्रस्तुत किए। भारतीयों पर विभिन्न आक्षेप लगाए गए। एक एंग्लोइंडियन डिफेंस एसोसिएशन का गठन किया गया, जो अंग्रेजों के विशिष्ट अधिकारों की सुरक्षा के लिए प्रयास करे।

रिपन ने लंदन सरकार को विधेयक से संबंधित सभी पत्र आदि भेजे। लंदन सरकार ने रिपन का पूरा समर्थन किया लेकिन कलकत्ता में रिपन के विरुद्ध एंग्लोइंडियन आंदोलन अत्यधिक भड़क चुका था। यहाँ तक भी षड्यंत्र किया गया कि गवर्नर जनरल का बलपूर्वक अपहरण करके उसे लंदन भेज दिया जाए। रिपन 'सफेद विद्रोह' के विरुद्ध अपनी नीति पर दृढ़ था, लेकिन उसकी कौंसिल के सदस्य एंग्लोइंडियन गुट के साथ समझौते की बात सोचते थे। अंत में जो समझौता हुआ उसके अनुसार किसी भी यूरोपियन या अंग्रेज अपराधी को यह अधिकार होगा कि उसके मुकदमे की सुनवाई करने वाली जूरी के आधे सदस्य यूरोपीय या अमरीकी नागरिक हों।

इस संशोधन से प्रजातीय विभेद समर्थकों के सामने रिपन को झुकना पड़ा। यूरोपीय नागरिकों के विशेषाधिकार पूर्व की भाँति सुरक्षित रहे। इलबर्ट विधेयक से संबंधित विवाद में भारतीय नेताओं ने बहुत कम भाग लिया। लेकिन उन्होंने दोनों पक्षों—रिपन एवं उसके विरोधी—की गतिविधियों को बड़े ध्यान से देखा। उनका ध्यान रिपन की दुर्बलताओं पर कम और एंग्लोइंडियन संगठन शक्ति पर अधिक आकर्षित हुआ। उन्हें यह पता चल गया कि भविष्य में प्रजातीय विभेद के विरुद्ध संघर्ष उन्हें स्वयं ही करना होगाँ एंग्लोइंडियन संगठनों ने उन्हें वैधानिक लड़ाई एवं संगठित विरोध का महत्त्व स्पष्ट समझाया।

अंग्रेजी साम्राज्य के हितों का समर्थन—आर्थिक और व्यापारिक क्षेत्रों में रिपन ने पूर्व प्रचलित नीति को उचित समझा और उसी दिशा में कुछ और कार्य भी किए। इंग्लैंड में बने कपड़े पर भारत में लगे आयात कर को पूरी तरह खत्म कर दिया गया। यह कार्य 1882 ई. के बजट प्रस्तुत करते समय किया गया। उस वर्ष में आय अधिक और खर्च कम बताकर भारत को मुक्त व्यापार नीति का क्षेत्र बना दिया गया। बजट प्रस्तुत करने के बाद एक सप्ताह के भीतर ही 10 लाख पौंड का सैनिक खर्च बढ़ गया। वर्नाक्यूलर एक्ट पास कर देने से रिपन के प्रति पर्याप्त सद्भावना थी, इसलिए कपड़े पर लगे आयात कर की समाप्ति का अधिक विरोध नहीं हुआ। रिपन ने स्वयं स्वीकार किया कि सारे भारत में 12 व्यक्ति भी ऐसे नहीं थे, जो यह न समझते हों कि भारत के हितों को मैंचेस्टर के लिए त्याग दिया गया। रिपन ने आयात कर समाप्ति के साथ-साथ नमक कर को भी कुछ कम कर दिया। इससे सामान्य प्रतिक्रिया रिपन के पक्ष में ही रही।

अकाल और रेलों का निर्माण—लिटन ने 1879 ई. में अकाल आयोग का गठन किया था, इस आयोग ने अपनी रिपोर्ट 1880 ई. में पेश कीया। आयोग ने

अकाल के बुरे प्रभावों को रोकने के लिए अकालग्रस्त क्षेत्रों में रेलों के प्रसार पर अत्यधिक बल दिया। इस प्रकार के रेल प्रसार को 'सुरक्षात्मक व्यवस्था के लिए विस्तार' कहा गया। रिपन ने रेलों का निर्माण तेजी से करना चाहा, लेकिन भारत सचिव के सुझाव पर 'उत्पादक' रेलों तक ही सीमित दायरा रहा। सरकारी निरीक्षण में निर्माण केवल 'सुरक्षात्मक' रेलों के लिए रहा। स्वाभाविक रूप से 'सुरक्षात्मक' रेलों का प्रसार बहुत कम हुआ। 1884 ई. में हाउस ऑफ कामंस की एक सिलेक्ट कमेटी के सुझाव पर 'सुरक्षात्मक' और 'उत्पादक' रेलों का अंतर खत्म कर दिया गया। रेलों की विभिन्न शाखाओं को केवल आत्मनिर्भर होना चाहिए।

भारतीय नरेशों के प्रति नीति—भारतीय राज्यों पर अंग्रेजी नियंत्रण को बढ़ाने में भी रिपन बहुत अधिक सफल रहा। अंग्रेजी नियंत्रण को पेरामाउंटसी शब्द से व्यक्त किया जाता है, जो व्यावहारिक रूप से अंग्रेजी वर्चस्व का प्रतीक है। रिपन के समय में इसकी कुछ व्याख्या मैसूर नरेश को राज्य प्रशासन सौंपते समय की गई। रिपन के भारत आने के पूर्व ही मैसूर नरेश को राज्य प्रशासन सौंपने का निर्णय लंदन सरकार ने ले लिया था। 25 मार्च, 1881 ई. को रिपन ने मैसूर का राज्य वापस कर दिया। पूर्व में की गई संधियों को समाप्त कर दिया गया और इस वापसी को अंग्रेज सरकार द्वारा एक भेंट कहा गया। मैसूर द्वारा दिए जाने वाले खिराज की मात्रा बढ़ा दी गई। महाराजा के अधिकारों में भारी कटौती कर दी गई। अंग्रेज सरकार की मान्यता प्राप्ति उत्तराधिकारी के लिए अनिवार्य कर दी गई। भारत सरकार की अनुमति के बिना राज्य की भू-राजस्व व्यवस्था, प्रशासन एवं विधि प्रणाली में कोई बदलाव नहीं किया जा सकेगाँ

1881 ई. में बड़ौदा के गायकवाड़ का राज्य भी उसे लौटा दिया गया। । यहाँ भी रिपन ने उसी प्रकार शासन की अधीनता पर बल दिया। दो वर्षों तक सभी क्षेत्रों में उसके आचरण के लिए आज्ञाएँ निर्धारित कर दी गईं। उसके उपरांत उसे प्रत्येक महत्त्वपूर्ण विषय में भारत सरकार के परामर्श पर कार्य करना होगाँ इन दोनों घटनाओं से यह स्पष्ट होता था कि मैसूर पर लगाई गई शर्तें भारत सरकार की निश्चित नीति का परिणाम थीं। इंदौर और हैदराबाद के शासकों के साथ भी रिपन ने अंग्रेजी सर्वोच्चता को स्थापित किया। ईसाई मिशनरियों को होल्कर ने इंदौर से बाहर भगा दिया। रिपन द्वारा धार्मिक स्वतंत्रता का तर्क प्रस्तुत करने पर होल्कर ने तुरंत अपनी नीति में बदलाव किया और रिपन के विश्वासपात्र बुम्बई के एक वकील, मांडलिक, को राज्य का दीवान नियुक्त किया। हैदराबाद में फरवरी, 1883 ई. में सर सालार जंग की मृत्यु हो गई। निजाम, मीर महबूब अली खाँ, अवयस्क था। रिपन ने संरक्षक

कौंसिल का अध्यक्ष सालार जंग के पुत्र मीर लायक अली को ही नियुक्त किया। लायक अली और महबूब अली खाँ दोनों लगभग एक ही आयु के थे। रिपन की कौंसिल के अधिकांश सदस्य हैदराबाद दीवान पद पर लायक अली की अपेक्षा किसी वरिष्ठ प्रशासक की नियुक्ति चाहते थे। लेकिन ऐसा करने पर रेजिडेंट की स्थिति अधिक प्रभावशाली नहीं हो सकती थी। लायक अली वास्तविक सत्ता का स्रोत समझता था इसलिए रेजिडेंट पर अधिक निर्भर रहता था। उसने बरार की समस्या को न उठाने का भी वायदा किया। इसी प्रकार कश्मीर में रिपन ने अंग्रेजी प्रभुत्व को अधिक प्रभावशाली बनाने के लिए यह सुझाव रखा कि महाराजा रणवीरसिंह की मृत्यु के बाद उसके ज्येष्ठ पुत्र को राजा स्वीकार किया जाए लेकिन उसे एक स्थायी रेजिडेंट रखने के लिए बाध्य किया जाए। 1885 ई. में ऐसा ही किया गया। इस प्रकार कश्मीर को भी अन्य राज्यों के समान कर दिया गया। रिपन ने अंग्रेजी साम्राज्य के हितों की सुरक्षा और सर्वोच्चता के सिद्धांत का प्रयोग भी काफी प्रभावशाली बना दिया।

रिपन के कार्यों का मूल्यांकन—रिपन ने 1884 ई. में ही पद त्याग दिया यद्यपि वह एक वर्ष और गवर्नर जनरल रह सकता था। वह चाहता था कि उसका उत्तराधिकारी ग्लेडस्टन द्वारा ही नियुक्त किया जाए। इसलिए दिसंबर, 1884 ई. में उसने डफरिन को कार्यभार दे दिया।

रिपन के भारत से वापस जाने का समाचार सुनकर भारतीय नेताओं ने उसे कृतज्ञतापूर्ण विदाई दी। अमृतसर में उसे गुलाब की इतनी बड़ी मालाएँ पहनाई गईं कि उसका साँस घुटने लगाँ कलकत्ता में उसकी विदाई के दिन खूब रोशनी की गई। बंबई तक उसको लोगों ने हार्दिक बधाई दी। भारतवासियों को रिपन ऐसा पहला गवर्नर जनरल प्रतीत हुआ, जो उनके प्रति सहानुभूति रखता था। लिटन की तुलना में स्वाभाविक रूप से रिपन कहीं अधिक अच्छा प्रतीत हुआ।

लेकिन इंग्लैंड और भारत में अधिकांश अंग्रेज उसकी नीति से असंतुष्ट थे। उनके असंतोष का प्रमुख कारण रिपन के भाषण और वाणी अधिक और उसके कार्य कम थे। उसकी भारतवासियों के मध्य लोकप्रियता का भी यही आधार था। ग्लेडस्टन और उसके सहयोगियों एवं भारत सचिव ने रिपन का समर्थन किया लेकिन फिर भी रिपन उतनी अधिक सफलता प्राप्त न कर सका, जितनी वह इस समर्थन से कर सकता था। उसकी असफलता का रहस्य उसके व्यक्तित्व में ही था। भारत सचिव और इंग्लैंड के प्रधानमंत्री के समक्ष रिपन अपनी बात दृढ़तापूर्वक नहीं कहता था। भारत में आने के पश्चात् ही उसे इंडिया कौंसिल की शक्ति का पता चला। रिपन

स्वयं कमजोर व्यक्तित्व वाला व्यक्ति था, उसकी कौंसिल और भी अधिक दुर्बल थी। रिपन में दूसरे व्यक्तियों की योग्यता और उनके गुणों के पहचानने की क्षमता भी बहुत कम थी।

समकालीन अंग्रेज आलोचक रिपन पर अनुचित आक्षेप लगाते थे कि उसने अंग्रेजी साम्राज्य को छिन्न-भिन्न करने की दिशा में पहला कदम उठाया। रिपन ने शिक्षित भारतीयों का सहयोग प्राप्त करके अंग्रेजी साम्राज्य के स्वरूप को कुछ दृढ़ ही किया। डॉ. गोपाल के शब्दों में ग्लेडस्टन की भाँति रिपन विभिन्न जातियों में मेल-मिलाप कराने वाले महान व्यक्तियों में से एक था। कुछ अर्थों में भिन्न होते हुए भी वह पूर्व प्रचलित नीतियों पर अधिकांश कार्य करना चाहता था। अफगानिस्तान के संबंध में अंग्रेजी नीति में रिपन और लिटन में बहुत थोड़ा ही अंतर था।

अफगानिस्तान के प्रति अंग्रेजी नीति—(1858—1884)

1855 ई. में डलहौजी ने दोस्त मोहम्मद के साथ एक समझौता किया। इसके अनुसार अंग्रेजों ने अमीर की स्वतंत्रता को स्वीकार किया एवं अफगानिस्तान के आंतरिक मामलों में दखल नहीं देने का वादा किया। अमीर ने अंग्रेजों के मित्रों को अपना मित्र एवं उनके शत्रुओं को अपना शत्रु स्वीकार कर लिया। 1856 ई. में पुनः ईरान ने हिरात पर अपना अधिकार कर लिया लेकिन अफगान और अंग्रेज सेनाओं ने मिलकर ईरान को पर से आधिपत्य समाप्त करने के लिए मजबूर कर दिया। मार्च, 1857 ई. में अफगानिस्तान और अंग्रेजों के मध्य एक नई संधि की गई, जिसके अनुसार अंग्रेजों ने एक भारतीय मुसलमान को काबुल में और काबुल के अमीर ने पेशावर में अपना दूत नियुक्त किया। 1857-58 ई. में भारत विद्रोह के समय अमीर ने अंग्रेजों के खिलाफ कोई काम नहीं किया।

कैनिंग को जॉन लारेंस ने सलाह दीया कि पेशावर पर नियंत्रण अमीर को सौंप दिया जाए। लेकिन कैनिंग ने इसका भारी विरोध किया। 1863 ई. में दोस्त मोहम्मद की मृत्यु के बाद उसके 16 पुत्रों में गृहयुद्ध प्रारंभ हो गया। इस समय अंग्रेजी उत्तर-पश्चिमी सीमा पर कुछ मुसलमान कबीलों ने आक्रमण कर दिया। उसे दबाने के लिए अंग्रेजी सरकार ने सैनिक अभियान भेजे। भारत सचिव वुड ने अफगानिस्तान के आंतरिक मामलों में हस्तक्षेप की नीति अपनाने के लिए मना कर दिया। 1863 ई. में भारत सचिव ने जॉन लारेंस को गवर्नर जनरल नियुक्त किया। उत्तर-पश्चिमी सीमा पर रहने वाले कबीलों की जानकारी एवं उसकी शांतिप्रिय नीति लारेंस की इस

नियुक्ति के लिए उत्तरदायी हुई। वुड ने लारेंस को अहस्तक्षेप के स्पष्ट आदेश दिए थे। इंग्लैंड की लिबरल सरकार भी अफगानिस्तान में दखल देने के पक्ष में नहीं थी।

लारेंस के भारत आने के पूर्व एलगिन ने भी अहस्तक्षेप की नीति का प्रतिपादन किया था। उसका कहना था कि अंग्रेजों को पड़ोसियों के मामलों में केवल उसी समय हस्तक्षेप करना चाहिए जब उनके अपने निजी स्वार्थों का नुकसान होने वाला है लारेंस भी इसी नीति का समर्थक था। एलगिन का कार्यकाल बहुत छोटा था। इसके अतिरिक्त इस हस्तक्षेप की नीति की जाँच का समय 1863 ई. (दोस्त मोहम्मद की मृत्यु) के पश्चात् उत्पन्न हुआ जबकि विभिन्न उत्तराधिकारियों ने अंग्रेजी सरकार से मदद चाही। उस समय भारत में जॉन लारेंस गवर्नर जनरल था।

लारेंस का कहना था कि अफगानिस्तान में चल रहे गृहयुद्ध में किसी भी प्रणाली का समर्थन करना अनुचित होगा क्योंकि नियमाभाव की स्थिति में उत्तराधिकारी की समस्या केवल सेना और सत्ता के बल पर ही निश्चित हो सकती थी। वह यह भी समझता था कि भारत की सुरक्षा को कोई ऐसा खतरा उस सीमा से पैदा नहीं हुआ था जिसके लिए अंग्रेज सरकार सैनिक अभियान करे। आर्थिक दृष्टि से भी अफगानिस्तान सीमा पर अग्रगामी नीति उचित नहीं थी। सैनिक मदद का खर्च अत्यधिक बढ़ सकता था और उसका भार जनता पर पड़ता। अफगानिस्तान की भौगोलिक और प्राकृतिक स्थिति भी किसी विशाल सैनिक अभियान के लिए सहायक नहीं थी।

इस नीति की आलोचना भी काफी की गई। साम्राज्यवादियों के दृष्टिकोण में रूस की ओर से खतरा निश्चित था। भले ही उस समय इतना अधिक दिखाई न पड़ता हो। साम्राज्य सुरक्षा के लिए आर्थिक स्थिति का तर्क व्यर्थ था। लारेंस की नीति की स्वार्थपरता बहुत ही स्पष्ट दिखाई देती थी। उसकी नीति को अफगानिस्तान के गृहयुद्ध भड़काने वाली भी कहा गया क्योंकि प्रत्येक उम्मीदवार अपनी सफलता के पश्चात् अंग्रेजी समर्थन की आशा कर सकता था। इसलिए युद्ध बढ़ता ही रहेगाँ साम्राज्यवादी नेता इस नीति को 'अंधेरे में छलाँग', 'शुतुरमुर्ग की नीति' आदि उपनामों से भी पुकारते थे।

लारेंस की इस नीति को आलोचकों ने 'निष्क्रियता' की नीति कहा। प्रारंभ में उसके समर्थकों ने इसके साथ 'दक्ष' विशेषण जोड़ दिया। उपरांत में इस विशेषण का व्यंगात्मक रूप में उसके आलोचकों ने अधिक प्रयोग किया। सही मायने में इस नीति को निष्क्रियता की नीति कहना ठीक नहीं है। लारेंस ने भारत सचिव को एक निजी पत्र में अपनी नीति स्पष्ट की। उसका तर्क था कि अफगानिस्तान में किसी

भी पक्ष का समर्थन बेकार था। साथ ही उसने यह भी लिखा कि उसकी गृहयुद्ध में मदद न करने की नीति उसी समय तक ठीक थी जब तक कि किसी पक्ष ने ईरान या रूस की मदद नहीं ली थी। उसका निश्चित विचार था कि अगर प्रतिद्वंद्वियों में से किसी एक–अफजल, अजीम या शेरअली–को रूस या ईरान से मदद मिली तब अंग्रेज भी दूसरे की मदद करने पर बाध्य होंगे। लारेंस ने अपनी नीति को 'खुले विकल्प' की नीति कहा था और मदद की संभावना के डर से किसी पक्ष को रूस और ईरान से मदद लेने से रोके रखा। उसे रूस के हमले का डर नहीं था लेकिन अगर रूस ने कभी हमला करने की सोची तब उसका प्रतिकार पीटर्सबर्ग के साथ समझौता था। उसके विचार में इंग्लैंड को रूस से अपने-अपने प्रभाव क्षेत्रों की स्पष्ट व्याख्या करवा लेनी चाहिए। वह निश्चित रूप से रूस को यह बताने के पक्ष में था कि अफगानिस्तान या भारतीय साम्राज्य की सीमाओं पर स्थिति कोई भी राज्य रूस के प्रभाव क्षेत्र से बाहर था। रूस के साथ समझौते से भारत में फैली अफवाह आदि भी कम हो जाएगी।

लारेंस ने शेरअली को अफगानिस्तान का अमीर मान लिया लेकिन साथ ही उसके विरोधी भाइयों को भी राजनीतिक शरण दी। 1866 ई. में उसके पराजित हो जाने पर उसके भाई अफजल खाँ को उसने मान्यता दे दी। 1867 ई. में अफजल खाँ की मृत्यु के पश्चात् शेरअली को मान्यता प्रदान कर दी। लारेंस की निष्क्रियता की नीति में भी कुछ बदलाव हुआ। 1867 ई. में अफजल खाँ के पुत्र के विरुद्ध कई प्रतिद्वंद्वियों ने ईरान और रूस से मदद चाही। उस समय अफगान अमीर को लारेंस ने मदद का भरोसा दिया। 1868 ई. में लारेंस ने शेरअली को 12 लाख रुपया और 6,000 बंदूकें भेंट कीं। जनवरी, 1869 ई. में उसने भारत सचिव से इस बात की अनुमति माँगी कि भारत सरकार बिना संधि किए हुए काबुल के अमीर को सैनिक, आर्थिक एवं नैतिक मदद दे। उसने शेरअली के साथ एक सम्मेलन के सुझाव को भी स्वीकार किया। यह सम्मेलन मेओ के समय में मार्च 1869 ई. में अंबाला में हुआ। इस प्रकार लारेंस स्वयं अपनी निष्क्रियता को बदल चुका था।

अंबाला सम्मेलन (1869 ई.) में मेओ ने शेरअली के साथ समानता का शिष्टाचार निभाया। शेरअली एक निश्चित संधि, वार्षिक धनराशि से सहायता, सैनिक सामग्री, अंग्रेजी सरकार का स्पष्ट समर्थन और अपने पुत्र अब्दुल्ला जान को अपना उत्तराधिकारी स्वीकार करवाना चाहता था। मेओ ने उन्हें आश्वासन तो दिया लेकिन उपयुक्त बातों को अस्वीकार कर दिया। अंग्रेज सरकार ने नैतिक समर्थन

का पत्र, कुछ आर्थिक एवं सैनिक मदद अवश्य दी। रूस के मध्य एशिया में बढ़ते हुए प्रभाव से उत्पन्न चिंता मेओ की दृष्टि में निराधार थी। राजनीतिक या सैनिक दृष्टि से रूसी नीति कोई समस्या ही नहीं थी क्योंकि रूस का भारत की ओर बढ़ना अत्यंत कठिन माना जाता था। इस विश्वासपूर्ण नीति का एक कारण यह भी था कि इंग्लैंड सरकार रूस की नीति पर यूरोप में दबाव डाल सकती थी।

1872 ई. में अफगानिस्तान के गर्वनर जनरल के रूप में नार्थब्रुक आया। वह चाहता था कि यूरोप में रूस के साथ समझौता करके आपस के मतभेदों को दूर कर लिया जाए। लेकिन ग्लेडस्टन सरकार ने ऐसा नहीं किया। कुछ छोटी-छोटी घटनाएँ हुईं, जिनसे अफगानिस्तान के साथ संबंध में तनाव पैदा होता गया। जुलाई, 1873 ई. में शिमला सम्मेलन में अफगान अमीर रूस के बढ़ते हुए प्रभाव के विरुद्ध कोई भी आश्वासन प्राप्त नहीं कर सका। इसके अतिरिक्त भारत सरकार ने अफगानिस्तान और ईरान के सीसतान सीमा संबंधी विवाद में मध्यस्थता करने का उत्तरदायित्व लिया। अब्दुल्ला को अमीर का उत्तराधिकारी मानने से अंग्रेज सरकार ने इंकार कर दिया।

शेरअली ने अंग्रेजों का ऐसा दृष्टिकोण देखकर रूस की ओर मैत्री का हाथ बढ़ाने का प्रयास किया। संभवतः उसका लक्ष्य अंग्रेजी नीति पर दबाव डालने का था। इस बीच 1874 ई. में इंग्लैंड में कंजर्वेटिव दल की सरकार बन चुकी थी और डिजरेली ने नए साम्राज्यवाद का प्रतिपादन किया। नए भारत सचिव, सेलिसबरी, ने नार्थब्रुक को अफगानिस्तान में अंग्रेजी प्रभुत्व बढ़ाने के लिए कहा। वह अफगानिस्तान को एक शक्तिशाली स्वतंत्र राज्य नहीं देखना चाहता था और काबुल और हिरात में गुप्त अंग्रेजी दूत रखना चाहता था। नार्थब्रुक अफगान अमीर पर विश्वास करता था और रूस के साथ यूरोप में समझौता चाहता था। सेलिसबरी दोनों में से किसी पर भी विश्वास नहीं करता था। सेलिसबरी अफगानिस्तान के प्रति भारत सरकार की नीति को एकपक्षीय समझता था। भारत सरकार अफगानिस्तान को मदद देती थी और बदले में अमीर कुछ नहीं देता था। अमीर की गतिविधियों की देखभाल रखने के लिए एक अंग्रेज दूत का काबुल में रखा जाना जरूरी समझा गया। नार्थब्रुक ने यह बताने का प्रयास किया कि अफगान अमीर इसे स्वीकार नहीं करेगाँ सेलिसबरी और नार्थब्रुक में इस प्रकार मौलिक मतभेद था। ऐसी स्थिति में गवर्नर जनरल और भारत सचिव दोनों में से किसी एक—अर्थात् गवर्नर जनरल—को अपना मार्ग बदलना पड़ता। नार्थब्रुक ने त्यागपत्र देना अधिक उचित समझा। जाने से पूर्व नार्थब्रुक ने इतना अवश्य कहा कि अमीर को उसकी इच्छा के विरुद्ध बाध्य करने का परिणाम शीघ्र ही एक अनावश्यक युद्ध होगाँ

सेलिसबरी ने लिटन को नया गवर्नर जनरल नियुक्त किया और उसे पूरी तरह नई नीति से अवगत कराकर भेजा। नई नीति के लक्ष्य इंग्लैंड सरकार द्वारा निर्धारित किए गए थे लेकिन उनके पूरा करने की स्वतंत्रता नए गवर्नर जनरल को दे दी गई। लिटन ने डिजरेली और सेलिसबरी के लक्ष्यों को अच्छी तरह समझ लिया और एक नए शिष्य की भाँति उनसे आगे बढ़कर कार्य करना चाहा। इसका लक्ष्य अफगानिस्तान को अधीनस्थ स्थिति में रखना था। पूर्व प्रचलित नीति से यह मौलिक रूप में भिन्न थी। लिटन ने अपनी अफगान नीति के लक्ष्यों की व्याख्या इस प्रकार की थी–

(अ) रूस और इंग्लैंड के साम्राज्यों के मध्य हिंदुकुश की पहाड़ियाँ ही होनी चाहिएँ एवं हिरात पर अंग्रेजी नियंत्रण होना चाहिए।

(ब) उपरोक्त लक्ष्यप्राप्ति के लिए कई विकल्प थे–(i) शेरअली के साथ स्थायी समझौता होना चाहिए ताकि रूस के प्रभाव स्थापना को खत्म किया जा सके। (ii) अगर शेरअली इस पर सहमत न हो तब अफगानिस्तान को कई राज्यों में विभाजित कर दिया जाए और एक नए अमीर को गद्दी पर बिठाया जाए जो अंग्रेजों के अनुरूप कार्य कर सके। (iii) अगर उपरोक्त दोनों नीतियाँ संभव न हों तब अफगानिस्तान के कुछ भाग पर अधिकार कर लिया जाए। 'यह कार्य उत्तर-पश्चिमी सीमा की सुरक्षा के लिए लाभदायक होगाँ

जुलाई, 1876 ई. में ही लिटन ने डिजरेली को लिखा था कि अगर अमीर ने घूस और धमकियों से कार्य नहीं किया तब हम केलात में अपना प्रभाव दृढ़ करके और कश्मीर को चितराल आदि क्षेत्रों पर अधिकार करने के लिए प्रोत्साहित करके बड़ी सरलता से उसके नाखून काट सकेंगे। लिटन रूस के खिलाफ युद्ध के लिए आतुर था। इसलिए वह रूस के विरूद्ध युद्ध के लिए उत्सुक था। नवंबर, 1876 ई. में लिटन ने सेलिसबरी को लिखा–'जहाँ तक भारत का संबंध है कोई भी घटना इतनी शुभ नहीं हो सकती थी जितनी रूस के साथ अगली बसंत ऋतु में लड़ाई।' लिटन की इस नई नीति का सारा ध्यान पीटर्सबर्ग पर न होकर काबुल पर केंद्रित हो गया। रूस की महत्त्वाकांक्षा को रोकने के लिए उसके साथ समझौते की अपेक्षा काबुल पर राजनीतिक प्रभुत्व स्थापित करने का प्रयत्न किया गया।एक अंग्रेज रेजिडेंट की अफगानिस्तान में नियुक्ति के लिए शेरअली की सभी माँगें मान ली गईं।

लिटन की नीति

लिटन ने शेरअली को सूचना भेजी कि अफगानिस्तान से अंग्रेज दूत आ रहा है। शेरअली से यह भी पूछा कि वह उसका कहाँ स्वागत करना चाहेगा? लिटन ने

सेलिसबरी को लिखा कि शेरअली के मना करने पर एक और प्रयास किया जाएगा और अगर वह भी असफल रहा, तो बलपूर्वक दबाव की नीति अपनाई जाएगी। बड़े आत्मविश्वास से लिटन ने लिखा—'मैं समझता हूँ कि शेरअली पर दबाव डालना कठिन नहीं होगाँ' रेजिडेंट का स्वागत करने से शेरअली ने यह कह कर मना कर दिया कि वह उसकी सुरक्षा नहीं कर सकता। अगर उसने अंग्रेज रेजिडेंट को आने की अनुमति दी तो वह रूस के दूत को भी मना नहीं कर सकेगाँ अमीर के कहने पर भारत सरकार का काबुल स्थित मुस्लिम प्रतिनिधि लिटन को अमीर के दृष्टिकोण से अवगत कराने के लिए शिमला आया। लिटन ने अपनी नीति की स्पष्ट व्याख्या अपने मुस्लिम प्रतिनिधि, अता मोहम्मद, के समक्ष की। उसने अमीर की बातों को गलत बताया। जैसे रूस इंग्लैंड के साथ अफगानिस्तान के विभाजन पर सहमत था। अगर अमीर ने अंग्रेजों की मित्रता का हाथ नहीं पकड़ा तो इंग्लैंड, रूस के साथ मिलकर अफगानिस्तान का नाम ही मानचित्र से मिटा देगाँ लिटन का कहना था कि वह अफगानिस्तान के अमीर को रूस के नियंत्रण में हथियार का निर्माण किसी कीमत पर नहीं होने देगाँ

अता मोहम्मद के काबुल पहुँचने पर अमीर के प्रतिनिधि नूर मोहम्मद और अंग्रेजी दूत के मध्य पेशावर में जनवरी, 1877 ई. में वार्ता प्रारंभ हुई। अंग्रेजी प्रतिनिधि के काबुल में अंग्रेजी दूत के रखने का प्रश्न उठाया। 25 मार्च, 1877 ई. को नूर मोहम्मद की मृत्यु हो गई। अमीर ने एक दूसरा प्रतिनिधि नियुक्त किया लेकिन लिटन ने सम्मेलन समाप्ति की घोषणा कर दी। अप्रैल-मई, 1877 ई. में अपने ही उत्तरदायित्व पर उसने पश्चिम अफगानिस्तान पर अधिकार करने के लिए सैनिक तैयारी का आदेश दे दिया और इंग्लैंड में सेलिसबरी के विरुद्ध अपनी नीति के लिए समर्थन प्राप्त करने का प्रयास किया। उसने अपने कुछ पत्रों को छपवाकर इंग्लैंड के प्रभावशाली व्यक्तियों को बँटवाया। सेलिसबरी ने लिटन को युद्ध की ओर बढ़ने से रोकने का प्रयास किया। उसने कहा कि उसे रूस के भारत पर हमला का डर नहीं था। वह केवल रूसी कूटनीतिक गतिविधियों की रोकथाम चाहता था। इंग्लैंड मंत्रिमंडल रूस के मध्य एशिया में बढ़ते प्रभाव के विरुद्ध (लिटन की दृष्टि में) 'उपेक्षा' रखता था। लिटन और मंत्रिमंडल अर्थात् भारत सचिव के मध्य काफी मतभेद था। जून, 1877 ई. में लिटन यह जानता था कि वह और इंग्लैंड सरकार पृथक् नीतियों पर संभवतः चल रहे थे। जुलाई-अगस्त, 1877 ई. में सेलिसबरी ने लिटन को युद्ध से रोकने का पुनः प्रयास किया। उसने लिखा कि इंग्लैंड केवल अफगानिस्तान में कूटनीतिक प्रभुत्व चाहता था। वह युद्ध नहीं चाहता था।

मार्च-अप्रैल, 1878 ई. में सेलिसबरी के स्थान पर क्रेनब्रुक भारत का सचिव बना। सेलिसबरी और डिजरेली तो लिटन को युद्ध की ओर बढ़ने से रोक सके लेकिन क्रेनब्रुक लिटन पर प्रभावशाली नियंत्रण न कर सका। क्रेनब्रुक चाहता था कि अमीर की आशाओं को उत्तेजित करके उसे अंग्रेजी दूत के स्वागत करने पर सहमत कर लिया जाए। लिटन चाहता था कि अमीर को डर या भय दिखाकर अंग्रेजी दूत के स्वागत हेतु सहमत किया जाए। संयोगवश यूरोपीय घटनाओं ने लिटन को कार्य करने की स्वतंत्रता प्रदान की। रूस और तुर्की में युद्ध प्रारंभ हो गया और यह संभावना थी कि शायद इंग्लैंड भी रूस के विरुद्ध युद्ध में उलझ जाए। रूस ने यूरोप में तनाव बढ़ता देखकर एशिया में इंग्लैंड के लिए एक नई समस्या खड़ी करने का प्रयास किया। तुर्किस्तान के रूसी गवर्नर ने अफगानिस्तान में एक रूसी दूत भेजा और कुछ रूसी नेताओं को अफगान सीमा की ओर कूच करने का आदेश दिया। अमीर ने रूसी दूत के स्वागत का विरोध किया। शेरअली का भतीजा अब्दुर्रहमान रूस की राजनीतिक शरण में रहता था। इस डर से कि कहीं रूसी नेता अब्दुर्रहमान को मुक्त करके उसके लिए समस्या उत्पन्न न कर दें। शेरअली रूसी दूत का अधिक विरोध नहीं कर सका। 22 जुलाई, 1878 ई. को रूसी दूत, स्टोलियटोफ, काबुल पहुँच गया।

युद्ध की घोषणा—लिटन के लिए यह समाचार असह्य था। भारत सचिव की आज्ञाओं को अनदेखी करके उसने 20 सितंबर, 1878 ई. को अंग्रेजी दूत को काबुल पहुँचने का आदेश दे दिया। अंग्रेजी दूत को अली मस्जिद पर 21 सितंबर को रोक दिया गया। लिटन ने इस घटना को इंग्लैंड का भारी अपमान समझा। इस बीच यूरोप में बर्लिन समझौता हो चुका था और रूस की गतिविधियों से उत्पन्न संकट भी खत्म हो चुका था। डिजरेली और सेलिसबरी लिटन की नीति के आलोचक थे क्योंकि उसने मंत्रिमंडल की स्वीकृति के बिना अंग्रेजी दूत को अफगानिस्तान भेज दिया था। क्रेनब्रुक ने लिटन का समर्थन किया। लिटन ने अंग्रेजी दूत के रोक दिए जाने पर भारत सचिव से अफगानिस्तान के विरुद्ध युद्ध करने की स्वीकृति माँगी।

लिटन ने अफगान अमीर शेरअली को रूस का सहयोगी बताया। रूस ने अपने दूत को काबुल से वापस बुला लेने के आदेश भी दे दिए थे। इसलिए इंग्लैंड सरकार ने लिटन को अफगानिस्तान अमीर से अंग्रेजी दूत के अपमान के लिए उचित क्षमा माँगने एवं अंग्रेजी दूत रखने के लिए कहा। 2 नवंबर, 1878 ई. को लिटन ने अली मस्जिद के अफगान अधिकारी को अंग्रेजों की चेतावनी दे दी जिसका 20 नवंबर तक उत्तर माँगा गया। निश्चित तिथि तक उत्तर न मिलने पर तीन अंग्रेज

सेनाओं को अफगानिस्तान पर आक्रमण का आदेश दे दिया। लिटन का लक्ष्य इस समय भी अफगानिस्तान के टुकड़े करवाना था लेकिन इंग्लैंड मंत्रिमंडल के विरोध के परिणामस्वरूप उसका लक्ष्य शेरअली के स्थान पर एक नया अमीर नियुक्त करना हो गया था।

एक अंग्रेजी सेना को कंधार भेजा गया एवं दो सेनाएँ खैबर और कुर्रम दर्रों से होकर काबुल के लिए भेजी गईं। सेनाओं का कोई विरोध प्रारंभ में नहीं हुआ और शेरअली भाग गया। 26 मई 1879 ई. को शेरअली के पुत्र, याकूब, के साथ 'गंडमक की संधि' की गई। इस संधि के अनुरूप–

> याकूब ने खैबर और पिशनी दर्रों पर अंग्रेजी नियंत्रण एवं कुर्रम, पिशिन, सिबि के जिलों पर अंग्रेजी प्रशासन स्वीकार कर लिया। अमीर ने अपने विदेशी संबंधों का संचालन गवर्नर जनरल के परामर्श से करना स्वीकार किया, एक अंग्रेजी दूत स्थायी रूप से काबुल में रखना स्वीकार किया। इन सुविधाओं के बदले में अंग्रेजों ने 6 लाख रुपए वार्षिक अनुदान एवं विदेशी हमला के विरुद्ध अफगानिस्तान की मदद करने का वादा किया।

लिटन की नीति की असफलता–गंडमक की संधि के लिए डिजरेली, सेलिसबरी, क्रेनब्रुक ने लिटन को बधाई संदेश भेजे। लूई केवेगनरी 24 जुलाई, 1879 ई. को अंग्रेजी दूत के रूप में काबुल पहुँचा लेकिन कुछ दिनों बाद ही उसकी हत्या कर दी गई। अंग्रेजी सेना ने तुरंत बड़ी तत्परता से कार्य किया। कई स्थानों पर अंग्रेजी सेना को पराजित होना पड़ा लेकिन अंततः अंग्रेज सफल हुए। इस अवधि में अंग्रेजों ने अफगानिस्तान में भारी आतंक फैलाया। हजारों अफगानों को मृत्यु दंड दे दिया गया। अगस्त, 1880 ई. तक अंग्रेजों ने फिर से अफगानिस्तान पर कब्जा कर लिया।

अंग्रेजों के समक्ष 1880 ई. में यह समस्या उत्पन्न हुई कि अफगानिस्तान को किस प्रकार खाली करें। अंग्रेजी सेना स्थायी रूप से वहाँ रह भी नहीं सकती थी और कोई भी ऐसा व्यक्ति अमीर बनने योग्य उन्हें दिखाई नहीं दिया, जिस पर किसी-न-किसी प्रकार की आपत्ति न की जा सके। उधर इंग्लैंड में अफगानिस्तान में अंग्रेजी नीति के प्रश्न को लेकर चुनाव हुए और डिजरेली के दल को भारी असफलता मिली। ग्लेडस्टन प्रधान मंत्री बना और लिटन के स्थान पर रिपन को गवर्नर जनरल नियुक्त किया गया। समस्त नीति में बदलाव अनिवार्य दिखाई पड़ता था।

अंग्रेज नीति ईरान को हिरात देने और काबुल और कंधार को अलग-अलग शासकों को देने की थी। रूस के कहने पर ईरान ने हिरात का नियंत्रण स्वीकार करने

से मना कर दिया। ऐसे मौके पर अब्दुर्रहमान, शेरअली का भतीजा, उपस्थित हुआ। अब्दुर्रहमान रूस में रहता था और यह संभावना थी कि वह कालांतर में रूस का समर्थक सिद्ध हो। अब्दुर्रहमान के विषय में यह भी प्रसिद्ध था कि वह दृढ़ व्यक्तित्व वाला व्यक्ति था इसलिए उसके अंग्रेजी सरकार के अधीन रहने की संभावना भी कम थी। लिटन ने अब्दुर्रहमान से बातचीत प्रारंभ कर दी थी लेकिन अंतिम निर्णय करने से पूर्व उसे भारत छोड़ना पड़ा।

रिपन की नीति

8 जून, 1880 ई. को रिपन ने भारत के गवर्नर जनरल का पद सँभाला। रिपन का लक्ष्य था कि अंग्रेजी सेनाओं को अफगानिस्तान से पीछे हटा लिया जाए और अंग्रेजी दूत काबुल में न रखा जाए, अपितु एक भारतीय एजेंट ही वहाँ रखा जाए। अमीर के साथ संधि में धन एवं सैनिक सामग्री की मदद का आश्वासन दिया जाए लेकिन सैनिक मदद का कोई वर्णन न हो। भारत में अंग्रेजी नीति किस प्रकार इंग्लैंड के दलों के प्रभाव से मुक्त थी, यह रिपन की अफगान नीति में स्पष्ट दिखाई पड़ता है। 1880 ई. के इंग्लैंड के सामान्य निर्वाचन में पहली बार भारत से संबंधित प्रश्न अत्यधिक चर्चा का विषय रहा। ग्लेडस्टन ने डिजरेली सरकार की अफगान नीति की भारी आलोचना की थी एवं उसको पूर्णतया बदलने का आश्वसान भी दिया था लेकिन रिपन ने अब्दुर्रहमान, लिटन द्वारा चुना गया अमीर, से संधि वार्ता जारी रखी। इतना अवश्य था कि लिटन की अफगानिस्तान के टुकड़े करने की नीति को छोड़ दिया। गंडमक की संधि में उपलब्ध फायदा को–पिशिन और सिबि पर अधिकार–अंग्रेजी नियंत्रण में ही रखा। अब्दुर्रहमान को 22 जून, 1880 ई. को अमीर मान लिया गया लेकिन शीघ्र ही याकूब (शेरअली का पुत्र) के भाई अयूब ने हिरात के निकट एक अंग्रेजी सेना को पूरी तरह हरा दिया। अंग्रेज सेना को कंधार में शरण लेनी पड़ी। रिपन ने इस आघात से प्रभावित होकर अपनी नीति नहीं बदली। कंधार में घिरी हुई सेना के लिए मदद भेजी गई और काबुल को खाली कर दिया गया। अयूब की सेनाओं को सितंबर में पराजित कर दिया गया लेकिन कंधार पर अंग्रेजी अधिकार स्थापित नहीं किया गया और कंधार को अब्दुर्रहमान के अधिकार में अप्रैल, 1881 ई. में दे दिया गया। खैबर और कुर्रम दरों को भी खाली कर दिया गया।

अब्दुर्रहमान को उस समय कोई वार्षिक आर्थिक मदद का आश्वासन नहीं दिया गया लेकिन 20 लाख की राशि एवं बहुत-सी सैनिक सामग्री उसे मदद के

रूप में दी गई। 1883 ई. में 12 लाख रुपया वार्षिक मदद के रूप में अफगानिस्तान अमीर को दिए गए। उसी के साथ अंग्रेज सरकार ने विदेशी हमला के समय उसकी मदद करने का भी आश्वासन दिया। अफगान अमीर भी अंग्रेजी मदद के महत्त्व को समझता था इसलिए उसने इसे सहर्ष स्वीकार किया।

अफगान युद्ध जब दुबारा हुआ तो उसके बाद इतना निश्चित हो गया था कि अफगान जाति अपनी स्वतंत्रता के लिए इच्छुक थी और अंग्रेजी नियंत्रण या अधीनता स्वीकार नहीं करना चाहती थी। रिपन ने लिटन की नीति के दोषों को छोड़ दिया लेकिन उपलब्ध फायदा को बहुत सीमा तक रखा। लिटन की नीति का सारा दोष यह था कि वह काबुल में अंग्रेजी दूत रखना या अफगान राज्य के टुकड़े करना चाहता था। अंग्रेज सरकार का मानना था कि अफगानिस्तान पर रूस से आक्रमण संभव नहीं है। 1876-77 ई. में भी डिजरेली और सेलिसबरी चाहते थे कि कूटनीतिक प्रभुत्व अफगानिस्तान पर स्थापित हो जाए। कूटनीतिक प्रभुत्व को एक अंग्रेज रेजिडेंट की नियुक्ति के साथ जुड़ा हुआ मान लिया था और बलपूर्वक रेजिडेंट को वहाँ नियुक्त करना चाहा, यह ही उसकी नीति का दोष था। लिटन ने लेकिन उसने वास्तविक संचालन में डिजरेली और सेलिसबरी के आदेशों पर कम ध्यान दिया। वह उनसे भी अधिक उग्र साम्राज्यवादी सिद्ध हुआ, कालांतर में अंग्रेजों ने एक मित्र अफगानिस्तान को अधिक जरूरी समझा और लिटन की नीति को पुनः नहीं दोहराया।

साम्राज्यवाद का रूप

अंग्रेजी साम्राज्यवाद के दो स्वरूप थे—एक उन उपनिवेशों में जहाँ केवल अंग्रेज या अन्य यूरोपीय जातियाँ निवास करने लगी थीं, दूसरा उन क्षेत्रों में जहाँ अंग्रेज बहुत कम संख्या में थे और अधिकांश जनसंख्या एशियाई या अफ्रीकी निवासियों की थी। कनाडा, आस्ट्रेलिया, न्यूजीलैंड और दक्षिणी अफ्रीका पहले वर्ग में, भारत एवं अफ्रीका के अन्य क्षेत्र दूसरे वर्ग में आते थे। इंग्लैंड सरकार गोरे उपनिवेशों को स्वतंत्रता देने में शीघ्रता करती थी। वे उन्हें संयुक्त राज्य अमरीका की भाँति अलग नहीं होने देना चाहते थे। भारत एवं अन्य काले उपनिवेशों में सरकारी नीति का उद्देश्य स्थानीय साधनों का शोषण करना था। भारत में 1858 ई. के पश्चात् अंग्रेजी पूँजी विनिमय के पर्याप्त मौका उपलब्ध हो गए और आर्थिक शोषण का नये युग का सूत्रपात हुआ। अंग्रेजी साम्राज्यवाद के विस्तार और प्रसार

के प्रेरक आर्थिक तत्वों के साथ अन्य सामाजिक एवं राजनीतिक कारण भी जुड़े हुए थे।

19वीं सदी में भारत में अंग्रेजी प्रशासक अपने साम्राज्यवाद का औचित्य नैतिक आधारों पर ढूँढ़ने लगे। अंग्रेजी प्रशासन का लक्ष्य भारतीयों को सभ्य बनाना, भारतीय समाज में व्याप्त कुरीतियों को खत्म करना बताया गया। ऐसी स्थिति में ईसाई मिशनरियों का अंग्रेजी प्रशासन पर वास्तविक प्रभाव कम नहीं हुआ। यह जानकारी होते हुए भी कि 1857-58 ई. के विद्रोह के लिए ईसाई मिशनरियों की गतिविधियों से उत्पन्न असंतोष एक प्रमुख कारण था, इंग्लैंड का प्रशासक वर्ग मिशनरियों के विरुद्ध कार्य करने के लिए तैयार नहीं था। भारत में स्थित ईसाई मिशनरियों ने 1857-58 ई. के विद्रोह को अंग्रेज सरकार के लिए एक ईश्वरीय धक्का कहा क्योंकि सरकार ने भारतवासियों को 'सच्चे' धर्म की ओर आकर्षित नहीं किया था। मिशनरियों का कहना था कि भारत में ईसाई धर्म का प्रचार अधिक वेग से फैलना चाहिए। ईसाई धर्म प्रचार से, उनका तर्क था, भारतीय प्रजा में निष्ठा और भक्ति की भावना अधिक फैलेगी। ईसाई प्रचारकों के इस विचार का सरकार ने समर्थन नहीं किया लेकिन उनके नैतिक तर्कों का प्रयोग अवश्य किया जिससे सरकारी नीति का औचित्य सिद्ध किया जा सके। ईसाई मिशनरियों की गतिविधियों पर कुछ नियंत्रण रखने के सुझाव पर भारत सचिव, सर चार्ल्स बुड ने लार्ड कैनिंग को चेतावनी के रूप में लिखा कि वह ईसाई मिशनरियों के विरुद्ध अधिक न कहे क्योंकि उनके मित्र एवं समर्थक इंग्लैंड में सरकार की तीव्र आलोचना कर सकते थे।

एक अन्य वर्ग जो अंग्रेजी साम्राज्यवाद के प्रभाव को बढ़ता हुआ देखना चाहता था, अंग्रेज प्लांटर्स एवं व्यापारियों का था। यह वर्ग अपनी जातीय उच्चता एवं भारतीयों की हीनता और असभ्यता पर अत्यधिक जोर देता था और प्रजातीय विभेद की नीति में अत्यधिक विश्वास रखता था। 1853 ई. में स्थापित लेजिस्लेटिव कौंसिल में इसने सरकार विरोधी दृष्टिकोण अपनाया था। कैनिंग स्वयं यह जानता था कि भारत में गैर-सरकारी अंग्रेजी समुदाय अत्यंत अल्पसंख्यक होते हुए भी अत्यधिक संगठित एवं प्रभावशाली था। प्रेस के माध्यम से वह सरकार के लिए विभिन्न कठिनाइयाँ पैदा कर सकता था। इसलिए कैनिंग इस वर्ग को स्थायी रूप से असंतुष्ट नहीं करना चाहता था। उपरोक्त दोनों वर्गों ने अंग्रेजी सर्वोच्चता का नैतिक आधार प्रस्तुत करने का प्रयास किया। इंग्लैंड सरकार एवं भारत में स्थित अंग्रेजी प्रशासन अपने-अपने स्वार्थों और राजनीतिक फायदा को ध्यान में रखकर इन

दोनों वर्गों का समर्थन करते थे। इन दोनों वर्गों का प्रभाव पर्याप्त रूप में स्थापित रहा।

अंग्रेजी प्रशासकों की भारतीय नीति का प्रमुख लक्ष्य अंग्रेजी साम्राज्य को दृढ़ बनाना था। यह दृढ़ता सबसे पहले सैनिक शक्ति के आधार पर स्थापित थी। इस दृढ़ता का आधार 'प्रशासनिक कुशलता' भी बताया गया जिससे सत्ता का समस्त अधिकार अंग्रेज अधिकारियों के समीप हो। अंग्रेजी साम्राज्यवादी सत्ता की विशेषता यह थी कि उन्होंने अंग्रेजों के हाथों में सत्ता केंद्रीकरण को उनकी कार्यकुशलता और भारतवासियों के कल्याण की भावना पर उचित ठहराने का प्रयास किया। वे समझते थे कि अंग्रेजी साम्राज्य के प्रति सहज आज्ञाकारिता उसी समय उपलब्ध हो सकेगी जब भारतवासियों को यह विश्वास हो जाए कि अंग्रेज सही मायने में उनकी भलाई चाहते थे और उनकी नैतिक एवं भौतिक प्रगति में मदद करना चाहते थे।

लार्ड कर्जन (1899-1905)

अंग्रेजी साम्राज्यवाद का उच्च प्रतिनिधि था, जिसका शासनकाल 1899-1905 ई. तक रहा। कर्जन अत्यंत योग्य, संसार भ्रमण किया हुआ और अत्यधिक परिश्रमी था। वह कंजर्वेटिव दल का एक अच्छा सदस्य था। उसने कामंस सभा का सदस्य बनने का प्रयास किया। उसने अपने चुनाव भाषणों में साम्राज्यवाद के औचित्य एवं उच्च आदर्शों की बात कही लेकिन उसे मत बहुत कम मिले। जब उसके भाषणों का अंग्रेजी जनता में स्वागत नहीं होता, तो वह अपने श्रोताओं के अज्ञान और मूर्खता पर रोता था। साम्राज्य के हितों की सुरक्षा के लिए उसने भारत में गवर्नर जनरल का पद बड़े परिश्रम और धैर्य से प्राप्त किया था। वह स्वयं सभी काम को कुशलता से करना चाहता था। इसलिए उसे वह कार्य भी करना पड़ता था, जो उसके अधीन लिपिक, सचिव एवं अधीनस्थ कर्मचारी कर सकते थे। वह अहंकारी स्वभाव एवं जिद्दी प्रकृति का था। कर्जन के शासन युग की मुख्य उपलब्धियाँ—बंगाल विभाजन, शिक्षा में परिवर्तन, कृषि और पुलिस प्रशासन में सुधार। साम्राज्यवादी नीति के क्षेत्र में उसने उत्तर पश्चिमी सीमा, तिब्बत और अफगानिस्तान के संबंध में कुछ सफलताएँ प्राप्त कीं।

बंगाल विभाजन—19वीं सदी के अंत में बंगाल प्रांत का क्षेत्रफल बहुत विस्तृत था। आधुनिक बिहार, उड़ीसा, बंगाल, बंगलादेश उस समय के बंगाल प्रांत में थे। उसकी जनसंख्या 7 करोड़ 80 लाख थी। कर्जन ने इस विशाल भूभाग का

अर्थात् बंगाल का विभाजन कर दिया। कर्जन के इस निर्णय के पीछे केवल प्रशासनिक तर्क न होकर राजनीतिक कारण अधिक थे। प्रशासनिक सुविधा के लिए बंगाल विभाजन के कई विकल्प भी प्रस्तुत किए गए थे लेकिन कर्जन ने अन्य किसी योजना को स्वीकार नहीं किया। थोड़े में इस विभाजन योजना का विकास इस प्रकार हुआ।

दिसंबर, 1903 ई. में सबसे पहले सरकारी निर्णय से जनसाधारण को सूचित किया गया कि बंगाल का क्षेत्रीय पुनर्गठन विचाराधीन था। पुनर्गठन की योजना यह थी कि ढाका, मेमनसिंह और चट्टगाँव को असम में शामिल कर लिया जाए और उड़िया भाषी क्षेत्रों को बंगाल के अधीन कर दिया जाए। पूर्वी बंगाल के निवासियों के लिए असम में उच्च न्यायालय, विधान सभा एवं सेवाओं की अन्य सुविधा नहीं थी क्योंकि असम एक चीफ कमिश्नरी प्रांत था। अंग्रेजी प्रशासकों के मन में एक बात और थी कि बंगाल विभाजन से बंगालियों का प्रभुत्व और राष्ट्रीयता में योगदान कम हो जाएगाँ इस विभाजन योजना के प्रकाशन के तुरंत उपरांत ही इसकी आलोचना प्रारंभ हो गई। कर्जन ने फरवरी, 1904 ई. में पूर्वी बंगाल का दौरा करके स्वयं कुछ जानकारी उपलब्ध करनी चाही। इस दौरे में उसका यह निर्णय और दृढ़ हुआ कि बंगाली एकता को निश्चित रूप से खंडित किया जाए। बंगाली विरोध के समक्ष झुकना उसके लिए असह्य था। इसी दौरे में कर्जन ने पूर्वी बंगाल के मुसलमानों को सांप्रदायिक आधार पर बंग विभाजन का औचित्य समझाया। कर्जन ने एक साम्राज्यवादी की भाँति अंग्रेजी नीति के विरोध करने वालों को विभाजित करने की सोची और मुसलमान इस जाल में फँस गए। सितंबर, 1904 ई. तक एक विस्तृत पूर्वी बंगाल और असम की योजना प्रकाशित हुई, जिसमें राजशाही, दिनाजपुर, मालदा, कूच बिहार भी असम के साथ मिला दिए जाएँ और फरवरी, 1905 ई. में इस नए प्रांत में विधान सभा और बोर्ड ऑफ रेवेन्यू की स्थापना भी मान ली गई। कर्जन इस बीच इंग्लैंड गया और वहाँ सरकार से अनौपचारिक आधार पर स्वीकृति ले ली।

कर्जन की यह योजना अंततः राजनीतिक लक्ष्यों से प्रभावित थी। बंगाल के दो प्रांतों की राजनीतिक स्थिति इस प्रकार की गई—पूर्वी बंगाल की जनसंख्या 3 करोड़, 10 लाख जिसमें 1 करोड़ 80 लाख मुसलमान होंगे। शेष बंगाल की जनसंख्या 5 करोड़ 40 लाख होगी, जिसमें बंगाली भाषी हिंदू केवल 1 करोड़, 70 लाख और हिंदी, उड़िया भाषी 3 करोड़, 70 लाख होंगे। कर्जन का राजनीतिक लक्ष्य बंगाली भाषी हिंदुओं को दोनों प्रांतों में अल्पसंख्या में रख देना था। पूर्वी बंगाल में

उसने मुसलमानों का सहयोग प्राप्त किया और बंगाल में यह संभावना थी कि बंगला भाषा को वह प्रधानता नहीं रहेगी, जो उपलब्ध थी। प्रशासकीय सुविधा के लिए वैकल्पिक योजना भी प्रस्तुत की गई थी लेकिन उसे कर्जन ने अस्वीकृत कर दिया था। जैसे, बिहार को पृथक् करके, उड़ीसा को सी.पी. को देकर प्रांत को छोटा किया जा सकता था। कर्जन ने इस विकल्प को इसलिए अस्वीकृत किया कि यह उसकी मुख्य समस्या—बंगालियों का प्रभाव—का हल नहीं था। कर्जन का राजनीतिक लक्ष्य था—बंगला भाषी हिंदुओं का प्रभाव घटाना। अपनी योजना के लिए समर्थन प्राप्त करने के लिए एक दूसरा गौण राजनीतिक लक्ष्य जुड़ गया—हिंदू मुस्लिम भेद और मुसलमानों का संरक्षण।

कर्जन ने विभाजन योजना के विरुद्ध सब तर्कों की अनसुनी कर दी। भारत सचिव एवं उपसचिव पर दबाव डालकर उसने अपने युग में ही 16 अक्तूबर, 1905 ई. को बंगाल विभाजन कर दिया। इस विभाजन ने अंग्रेजी साम्राज्य के विरुद्ध सबसे अधिक संगठित विरोध उत्पन्न कर दिया जिसको शांत करने के लिए 1911 में विभाजन को खत्म घोषित करना पड़ा। इस विभाजन ने अंग्रेजी सरकार को संगठित भारतीय जनमत के समक्ष झुकने पर विवश किया। इस सफलता के बहुत दूरगामी परिणाम हुए।

कृषि तथा पुलिस विभाग—भारत में 1899-1900 ई. में दुर्भिक्ष बहुत बड़ी समस्या थी। भारतीय नेताओं का तर्क था कि दुर्भिक्ष का प्रकोप इसलिए अधिक होता था कि कृषकों से अत्यधिक लगान लिया जाता था और उनके पास संकट का सामना करने के लिए धन नहीं बचता था। 1900 ई. में कुछ भारतीय नेताओं ने भूराजस्व की राशि के बदलाव के लिए भारत सचिव को एक प्रार्थनापत्र दिया। लेकिन कर्जन ने कुछ अन्य सुधार किए। 1901 ई. में कृषि इंस्पेक्टर जनरल की नियुक्ति, 1905 ई. में पूसा कृषि अनुसंधान संस्थान एवं एक सिंचाई आयोग नियुक्त किया। सहकारी संस्थाओं, प्रायोगिक फार्मों की स्थापना भी की गई लेकिन उसका सामान्य जनता तक फायदा नहीं पहुँच सका। 1902 एवं 1905 ई. में प्रस्ताव पास करके बहुत-सी सुविधाओं का कृषकों को आश्वासन दिया गया लेकिन कोई वास्तविक कार्य नहीं हो सका। दुर्भिक्ष के समय लगान वसूली में छूट जिलाधिकारियों की स्वेच्छा पर आश्रित था। 1900 ई. में पंजाब में भूमि हस्तांतरण नियम पास करके इस बात का प्रयास किया गया कि भूमि कृषि जातियों से गैर-कृषि जातियों को हस्तांतरित न की जाए। यह नियम अच्छा था लेकिन कृषि जातियों की सूची मनमाने ढंग से तैयार की गई, जिसमें उन वर्गों को गैर-कृषक

कर दिया गया जिनमें शिक्षा, वकालत या राजनीतिक जागरण अधिक दिखाई पड़ता था। इस नियम से पंजाब में असंतोष व्याप्त हो गया।

कर्जन का सबसे प्रशंसनीय कार्य प्राचीन स्मारकों की सुरक्षा के लिए अधिनियम बनाना था। इसके लिए उसने पुरातत्वेत्ता सर जान मार्शल को पुरातत्व विभाग का डाइरेक्टर नियुक्त किया। 1901 ई. के अधिनियम से प्राचीन स्मारकों की सुरक्षा के लिए पर्याप्त अधिकार सरकार ने अपने हाथ में ले लिए। कर्जन के इस काम के कारण उसे प्राचीन भारतीय कला का रक्षक कहा जाता था। ताजमहल में एक लटकने वाले लैंप की तलाश के लिए 6 महीने तक वह मिस्र के अंग्रेज गवर्नर जनरल, लार्ड क्रोमर से पत्र व्यवहार करता रहा और फिर स्वयं जाकर उसे खरीद लाया।

उत्तर-पश्चिम तथा अफगान नीति—कर्जन ने उत्तर-पश्चिमी सीमा पर कबाइलियों के साथ एक ऐसी नीति को निर्धारित किया, जो काफी सफल हो सकी। आर्थिक, भौगोलिक एवं धार्मिक कारणों से वह क्षेत्र अनुपजाऊ था, आक्रमण करते रहते थे और वहाँ के निवासी मुल्ला-मौलवियों के बहकावे में आ जाया करते थे। कर्जन ने सैनिक एवं आर्थिक मदद की मिश्रित नीति का पालन किया। अंग्रेजी सेना को अंग्रेजी क्षेत्र में ही रखा गया और जरूरत के अनुसार कबाइली क्षेत्रों में हमला के लिए भेजा। एक अलग उत्तर-पश्चिमी सीमा प्रांत की स्थापना की गई और शांत रहने के आधार पर कबाइली नेताओं को आर्थिक मदद दी गई।

अफगानिस्तान के साथ भी कर्जन चाहता था कि अंग्रेजों के घनिष्ठ संबंध स्थापित हों। अमीर अपनी स्वतंत्रता को सुरक्षित रखने के लिए बाहर से हथियार आदि का आयात करना चाहता था। 1901 ई. में कर्जन ने एक घनिष्ठ संधि स्थापित करने का प्रस्ताव किया, जो अमीर को स्वीकृत नहीं हुई। अंग्रेज सरकार ने कर्जन का समर्थन नहीं किया। इसलिए संबंध पूर्व की भाँति ही रहे।

तिब्बत आक्रमण—1904—तिब्बत पर चीन का नियंत्रण था लेकिन तिब्बत के दलाईलामा ने 20वीं सदी के प्रारंभ में रूस का प्रभाव स्वीकार करने का प्रयास किया। उस समय रूस भी अपना साम्राज्यवादी प्रभाव बढ़ा रहा था। 1902 ई. में कर्जन को चीन रूस के एक गुप्त समझौते की सूचना मिली जिसके अनुसार तिब्बत पर रूस का नियंत्रण स्वीकृत हो गया। कर्जन ने तुरंत ही एक अभियान भेजने के लिए लंदन सरकार से अनुमति चाही। अप्रैल, 1903 ई. में रूस सरकार ने सूचित किया कि उसका तिब्बत के साथ कोई समझौता नहीं था लेकिन फिर भी कर्जन ने कर्नल संगहस्बैंड को तिब्बत पर चढ़ाई करने के लिए भेजा। 1904 ई. में लहासा

की संधि हुई जिसके अनुसार तिब्बत किसी भी विदेशी शक्ति को अपने यहाँ नियंत्रण स्थापित करने नहीं देगाँ अंग्रेजों ने 25 लाख का युद्ध हरजाना तिब्बत पर थोप दिया जो 1 लाख प्रतिवर्ष दिया करेगाँ जब तक तिब्बत हरजाना न चुकाए अंग्रेजों का चुंबी घाटी पर नियंत्रण रहेगाँ यातुंग, ग्यात्सी और गर्टोक में अंग्रेजी व्यापार केंद्र स्थापित किए गए। कर्जन की नीति पूर्णतया अनुचित थी और 1907 ई. में इंग्लैंड सरकार ने तिब्बत से ली जाने वाली हरजाने की राशि को खत्म कर दिया। साथ ही चुंबी घाटी को भी खाली कर दिया जिस पर हरजाने देने तक नियंत्रण रखने की योजना थी।

कर्जन ने इंडिया नेशनल कांग्रेस के प्रभाव को भी खत्म करने का प्रयास किया। लेकिन बंगाल विभाजन से जो प्रतिक्रिया हुई उसका प्रभाव राष्ट्रीय आंदोलन में सहायक हुआ। कर्जन की अपनी नीति के फलस्वरूप कोई खास सफलता नहीं मिली। 19वीं शताब्दी के उत्तरार्द्ध में जो साम्राज्यवादी नीति को अपनाया था, वह अब समाप्त होने के कगार पर दिखाई दे रही थी। इसका प्रमुख कारण यह था कि राष्ट्रीय आंदोलन विशेष रूप से जोर पकड़ लिया था और साम्राज्यवादी नीति को अच्छी प्रकार से जानता था।

5

समाज तथा धर्म सुधार आंदोलन

समाज तथा धर्म सुधार आंदोलन में पश्चिमी शिक्षा ने प्रेरक का कार्य किया। प्राचीन भूमि संबंधों, संयुक्त परिवार पद्धति और सामाजिक नियम को समाप्त करने में ब्रिटिश कानून ने भी अहम योगदान दिया। व्यक्ति की मौत के बाद उसकी अचल संपत्ति का पुत्रों के बीच विभाजन को कॉर्नवालिस ने अनिवार्य कर दिया। अंग्रेजी न्यायालयों की कार्य पद्धति से मुकदमेंबाजी को बढ़ावा मिला। इस तरह पुरानी सामाजिक तथा धार्मिक व्यवस्था टूटने लगी।

अंग्रेजी प्रशासनिक व्यवस्था के कारण प्रत्येक क्षेत्र में एक नए वर्ग का उदय हुआ। अंग्रेजी व्यवस्था के कारण भू-राजस्व में एक नए जमींदार वर्ग के, दक्षिण में भूमिहर किसानों के और अवध में ताल्लुकेदारों के नए अधिकारों का विकास हुआ। इन जमींदारों तथा ताल्लुकेदारों की एक विशेषता यह भी थी कि वे सामान्यतः स्वयं खेती नहीं करते थे और बहुधा अपने अधीन किसानों के मध्य रहते भी नहीं थे। वे अनुपस्थित सामन्त की भाँति प्रांतीय राजधानियों में अंग्रेजी अधिकारियों की तरह रहने लगे। पूँजी विनिमय के लिए भूमि सर्वश्रेष्ठ साधन थी। अतः व्यापारियों और महाजनों ने भी अतिरिक्त पूँजी भूमि खरीदने में लगा दी।

व्यापारिक क्षेत्र में भी एक नए वर्ग का विकास हुआ। पुराना व्यापारिक वर्ग मुद्रा परिवर्तन अथवा एक स्थान से दूसरे स्थान पर मुद्रा भेजने के कार्य में लगा रहता था। यह वर्ग 18वीं सदी के अंत में पतनोन्मुख हो चुका था जैसा जगत सेठ परिवार

के इतिहास से ज्ञात होता है। भारतीय व्यापारियों के लिए अब गौण अवसर ही उपलब्ध थे क्योंकि अधिकांश आयात-निर्यात व्यापार अंग्रेज फर्मों द्वारा होता था। इस व्यापारिक वर्ग में कई वर्गों के लोग थे। एक समूह उन व्यापारियों का था, जो कंपनी के लिए वस्तुएँ एकत्र तथा क्रय करते थे दूसरा समूह उन लोगों का था, जो कंपनी की ओर से कुछ कार्य करने का ठेका ले लिया करते थे। (जैसे जहाजों की मरम्मत, अथवा नदियों द्वारा किए गए व्यापार की देखभाल करना) अथवा कंपनी के लिए दलालों का कार्य या कंपनी कर्मचारियों के लिए बेनामी व्यापार करते थे। 18वीं सदी के अंत में अंग्रेजी व्यापारिक संस्थानों (एजेंसी हाउस प्रणाली) की स्थापना के पश्चात् भारत से वस्तुओं के निर्यात की मात्रा बहुत बढ़ी। 1813 ई. में कंपनी के भारतीय व्यापार के एकाधिकार को समाप्त कर दिया गया। थोड़े ही समय पश्चात् भारत में अंग्रेजी वस्तुओं का आयात बहुत बढ़ा। इस आयात-निर्यात व्यापार की वस्तुओं के वितरण तथा एकत्र करने में भारतीय व्यापारिक वर्ग की आवश्यकता अनुभव हुई। यह आवश्यकता पूर्ति ही इस व्यापारिक मध्यम वर्ग का मुख्य कार्य हुआ। जमींदारी और व्यापारिक मध्यम वर्ग की नवीनता उनके सदस्यों तथा उनके कार्यों में थी।

अंग्रेजी को राजकीय भाषा बनाने तथा अंग्रेजी विधि प्रणाली के प्रसार से भारतीयों ने अंग्रेजी शिक्षा प्रणाली की ओर अधिक ध्यान दिया। मैकाले तथा अन्य अंग्रेज प्रशासकों ने अंग्रेजी शिक्षा का समर्थन विभिन्न उद्देश्यों से किया। इनमें सबसे प्रमुख मंतव्य यह था कि पढ़े-लिखे भारतीयों का एक ऐसा वर्ग तैयार हो जाए जो अपने चिंतन, रुचि तथा स्वभाव से अंग्रेज हो अर्थात् अंग्रेजी वस्तुओं, संस्थाओं तथा आदर्शों की उच्चता में विश्वास रखे। ईसाई मिशनरी अंग्रेजी शिक्षा प्रसार को ईसाई धर्म प्रसार में सहायक समझते थे। भारतवासियों को अंग्रेजी शिक्षा ग्रहण करना सरकारी नौकरी प्राप्त करने के लिए आवश्यक था। देश की आर्थिक निर्धनता, कृषि की अवनत स्थिति को देखकर सरकारी नौकरी प्राप्त करना ही जीवन निर्वाह का एक प्रमुख साधन रह गया। पढ़े-लिखे भारतीयों के समक्ष दूसरा विकल्प वकालत करने का था। एक विदेशी विधि प्रणाली से अनभिज्ञ साधारण जनता के लिए न्यायालयों में वकीलों की आवश्यकता हुई। वकालत ऐसा व्यवसाय था, जिसमें सरकार पर आश्रित हुए बिना भी जीवन निर्वाह हो सकता था। ऐसे अन्य व्यवसाय अध्यापन तथा चिकित्सा संबंधी थे।

समाज सुधार के प्रमुख प्रेरक तत्व

1. पश्चिमी शिक्षा—समाज सुधार आंदोलन को प्रोत्साहन देने में पश्चिमी

शिक्षा के प्रसार का भी काफी योगदान रहा। अंग्रेजी शिक्षा प्रसार से भारत के बाहर के देशों की सभ्यता और साहित्य के विषय में पर्याप्त ज्ञान उपलब्ध हुआ जिससे भारतीय स्थिति का तुलनात्मक अध्ययन संभव हो सका। आरंभ में समाज सुधार की आवाज अंग्रेजी पढ़े-लिखे व्यक्तियों द्वारा ही उठाई गई लेकिन समाज सुधार कार्य में सफलता बहुधा उन्हीं लोगों को मिली जिनके प्रेरणा स्रोत भारतीय पृष्ठभूमि से संबद्ध होते थे।

2. ईसाई मिशनरियों के द्वारा आलोचना—भारतीय सामाजिक व्यवस्था की मिशनरियों द्वारा सबसे अधिक आलोचना की जाती थी। चार्ल्स ग्रांट, विलियम विल्बरफोर्स, केरी, एलेक्जेंडर डफ, ऐव, दुबोए आदि लेखकों ने भारतीय सामाजिक ढाँचे और विशेषकर हिंदुओं की तीव्र आलोचना की एवं अभद्र शब्दों का प्रयोग किया। भारत में मिशनरियों का अपने धर्म की प्रशंसा करना तो समझ में आता है लेकिन राजनीतिक सत्ता के संरक्षण के पश्चात् यहाँ के धर्मों को झूठा, आडंबरी, कहना बिल्कुल बेबुनियाद और मानसिक दिवालियेपन की निशानी थी। कार्नवालिस से कैनिंग तक प्रायः प्रत्येक गवर्नर जनरल और अधिकांश उच्च प्रशासकों के भारतीयों के संबंध में तिरस्कारात्मक विचार थे। बैंटिंक, मेटकाफ, मैकाले आदि प्रशासक भी भारतीय समाज में आमूल परिवर्तन करना चाहते थे। उनके मन में हिंदुओं के प्रति बहुत नफरत थी। सामान्य भारतीय को उच्च अधिकारियों के विचारों का पता नहीं चलता था क्योंकि ये विचार उनके निजी पत्रों अथवा लेखों में होते थे। मिशनरियों से सहमत न होते हुए भी अंग्रेज अधिकारी उनका विरोध नहीं करते थे।

3. अंग्रेजी सरकार का दृष्टिकोण— भारतीय समाज के पुराने आधारों को ठेस पहुँचाने के लिए अंग्रेजी सरकार समाज सुधारकों को प्रेरित करती थी। अधिकांश सुधारक आरंभ से अंग्रेजी विचारों और ईसाई मिशनरियों से प्रभावित थे। अंग्रेजी सरकार की सुधारवादी नीति से समाज में अव्यवस्था तथा परस्पर मतभेद को प्रोत्साहन अधिक मिलता था। 19वीं सदी में सरकार द्वारा पारित सुधार नियम भारतीय नेताओं की माँग पर पास नहीं हुए बल्कि बहुधा उनके विरोध के बावजूद पास किए गए थे। राजसत्ता द्वारा समर्थन का यह कार्य जातीय उच्चता का प्रतीक माना जाता था।

4. सामाजिक गतिशीलता—समाज सुधार के लिए एक प्रमुख सहायक तत्व वह सामाजिक गतिशीलता थी, जो अंग्रेजी नीतियों के फलस्वरूप उत्पन्न हुई। पुरानी सामाजिक और आर्थिक व्यवस्था को तोड़कर अंग्रेजी प्रशासकीय नीति ने कृषकों, शिल्पियों और कारीगरों को जीवन निर्वाह के अन्य साधन खोजने पर विवश किया। उच्च वर्गों को अंग्रेजी प्रशासन पर आश्रित कर दिया। जिले के नए मुख्य कार्यालयों,

आवागमन के नए मार्गों (जो 19वीं सदी के उत्तरार्ध में अधिक बने) नए नगरों एवं उपनगरों से उत्पन्न आर्थिक जीवन की नई परिपाटी से समाज में गतिशीलता उत्पन्न हुई। गाँवों से जाकर लोग नगरों में रहने लगे, जहाँ वे उन बंधनों से मुक्त थे, जो गाँव में विद्यमान थे। नई परिस्थितियों में सामान्य जीवन व्यतीत करने के लिए गाँवों में प्रचलित परंपराएँ अपर्याप्त थीं। इसलिए समाज सुधार की चर्चा अधिकांशतः नगरों तक ही सीमित रही।

5. नया मध्यम वर्ग—इस मध्यम वर्ग ने सामाजिक संगठन के परंपरागत आधारों के लिए एक चुनौती प्रस्तुत की। यह वर्ग तथा इसके विभिन्न उपवर्ग पुरानी जातीय व्यवस्था के आधार पर गठित नहीं था। शिक्षित मध्यम वर्ग के अधिकांश सदस्य ब्राह्मण जाति के ही होते थे लेकिन अन्य जातियों के लोग भी इस वर्ग में सम्मिलित थे। व्यावसायिक सामानता ने जातीयता पर आधारित सामाजिक भेद की भावना को कम करने में सहायता दी। विभिन्न प्रकार के अंतर जातीय प्रतिबंधों के विरुद्ध आवाज उठनी आरंभ हुई। इस शिक्षित मध्यम वर्ग का लक्ष्य अंग्रेजों की नकल करना था इसलिए वे अपना सामाजिक जीवन भी उनके क्लबों और सामाजिक परंपराओं के आधार पर ढालना चाहते थे। उनकी यह अभिलाषा ही सामाजिक सुधार आंदोलन आरंभ करने के लिए उत्तरदायी हुई। इसी कारण 19वीं सदी का समाज सुधार आंदोलन अधिकांशतः स्त्रियों की स्थिति सुधारने से संबंधित रहा। स्त्रियों को शिक्षित करना, पर्दा प्रथा समाप्त करना, बाल विधवाओं की स्थिति में सुधार आदि समाज सुधार आंदोलन के कुछ प्रमुख अंग रहे।

समाज सुधार आंदोलन का स्वरूप

19वीं सदी का समाज सुधार आंदोलन वास्तव में 'पुरानी व्यवस्था के विरुद्ध' व्यक्तिगत विद्रोह था। इन 'विद्रोही' व्यक्तियों को व्यंगात्मक रूप से आरंभ में 'सुधारक' कहा जाता था। इन 'सुधारकों' का लक्ष्य समाज के ढाँचे में परिवर्तन करना नहीं था बल्कि स्थापित ढाँचे में रहन-सहन की नई प्रणाली का समावेश करना था। सुधार आंदोलनों से समाज में हलचल अवश्य पैदा हो जाती थी लेकिन समाज सुधारकों का लक्ष्य व्यक्तिगत जीवन को प्रभावित करना अधिक और सामान्य समाज का परिवर्तन कम था। भारत में परंपरा के विरुद्ध व्यक्तिगत विद्रोह की पद्धति बहुत प्राचीन काल से चली आ रही थी। 18वीं सदी तक यह कार्य केवल संतों अथवा संन्यासियों द्वारा ही होता था। 19वीं सदी में इस कार्य में गृहस्थियों का योगदान

अपेक्षाकृत अधिक रहा। उनका मंतव्य साधारण नागरिकों की अपेक्षा पढ़े-लिखे समाज में अधिक समझा जाता था। उन सब व्यक्तियों को समाज सुधारक कहा जाता था, जो परंपरागत सामाजिक जीवन की पद्धतियों से भिन्न जीवन व्यतीत करने की प्रेरणा देते थे। समाज सुधार आंदोलन के तीन प्रमुख चरण रहे– (1) 1877 ई. के पूर्व : इसमें व्यक्तिगत आंदोलन प्रमुख रहा और इसकी कार्यविधि भी व्यक्तिनिष्ठ रही (2) 1877 से 1919 ई. : इसमें समाज सुधार के लिए संगठित प्रयत्न किए गए। इस काल में यह भी स्पष्ट हुआ कि समाज सुधार की अपेक्षा राजनीतिक स्वतंत्रता अधिक आवश्यक थी। अंग्रेज प्रशासक अधिकारी राजनीतिक पराधीनता से भारतीय नेताओं का ध्यान हटाना चाहते थे इसलिए उसने समाज सुधार का खेल खेला। तिलक के नेतृत्व में यह अनुभव किया गया कि राजनीतिक स्वतंत्रता के बिना सामाजिक सुधार संभव नहीं था। इसलिए इस समय समाज सुधार राष्ट्रीय जागरण को व्यापक बनाने में सहायक हुआ। (3) 1919 ई. के पश्चात् : इस समय समाज सुधार मुख्यतः दलित वर्गों के उत्थान से संबंधित रहा। राजनीति प्रगति प्रजातांत्रिक आधार पर होने की संभावना थी। मुस्लिम लीग का इस प्रयास में लग गया कि दलितों को हिंदू न माना जाए जिससे हिंदुओं का प्रतिनिधित्व कम हो जाए। इसलिए समाज सुधार आंदोलन हरिजन उद्धार पर केंद्रित हो गया तथा समाज सुधार पूरी तरह से राजनीतिक आंदोलन के अधीन हो गया। समाज सुधार से अब यह अभिप्राय होने लगा कि भारतीय (हिंदू) समाज को अपने पुराने सिद्धांतों पर ठीक तरह से काम करना चाहिए। पश्चिमी सामाजिक ढाँचे के अनुसरण की आवश्यकता नहीं थी।

19वीं शताब्दी के अंतिम दौर का समाज सुधार

राजनीतिक कारणों से अंग्रेज सरकार यह चाहते थे कि भारत के नेता सामाजिक समस्या का समाधान करने में व्यस्त रहे इसलिए वे ऐसे नेताओं का समर्थन करती थी। 19वीं सदी के उत्तरार्द्ध में सरकार की ओर से दो प्रमुख सुधार अधिनियम पास किए गए। जिनके परिणाम महत्त्वपूर्ण हुए–

1872 का ब्रह्म मैरिज एक्ट–ब्रह्म समाज 1866 ई. में दो दल में विभाजित हो गया जिसमें एक का ब्रह्म समाज और दूसरे का ब्रह्म समाज ऑफ इंडिया नाम पड़ा । इनमें 'ब्रह्म समाज ऑफ इंडिया' अधिक समाज सुधार की समर्थक थी। इसने विवाह पद्धति में कुछ फेर-बदल कर लिए और कई अंतर्जातीय विवाह तथा विधवा

विवाह इस पद्धति के अधीन हो गए। सरकारी एडवोकेट जनरल से पूछे जाने पर यह मालूम हुआ कि इन विवाहों की वैधता में संदेह था क्योंकि ये हिंदू विधि के अनुसार वैध नहीं थे। इसलिए एक विशेष अधिनियम की आवश्यकता थी। केशवचंद्र सेन के अनुरोध पर 1868 ई. में विधि सदस्य सर हेनरी मेन ने एक बिल प्रस्तुत किया जिसको 1872 ई. में पास किया जा सका। इस अधिनियम से लाभ उठाने के लिए विवाह से संबंधित दोनों पक्षों को यह घोषणा करनी पड़ती थी कि वे किसी पुराने स्थापित धर्म के अनुयाई नहीं थे। इसके अंतर्गत अंतर्जातीय तथा विधवा विवाह सरल हो गया एवं लड़के व लड़कियों की विवाह की न्यूनतम उम्र क्रमशः 18 व 14 वर्ष कर दिया गया। यह अधिनियम ब्रह्म समाजियों के समर्थन से बना था लेकिन यह अधिक सफल नहीं रहा क्योंकि इसके अधीन यह घोषणा करनी पड़ती थी कि वे हिंदू नहीं थे।

केशवचंद्र सेन इस अधिनियम के पास करवाने में सक्रिय रहे थे। लेकिन 1878 ई. में उन्होंने स्वयं ही अपनी 13 वर्षीय पुत्री का विवाह कर दिया। इससे उनके नेतृत्व के विरुद्ध आवाज उठी। ब्रह्म समाज के फिर दो टुकड़े हुए और यह अधिनियम भी कोई विशेष समाज सुधार कर पाने में समर्थ नहीं हो सका।

एज ऑफ कर्सेंट एक्ट, 1892—19वीं सदी के अंतिम दशकों में समाज सुधार के प्रति दो दृष्टिकोण विकसित हो रहे थे। एक के अनुसार भारत में अंग्रेजी सरकार की सहायता से कानून बनवाकर सामाजिक सुधार किया जा सकता था। इस विचारधारा के अनुसार समाज सुधार पर अधिक बल दिया जाना चाहिए क्योंकि राजनीतिक प्रगति के लिए यह आवश्यक था। दूसरे मत के अनुसार राजनीतिक स्वाधीनता के पश्चात् ही समाज सुधार संभव था। पहली विचारधारा के प्रमुख समर्थक महादेव गोविंद रानाडे और बेहराम मालाबारी और दूसरी विचारधारा के प्रमुख वक्ता बाल गंगाधर तिलक थे। आरंभ में इंडियन नेशनल कांग्रेस को केवल सामाजिक समस्याओं पर विचार-विमर्श के लिए बनाने की योजना थी। लेकिन बाद में राजनीतिक विषयों को इसमें सम्मिलित कर लिया गया। शीघ्र ही कांग्रेस में राजनीतिक विषयों पर चर्चा प्रमुख हो गई और 1887 ई. में इंडियन सोशल कांफ्रेंस का गठन किया गया। बाल गंगाधर तिलक समाज सुधार के विरुद्ध नहीं थे लेकिन वे चाहते थे कि जिस बात का सुधारकों द्वारा समर्थन किया जाए वे उसके अनुसार स्वयं कार्य भी करें। इसके अतिरिक्त वे चाहते थे कि समाज सुधार में विदेशी राजसत्ता का हस्तक्षेप नहीं होना चाहिए क्योंकि राजकीय अधिनियम पास करने से समाज में सुधार असंभव था। मालाबारी गुजराती पारसी थे, वे अन्य बंगाली नेताओं

(ईश्वरचंद्र विद्यासागर तथा केशवचंद्र सेन) की भाँति सरकारी सहायता से नियम पास करवाकर सामाजिक सुधार चाहते थे। उन्हें समाज में बालविवाह प्रथा सबसे बड़ी बुराई दिखाई पड़ती थी। इसलिए उन्होंने अंग्रेज सरकार से इस विषय पर नियम पास करने के लिए कहा और सहवासवय को लड़कियों के लिए न्यूनतम 12 वर्ष करने का प्रस्ताव किया।

अंग्रेज सरकार ने सहवासवय विधेयक 9 जनवरी, 1891 ई. को व्यवस्थापिका सभा में प्रस्तुत किया जिसके अनुसार बाल्य अवस्था में विवाह अवैध कर दिए गए– तिलक ने इस विधेयक का घोर विरोध किया। उनका विरोध इस बात पर था कि बाल्यावस्था में विवाह पर रोक सरकार द्वारा लगाई गई। वह चाहते थे कि ये प्रतिबंध हिंदू समाज द्वारा स्वयं ही लगाए जाने चाहिएँ। सरकार को सामाजिक व्यवस्था में हस्तक्षेप नहीं करना चाहिए। सरकार के ऐसा करने का लक्ष्य समाज सुधार नहीं हो सकता क्योंकि यह कार्य स्वयं एक समाज के सदस्यों का था। इस अधिनियम को लेकर समस्त महाराष्ट्र में उग्र रूप से और शेष भारत में सामान्य रूप से सरकार की आलोचना हुई। मालाबारी ने इंग्लैंड की संसद के सदस्यों पर दबाव डालकर इस अधिनियम को पास करने के लिए अंग्रेज सरकार को सहमत करा लिया। इस अधिनियम के पास होने से समाज पर कोई विशेष प्रभाव नहीं पड़ा लेकिन राजनीतिक जागरण अवश्य बहुत अधिक बढ़ा। सरकार की ईमानदारी पर संदेह स्पष्ट रूप से व्यक्त किया गया। इसलिए आगे चलकर सरकार ने नियम पास करके सामाजिक व्यवस्था को बदलने के प्रयत्न ही छोड़ दिए।

महादेव गोविंद रानाडे–महाराष्ट्र के समाज सुधारकों में इनका नाम सबसे पहले आता है। वह प्रार्थना समाज के एक प्रमुख नेता थे और भारतीय पुनर्जागरण के सबसे उज्ज्वल प्रतिनिधि थे। ब्रह्म समाज से प्रार्थना समाज बहुत अलग था। प्रार्थना समाज ने अपने आपको हिंदू समुदाय से अलग नहीं किया और न ही मिशनरियों से कोई साँठगाँठ की। इसने अपने धार्मिक विचारों को भी महाराष्ट्र के संतों के अनुसार ही रखा इसलिए इसमें ब्रह्म समाज की भाँति टुकड़े नहीं हुए। महाराष्ट्र के समाज सुधार आंदोलन की विशेषता प्राचीन परंपरा को सुरक्षित रखते हुए दोषों को दूर करने की थी। महाराष्ट्र में 18वीं और 19वीं शताब्दी में कई समाज सुधारक हुए जिन्होंने सामाज में कुरीतियों को फलने-फूलने का मौका नहीं दिया।

महाराष्ट्र में समाज सुधार आंदोलन धीमी गति से हुआ लेकिन अधिक सफल रहा। इसका प्रमुख कारण था कि वहाँ नेताओं ने बंगाल की भाँति अपने अतीत की धरोहर को नहीं तिरस्कारा। सुधार का अभिप्राय समाज के पुराने गौरव को बढ़ाना

था। हिंदू समाज में ये दोष कुछ भ्रांतिपूर्ण विचारों का परिणाम थे इसलिए आवश्यकता इस बात की थी कि इन भ्रांतियों को दूर कर दिया जाए। जैसे जन्म के आधार पर व्यक्ति में भेदभाव, बाह्य सत्ता के समक्ष समर्पण, अत्याचार को सहन करना आदि। रानाडे का समाज सुधार से अभिप्राय विधवाओं के पुनर्विवाह, स्त्रियों की शिक्षा, बालविवाह का निषेध और जातपाँत के भेद को समाप्त करने से था। उनके अनुसार सामाजिक, आर्थिक स्थिति और राजनीतिक स्थिति के साथ जुड़ी हुई थी। वे यह मानते थे कि यदि हम राजनीतिक प्रगति चाहते हैं, तो सामाजिक क्षेत्र में भी प्रगति आवश्यक थी। इसलिए बिना समाज सुधार के राजनीतिक स्वाधीनता की उम्मीद निरर्थक है।

बालगंगाधर तिलक—तिलक का महाराष्ट्र के अन्य समाज सुधारकों (जैसे रानाडे, मालाबारी, अगरकर आदि) से मुख्य मतभेद दो बातों पर था। तिलक इस विचार से सहमत नहीं थे कि सामाजिक रूढ़िवादिता के कारण राजनीतिक पराधीनता हुई। उन्होंने श्रीलंका, बर्मा और आयरलैंड का उदाहरण देकर यह बताया कि उन देशों में सामाजिक स्वतंत्रता होते हुए भी राजनीतिक पराधीनता थी। उनका विचार था कि सामाजिक सुधारों की बात उसी समय की जानी चाहिए जबकि लोग अपने जीवन में उन सिद्धांतों को साकार करना चाहते हों। उन्हें स्वयं उसके अनुसार कार्य करना चाहिए। वह किसी बाह्य एजेंसी (संस्था एवं सरकार) द्वारा समाज सुधार किए जाने के विरुद्ध थे। सरकारी अधिनियम बनाकर समाज सुधार करना उनके अनुसार बिल्कुल अनुचित था।

तिलक के इन दोनों विचारों को समझकर ही उनके समाज सुधार कार्य का सही मूल्यांकन किया जा सकता है। इन विचारों को देखते हुए उनका रानाडे, मालाबारी, अगरकर आदि नेताओं से मतभेद हो जाना और 1891 ई. के सहवासवय अधिनियम पर सरकार विरोधी आंदोलन करना स्वाभाविक ही था। अंग्रेज लेखकों तथा उनसे भिन्न विचार रखने वालों ने तिलक को प्रतिक्रियावादी, रूढ़िवादी और सांप्रदायिकता का समर्थक कहा है। यह सर्वथा निराधार है। समाज सुधार के क्षेत्र में 1890 तथा 1891 ई. में सोशल कांफ्रेंस के वार्षिक अधिवेशनों में तिलक ने बालविवाह के विरुद्ध और विधवा विवाह के पक्ष में प्रस्ताव प्रस्तुत किए। लेकिन वहाँ भी उनका तर्क यह ही था कि समाज सुधार के समर्थकों को स्वयं उदाहरण प्रस्तुत करके समाज सुधार लागू करना चाहिए। तिलक छुआछूत के भी विरुद्ध थे। गणपति उत्सवों में वह दलित वर्ग के सदस्यों को उच्च वर्ग के हिंदुओं के साथ

सम्मिलित होने के लिए प्रोत्साहित करते थे। मार्च, 1919 ई. में उन्होंने बंबई में 'डिप्रेस्ड क्लासिज कांफ्रेंस', में छुआछूत प्रथा को समाप्त करने के लिए कहा।

तिलक के कुछ विचारों का स्पष्टीकरण शारदा सदन विवाद से भी हुआ। शारदा सदन एक विधवाश्रम था जो पंडिता रमाबाई ने 1889 ई में बंबई में स्थापित किया। 1890 ई. में इसे पूना हस्तांतरित कर दिया गया। रमाबाई ने ईसाई धर्म स्वीकार किया और उच्च जातियों के हिंदुओं की कड़ी आलोचना की। उसने आश्रम में भरती की हुई स्त्रियों को ईसाई धर्म में परिवर्तित करना आरंभ किया। इस बात का पता चलने पर तिलक ने रमाबाई के शारदा सदन तथा रानाडे और भंडारकर (जो उस संस्था से संबंधित थे) की कड़ी आलोचना की। रानाडे और भंडारकर ईसाई स्रोतों से शारदा सदन को उपलब्ध सहायता को उचित समझते थे। तिलक ने उनके इस दृष्टिकोण की आलोचना की। अन्ततः दोनों व्यक्तियों को शारदा सदन की प्रबंध समिति से त्यागपत्र देना पड़ा।

इंडियन सोशल कांफ्रेंस—1887 ई. में इस कांफ्रेंस की स्थापना हुई। पहले 14 वर्षों तक गोविंद रानाडे इसके सचिव और प्रमुख नेता के रूप में कार्य करते रहे। इन वर्षों में समाज सुधार के प्रति दृष्टिकोण ऐसा रहा जिससे विभिन्न विचार वाले व्यक्तियों में मतभेद अधिक न बढ़े। विभिन्न वार्षिक सम्मेलनों से कुछ तथ्य सरलता से स्पष्ट हुए। जैसे समस्त भारत में एक सी समस्याएँ नहीं थीं और विभिन्न प्रांत विभिन्न समस्याओं में रुचि रखते थे। बंगाल में बाल विधवाओं, कुलीनवाद तथा मदिरापान, गुजरात में जातिप्रथा, मद्रास में बालविवाह आदि। यह भी स्पष्ट हो गया कि हिंदुओं का सामाजिक जीवन धर्मशास्त्रों के आधार पर न होकर जातिप्रथा के आधार पर था। 1901 ई. में रानाडे की मृत्यु के पश्चात् इस कांफ्रेंस के संचालन का उत्तरदायित्व चंदावर्कर को सौंपा गया। 1901 ई. के पश्चात् दो दशकों तक सोशल कांफ्रेंस का नेतृत्व पश्चिमी भारत के तीन नेताओं—भंडारकर, चंदावर्कर और नटराजन—के हाथों में रहा। 1902 ई. में अध्यक्षीय भाषण देते हुए प्रसिद्ध विद्वान भंडारकर ने समाज सुधार का लक्ष्य उन बुरी नीतियों को समाप्त करना बताया जो सामान्यतः लोगों को पूरी क्षमता से कार्य करने से रोक रही थी। इस प्रकार समाज सुधार का लक्ष्य अत्यंत व्यापक हो गया। 20वीं सदी के प्रथम दशक में नेशनल कांफ्रेंस की अपेक्षा सोशल कांफ्रेंस अधिक लोकप्रिय बन गई। सोशल कांफ्रेंस द्वारा अधिक जोर अब कार्यों पर दिया जाने लगाँ राजनीतिक क्षेत्र में प्रभावशाली नेता भी वही थे जो सामाजिक क्षेत्र में सक्रिय रहे थे जैसे—तिलक, लाजपतराय और विपिनचंद पाल।

19वीं सदी में हुए समाज सुधार का मूल्यांकन—19वीं शताब्दी में समाज सुधारकों का लक्ष्य आरंभ में यह नहीं था कि समस्त समाज में उनके विचारों को (अर्थात् विधवा विवाह, विदेश यात्रा, खानपान की स्वतंत्रता) लागू कर दिया जाए। वे इस बात को अच्छी तरह समझते थे कि कुरीतियों को व्यक्तिगत स्तर पर ही खत्म कर सकते हैं। उनके प्रचार का प्रमुख अभिप्राय यह था कि इस प्रकार के व्यक्तिगत व्यवहार को सामाजिक दृष्टि से स्वीकृत मान लिया जाए भले ही समाज के अधिकांश सदस्य उनका अनुसरण न करें। विधवा विवाह तथा स्त्री शिक्षा के समर्थकों को इस बात में सफलता मिली। बालविवाह, बहुविवाह जैसी प्रथाएँ भारत में विभिन्न भागों में भिन्न रूप से प्रचलित थीं। शिक्षा तथा सामाजिक गतिशीतला बढ़ने से कई कुरीतियाँ खुद ही कम होती गईं। ईसाई मिशनरी, दुबोए, द्वारा वर्णित सामाजिक कुरीतियाँ बहुत कम मात्रा में कहीं किसी जनजाति में (Tribe) प्रचलित रही होंगी। हिंदू समाज में ईसाई धर्म को फैलाने में इंग्लैंड के ईसाई संगठनों से अधिक समर्थन तथा सहायता प्राप्त करने के लिए वे कई बार कपोल-कल्पित घटनाओं का वर्णन करते थे। हिंदू समाज को दोषी कराकर उसके खिलाफ मदद चाहते थे।

समाज सुधार की दृष्टि से महाराष्ट्र सबसे अग्रणी रहा। बहुत-सी सामाजिक बुराइयाँ जो बंगाल में थी महाराष्ट्र में नहीं थीं। महाराष्ट्र में समाज सुधार तथा ईसाई धर्म में परिवर्तित हिंदुओं को पुनः हिंदू धर्म में सम्मिलित कर लेने की परंपराएँ थीं। बालविवाह और विधवा विवाह को छोड़कर वहाँ स्त्रियों की दशा बंगाल की भाँति पिछड़ी हुई नहीं थी। ज्योतिषा फुले ने दलित वर्गों के उत्थान के लिए बहुत कार्य किया।

समाज सुधार आंदोलन उस संक्रमण का द्योतक था जो हिंदू समाज में मध्यकालीन कुरीतियों से मुक्ति पाने के लिए आरंभ हुआ। कोई भी समाज कुछ वर्षों अथवा कुछ दशकों में बदला नहीं जाया करता। कई शताब्दियों से हिंदू समाज एक व्यवस्था में बंध गया था। व्यक्तिगत विद्रोह ही सामाजिक परिवर्तन का माध्यम हो सकता था। समाज सुधार आंदोलन की सफलता के लिए यह पूछा जाता है कि क्या समाज से वे कुप्रथाएँ जिनके समाप्त करने के लिए आंदोलन किए गए लुप्त हो गईं? वास्तव में इन सुधार आंदोलनों की सफलता के लिए एक दूसरे प्रकार का प्रश्न पूछा जाना चाहिए। क्या उन सामाजिक कुप्रथाओं को वही सामाजिक मान्यताएँ प्राप्त थीं जो 19वीं सदी के आरंभ में थीं? इसका एक ही उत्तर संभव है कि वह मान्यता प्राप्त नहीं थी। जिस मात्रा में यह सामाजिक मान्यता घटती दिखाई पड़ी उसी मात्रा में सामाजिक सुधार आंदोलन सफल रहा। तर्क के आधार पर यह कहा जा सकता है कि

1970 ई. में भी समाचार पत्रों में सती की एक घटना का वर्णन था। अशिक्षित लड़कियाँ आज भी भारत में हैं। बालविवाह अब भी कहीं-कहीं होते हैं लेकिन इन सबसे यह अर्थ नहीं लगाया जा सकता कि समाज की ओर से इन व्यवस्थाओं को मान्यता है। समाज की इस मान्यता को तोड़ पाना ही समाज सुधारकों की महान उपलब्धि थी।

मुसलमानों में समाज सुधार आंदोलन

मुसलमानों में समाज सुधार की समस्या को समझने के लिए यह जान लेना आवश्यक है कि यह समाज दो भागों में विभक्त था—उच्च अभिजात्यवर्ग तथा जन साधारण। जनसाधारण के अधिकांश मुसलमान मूल स्वरूप में हिंदू थे और धर्म परिवर्तन के बाद उनके सामाजिक जीवन स्तर में कोई उल्लेखनीय परिवर्तन नहीं हुआ। उच्च अभिजात्यवर्ग के लिए 18वीं-19वीं सदी में राजनीतिक प्रभुत्व की समाप्ति अवश्य संकटमय घटना थी। यह वर्ग राजकीय नियुक्तियों अथवा सामंतीय जागीरों का इतना अभ्यस्त था कि उसने व्यवसाय अथवा व्यापार की ओर ध्यान ही नहीं दिया। सुलभ आय से अकर्मण्यता इस वर्ग में सहज ही प्रवेश कर चुकी थी। 19वीं सदी के पूर्वार्द्ध में यह अपनी प्रतिष्ठित स्थिति का बाह्य रूप बनाए रखने से अधिक खोखला होता गया। 1857-58 ई. की विपत्ति से रही सही प्रतिष्ठा भी समाप्त हो गई। क्योंकि अंग्रेज प्रशासकों ने इस विप्लव के लिए उच्चवर्गीय मुसलमानों को विशेष रूप से उत्तरदायी माना।

उच्च वर्ग के मुसलमानों की प्रमुख सामाजिक समस्या उनका 'लकीर के फकीर' बने रहना तथा परिवर्तित परिस्थितियों को न पहचानना थी। परिणामस्वरूप यह वर्ग पिछड़ता चला गया और 19वीं सदी के उत्तरार्द्ध में भारत के दोनों प्रमुख संप्रदायों में आर्थिक भेद अधिक बढ़ता गया लेकिन इस बढ़ती हुई आर्थिक विषमता का मूल कारण यह था कि मुस्लिम उच्च वर्गों ने समय की आवश्यकता के अनुसार कार्य न करने की नीति अपनाई थी। मुसलमानों में समाज सुधार आंदोलन का प्रमुख लक्ष्य इस उच्चवर्ग को समय की आवश्यकता बताना तथा उसके अनुसार पश्चिमी शिक्षा की ओर ध्यान दिलाना था। इस प्रकार मुसलमानों का समाज सुधार आंदोलन भिन्न था। एक अन्य भिन्नता यह थी कि मुसलमानों में सामाजिक और धार्मिक जीवन को पूर्ण रूप से उनकी धर्म पुस्तक 'कुरान' पर आधारित माना जाता था। इसलिए सामाजिक जीवन की किसी भी पद्धति को बदलने के लिए यह आवश्यक था कि कुरान का नया अर्थ बताया जाए अथवा यह दिखाया जाए कि प्रचलित

व्यवस्था कुरान अथवा हदीस के अनुसार नहीं थी। कुछ सुधारकों ने यह भी बताने का प्रयत्न किया कि सामाजिक जीवन कुरान पर आधारित नहीं होना चाहिए लेकिन ऐसे नेताओं का प्रभाव बहुत कम हुआ।

अलीगढ़ आंदोलन—1870 ई. के बाद सर सैय्यद अहमद खाँ ने एक आंदोलन आरंभ किया जिसका मुख्य उद्देश्य मुसलमानों की सामाजिक स्थिति को सुधारने था। इनका लक्ष्य मुसलमानों को 'आत्मनिर्भरता' और 'अपनी मदद आप' का पाठ पढ़ाना था। वह जानते थे कि मुसलमान अपने अतीत में खोए हुए थे उन्हें वर्तमान की बहुत कम चिंता थी। उन्होंने 'तहजीब उल अखलाक' नाम की पत्रिका का दिसंबर, 1870 ई. में प्रकाशन करना शुरू किया। सर सैय्यद मुसलमानों को बदली परिस्थिति से अवगत कराना चाहते थे। पुराने सामाजिक मूल्यों तथा रहन-सहन के तरीकों को वे समय के अनुकूल नहीं मानते थे। मुसलमान सामान्यतः अपने सामाजिक जीवन को कुरान तथा हदीस पर आधारित समझते थे इसलिए उन्हें मजबूर होकर धर्म संबंधी विवाद शुरू करना पड़ा।

सर सैय्यद ने कुरान का अर्थ समझाने के लिए एक नए 'इल्म कलाम' (व्याख्या करने के नए आधार) की आवश्यकता पर बल दिया। इस नई व्याख्या का मुख्य आधार यह था कि समस्त सृष्टि का निर्माता ईश्वर है और वह ही कुरान का भी रचयिता है। इसी तरह हदीस (पैगंबर मोहम्मद द्वारा कही गई बातें) को समझने के लिए भी यह ध्यान रखना चाहिए कि न तो वह कुरान के खिलाफ हो सकती और न ही वास्तविकता से अलग हो सकती है। जिस हदीस से ऐसी प्रतीति हो उसके समझने में अवश्य ही कोई गलती हुई है। इस आधार पर इस्लाम धर्म के आधारों को वैज्ञानिक आक्षेपों से सुरक्षित रखने का प्रयत्न किया गया। सर सैय्यद ने इन सिद्धांतों की व्याख्या स्पष्ट करने के लिए 'तफसीर उल कुरान' लिखना आरंभ किया जो पूरी नहीं हो सकी।

कुरान के साथ मुसलमानों के परंपरागत सामाजिक मूल्यों की भी नई व्याख्या की गई। सर सैय्यद ने 'तहजीब उल अखलाक' का उद्देश्य ही मुसलमानों को सभ्य बनाना घोषित किया। जब तक वे नई परंपराओं को आत्मसात् नहीं कर लेता सभ्य नही बन पाता। उनका कहना था कि प्रत्येक परंपरा समय की परिस्थितियों के अनुसार अपनाई जाती है। समय बदलने के पश्चात् वे परंपराएँ अनुपयोगी बन जाती हैं : मुसलमानों के पिछड़े रहने का कारण उनका पुराने बंधनों में बंधे रहना और समय की आवश्यकता को न पहचानना था। दूसरा दोष मुसलमानों में 'पूर्वाग्रह' का व्यापक रूप से फैलाव था जिसके फलस्वरूप वे अच्छाइयों को नहीं अपनाते थे। मुल्लाओं

और फकीरों के लिए सर सैय्यद ने बहुत कठोर शब्द कहे। उन्होंने हज करना, जकात बाँटना, मस्जिदें बनवाना आदि को निम्नस्तर की तथा अल्पकालीन अच्छाइयाँ बताईं। दीर्घकालीन अच्छाई शिक्षा प्रसार में सहायता करना बताया गया। सर सैय्यद ने पश्चिमी खानपान की पद्धति को अपनाने की जोरदार अपील की। साथ ही उन्होंने इस्लाम पर बहुत से लगाए गए आक्षेपों को जैसे तलाक को प्रोत्साहन देना, दास प्रथा को स्वीकृति प्रदान करना निराधार बताया।

पश्चिमी शिक्षा का मुसलमानों में प्रसार—मुसलमानों में समाज सुधार का मुख्य अभिप्राय उनमें पश्चिमी शिक्षा को लोकप्रिय बनाना था। पश्चिमी शिक्षा के प्रति मुसलमानों में अरुचि थी। इसके कई कारण थे। सामंती परिवार पुरानी पद्धति पर चले आ रहे थे। सामान्य मुसलमान धार्मिक शिक्षा और अरबी-फारसी के ज्ञान को अधिक महत्त्वपूर्ण मानते थे। सामंतों को छोड़कर अधिकांश मुसलमान परिवारों की आर्थिक स्थिति अच्छी नहीं थी। व्यापार और वाणिज्य में विशेष रुचि न रखने से अब उनके लिए जीविका के साधन कम हो गए थे। सामान्यतः उन्होंने अंग्रेजी राज्य की प्रधानता को अपनी विवशता का कारण समझा और इसलिए उन्होंने प्रत्येक ऐसी संस्था अथवा पद्धति से जो अंग्रेजी राज्य के साथ जुड़ी हुई थी, अपने को अलग ही रखा। अंग्रेजी शिक्षा के प्रति अरुचि में कुछ योगदान मुल्लाओं का भी था। वे चाहते थे कि अरबी, फारसी तथा धार्मिक शिक्षा को अधिक प्रोत्साहन दिया जाए।

सर सैय्यद ने उपरोक्त कारणों को इतना महत्त्वपूर्ण नहीं माना। इसके विपरीत उन्होंने अंग्रेजी शिक्षा प्रणाली के दोषों को मुसलमानों की अरुचि के लिए उत्तरदायी ठहराया। उन्होंने 1882 ई. में हंटर कमीशन के समक्ष गवाही देते हुए एक कारण यह भी बताया कि मुसलमान उन शिक्षा संस्थाओं में नहीं जाना चाहते थे जहाँ अन्य संप्रदाय के लोग भी पढ़ते हों, जिन्हें वे अपने से निम्न मानते थे। मुसलमानों में यह भय भी सामान्यतः था कि अंग्रेजी पढ़ने और पश्चिमी विद्याओं के जानने से अधर्म बढ़ता था और वे 'काफिर' कहे जा सकते थे। वे अंग्रेजी पढ़ने को ईसाई धर्म स्वीकार करने के समान समझते थे।

निष्पक्ष मूल्यांकन से यह अवश्य पता चलता है कि मुसलमानों में शिक्षा प्रसार हिंदुओं से कम नहीं था। यद्यपि उनमें अंग्रेजी पढ़े-लिखे अपेक्षाकृत कम थे। सर सैय्यद ने मुसलमानों की शिक्षा के लिए एक विशिष्ट शिक्षा संस्था की आवश्यकता पर बल दिया और अलीगढ़ मोहम्डन एंग्लो ओरिएंटल कॉलेज की 1875 ई. में एक प्राइमरी स्कूल के रूप में स्थापना की। जनवरी, 1877 ई. में लार्ड लिटन ने इस

कॉलेज का विधिवत उद्‌घाटन किया। उत्तर प्रदेश के गवर्नर विलियम म्यूर ने भी इस कॉलेज के लिए भूमि प्रदान की। इस प्रकार आरंभ से ही अंग्रेज सरकार की कृपा का हाथ इस संस्था पर रहा।

अलीगढ़ मोहम्डन कॉलेज केवल एक शिक्षा संस्था ही नहीं थी बल्कि सामाजिक, राजनीतिक और शिक्षा संबंधी स्थिति को सुधारने का एक केंद्र थी। सर सैय्यद का विचार था कि इस संस्था से पढ़कर निकले हुए विद्यार्थी समाज को परिवर्तित करने में सहायक होंगे। उनका ध्यान मुख्यतः कुलीन वर्गों के युवकों तक सीमित था। कॉलेज में विद्यार्थियों के सर्वांगीण विकास पर अधिक ध्यान दिया जाता था। वाद-विवाद प्रतियोगिता, खेलकूद, छात्रावास में अनिवार्य रूप से रहना और अंग्रेज अध्यापकों तथा जिला अधिकारियों से मेल-मिलाप बढ़ाना कॉलेज की शिक्षा के अंग थे। सर सैय्यद ने अंग्रेजी शिक्षा पर अधिक बल दिया क्योंकि यह सरकारी नौकरी प्राप्ति के लिए आवश्यक था। उनके अनुसार किसी समुदाय का प्रतिष्ठित होना केवल इसी बात से जाँचा जा सकता था कि उसे राजकीय सेवाओं में कितना स्थान प्राप्त था। सर सैय्यद अलीगढ़ कॉलेज की उच्चता पर बल अधिक जोर देते थे। यह तथ्य अलीगढ़ आंदोलन की उपयोगिता तथा उसकी दुर्बलता के लिए उत्तरदायी था। जहाँ एक ओर अलीगढ़ से निकले हुए विद्यार्थी अपने संप्रदाय के हितों के लिए अत्यधिक दृढ़ संकल्प तथा सजग होते थे साथ ही वे एक संप्रदाय के हितों के लिए ही अत्यधिक प्रयत्नशील होते थे।

19वीं शताब्दी में मुसलमानों में समाज सुधार का पुरुषों की अंग्रेजी शिक्षा तक ही सिमट गया। सर सैय्यद इस शिक्षा को मुसलमान स्त्रियों के लिए अनावश्यक समझते थे, इसके अतिरिक्त वे स्त्रियों में पर्दा प्रथा के भी पक्ष में थे। वह बहुविवाह को तर्कसंगत मानते थे। स्त्रियों की शिक्षा वे इस प्रकार की चाहते थे जिससे वे कुशल माताएँ तथा गृहिणी बन सकें। क्योंकि वे स्त्रियों को नौकरी के खिलाफ थे। मुस्लिम संप्रदाय में सामाजिक उत्थान तथा पश्चिमी सभ्यता के प्रति नया दृष्टिकोण अपनाने के लिए अलीगढ़ आंदोलन ही प्रमुख था। यह आंदोलन भी स्त्रियों के लिए परंपरागत शिक्षा और जीवन पद्धति को बदलने के पक्ष में नहीं था इसलिए 20वीं सदी में भी मुसलमानों में समाज सुधार का भिन्न अर्थ था।

भारतीय समाज के प्रति अंग्रेजों का नजरिया

भारतीय समाज के प्रति प्रथम सौ वर्षों में अंग्रेज प्रशासकों का दृष्टिकोण निम्नलिखित था–

(1) बर्क द्वारा प्रस्तुत दार्शनिक रूढ़िवादिता जिसमें भारतीय सभ्यता, विधि प्रणाली तथा संस्थाओं एवं संस्कृति का अच्छा चित्र प्रस्तुत किया गया। भारतीय सभ्यता तथा संस्कृति का अंग्रेजीकरण तथा पाश्चात्यकरण जिसे उपयोगितावादी अथवा उदारवादी नेताओं ने प्रस्तुत किया। साम्राज्यवादी दृष्टिकोण जिसमें भारतीय समाज अत्यंत पतनोन्मुख तथा पददलित बताया गया।

अंग्रेजों की भारतीय समाज के प्रति नीति इन तीनों दृष्टिकोणों में प्रभावित थी। अधिकांश अंग्रेजों का ज्ञान बहुत ऊपरी था। ईसाई मिशनरी आडंबर फैलाकर ईसाई धर्म का प्रचार-प्रसार करना चाहता था। यह वर्णन साम्राज्यवादियों को अधिक और उदारवादियों को अपेक्षाकृत कम पसंद था। अधिकांश अंग्रेज वर्गों का दृष्टिकोण उनके निजी स्वार्थों से प्रभावित था। निजी व्यापारी, साहसी पर्यटक, प्राच्य विद्वान, आयात निर्यात व्यापारी तथा उद्योगपति—ये सब वर्ग भारत का चित्र उसी प्रकार का बना लेते थे जैसा उनके निजी स्वार्थों के लिए ठीक लगता था। इनमें से अधिकांश वर्ग भारत इसलिए आये कि वे अधिक से अधिक लाभ प्राप्त कर सकें। वे भारतीय समाज और संस्थाओं को अंग्रेजी समाज के हिसाब से जाँचते थे। मुनरो, एलफिंस्टन जैसे प्रशासक जो भारतीय भाषाओं तथा समाज का ज्ञान प्राप्त करके अपनी धारणाएँ बनाना चाहते थे, बहुत कम थे। उनका प्रभाव पहले ही कम था लेकिन राममोहन जैसे भारतीयों द्वारा अंग्रेजीकरण और पाश्चात्यकरण के समर्थन किए जाने के पश्चात् उनके दृष्टिकोण का प्रभाव और भी कम हो गया।

भारतीयों के प्रति प्रजातीय विभेद की अंग्रेजी नीति : किसी भी विजेता ने पराजित प्रजा के प्रति रंग के आधार पर भेद तथा तिरस्कार की नीति को उस सीमा तक नहीं बढ़ाया जितना अंग्रेजों ने बढ़ाया था। भारत में रहने वाले अंग्रेज 18वीं सदी के अंत से ही अपने आपको अलग रखते थे। सामाजिक स्तर पर उनका उच्च भारतीय नागरिकों से संपर्क नहीं के समान होता था। यह संपर्क केवल घरेलू नौकरों अथवा खानसामाओं तक ही बहुधा सीमित रह जाता था। सामान्यतः भारतीयों के प्रति अपमानजनक व्यवहार होता था। जिससे प्रतिष्ठित भारतीय भी नहीं बच सके। राजा राममोहन राय, सर सैय्यद अहमद खाँ जैसे नेताओं को भी अपमान सहन करना पड़ा। अंग्रेजों द्वारा भारतीयों की हत्या और न्यायालयों द्वारा अंग्रेजों को निरपराध घोषित करना 19वीं सदी की सामान्य घटनाएँ थीं। भारतीय भाषाओं के समाचार पत्रों में ऐसी घटनाओं का विस्तृत वर्णन तथा कार्टूनों द्वारा चित्रण भी होता था। डब्ल्यू.एस. ब्लंट ने यह स्वीकार किया कि कोई भी प्रतिष्ठित अथवा सम्मानित भारतीय किसी ऐसे क्लब अथवा सार्वजनिक स्थान पर नहीं जा सकता था, जहाँ अंग्रेज बहुधा पहुँचते हों। 1857-58

ई. में हुई घटनाओं से दोनों पक्षों में मनमुटाव बढ़ता गया। भारतीय सिपाहियों के अंग्रेजों पर किए गए अत्याचारों को कहानियों के माध्यम से जीवित रखा गया और भारत जाने वाले अधिकारियों को पहले से ही प्रजातीय घृणा से भर दिया जाता था। 19वीं सदी के अंतिम चतुर्थांश में अंग्रेज स्त्रियों के भारत में आने के पश्चात् भारतीयों के प्रति उस दृष्टिकोण में और भी अधिक वृद्धि हुई। पढ़े-लिखे भारतीयों ने प्रतियोगिता परीक्षाओं में उच्च स्थान प्राप्त करके अपने बौद्धिक कौशल का परिचय दिया। इससे अंग्रेज अधिकारियों को पढ़े-लिखे भारतीय युवक प्रतिद्वंद्वी ही दिखाई पड़े।

19वीं सदी के उत्तरार्द्ध में प्रजातीय रंगभेद बहुत व्यापक था। भारत सचिव और गवर्नर जनरल कर्जन के मध्य पत्र व्यवहार में इस बात का स्पष्ट उल्लेख है कि भारत में अंग्रेज सैनिक अधिकारी अपने आपको फौजदारी नियमों से मुक्त मानते थे। यह अंग्रेजी दृष्टिकोण भारतीयों में असंतोष तथा अंग्रेजों पर अविश्वास पैदा करने में अत्यधिक सहायक हुआ।

धर्म सुधार आंदोलन—मध्य काल में तुर्कों के आक्रमण से अपनी प्रतिरक्षा के लिए हिंदू समाज ने अपने चारों ओर कृत्रिम चारदीवारी खड़ी कर ली थी। धार्मिक और आध्यात्मिक ज्ञान को कुछ सरल कथाओं तथा परंपराओं एवं विश्वासों के आधार पर प्रचलित रखा गया। सामाजिक ढाँचे को सुरक्षित रखने के लिए जातिप्रथा के बंधनों को कठोर बना दिया गया। स्त्रियों के बचाव के लिए पर्दाप्रथा, बालविवाह प्रायः आवश्यक बन गए। शिक्षा का प्रसार कम हो गया। 19वीं शताब्दी की शुरुआत में जब ईसाई मिशनरियों ने यहाँ के प्रचलित धर्मों की खुली आलोचना आरंभ की तब न केवल उस कृत्रिम मोर्चाबंदी की आवश्यकता ही समाप्त हो गई बल्कि उसके स्थान पर पुराने हिंदू धर्म को पुनः स्थापित करने के लिए प्रयत्न करने की आवश्यकता अनुभव हुई। मध्यकालीन आक्रमण की अपेक्षा 19वीं सदी में पश्चिमी प्रहार अधिक व्यापक और दूरगामी था। 19वीं शताब्दी में पश्चिमी प्रहार बहुत घातक था। सर्वप्रथम शिक्षित बंगालियों ने ब्रह्म समाज आंदोलन के रूप में इस प्रहार का पहला उत्तर दिया, जो कुछ शिक्षितों को तो अवश्य ईसाई धर्म स्वीकार करने से रोक सका लेकिन ईसाइयों के आक्षेप अधिक व्यापक, मौलिक और विस्तृत थे। हिंदूओं ने ब्रह्मसमाज आंदोलन में सक्रिय भाग नहीं लिया जिसके कारण वह आंदोलन असफल हो गया।

19वीं शताब्दी के उत्तरार्द्ध में हुए दो प्रमुख धर्म सुधार आंदोलनों के प्रेरणास्रोत भी पूरी तरह से भारतीय थे। स्वामी दयानंद सरस्वती और स्वामी विवेकानंद द्वारा

चलाए गए आंदोलन मुख्यतः स्वामी वृजानंद तथा स्वामी रामकृष्ण परमहंस द्वारा प्रेरित थे।

स्वामी दयानंद सरस्वती और आर्य समाज आंदोलन : गुजरात के जिवपुर नामक ग्राम में दयानंद सरस्वती का जन्म 1824 को शुरू हुआ। आध्यात्मिक ज्ञान की खोज में वह 21 वर्ष की उम्र में ही घर का त्याग कर दिया। अगले 19 वर्ष तक वह विभिन्न स्थानों पर भ्रमण तथा अध्ययन करते रहे। 1859 ई. में वे मथुरा पहुँचे और वहाँ स्वामी वृजानंद के चरणों में बैठकर अधिक ज्ञान प्राप्त किया। स्वामी वृजानंद वैदिक साहित्य, भाषा तथा दर्शन के प्रकांड विद्वान थे। उन्होंने दयानंद को वेदों में निहित ज्ञान की व्याख्या समझाई और वेदों का सम्पूर्ण ज्ञान दिया। गुरु वृजानंद ने अपने शिष्य को यह विदाई आदेश दिया कि वह भारत में वैदिक धर्म को उच्च स्तर पर पुनः स्थापित करे। दयानंद ने 1863 ई. में आगरा से अपने धर्म प्रचार का कार्य आरंभ किया। अप्रैल, 1875 ई. में बंबई में पहली आर्यसमाज की स्थापना की गई। जून, 1877 ई. में लाहौर में आर्य समाज की एक शाखा खोली गई। कालांतर में इस आंदोलन का प्रमुख कार्यालय लाहौर ही बन गया। इस समय स्वामीजी ने आर्यसमाज के 10 सिद्धांतों की स्थापना की। उनमें से कुछ सिद्धांत निम्नलिखित हैं–

> समस्त ज्ञान का निमित्त कारण और उसके माध्यम से समस्त बोध ईश्वर है, ईश्वर सर्वशक्तिमान, अद्वितीय, सर्वज्ञ, अमर तथा सर्वव्यापी है, सच्चा ज्ञान वेदों में निहित है। आर्यों का परम धर्म वेदों का पठन-पाठन है। प्रत्येक व्यक्ति को सदा सत्य ग्रहण करने और असत्य को छोड़ने के लिए तैयार रहना चाहिए। सब कार्य धर्मानुसार, अर्थात् सत्य और असत्य को विचार करके करना चाह्िए। संसार का उपकार करना इस समाज का मुख्य उद्देश्य है। प्रत्येक को अपनी ही उन्नति में संतुष्ट न रहना चाहिए। सबकी उन्नति में अपनी उन्नति समझनी चाहिए।

इन सिद्धांतों में आठ सामान्य नियम थे, केवल दो सिद्धांतों में निराकार ब्रह्म (ईश्वर) की उपासना और वेदों के समस्त ज्ञान का स्रोत होने पर बल दिया गया है। इसलिए आर्यसमाज की प्रमुख विशेषता वेदों के अमोघ होने में थी।

दयानंद सरस्वती की मौलिकता चारों वेदों को समस्त ज्ञान तथा सत्य का भंडार बताने में थी। विश्व में उस समय जितना ज्ञान व्याप्त था अथवा विकास हो सकता है वह सब वेदों में निहित था। इन वेदों में निहित ज्ञान की व्याख्या ब्राह्मणों, वेदांगों, उपांगों, उपवेदों में की गई है। लेकिन इन ग्रंथों में की गई व्याख्या मूल ग्रंथ से अधिक

महत्त्वपूर्ण नहीं हो सकती। इसलिए यदि टीकाकारों ने वेदों की कुछ ऐसी व्याख्या की, जो वर्तमान ज्ञान से भिन्न थी, तब उन्होंने वेदों का अर्थ समझने में अवश्य ही गलती की। अन्य टीकाकारों की अपेक्षा दयानंद ने वेदों में एकेश्वरवाद की कल्पना को प्रमुख माना। वेदों में वर्णित यज्ञों और अन्य संस्कारों की नई व्याख्या की गई। हवन का लक्ष्य सामान्य वायुमंडल को स्वच्छ करना था, यज्ञों के माध्यम से ज्ञान प्रसार, तीर्थयात्रा से सत्संग और अच्छे मूल्यों का प्रसार होता था।

दयानंद द्वारा की गई वेदों की व्याख्या से बहुत से विद्वान सहमत नहीं हैं। लेकिन स्वामी जी की विद्वत्ता और महत्त्व इस बात में है कि उन्होंने प्रत्येक आर्य को वेदों के पठन-पाठन और व्याख्या का अधिकार दिया जो अपने में क्रांतिकारी था।

दयानंद द्वारा चलाए गए आंदोलन ने साम्राज्यवादियों द्वारा पश्चिमी ज्ञान तथा ईसाई धर्म प्रचारकों द्वारा अपने धर्म की उच्चता के प्रचार से प्रस्तुत चुनौती का उचित प्रतिउत्तर प्रस्तुत किया। यद्यपि उनकी वेदों की व्याख्या पर अधिक लोग उनसे सहमत नहीं हुए, कुछ ने उनकी मजाक उड़ाई लेकिन कालांतर में उनकी व्याख्या काफी ठीक दिखाई पड़ी। श्री अरविंद ने लिखा : 'दयानंद का विचार कि वेदों में धर्म तथा ज्ञान के सत्यों का भंडार है विचित्र अथवा असंगत नहीं है, दयानंद ने वैदिक बुद्धि और ज्ञान भंडार के संबंध में अतिशयोक्ति से नहीं बल्कि अल्पानुमान से ही काम लिया।'

आर्यसमाज द्वारा वेदों के आधार पर हिंदू धर्म को पुनः स्थापित करने के प्रयत्न को पुनरुत्थानवादी आंदोलन कहा जाता है। 19वीं सदी तक शताब्दियों से मिले हुए अनावश्यक परंपराओं तथा तत्त्वों को धर्म से अलग करने और हिंदू धर्म को उसके असली रूप में प्रस्तुत करने के लिए इससे अच्छा अन्य कोई प्रयत्न नहीं हो सकता था। आर्यसमाज आंदोलन किसी बाह्य तथ्यों की अपेक्षा अपने ही मूल रूप से प्रेरित था। यूरोप में प्रोटेस्टेंट धर्म सुधार आंदोलन भी बाइबिल के पुनः अध्ययन के आधार पर अत्यधिक प्रभावशाली बना था। वेदों के अध्ययन पर महत्त्व देकर दयानंद ने कई दूरगामी परिवर्तनों का सूत्रपात किया। पहले वेदों का अध्ययन केवल ब्राह्मणों का ही एकाधिकार था। दयानंद ने सब वर्णों को वेदों के लोगों के अध्ययन तथा व्याख्या का अधिकार दिया।

आर्यसमाज का विकास : 1883 में स्वामी दयानंद सरस्वती का देहांत हो गया जिससे आंदोलन का विकास धीमा पड़ गया। यद्यपि असंख्य आर्य समाजियों ने मिलकर कार्य करने का दृढ़ संकल्प किया लेकिन फिर भी कुछ विषयों पर मतभेद के कारण आर्यसमाज के अनुयायियों में 1892 ई. में दो दल बन गए। यह मतभेद

इस मौलिक समस्या को लेकर आरंभ हुआ कि क्या एक आर्यसमाजी के लिए केवल 10 सिद्धांतों का ही मानना आवश्यक था अथवा दयानंद के विभिन्न आदेशों एवं वेदों की व्याख्या को मानना भी आवश्यक था? आर्यसमाजी अपनी व्यक्तिगत जीवन पद्धति में स्वतंत्र है अथवा बहुमत के अधीन है। मांसाहारी अथवा शाकाहारी भोजन और डी.ए.वी. कॉलेज में शिक्षा पद्धति, 1892 ई. में आर्यसमाज को दो भागों में विभक्त करने के लिए निर्णायक नहीं था। प्राचीन समय में शिक्षा जगत में भी दो दल बन गए– (i) वह जो प्राचीन गुरुकुल आश्रम के आधार पर शिक्षा प्रसार चाहते थे। (ii) वह जो आधुनिक अंग्रेजी शिक्षा का समर्थक था। आर्यसमाज के ये दोनों दल अपने-अपने मार्ग पर चलते हुए भी कालांतर में मिलकर कार्य करते रहे।

आर्य समाज की सामाजिक क्षेत्र में योगदान

1. जाति व्यवस्था की आलोचना : जाति व्यवस्था हिंदू समाज में सदियों से विद्यमान थी। एक ओर इस प्रथा को हिंदू धर्म की प्रतिरक्षा का श्रेय है दूसरी ओर इसको हिंदुओं के राजनीतिक और सामाजिक पतन के लिए भी उत्तरदायी माना जाता है। 19वीं सदी में जन्म पर आधारित जाति व्यवस्था प्राचीन वर्ण व्यवस्था से भिन्न थी। प्राचीन वर्ण व्यवस्था स्वभाव एवं कार्य आधारित थी। योग्यता तथा क्षमता के आधार पर एक वर्ण के लोग दूसरे वर्ण में जा सकते थे। स्वामी दयानंद का मत था कि समाज के सभी व्यक्ति को बराबर अवसर मिलना चाहिए। यह संभव है कि कुछ लोग अपनी शारीरिक अथवा मानसिक दुर्बलताओं से उच्चतम स्थान तक पहुँच न सकें लेकिन उन्हें जन्म से ही ऐसे अवसरों से वंचित नहीं किया जाना चाहिए। दयानंद ने जाति व्यवस्था का विरोध किया।

2. स्त्रियों की स्थिति में सुधार : वैदिक काल के सामाजिक ढाँचे तथा संगठन की प्रशंसा से स्त्रियों को समाज में उच्च स्थान दिलवाने के लिए स्वाभाविक प्रयत्न हुए। वैदिक काल में स्त्रियों को उच्च शिक्षा तथा सामाजिक जीवन में पूरी तरह से भाग लेने का अधिकार था। आर्यसमाज ने स्त्री शिक्षा की ओर सबसे अधिक ध्यान दिया। स्त्रियों की गिरी हुई दशा के लिए बहु विवाह प्रथा तथा बाल विवाह प्रथाएँ उत्तरदायी थीं। वैदिक युग में ये दोनों प्रथाएँ प्रचलित नहीं थीं इसलिए आर्यसमाज आंदोलन ने बाल विवाह का विरोध और स्त्री शिक्षा पर बल दिया और 16 वर्ष से कम आयु की लड़कियों का विवाह बंद करने की बात कही।

3. आर्यसमाज के प्रभाव से तीन आंदोलन शुरू हुए–शुद्धी, संगठन और शिक्षा प्रसार : शुद्धी से अभिप्राय उस संस्कार से है, जिससे गैर हिंदुओं, अछूतों,

दलित वर्गों तथा धर्म परिवर्तित हिंदुओं को पुनः हिंदू धर्म में स्वीकार कर लिया जाता था। संगठन का अभिप्राय हिंदुओं को अपनी रक्षा के लिए संगठित करना था। ये दोनों आंदोलन 20वीं सदी के आरंभ में प्रमुख बन गए। लेकिन शिक्षा प्रसार का कार्य स्वामी जी की मृत्यु के तुरंत बाद ही आरंभ कर दिया गया। स्वामी जी ने सबसे अधिक महत्त्व वेदों के अध्ययन पर दिया और भारत के पिछड़ेपन का एक प्रमुख कारण व्यापक अज्ञानता बताया। आर्यसमाज के 10 सिद्धांतों में से एक ज्ञान प्रसार और अज्ञानता को दूर करने के प्रयत्न से संबंधित था। आर्यसमाज के इस क्षेत्र में कार्य का अनुमान इस बात से लगाया जा सकता है कि अंग्रेजी सरकार के अतिरिक्त पंजाब, यू.पी. में अन्य किसी भी संस्था ने छात्रों और छात्राओं की शिक्षा के लिए इसके समान प्रयत्न नहीं किया। आर्यसमाज द्वारा दो प्रकार की शिक्षा संस्थाएँ स्थापित की गईं (i) वे शिक्षा संस्थाएँ जो सरकारी शिक्षा पद्धति से संबंधित थीं (डी. ए.वी. संस्थाएँ), (ii) वे शिक्षा संस्थाएँ जो सरकारी नियंत्रण से मुक्त थीं (गुरुकुल संस्थाएँ)। 1886 ई. में लाहौर में डी.ए.वी. स्कूल की स्थापना की गई और लाला हंसराज ने अपनी अवैतनिक सेवाएँ इसमें लगा दीं। 1902 में मुंशीराम के नेतृत्व में हरिद्वार में गुरुकुल की स्थापना हुई। डी.ए.वी. संस्थाएँ अन्य प्रांतों में तेजी से फैलीं जबकि गुरुकुल पद्धति इतनी लोकप्रिय नहीं हुई।

आर्यसमाज आंदोलन की अन्य प्रमुख देन

धार्मिक तथा सामाजिक क्षेत्रों में विभिन्न कार्यों का अंततः परिणाम यह हुआ कि आर्यसमाजियों में प्रत्यक्ष रूप से और भारतवासियों में परोक्ष रूप से आत्मविश्वास और स्वाभिमान का विकास हुआ। आत्मविश्वास का विकास ही अंग्रेजी नौकरशाही को पसंद नहीं आया, भारतीयों में स्वावलंबन के विकास के प्रति विदेशी साम्राज्यवादी शक्ति का दृष्टिकोण कठोर था। ऐसा आंदोलन जो सरकार की सहायता के बिना विभिन्न क्षेत्रों में सफलतापूर्वक कार्य कर सके, जो भारतवासियों को श्रम और त्याग के लिए प्रेरित कर सके, सदा ही साम्राज्यवादी सत्ता द्वारा संदिग्ध होगाँ इसलिए कुछ अंग्रेज लेखकों एवं अधिकारियों तथा ईसाई प्रचारकों ने आर्यसमाज के राजनीतिक लक्ष्यों के संबंध में उल्टे-सीधे प्रचार किए हैं। वेलेंटाइन शिरोल ने दयानंद का उद्देश्य सुधार की अपेक्षा हिंदू धर्म को विदेशी प्रभावों से मुक्त करना बताया। शिरोल के आक्षेपों का प्रभावशाली उत्तर लाजपतराय ने अपनी पुस्तक 'हिस्ट्री ऑफ दी आर्यसमाज' में दिया है। अंग्रेज आर्यसमाज को इसलिए विरोधी मानता था क्योंकि यह संस्था ईसाई मिशनरियों के विरुद्ध थी।

आर्यसमाज में राष्ट्रप्रेम को प्रोत्साहन देने में महत्वपूर्ण योगदान दिया। दयानंद सरस्वती ने वेदकालीन भारत की चर्चा करते समय उस युग को इसलिए अत्यंत गौरवमयी बताया कि उस समय भारत में स्वराज्य था। प्राचीन वैभव की चर्चा से भारतवासियों के मन से वह हीनता की भावना बहुत कम हो गई जो भारत पर विदेशी आक्रांताओं की सफलता से सहज ही पैदा हो जाती थी। एक उच्चकोटि के स्वावलंबन की भावना पंजाब और उत्तर प्रदेश के आर्यसमाज में मिलती है। आर्यसमाज आंदोलन का सबसे अधिक प्रभाव मध्यम वर्ग पर पड़ा। वे स्वभाव से राजनीति में रुचि रखते थे। आर्यसमाज ने भारत के अतीत के संबंध में एक निश्चित विचारधारा लोगों के समक्ष प्रस्तुत की। जिससे उनका अंग्रेजी साम्राज्य के प्रति दृष्टिकोण प्रभावित हुए बिना नहीं रह सकता था।

आर्यसमाज आंदोलन से स्वतंत्रता की ललक पैदा हुई। हिंदी भाषा और साहित्य को प्रोत्साहन देकर इस आंदोलन ने अंग्रेजी भाषा पर निर्भरता का अल्प करने का प्रयास किया। त्याग, आत्मविश्वास, स्वावलंबन आदि को बढ़ावा देकर दयानंद ने राष्ट्रीयता की भावना को अधिक व्यापक बनाया। आर्यसमाज की अपील केवल हिंदुओं के लिए ही थी लेकिन किसी भी दृष्टिकोण से यह गलत नहीं था क्योंकि राष्ट्रीयता का अर्थ उस राष्ट्र की प्रत्येक इकाई के प्रेरणा स्रोतों को समाप्त करना नहीं है। एक राष्ट्र में विभिन्न पृथक्-पृथक् वर्ग होते हैं जिनके प्रेरणा स्रोत भिन्न हो सकते हैं। प्रत्येक वर्ग अपने स्रोतों से प्रेरणा प्राप्त करके राष्ट्रप्रेम तथा देशभक्ति में योगदान दे सकता है। हिंदुओं का वैदिक वैभव से प्रेरणा प्राप्त करना भारत के अन्य किसी भी वर्ग के विरुद्ध नहीं था। इसलिए आर्यसमाज को प्रतिक्रियावादी, पुनरुत्थानवादी अथवा सांप्रदायिकतावादी आंदोलन का नाम देना सर्वथा गलत है।

स्वामी विवेकानंद और रामकृष्ण मिशन

स्वामी विवेकानंद 19वीं शताब्दी में धर्म सुधार के लिए महत्वपूर्ण आंदोलन चलाया आंदोलन विशेष महत्त्व रखता है। उन्होंने ब्रह्म समाज और आर्यसमाज की अपेक्षा हिंदू धर्म का प्रतिपादन अधिक मनोबल और सम्मान के साथ किया। 19वीं सदी के आरंभ में राजा राममोहन हिंदू धर्म के लिए क्षमायाचक से अधिक नहीं थे। स्वामी दयानंद भी वेदों में निहित धर्म अथवा ज्ञान को ही प्रभावशाली ढंग से प्रस्तुत कर सके। उन्होंने ईसाई मिशनरियों द्वारा की गई आलोचना का प्रति उत्तर मात्र दिया। लेकिन स्वामी विवेकानंद ने समस्त वेदांत की सैद्धांतिक व्याख्या की और पश्चिमी धर्मों में उपलब्ध ज्ञान से उच्चतर हिंदू धर्म को बताया।

नरेंद्रनाथ दत्त (स्वामी विवेकानंद) का जन्म 1863 ई. में कलकत्ता में हुआ। वह पश्चिमी दर्शन के अच्छे ज्ञाता थे। आरंभ में वह साधारण ब्रह्म समाज के अनुयायी थे, लेकिन दक्षिणेश्वर के रामकृष्ण परमहंस के संपर्क में आने के पश्चात् उनका भारतीय दर्शन तथा धर्म के प्रति दृष्टिकोण बदल गया। जैसे-जैसे उनका रामकृष्ण से संपर्क बढ़ता गया, वैसे-वैसे एक नई प्रकार की प्रेरणा उनमें जागृत होती गई और अंततः वह रामकृष्ण के परम शिष्य बन गए। परमहंस ने सब धर्मों के समान होने तथा एक ही लक्ष्य तक पहुँचने का पाठ पढ़ाया। भक्ति तथा ज्ञान के मार्ग से ईश्वर को पहचाना जा सकता था और इन दोनों मार्गों में परमहंस ने शक्ति पर अधिक बल दिया। धार्मिक वाद-विवाद में उलझने को अनावश्यक बताया। उनके अनुसार धर्म प्रचारक के लिए सबसे बड़ी आवश्यकता ईश्वर अनुभव की थी। रामकृष्ण ने धर्म के व्यावहारिक पक्ष पर अधिक बल दिया। उनके संपर्क में नरेंद्रनाथ को वास्तविक आध्यात्मिक ज्ञान अनुभव हुआ। रामकृष्ण ने मरने से कुछ दिन पूर्व नरेंद्रनाथ को विश्व में धर्म प्रचार का आदेश दिया।

रामकृष्ण की मृत्यु के पश्चात् नरेंद्रनाथ कई वर्षों तक भारत भ्रमण करते रहे। 1893 ई. में वह घूमते-घूमते कन्याकुमारी पहुँचे और वहाँ मन्दिर में बैठे-बैठे उन्हें यह ज्ञान हुआ कि भारत का उत्थान धार्मिक दर्शन प्रचार से न होकर साधारण गरीब भारतीय नागरिकों के जीवन स्तर तथा उनकी दरिद्रता को दूर करके ही संभव हो सकता है। 1893 ई. में अमरीका में विश्व धर्म सम्मेलन में भाग लेने के लिए जाते समय उन्होंने स्वामी विवेकानंद नाम ग्रहण किया। वह अमरीका, इंग्लैंड, यूरोप में तीन वर्ष रहे। फरवरी, 1896 ई. में उन्होंने न्यूयार्क में वेदांत सोसायटी का गठन किया जिसका लक्ष्य वेदांत प्रचार था। उनके अमरीका में बहुत से अनुयायी हो गए। वह चाहते थे कि कुछ भारतीय धर्म प्रचारक अमरीका में भारतीय दर्शन अर्थात् वेदांत का प्रचार करें और उनके अमरीकी शिष्य भारत आकर विज्ञान और संगठन का महत्त्व सिखाएँ। 1897 ई. में वह भारत वापस आए। मई, 1897 ई. में रामकृष्ण मिशन की स्थापना हुई और 1 जनवरी, 1899 ई. को वेलूर में इस मिशन का मुख्य कार्यालय स्थापित हुआ। जून, 1899 ई. को वह दूसरी बार अमरीका गए, वहाँ से 1901 ई. में वह वापस लौट आए। 4 जुलाई, 1902 को 39 वर्ष की आयु में उनकी मृत्यु हो गई।

स्वामी विवेकानंद ने अमरीका तथा यूरोप में पहली बार हिंदू धर्म की व्याख्या की। विश्व धर्म सम्मेलन में विवेकानंद ने सब धर्मों की सत्यता में विश्वास व्यक्त किया। उन्होंने अन्य धर्मों के प्रचारकों तथा अनुयायियों को बताया कि भारत ही

ऐसा देश है जहाँ धार्मिक भेदभाव नहीं हुआ है जहाँ प्रत्येक धर्म के प्रचार की स्वतंत्रता रही है। धर्म परिवर्तन से कोई लाभ नहीं है क्योंकि प्रत्येक का लक्ष्य समान है। उन्होंने पश्चिमी देशों को यह बताया कि भारत में पश्चिमी औद्योगिक तकनीकी तथा आर्थिक ज्ञान से अधिक लाभ हो सकता है। भारत की विजय राजनीतिक ही हो सकती थी सांस्कृतिक नहीं हो सकती थी। स्वामी जी ने हिंदू धर्म की पश्चिमी देशों में व्याख्या की और यह बताया कि वेदों में ज्ञानयोग, कर्मयोग, भक्तियोग आदि मार्गों से ईश्वर तक पहुँचा जा सकता है। इन विभिन्न मार्गों पर विश्व के सभी धर्म आधारित हैं। कर्म तथा पुनर्जन्म के सिद्धांतों का सही अर्थ समझाया। हिंदू धर्म के विस्तृत अर्थों की व्याख्या से पश्चिमी में बहुत से विद्वान उनके अनुयायी हो गए।

स्वामी विवेकानंद को पश्चिम की जीवन पद्धति में कुछ गुणों ने प्रभावित किया। जनकल्याण की भावना और उसके लिए संगठित प्रयत्न अनुकरणीय लक्ष्य थे। भारत में साधारण जनता के लिए बड़ी उपेक्षा का दृष्टिकोण था। पश्चिमी भौतिक और आर्थिक प्रगति, अमरीकी स्त्रियों की स्वतंत्रता और सामाजिक प्रतिष्ठा ने विवेकानंद को प्रभावित किया था। समाज कल्याण, जनसेवा के लक्ष्यों की प्राप्ति के लिए स्वामी जी ने रामकृष्ण मिशन की स्थापना की। इस मिशन को इन कार्यों में बहुत अधिक सफलता मिली।

विवेकानंद की आत्मा भारत में व्याप्त दुःख तथा दरिद्रता से पीड़ित थी। इसलिए दरिद्र नारायण के लिए कार्य करने का मंच ऐसा था, जहाँ विभिन्न जातियाँ, वर्ग तथा धर्म मिल सकते थे। यह सेवा ईसाई मिशनरियों से संभव नहीं थी। गरीबों और बीमारों की सहायता करना न केवल स्वार्थपरता समाप्त करने में सहायक होगा बल्कि ईश्वर प्राप्ति के मार्ग में एक यज्ञ होगाँ स्वामी जी ने साधुओं से संन्यास के साथ-साथ सेवाभाव करने को कहा। विवेकानंद की सबसे बड़ी सफलता यह थी कि उन्होंने संन्यासियों के समक्ष व्यक्तिनिष्ठा की अपेक्षा समाज सेवा के आदर्श प्रस्तुत किए।

स्वामी जी ने अंधविश्वास और छुआछूत की तीव्र आलोचना की। वह इस कारण थियोसोफिकल सोसायटी से भिन्न विचार रखते थे क्योंकि यह सोसायटी तंत्र, अंधविश्वासों और मिथ्या को प्रोत्साहन देती थी। विवेकानंद ने पश्चिमी देशों में हिंदुओं के आध्यात्मिक उपलब्धियों की चर्चा करके उस हीनता की भावना को बहुत सीमा तक समाप्त करने का सफल प्रयास किया, जो ईसाई मिशनरियों के धर्म प्रचार से पैदा हो गई थी। उन्होंने वेदांत की मुख्य शिक्षा यह बताई कि प्रत्येक व्यक्ति अपने में ईश्वर की ज्योति देख सकता है। जिस प्रकार ईश्वर स्वतंत्र है उसी प्रकार प्रत्येक

व्यक्ति भी सदा स्वतंत्र है। पश्चिमी राजनीतिक तथा अन्य संस्थाओं के पीछे जो भारतीय दौड़ रहे हैं। उन्हें यह ध्यान रखना चाहिए कि उन देशों में व्यापक असंतोष तथा व्याकुलता है। यद्यपि उनके यहाँ वे संस्थाएँ कई पीढ़ियों से चल रही हैं। इस प्रकार आत्मविश्वास तथा आत्मसम्मान की भावना जागृत कर देना उनकी महान देन है।

विवेकानंद ने भारतीयों को 'अभय' होने की शिक्षा दी। लोगों को शारीरिक बल, आंतरिक शक्ति के विकास करने का पाठ पढ़ाया। उन्होंने पश्चिमी सभ्यता में जिन दोषों का वर्णन एक उच्चतर दर्शन के प्रतिपादन में किया वह सामान्य भारतीय को प्रोत्साहन देने के लिए पर्याप्त था। देशभक्ति, समाज सेवा के जिन लक्ष्यों का प्रतिपादन किया गया वह भारत में एक नये देश प्रेम को प्रोत्साहन देने में सफल हुआ। धार्मिक स्वायत्तता का क्षेत्र काफी फैला हुआ था, इस क्षेत्र में पाश्चात्य राष्ट्रों की अवहेलना का विशिष्ट नतीजा उग्र राष्ट्रीयता हुआ।

6

भारतीय राष्ट्रीय आन्दोलन

प्रथम चरण

इंडियन नेशनल कांग्रेस की स्थापना–1885

सनू 1885 में इंडियन नेशनल कांग्रेस की स्थापना की गयी। इसकी स्थापना में ब्रिटिश प्रशासनिक अधिकारी के द्वारा दिया गया योगदान सराहनीय है। एलन ओक्टेवियम ह्यूम ने इस स्थापना में महत्वपूर्ण योगदान दिया। वह ब्रिटिश प्रशासन में अधिकारी थे। ब्रिटिश साम्राज्य के समक्ष जो संकट उत्पन्न हुआ था, उसका अनुभव ह्यूम ने स्वयं किया था। 1879 ई. में सरकारी नीति से उसका मतभेद हो गया जिसके फलस्वरूप लिटन ने उसका उच्च पद छीन लिया और निम्न पद पर आसीन कर दिया। यह घटना को राजनीतिक आंदोलनकारी बनाने में सहायक सिद्ध हुई। 1879 ई. मे वह थियोसोफिकल सोसाइटी के सम्पर्क में आया, पर जल्दी ही सोसायटी के नेताओं से विवाद हो गया। 1882 ई. में रिपन द्वारा स्थानीय स्वायत्त शासन संबंधी प्रस्ताव पास किए जाने के बाद ह्यूम और रिपन में पत्र व्यवहार प्रारंभ हुआ। शीघ्र ह्यूम ने रिपन के विश्वासपात्र की भाँति उसकी कठिनाइयों के विषय में वक्तत्व देना प्रारंभ किया। 1882 ई. में स्थानीय स्वायत्त शासन पर चर्चा, समाचार पत्रों के एक संघ बनाने की योजना, 1883 ई. में ब्रिटिश इंडिया एसोसिशन के सुझाव पर क्रिस्टोदास पाल को लेजिस्लेटिव कौंसिल का सदस्य नियुक्त करना,

इल्बर्ट विधेयक को प्रस्तुत करना, बंबई से 'वायस आफ इंडिया' पत्र का प्रकाशित होना आदि ऐसी घटनाएँ थीं जिन्होंने राजनीतिक रंगमंच पर एक नया उत्साह पैदा कर दिया। इल्बर्ट विधेयक पर अंग्रेजी असंतोष को देखकर भारतीय नेता भी चिंतित थे। इसी मौके पर ह्यूम ने 1 मार्च, 1883 ई. को कलकत्ता विश्वविद्यालय के स्नातकों के नाम एक पत्र लिखा, जिसमें उन्हें संगठित होकर भारतीय कल्याण के लिए कार्य करने की प्रेरणा दी। यह पत्र उसने रिपन से परामर्श के बिना ही लिखा था। तत्कालीन समाचार पत्रों में इस पत्र की कोई चर्चा नहीं हुई। इतना अवश्य है कि अप्रैल 1883 ई. में डब्ल्यू.सी. बनर्जी के नेतृत्व में 'युनाइटेड इंडियन कमेटी' का गठन किया गया। संभवतः रिपन ने ह्यूम को तुरंत ही अखिल भारतीय संगठन बनाने के पक्ष में परामर्श नहीं दिया। इसलिए ह्यूम मार्च, 1883 ई. से 1885 ई. के प्रारंभ तक प्रायः शांत रहा। इस बीच भारतीय समाचार पत्रों में एक राष्ट्रीय संघ, राष्ट्रीय कोष आदि की स्थापना की चर्चा होती रही। 1884 ई. में आई.सी.एस. की सेवाओं में आयु की अधिकतम सीमा बढ़ाने के संबंध में देशव्यापी आंदोलन एवं सभाएँ हुईं। नवंबर-दिसंबर 1884 ई. में रिपन को अप्रत्याशित शानदार विदाई दी गई।

नवंबर-दिसंबर, 1884 ई. में ह्यूम बंबई पहुँचा। तीन महीनों तक महाराष्ट्र एवं मद्रास के नेताओं से विचार-विमर्श करके मार्च, 1885 ई. में भारतीय राष्ट्रीय संगठन की योजना बना ली गई लेकिन इसे गोपनीय रखा गया। मार्च-अप्रैल में उसने बंगाल और उत्तरी भारत का दौरा किया। मई, 1885 ई. में उसने प्रस्तावित राजनीतिक संगठन के दिसंबर में पूना में होने वाले अधिवेशन की लार्ड डफरिन से चर्चा की जिसमें बंबई के गवर्नर को अध्यक्ष बनाने का सुझाव था। डफरिन ने गवर्नर को अध्यक्ष बनाने के सुझाव को अस्वीकार कर दिया। ह्यूम ने चार वर्षों बाद डफरिन से अपनी इस भेंट का वर्णन रिपन को लिखा जिससे डफरिन से भारतीय राजनीतिक संघ पर पूर्व चर्चा और उसके कहने पर सरकारी अधिकारियों को पृथक् रखने की बात स्पष्ट हो जाती है। इस विचार-विमर्श के बाद ही मई, 1885 ई. में पहला सर्कुलर भेजा गया जिसमें पूना में दिसंबर के अंतिम सप्ताह में इंडियन नेशनल यूनियन के अधिवेशन की सूचना दी गई। जुलाई से नवंबर तक ह्यूम भारत के बाहर रहा, 2 दिसंबर को ह्यूम भारत वापस आया और उसके बाद भारतीय राष्ट्रीय यूनियन के अधिवेशन की तैयारी प्रारंभ हुई।

सुरेंद्रनाथ बनर्जी ने इंडियन एसोसिएशन के दिसंबर के अंतिम सप्ताह में वार्षिक अधिवेशन की सूचना भी नवंबर के अंत में प्रकाशित की। इससे पूना में अधिवेशन के संयोजकों को काफी विस्मय हुआ। सुरेंद्रनाथ बनर्जी द्वारा इंडियन

एसोसिएशन की वार्षिक अधिवेशन की तिथियों की घोषणा के पूर्व ही पूना से इंडियन नेशनल यूनियन के वार्षिक अधिवेशन की तिथियों की घोषणा की गई। डब्ल्यू.सी. बनर्जी के कहने पर भी सुरेंद्रनाथ बनर्जी इंडियन नेशनल यूनियन के पूना अधिवेशन में नहीं आए। पूना कई कारणों से इस कांग्रेस के लिए अधिक उपयोगी समझा गया। कलकत्ता की अपेक्षा पूना में मतभेद कम थे। अंग्रेजी संपादकों एवं कर्मचारियों के विरोध की संभावना भी कम थी और पूना सार्वजनिक सभा इस अधिवेशन का खर्च भी सहन कर सकती थी। विपिनचंद्र पाल ने उपरांत में ह्यूम पर यह आक्षेप लगाया कि ह्यूम ने सुरेंद्रनाथ बनर्जी के नेतृत्व के महत्त्व को कम करने के लिए महाराष्ट्र में अधिवेशन बुलाया। लेकिन यह सही नहीं है क्योंकि सुरेंद्रनाथ बनर्जी ने अपने अधिवेशन की तिथियों की घोषणा बहुत पहले कर दी थी। दूसरे बंगाल में आमंत्रित इंडियन एसोसिएशन एक 'बंगाली संस्था' थी जिसे भारतीय बनाने में वास्तविक कठिनाई उत्पन्न होती। 1883 ई. की अपेक्षा 1885 ई. में इस संस्था के अधिवेशन में गैर बंगाली सदस्य एवं कलकत्ता के बाहर से बंगाली बहुत कम थे।

इंडियन नेशनल कांग्रेस का अधिवेशन 28 दिसंबर, 1885 ई. को शुरू हुआ जिसमें पहली बार भारत के सभी भागों से 72 प्रतिनिधियों ने भाग लिया। ये प्रतिनिधि अधिकांशतः मध्यमवर्ग के सदस्य थे। कलकत्ता इंडियन एसोसिएशन की अपेक्षा इंडियन नेशनल कांग्रेस में जमींदारों या सामंती वर्ग का प्रतिनिधित्व कम था। बंबई अधिवेशन में निम्न बातों पर अधिक बल दिया गया। भारतीय प्रशासन की रायल कमीशन (जिसमें भारतीय सदस्य भी हों) द्वारा जाँच कराई जाए, भारत सचिव की इंडिया कौंसिल को खत्म किया जाए एवं केंद्रीय और प्रांतीय लेजिस्लेटिव कौंसिलों में भारतीय निर्वाचित सदस्यों की संख्या बढ़ाई जाए। सैनिक खर्चे में कमी, भारत और इंग्लैंड में प्रतियोगिता परीक्षाओं का एक ही समय पर साथ-साथ किए जाने और आयात करों में वृद्धि करने के पक्ष में प्रस्ताव पास किए। इन प्रस्तावों में समाज सुधार से संबंधित कोई विषय शामिल नहीं था। समाचार पत्रों एवं विभिन्न प्रांतीय संस्थाओं में इन विषयों पर प्रस्ताव पास किए जाते थे। प्रस्तावों एवं भाषणों में इंग्लैंड के प्रति भक्ति भाव रखते हुए भारत सरकार के कार्यों की इंग्लैंड द्वारा जाँच इंग्लैंड सरकार से न्याय की अपील करना अपने में महत्त्वपूर्ण था। इस कांग्रेस के अधिवेशन ने सरकारी नीति के विरुद्ध 'नए भारत' का प्रतिनिधित्व किया।

थियोसोफिकल सोसायटी और कांग्रेस– ऐनी बेसेंट एवं आलकट ने यह दावा कि थियोसोफिकल सोसायटी के कारण ही कांग्रेस का गठन हुआ। उनका तर्क

है कि 1884 ई. में मद्रास में थियोसोफिकल सोसायटी के मुख्य कार्यालय में वार्षिक बैठक के समय कुल (17) नेताओं ने परस्पर विचार विमर्श किया जिसमें एक राजनीतिक संगठन बनाने के प्रश्न पर चर्चा हुई थी। लेकिन परीक्षण करने पर इस दावे का खोखलापन स्पष्ट हो जाता है। 1884 ई. में मद्रास सम्मेलन के फलस्वरूप किसी कांग्रेस की स्थापना नहीं हुई। उस समय स्वयं आलकट ने राजनीतिक विषयों में हस्तक्षेप से मना किया। 1885 ई. में भी आलकट ने इंडियन नेशनल कांग्रेस के प्रथम अधिवेशन से अधिक महत्त्वपूर्ण थियोसोफिकल सोसायटी का वार्षिक सम्मेलन बताया था। आलकट और ह्यूम में कांग्रेस स्थापना के पूर्व मनमुटाव हो चुका था। इसलिए ह्यूम का एक समय थियोसोफिस्ट होना उस सोसायटी को इस संस्था का जनक नहीं बना सकता।

वार्षिक सम्मेलनों की परंपरा थियोसोफिकल सोसायटी की स्थापना से पूर्व ही प्रचलित थी। ऐनी बेसेंट (जिसने उपरांत में इस दावे को दोहराया) के कथन में कई परस्पर विरोधी बातें हैं। सुरेंद्रनाथ बनर्जी मद्रास सम्मेलन में 1884 ई. में उपस्थित नहीं थे। यद्यपि बेसेंट उनको उपस्थित बताती हैं। ह्यूम स्वयं उन 17 सदस्यों में नहीं थे और उन 17 सदस्यों में से अधिकांश कांग्रेस के प्रथम अधिवेशन में अनुपस्थित थे। इसलिए 1884 ई. में मद्रास में हुए थियोसोफिस्ट सम्मेलन को कांग्रेस के जन्म के लिए उत्तरदाई नहीं ठहराया जा सकता।

कांग्रेस की स्थापना के संबंध में पट्टाभिसीतारमैया भी यह कहकर शांत हो जाते हैं कि यह सब रहस्यमय है। यह निस्संदेह है कि ह्यूम ने इस संगठन की वास्तविक रचना में महत्त्वपूर्ण योगदान दिया लेकिन उसने किन कारणों से प्रभावित होकर ऐसा किया? ह्यूम ने स्वयं यह तर्क प्रस्तुत किया है कि उसने अंग्रेजी साम्राज्य को व्यापक असंतोष के खतरे से बचाने के लिए इस संस्था का गठन किया। इस प्रकार कांग्रेस का गठन अंग्रेजी साम्राज्य के लिए एक सुरक्षा वाल्व के रूप में किया गया। विलियम वेडरबर्न ने ह्यूम की जीवनी लिखने में इस तर्क को दोहराया है। इसी तर्क को आक्षेप के रूप में लाला लाजपतराय ने भी दोहराया है। यह तर्क सामान्यतः स्वीकृत है। ह्यूम के कथनानुसार उसे यह ज्ञान लिटन के शासनकाल के अंत के 15 महीने पूर्व हुआ था। यह भाषा अस्पष्ट एवं संदिग्ध है। 1879 ई. में थियोसोफिस्ट नेता भारत आए थे। उसी वर्ष ह्यूम की पदावनती भी हुई और लिटन की अफगान नीति, वर्नाक्यूलर प्रेस एक्ट, आर्म्स एक्ट एवं स्टेट्यूटरी सिविल सर्विस नियमों का सामूहिक प्रभाव उसी वर्ष दिखाई पड़ा। ह्यूम ने अंग्रेज विरोधी भावनाओं का या गुप्त षड्यंत्र का वर्णन 1885 ई. में डफरिन के साथ अपनी भेंट में नहीं किया

और न ही अन्य किसी व्यक्ति से उसने इसका वर्णन 1886 ई. के अंत तक किया। ह्यूम के लक्ष्य को समझने के लिए ध्यान रखना जरूरी है कि 1882 ई. के बाद वह गवर्नर जनरल और अंग्रेजी पढ़े-लिखे भारतीय वर्ग दोनों में एक मध्यस्थ बनने के लिए प्रत्यनशील था। इससे दोनों पक्षों में उसका महत्त्व बढ़ सकता था। 1882-84 ई. के मध्य उसने यह कार्य बड़ी कुशलता से निभाया। 1885 ई. में डफरिन के समय में भी उसने यही कार्य करना चाहा। लेकिन डफरिन ने अंग्रेजी साम्राज्य की सुरक्षा के लिए पढ़े-लिखे मध्यम वर्ग की अपेक्षा जमींदार और सामंती वर्ग का समर्थन प्राप्त करना अधिक उपयोगी समझा। इसलिए उसके लिए ह्यूम को मान्यता प्रदान करना संभव नहीं रहा। डफरिन की नीति से शिक्षित मध्यम वर्ग अत्यंत क्रुद्ध हुआ। परिणामस्वरूप 1885 ई. में कांग्रेस अधिवेशन में डफरिन प्रशासन की अप्रत्यक्ष रूप से आलोचना की गई। 1886 ई. में डफरिन और भारतीय समाचार पत्रों में मनमुटाव बढ़ता गया। ह्यूम ने लेखक का नाम न देकर दो पुस्तिकाएँ 'दि ओल्ड मैंस होप' और 'दि राइजिंग टाइड' प्रकाशित की जिनमें डफरिन की काफी आलोचना की गई। भारतीय समाचार पत्रों के संपादकों ने असंतोष जताया जिसकी खबर इंग्लैंड तक पहुंच गई। डफरिन से भेंट में ह्यूम ने उन पुस्तिकाओं में डफरिन पर झूठे-सच्चे आरोप लगाने में अपनी गलती स्वीकार की और डफरिन की प्रतिष्ठा बढ़ाने के लिए गुमनाम लेखक के रूप में 'दि स्टार इन दी ईस्ट' पुस्तिका लिखी लेकिन डफरिन ने अक्टूबर, 1886 ई. में भारतीय नेताओं को यह बताया कि 'दि स्टार इन दि ईस्ट' ह्यूम द्वारा लिखी गई। कांग्रेस के कलकत्ता अधिवेशन में ह्यूम से लोगों ने इस बात की सत्यता जानने का प्रयास किया जिसके फलस्वरूप उसने डरफिन को कभी माफ नहीं किया। 1886 ई. के अंत में डफरिन और ह्यूम में हुआ मतभेद दूरगामी सिद्ध हुआ। 1887 ई. में ह्यूम ने कांग्रेस अधिवेशन को अत्यंत प्रभावशाली बनाने का प्रयास किया। उधर सरकार ने इस संस्था को न मानने की नीति अपनाई।

मध्य कांग्रेस के कार्यों का वर्णन (1885–1905)

भारत के विभिन्न प्रांतों में कांग्रेस का अधिवेशन होता था। प्रारंभ में इस संस्था के सभी नेता अंग्रेजी प्रशासन और साम्राज्य के हृदय से शुभचिंतक थे। उनकी अंग्रेजी शासकों के प्रति अटूट भक्ति की भावना थी। वे अंग्रेजी साम्राज्य के विरुद्ध किसी प्रकार का जन आंदोलन प्रारंभ करने के पक्ष में नहीं थे लेकिन इंग्लैंड संसद की ईमानदारी में उनका विश्वास अडिग था। वे यह मानने को तैयार नहीं था परिस्थिति में बदलाव नहीं होगाँ इसलिए कांग्रेस की कार्य पद्धति में इंग्लैंड में प्रचार करना अत्यंत

महत्त्वपूर्ण था। पार्लियामेंट के सदस्यों को भारत के विषय में ठीक जानकारी देना, ज्ञापन प्रस्तुत करना, विभिन्न विषयों पर प्रस्ताव पास करना ही उनका ध्येय था। प्रजातंत्र और संवैधानिक प्रशासन के सैद्धांतिक ज्ञान में निपुण होने के कारण कांग्रेस के नेता यह विश्वास नहीं कर सकते थे कि इंग्लैंड की प्रजातंत्रीय सरकार भारत में प्रतिनिधित्व को स्थापित नहीं करेगी। उनके क्रियाकलापों से ऐसा प्रतीत होता है कि वे इंग्लैंड के नियंत्रण से मुक्त होने के पक्षधर नहीं थे।

पहले 20 वर्षों में कांग्रेस का रूप एक ऐसी संस्था की भाँति रही जो भारत की प्रगति के लिए विभिन्न विषयों से संबंधित प्रस्ताव करके अंग्रेज सरकार का उन विषयों की ओर ध्यान आकर्षित करे एवं प्रशासन में सुधार की जरूरत स्पष्ट करे। जिन विषयों से संबंधित प्रस्ताव पास किए गए उनका संक्षिप्त वर्णन इस प्रकार है– (1) भारत सचिव की इंडिया कौंसिल को खत्म करना या इसके ढाँचे में बदलाव करके भारतवासियों को उसका सदस्य नियुक्त करना। इस माँग का मुख्य औचित्य यह था कि भारत में अंग्रेजी सरकार के कुछ उदार प्रस्तावों को यह स्वीकार कर देती थी। इसके अतिरिक्त इस कौंसिल का समस्त खर्च भारत से ही दिया जाता था और वह धन निष्कासन था। (2) भारत में विभिन्न प्रांतीय एवं केंद्रीय विधान सभाओं (लेजिस्लेटिव असेंबली एवं कौंसिल) में भारतीय निर्वाचित सदस्यों की संख्या बढ़ाई जाए जिससे प्रतिनिधित्व प्रशासन को भारत में स्थापित किया जा सके। (3) उच्च लोक सेवाओं में भारतीयों को अंग्रेजों के समान मौका दिया जाए। प्रतियोगिता परीक्षाओं में केवल योग्यता के आधार पर भारत में भी परीक्षाएँ हों और प्रजातीय विभेद खत्म किया जाए। कार्यकारिणी और न्याय संबंधी प्रशासन अलग कर दिए जाएँ। उस समय यह सामान्य विचारधारा थी कि जिला स्तर पर अंग्रेज न्यायाधीश कुशल नहीं थे। (4) अंग्रेजी साम्राज्य की सुरक्षा और प्रसार का खर्च केवल भारत पर ही न डाला जाए अपितु इंग्लैंड और भारत दोनों में बाँटा जाए। (5) भारत से धन निष्कासन कम किया जाए। इस धन निष्कासन का एक मुद्दा 'होम चार्जिज' (इंग्लैंड में किया गया खर्च) होता था। इस खर्च को खत्म कराने या बहुत कम कराने के पक्ष में बहुत बार प्रस्ताव पास किए गए। (6) भू-राजस्व की मात्रा कम की जाए, नमक कर घटाया जाए और कृषकों की स्थिति सुधारने के लिए भूराजस्व को स्थायी रूप से निर्धारित कर दिया जाए। इसे प्रति 20 अथवा 30 वर्षों बाद न बढ़ाया जाए। निर्धनता को कम करने के लिए कुटीर उद्योगों को प्रोत्साहन दिया जाए। तकनीकी शिक्षा के लिए अधिक सुविधाएँ उपलब्ध कराई जाएँ।

अंग्रेज सरकार की कांग्रेस के प्रति नीति–1885-1905–1885-86 ई. के

मध्य ह्यूम और डफरिन के परस्पर व्यक्तिगत संबंध काफी खराब हो चले थे। 1887 ई. के बाद कांग्रेस आंदोलन और अंग्रेजी प्रशासन में परस्पर संबंध बिगड़ते गए। यह स्थिति भारतीय परिस्थितियों में स्वाभाविक ही थी क्योंकि अंग्रेज प्रशासक भारतीय समानता के दावे को स्वीकार करने के लिए तैयार नहीं थे। डफरिन का दृष्टिकोण बहुत सीमा तक आकलैंड कोलविन के विचारों से प्रभावित था। सर सैयद ने दिसंबर, 1887 ई. में ही कांग्रेस का विरोध किया क्योंकि उनके अनुसार इस संस्था एवं आंदोलन से मुसलमानों के हितों को हानि पहुँचती थी। इससे अंग्रेजी अधिकारियों को सहज ही यह तर्क मिल गया कि कांग्रेस की माँगों से भारतीय जनता के सभी वर्ग सहमत नहीं थे।

यह तर्क भ्राँतिपूर्ण था। अगर मुसलमानों ने विरोध न भी किया होता, तब भी कांग्रेस द्वारा प्रस्तुत माँगों को अंग्रेज सरकार स्वीकार करने वाली नहीं थी। लेकिन कांग्रेसी नेताओं को जिनका अंग्रेज प्रशासकों पर अटूट विश्वास था, भ्राँति में डालने के लिए पर्याप्त था। इसलिए वे इस कमी को दूर करने के प्रयत्नों में लग गए। इसके अतिरिक्त अंग्रेज अधिकारियों ने कांग्रेस द्वारा प्रस्तुत माँगों को इसलिए भी मानने से इनकार कर दिया कि कुलीन एवं सामंत वर्ग उनके साथ नहीं था और कांग्रेस असंख्य जनता का प्रतिनिधित्व नहीं करती थी। अंग्रेज प्रशासकों ने इन आधारों पर कांग्रेस की बात न मानने के औचित्य प्रस्तुत किया। सही मायने में अंग्रेज उन अधिकारों और सुविधाओं को प्रदान ही नहीं करना चाहते थे। क्योंकि वे भारत को एक उपनिवेश की भाँति ही रखना चाहते थे।

कांग्रेस के मार्ग में अंग्रेज सरकार विभिन्न प्रकार से अवरोध पैदा करना चाहती थी। इलाहाबाद में कांग्रेस अधिवेशन के लिए स्थान ही उपलब्ध न होने देना, विभिन्न स्थानों पर सरकारी अधिकारियों द्वारा कांग्रेस में शामिल होने वालों पर दबाव डालना, कांग्रेस को धन देने वालों पर निगरानी रखना आदि, सरकारी नीति का अंग बन गई। सरकारी कर्मचारियों को अधिवेशन में शामिल नहीं होने देने का आदेश दिया गया। कुछ प्रांतों के गवर्नर तो यह चाहते थे कि कांग्रेस के वार्षिक अधिवेशनों को भी बंद कर दिया जाए लेकिन यह स्वीकृत नहीं मिली। 1895 ई. के बाद कांग्रेस के प्रति भारत सचिव, गवर्नर जनरल एवं प्रांतीय गर्वनरों का दृष्टिकोण अत्यंत कठोर होता गया।

अंग्रेज सरकार कांग्रेस का विरोध इसलिए करती थी क्योंकि एक नौकरशाही सरकार की नीतियों की आलोचना का परिणाम सामान्य जनता के हृदय से उसके प्रति भक्तिभाव कम करना होगाँ लगातार आलोचना उस श्रद्धाभाव को कम करने

में सहायक होगी, जो एक विदेशी और निरंकुश सरकार द्वारा प्रशासन के लिए अत्यंत लाभदायक होती है। किसी स्थापित नियंत्रण के विरुद्ध आंदोलन सबसे पहले उसकी मुक्त आलोचना से ही प्रारंभ होता है। इसलिए अंग्रेजी सरकार ने कांग्रेस को कमजोर करने के लिए कई नीतियां अपनायीं। भारत में धार्मिक मतभेदों को बढ़ावा देना, मुसलमानों को उनके कांग्रेस विरोध के परिणामस्वरूप आश्रय प्रदान करना, सामंती वर्ग को उत्तेजित करना, भारतीयों को पश्चिमी शिक्षा की अपेक्षा प्राच्य शिक्षा की ओर आकर्षित करना और कांग्रेस के नेताओं में मतभेद को प्रोत्साहन देना। कांग्रेस इंग्लैंड में जनमत तैयार करने में सफल नहीं हो पायी 1892 ई. के इंडियन कौंसिल एक्ट (जो एक प्रकार से 1861 ई. के एक्ट का ही विशद रूप था) के अलावा किसी भी माँग को अंग्रेज सरकार ने स्वीकार नहीं किया। यद्यपि कांग्रेस के कुछ नेताओं को उच्च न्यायालयों के न्यायाधीश नियुक्त किया गया लेकिन उनकी नियुक्ति उनकी योग्यता के कारण संभव हुई। अंग्रेजी सरकार की नीति कांग्रेसी प्रचार की अनदेखी करना थी। 19वीं सदी के अंतिम वर्षों में कांग्रेस का प्रभाव प्रसार नहीं हुआ और कुछ प्रेक्षक यह अनुमान करते थे कि कांग्रेस स्वतः ही खत्म हो जाएगी। लेकिन कर्जन की नीतियों का परिणाम यह हुआ कि कांग्रेस आंदोलन में एक नई जान आ गई और नई परिस्थितियों में कांग्रेसी नीतियों का महत्त्व बढ़ गया।

1905 ई. तक कांग्रेस एक ऐसे जागरण के समान थी जो राजनीतिक अधिकारों के संबंध में सरकार के समक्ष अपनी माँगें प्रस्तुत करता था। कांग्रेस और अंग्रेजी सरकार में मनमुटाव होना इसलिए स्वाभाविक था क्योंकि कांग्रेस अंग्रेजी सरकार के स्वरूप को ही बदल देना चाहती थी। कांग्रेस ने अपनी माँगों को उचित ठहराने के लिए एक आंदोलन प्रारंभ किया जिसने सरकार की लापरवाही एवं निरंकुशता को स्पष्ट किया। कांग्रेस में अभी ऐसे नेताओं का प्रभाव अत्यधिक था जिन्हें अंग्रेजी साम्राज्य की न्यायप्रियता में विश्वास था। कुछ घटनाएँ शीघ्र ही ऐसी हुईं जिन्होंने कांग्रेस की उस मान्यता को चोट पहुँचाई जैसे बंगाल विभाजन, 1902 का शिक्षा आयोग आदि इन घटनाओं से कांग्रेस के समक्ष एक संकटमय स्थिति पैदा हुई और थोड़े समय के लिए कांग्रेस एक अत्यंत दुर्बल संस्था होकर रह गई।

मुसलमानों में राजनीतिक जागरण—19वीं सदी में अंग्रेजी साम्राज्य की स्थापना के बाद समस्त भारत की राजनीतिक समस्याएँ समान ही थीं। स्थानीय आर्थिक शैक्षणिक विकास के आधार पर संभवतः कुछ अंतर हो सकता था। 19वीं सदी के उत्तरार्ध में राजनीतिक आंदोलन अंग्रेजों से उन अधिकारों के प्राप्त करने से संबंधित था, जो इंग्लैंड में वहाँ के निवासियों को उपलब्ध थे। इस आंदोलन में भारत

के सभी वर्ग शामिल हो सकते थे। कांग्रेस या अन्य प्रांतीय संस्थाएँ अंग्रेज भक्ति का दम भरती थीं इसलिए आपस में राजनीतिक हितों के संघर्ष की संभावना कम थी।

19वीं सदी के उत्तरार्ध में मुसलमान नेताओं पर अंग्रेज संदेह की दृष्टि रखते थे क्योंकि वे 1857 ई. की क्रांति का उत्तरादायित्व मुसलमानों को देते थे क्योंकि वे अपनी खोई हुई प्रधानता को पुनः प्राप्त करना चाहते थे। मुसलमानों के अधिकांश सामंती परिवार राजकीय सेवा या सैनिक प्रशासन से संबद्ध थे। यह सामंती वर्ग 19वीं सदी के पूर्वार्ध में अत्यंत दरिद्र अवस्था में पहुँच चुका था। मुसलमानों के जागरण का नेतृत्व अलीगढ़ आंदोलन ने किया। सर सैयद के राजनीतिक चिंतन का लक्ष्य मुसलमानों से कुलीन वर्गों तक सीमित था। यह वर्ग अपनी कुलीनता किसी पूँजी, योग्यता या भूस्वामित्व पर आधारित न बताकर केवल इस बात पर आधारित थी कि वे मध्यकाल के शासकों के वंशज थे। उनका यह तर्क गलत था क्योंकि मुसलमानों का कोई एक वर्ग समस्त मध्यकाल में शासक नहीं रहा था और 19वीं सदी के अधिकांश कुलीन परिवारों की वंशावली निश्चित रूप से मध्यकाल के शासकों से नहीं जोड़ी जा सकती थी। वास्तविकता यह थी कि 19वीं सदी के अधिकांश मुसलमान परिवार पहले हिंदू थे, जिन्होंने धर्म बदलाव कर लिया था। सर सैयद का यह विश्वास था कि मुसलमान इस देश के मूल निवासी नहीं थे, अऐतिहासिक था।

1870 ई. के बाद पश्चिमी शिक्षा से प्रभावित बहुत से भारतीय नेता भारत में प्रजातंत्र स्थापना की बौद्धिक स्तर पर चर्चा करने लगे। पहले सर सैयद ने प्रजातंत्र की संभावना को बहुत संदिग्ध समझा साथ ही उन्हें प्रजातंत्रीय सिद्धांत भी तर्कसंगत नहीं दिखाई दिए। उन्हें देश में प्रजातंत्र की स्थापना भी आपत्तिजनक दिखाई पड़ी क्योंकि देश के विभिन्न वर्ग समान रूप से शिक्षित एवं प्रगतिशील नहीं थे। उन्हें एक अन्य आपत्ति यह थी कि संसदात्मक प्रजातंत्र का परिणाम देश में दो दलों का गठन होता है और ये दो दल उनके अनुसार, केवल हिंदू और मुसलमान ही हो सकते थे। यह तर्क अत्यंत भयानक था एवं समस्त राजनीतिक को सांप्रदायिक आधारों पर ढालने के लिए उत्तरदायी हुआ। इस तर्क ने मुसलमानों के लिए एक भयावह भविष्य की कल्पना प्रस्तुत की। सर सैयद प्रारंभ में प्रतियोगिता परीक्षाओं के पक्ष में थे–लेकिन उन्हें जल्द ही अहसास हो गया कि मुस्लिम छात्र प्रतियोगिता में सफल नहीं हो सकेगाँ गणित और शास्त्रीय भाषाओं के ज्ञान में वे अपेक्षाकृत पीछे रहेंगे। इसलिए 1885 ई. के बाद उन्होंने प्रतियोगिता परीक्षाओं का विरोध किया और 1887 ई. में यह तर्क दिया कि इन परीक्षाओं में उच्च कुल के व्यक्तियों

को निम्न कुल वालों के अधीन भी कार्य करना पड़ सकता था इसलिए वे मूलतः अनुचित थीं।

सर सैयद द्वारा कांग्रेस का विरोध—सर सैयद द्वारा कांग्रेस का विरोध स्वाभाविक एवं उनकी विचार शैली के अनुरूप ही था। कुछ लोग उनके इस विरोध को अलीगढ़ कॉलेज के प्रिंसिपल, थियोडोर बैक, का योगदान बताते हैं लेकिन यह गलत है। सर सैयद ने स्वयं ही इस विरोध में पहल की थी। 1887-88 ई. में ही सर सैयद ने कांग्रेस की तुलना एक गृह युद्ध से की। 1888 ई. में सर सैयद ने यूनाइटेड इंडिया पेट्रियाटिक एसोसिएशन की स्थापना की जिसका लक्ष्य इंग्लैंड सरकार को यह बताना था कि अधिकांश हिंदू-मुसलमान कांग्रेस विरोधी हैं। अगले चार वर्षों में इस एसोसिएशन ने कांग्रेस विरोधी प्रचार में काफी कार्य किया लेकिन इसे कोई विशेष सफलता नहीं मिली। 1892 ई. के इंडियन कौंसिल्स एक्ट से सर सैयद को ऐसा प्रतीत हुआ कि शायद भारत में प्रजातंत्रीय संसदात्मक प्रणाली स्थापित हो जाए। इसलिए 1893 ई. में सर सैयद ने एक मोहम्डन एंग्लोओरियंटल डिफेंस एसोसिएशन की स्थापना की। अपने 4 वर्षों के छोटे से कार्यकाल में यह संस्था मुसलमानों के राजनीतिक अधिकारों के संबंध में कुछ मौलिक सिद्धांतों का प्रतिपादन किया जिस पर उस समय कोई विशेष ध्यान भारतीय राजनीतिज्ञों ने नहीं दिया लेकिन उपरांत में इसके कार्यों और सिद्धांतों को मुस्लिम लीग ने पूरा करने का प्रयास किया। 1896 ई. में इस संस्था ने मुसलमानों के राजनीतिक अधिकारों को उनके ऐतिहासिक योगदान और राजनीतिक महत्त्व के आधार उत्तर-पश्चिमी प्रांत (यू.पी.) में उन्हें हिंदुओं के समान प्रतिनिधित्व देने की माँग की। यद्यपि उनकी जनसंख्या हिंदुओं की अपेक्षा 1/6 थी। मुसलमानों के लिए सांप्रदायिक प्रणाली के आधार पर अलग निर्वाचन पद्धति की स्थापना की माँग की गई। उनके लिए स्थानों के आरक्षण की भी माँग प्रस्तुत की गई। इन सब सिद्धांतों पर एक स्मरण पत्र तैयार किया गया और इसे इंग्लैंड में शुभचिंतकों के पास सलाह के लिए भेज दिया गया।

सर सैयद ने मुसलमानों के राजनीतिक हितों के लिए अंग्रेजी राज्य के प्रति भक्ति तथा निष्ठा अत्यंत जरूरी बताई। वह अंग्रेजों को स्पष्ट बता देना चाहते थे कि भारतीय मुसलमान केवल अंग्रेजों के प्रति ही भक्तिभाव रखते थे एवं वे भारत के बाहर किसी भी मुसलमान राज्य पर अंग्रेजों द्वारा किए गए दुर्व्यवहार से प्रभावित नहीं होंगे। यह सर सैयद की बड़ी भारी देन थी क्योंकि इससे उन्होंने भारतीय मुसलमानों की राजनीति को अन्य देशों से पृथक् कर दिया। 1877-78 ई. में रूस तुर्की युद्ध में सर सैयद ने इंग्लैंड की नीति को उचित बताया यद्यपि इंग्लैंड ने तुर्की

का समर्थन नहीं किया। 1878 ई. के बर्लिन समझौते को तुर्की के लिए लाभदायक बताया। तुर्की के सुल्तान ने संसार के मुसलमानों का समर्थन प्राप्त करने के लिए अपने आपको इस्लामी जगत का खलीफा बताना प्रारंभ किया। सर सैयद ने तुर्की सुल्तान के इस दावे को किसी के लिए भी सही नहीं बताया क्योंकि 'खिलाफत' खत्म हो चुकी थी। भारतीय मुसलमानों के लिए उन्होंने किसी भी बाह्य सुलतान के प्रति कोई सहानुभूति रखना अनुचित बताया। वह यह विश्वास दिलाना चाहते थे कि सर्व इस्लामाबाद का भारतीय मुसलमानों पर कोई प्रभाव नहीं था।

अलीगढ़ नेताओं के हिंदी-उर्दू वाद-विवाद को भी राजनीतिक दृष्टि से देखा, यद्यपि हिंदी के पक्ष में आंदोलन केवल साधारण लोगों की सुविधा को लेकर प्रारंभ हुआ था। 19वीं सदी के उत्तरार्द्ध में क्षेत्रीय भाषाओं के विकास और जिला स्तर के न्यायालयों में उसी भाषा को प्रोत्साहन देने की नीति का परिणाम यह था कि उत्तर-पश्चिमी प्रांत में हिंदी समर्थक आंदोलन प्रारंभ हुआ। इस समय इस आंदोलन का समर्थन या विरोध किसी धार्मिक या जातीय आधार पर नहीं था। बहुत से हिंदू भी हिंदी विरोधी थे। हिंदी के समर्थकों का तर्क मूल रूप से लिपि पर था क्योंकि उर्दू और हिंदी में भाषाई दृष्टि से अधिक भिन्नता नहीं थी। दोनों के समर्थक उसे साधारण बोलचाल की भाषा कहते थे। अंतर यह था कि उर्दू में फारसी के और हिंदी में संस्कृत के शब्द अधिक थे। सर सैयद एवं उनके समर्थकों ने भाषा की समस्या को एक राजनीतिक प्रश्न बनाया। उनके अनुसार उर्दू के स्थान पर हिंदी हो जाने से मुसलमानों के लिए नौकरी के मौका और कम हो सकते थे—इसलिए 1880 ई. के बाद उन्होंने मुसलमानों को उर्दू की अपेक्षा अंग्रेजी सीखने पर अधिक बल दिया। सर सैयद के हिंदू-मुस्लिम एकता के विचारों की एक कसौटी उर्दू हिंदी की समस्या भी थी। उन्होंने 1869 ई. में यह स्वीकार किया कि मुसलमान कभी हिंदी पर सहमत नहीं होंगे और यदि हिंदुओं ने हिंदी पर आग्रह किया तो हिंदू-मुस्लिम एकता खत्म हो जाएगी। दूसरे शब्दों में सर सैयद अपनी शर्तों पर एकता चाहते थे।

राजनीतिक में सांप्रदायिकता का प्रवेश—1870 ई. में अलीगढ़ आंदोलन के प्रारंभ होने के समय देश में सांप्रदायिकता की समस्या नहीं थी। दोनों ही संप्रदाय अंग्रेजों के अधीन रहते थे। कोई राजनीतिक प्रश्न आपस में मतभेद का नहीं था। लेकिन 19वीं सदी के अंत तक यह सब कुछ बदलना प्रारंभ हो गया। इसका मूल कारण राजनीति में सांप्रदायिकता का समावेश है। सांप्रदायिकता का प्रवेश किन कारणों से और किस प्रकार हुआ। यह प्रश्न विवादास्पद है। इस प्रश्न पर सोचने के विभिन्न दृष्टिकोण हो सकते हैं। हिंदू-मुसलमानों में राजकीय नौकरियाँ प्राप्त

करने में मनमुटाव, हिंदू साहूकारों और मुसलमान कृषकों में खराब संबंध, सामाजिक जीवन में भिन्न दृष्टिकोण, जुलूसों में घंटे-घड़ियाल बजाने और मस्जिदों के आगे बाजा बजाने की साधारण सी बात पर मतभेद हो जाता था। वास्तविक कारण एक ही था और वह था राजनीति में सांप्रदायिकता का प्रवेश अर्थात् राजनीतिक समस्याओं का हल सांप्रदायिकता पर आधारित करना। भारतीय राजनीति में सांप्रदायिकता का विशिष्ट अर्थ हिंदू-मुस्लिम सांप्रदायिकता से है।

सांप्रदायिकता का निर्णय इस आधार पर भी किया जा सकता है कि किसने समस्त देश या राष्ट्र के स्थान पर तथा अन्य छोटी इकाई को भक्ति एवं निष्ठा का केंद्र बनाया? अर्थात् किसने भारत को एक राष्ट्र और सभी भारतीय को एक ही कौम का सदस्य नहीं माना है। अपितु इस देश में एक से अधिक कौमें हैं और मुसलमान या हिंदू पृथक्-पृथक् कौमें हैं। इस प्रश्न पर भी विभिन्न विचारधाराएँ हैं। उर्दू भाषा में कौम शब्द का प्रयोग धार्मिक, व्यावसायिक, क्षेत्रीय समूह के लिए भी होता है, जैसे पारसी की कौम, जुलाहे की कौम, बंगाली कौम आदि। सर सैयद ने इन सभी अर्थों में कौम शब्द का प्रयोग किया है। कौम शब्द का प्रयोग धार्मिक समुदाय के रूप में भी माना जा सकता है। वास्तविक व्याख्या राजनीतिक प्रश्नों के निर्णय के समय प्रस्तुत की गई। स्थानीय स्वशासन और निर्वाचन पद्धति के प्रश्न पर लेजिस्लेटिव कौंसिल ने विरोध यह कहकर किया कि, 'भारत अपने में एक महाद्वीप है और इसमें विभिन्न कौमों और धर्मों के लोग रहते हैं...एक ऐसे मुल्क में जैसा कि हिंदुस्तान है...जहाँ विभिन्न कौमें घुलमिल नहीं सकी हैं और जहाँ धार्मिक मतभेद बढ़े हुए हैं...जब तक कौम और धर्म के मतभेद भारत के सामाजिक और राजीनतिक जीवन के अभिन्न अंग बने रहेंगे—उस समय तक चुनाव का नियम निश्चिंतता के साथ प्रचलित नहीं किया जा सकता।'

सर सैयद ने अपने कुछ गिने-चुने भाषणों में ही सांप्रदायिक सौहार्द और राष्ट्रीय एकता की बात की है। बहुत से लेखक उन भाषणों के आधार पर यह सिद्ध करना चाहते हैं कि सर सैयद सांप्रदायिक राजनीतिक के लिए उत्तरदाई नहीं थे। यह तर्क दो कारणों से गलत है। एक, इसलिए कि सर सैयद ने वे भाषण उन अवसरों पर दिए जब उन्हें अपने अलीगढ़ कॉलेज की आर्थिक जरूरत के लिए हिंदुओं से अधिक मात्रा में धन प्राप्त होने की आशा थी। इन भाषणों में उन्होंने सामाजिक जीवन के सामूहिक पक्ष पर बल दिया था और इस क्षेत्र में भी धर्म पृथक् था, दूसरे उन भाषणों में एकपक्षीय सहयोग पर बल दिया गया अर्थात हिंदुओं पर उनकी संपन्नता के कारण यह उत्तरदायित्व लगाया कि वे अपने वतनी भाइयों

(देशवासियों) के उत्थान में मदद करें। उनमें से किसी भाषण में भी उन्होंने किसी ऐसे क्षेत्र की व्याख्या नहीं की जिसमें उन्होंने मुसलमानों से कहा हो कि वे हिंदुओं का समर्थन करें। हिंदू नेता भी यह जानते थे कि दोनों संप्रदायों का धार्मिक क्षेत्र पृथक् था शेष अन्य क्षेत्रों में वे साथ-साथ चल सकते थे। राजनीतिक क्षेत्र में कोई धार्मिक प्रश्न नहीं था। 1886 ई. बाद इस बात के जाँचने का मौका उपलब्ध हुआ कि क्या सर सैयद मुसलमानों और हिंदुओं में केवल धार्मिक मतभेद मानते थे? क्या वे कौम का अर्थ किसी धार्मिक समुदाय से लगाते थे या इस कौमियत के आधार पर वे विशिष्ट राजनीतिक अधिकार चाहते थे।

उपरोक्त प्रश्नों का उत्तर उनके किसी एक अथवा दो भाषणों से देना पर्याप्त नहीं है। सर सैयद अत्यंत बुद्धिमान एवं दूरदर्शी नेता थे, जो यह समझते थे कि मुसलमानों की प्रगति किस प्रकार हो सकती थी। हिंदुओं से सहयोग लेकर (यदि हो सके) या मुसलमानों की पृथकता दुहाई देकर (यदि जरूरी हो) वह मुसलमानों को पुनः प्रगति के मार्ग पर डालना चाहते थे और उन्हें एक दल के रूप में संगठित कर देना चाहते थे। सर सैयद ने 1886 ई. के उपरांत मुसलमानों के लिए कौम शब्द का राजनीतिक अर्थ में प्रयोग किया क्योंकि उसकी जरूरत ही उसी समय हुई थी इसलिए इसके विपरीत तर्क देना गलत है।

दूसरा चरण

क्रांतिकारी प्रवृत्तियाँ—क्रांतिकारी आतंकवाद, राजनैतिक गतिविधि का एक ऐसा रूप था जिसे राष्ट्रीय युवा वर्ग की अत्यधिक प्रेरित पीढ़ी ने अपनाया था। इस वर्ग को प्रचलित राजनैतिक गतिविधियों में अपनी रचनात्मक शक्तियों को व्यक्त करने का पर्याप्त मौका नहीं मिला था।

क्रांतिकारी प्रवृत्तियों के कारण—गरम दल द्वारा नरम दल (उदारवादी) की राजनीति की आलोचना ने उन्हें इस बात का विश्वास दिला दिया था कि प्रार्थना एवं तर्कों द्वारा ब्रिटिश शासकों को परिवर्तित करने का प्रयत्न बेकार था। उन्होंने स्वदेशी आंदोलन में इस आशा और विश्वास से सक्रिय रूप से भाग लिया था कि आंदोलन के उग्र तरीकों जैसे कि बहिष्कार, सत्याग्रह आदि द्वारा राष्ट्रीय आंदोलन को उसके विशिष्ट खाँचे से बाहर निकाला जा सकेगा, उन्हें आशा थी कि इस आंदोलन द्वारा ब्रिटिश सरकार को घुटने टेकने पर मजबूर किया जा सकेगाँ जैसा कि आप में पढ़ चुके हैं, स्वदेशी आंदोलन जनता के बहुत बड़े हिस्से को लामबंद

करने में केवल आंशिक रूप से ही सफल हो सका और न ही वह बंगाल के विभाजन को वापिस करवा सका। यह असफलता लगभग निश्चित ही थी क्योंकि इसके द्वारा जनमानस को लामबंद करने का यह पहला प्रयत्न था और दूसरे इनके तरीके, इनकी वकालत करने वालों और इनको मानने से घबराने वालों, दोनों ही के लिए नए और अपरिचित थे। इसलिए इसे अपनाने में असहज महसूस कर रहे थे। इसके कारण युवा वर्ग में अशांति एवं निराशा की भावना आ गई। यह वर्ग महसूस करने लगा कि जन-जागृति के लिए शायद कुछ और अधिक नाटकीय करने की जरूरत थी।

गरम दल (उग्रवादी) के कार्य करने के तरीके के कारण यह भावना और व्याप्त हो गई। इसका नेतृत्व करने वाले वर्ग के ही एक हिस्से ने जिनमें अरविंद घोष भी सम्मिलित थे, इस प्रकृति का समर्थन किया, जो इससे सहमत नहीं थे वे इसकी खुली आलोचना करने के बदले चुप रहे, शायद यह सोचकर कि इससे सरकार को लाभ होगाँ

सरकार ने स्वदेशी आंदोलन को कुचल दिया जिससे क्रांतिकारी आतंकवाद को बढ़ावा मिला। उदाहरण के लिए, 27 अप्रैल 1906 की बरीसाल राजनैतिक कान्फ्रेंस में शरीक शांतिपूर्ण भीड़ पर पुलिस ने अकारण हमला कर दिया जिसके परिणामस्वरूप राष्ट्रीय अखबार "युगाँतर" ने कहा कि "बल को बल से ही रोका जाना चाहिए"। सूरत में 1907 में भारतीय राष्ट्रीय कांग्रेस के गरम दल और नरम दल में विभाजन के उपरांत सरकार की दमन की क्षमता काफी बढ़ गई क्योंकि गरम दल के दमन से नरम दल सरकार से नाराज नहीं होता। संविधान संशोधन का लालच देकर गरम दल को भ्रमित कर दिया गया। तिलक को 6 साल के लिए बर्मा में निर्वासित कर दिया गया, अरविंद घोष को क्रांतिकारी षड्यंत्र केस में गिरफ्तार कर लिया गया। इस दौर में राष्ट्रवादी युवा वर्ग की एक पूरी पीढ़ी—विशेषकर बंगाल में दमन के कारण नाराज़ हो गई; उदार दल के रास्ते की व्यर्थता के बारे में निश्चित रूप से कायल हो गई; जिससे गरम दल अपने उद्देश्य में असफल हो गया।

यह युवा पीढ़ी इसलिए वैयक्तिक वीरता की कार्यवाहियों अथवा क्रांतिकारी आतंकवाद की ओर उन्मुख हुई। यह वही रास्ता था जिसे पहले आयरलैंड के राष्ट्रवादियों और रूसी शून्यवादियों ने अपनाया था। हालाँकि वे मानते थे कि साम्राज्यवाद को उखाड़ फेंकने के लिए अंततः जनता द्वारा हथियारबंद बगावत जरूरी थी, उन्हें इस काम की कठिनाई, विशेष रूप से सेना की वफादारी को समाप्त करने के प्रयास में मुश्किलों का भी पूरा अहसास था। इसलिए वे अतिशीघ्र कार्यवाही के रूप में ब्रिटिश अधिकारियों की हत्या कर देता था। ऐसा इसलिए किया गया कि

अधिकारियों में दशहत फैल जाए; लोगों की उदासीनता एवं डर दूर हो जाए तथा उनकी राष्ट्रीय चेतना जागृत हो जाए।

प्रारंभिक गतिविधियाँ—हालाँकि 1907-1908 के आस-पास ही क्रांतिकारी आतंकवाद की प्रकृति सही मायने में ताकत बन सकी, परंतु इससे पहले भी इसके कुछ उदाहरण मिलते हैं—

1. 1897 में पूना के चापेकर भाइयों—दामोदर और बालकृष्ण—ने दो ब्रिटिश अफ़सरों की हत्या की थी।
2. महाराष्ट्र में 1904 तक वी.डी. सावरकर एवं उनके भाई गणेश ने **मित्रमेला** और **अभिनव भारत** जैसी गुप्त समितियों का संगठन किया।
3. 1905 के उपरांत से ही कई अखबारों एवं लोगों ने इस तरह की राजनैतिक गतिविधियों का समर्थन आरंभ कर दिया था। 1907 में, बंगाल के लेफ़्टीनेंट गवर्नर पर कातिलाना हमला किया गया, हालाँकि वह असफल हो गया।

लेकिन इस प्रकृति की असली शुरुआत अप्रैल, 1908 में मानी जाती है जब खुदीराम बोस एवं प्रफुल्ल चाकी द्वारा उस गाड़ी पर बम फेंका गया जिसमें उनके अनुसार मुज्जफरपुर का बदनाम जिला न्यायाधीश किंग्सफोर्ड यात्रा कर रहा था। लेकिन दुर्भाग्यवश उसमें दो अंग्रेज औरतें यात्रा कर रही थीं जिनकी अनजाने में हत्या हो गई। पकड़े जाने के बजाय प्रफुल्ल चाकी ने स्वयं को गोली से मार देना बेहतर समझा लेकिन खुदीराम को गिरफ्तार कर लिया गया और उपरांत में फाँसी पर चढ़ा दिया गया। सरकार ने इस मौका को अरविंद घोष और उसके भाई बारिन एवं कई अन्यों को एक षड्यंत्र केस में फँसाने के लिए भी प्रयोग किया, जिसमें अरविंद स्वयं तो छूट गए लेकिन उनके भाई सहित अन्य कई लोगों को निर्वासन एवं कठोर कारावास जैसी सजाएँ दी गईं।

गुप्त संस्थाओं का गठन तथा क्रांतिकारी गतिविधियाँ

अंग्रेज़ी सरकार के दमन के परिणामस्वरूप गुप्त संस्थाएँ बनने लगीं, बहुत-सी हत्याएँ हुईं एवं हथियार खरीदने के लिए कई "स्वदेशी" डकैतियाँ डाली गईं। बंगाल में जो क्रांतिकारियों का केंद्र था, क्रांतिकारी गतिविधियों का संचालन "अनुशीलन" और "युगाँतर" जैसी संस्थाओं द्वारा किया गया। महाराष्ट्र में पूना, नासिक और बंबई क्रांतिकारियों की गतिविधियों के केंद्र बन गए। मद्रास में "भारत माता एसोसिएशन" के वांची अय्यर ने गरम दलीय नेता चिदम्बरम पिल्लई की गिरफ्तारी का विरोध कर रही भीड़ पर गोली चलाने वाले अफसर की हत्या कर दी। लंदन में मदनलाल धींगरा

ने इंडिया हाउस के अफसर कर्ज़न वाइली की हत्या कर दी एवं रासबिहारी बोस ने 23 दिसंबर 1912 को दिल्ली में प्रवेश कर रहे वाइसराय लार्ड हार्डिंग पर कातिलाना हमला किया। श्यामजी कृष्ण वर्मा, लाल हरदयाल, वी.डी. सावरकर, अजीत सिंह और मैडम कामा ने यूरोप में केंद्र स्थापित किए जहाँ से वे क्रांतिकारी संदेश प्रसारित करते रहे एवं स्वदेश में अपने सहयोगियों की मदद करते रहे। कुल मिलाकर 1908–1918 के बीच 186 क्रांतिकारी अथवा तो मारे गए अथवा पकड़े गए।

क्रांतिकारी आंदोलन का पतन

क्रांतिकारी आंदोलन परिस्थितिवश कमजोर हो गया। इसमें कोई संदेह नहीं कि वैयक्तिक वीरता के कामों के कारण क्रांतिकारियों को कुछ लोकप्रियता, प्रशंसा और हमदर्दी मिली और खुदीराम बोस एवं प्रफुल्ल चाकी जैसे कई क्रांतिकारी लोग प्रसिद्ध हो गए। लेकिन इसमें जनसमुदाय शामिल नहीं हुए। आम जनता अभी भी ऐसे आंदोलन की प्रतीक्षा में थी जो उनकी कमजोरियों को समझते हुए उनकी शक्ति का उचित उपयोग कर सके।

गदर आंदोलन–1914 में प्रथम विश्व युद्ध आरंभ हो गया जिससे भारतीय राष्ट्रवादियों को लगा कि लड़ाई में व्यस्त ब्रिटेन उनकी राष्ट्रीय चुनौती का समुचित उत्तर नहीं दे पाएगाँ यह चुनौती दो विभिन्न प्रकार के राष्ट्रवादियों द्वारा दी गई–उत्तरी अमेरिका में रहने वाले गदर क्रांतिकारियों द्वारा और भारत में तिलक और एनी बिसेंट की होम रूल लीग द्वारा।

आन्दोलन की पृष्ठभूमि–गदर क्रांतिकारियों में अधिकांश कर्ज के बोझ तले दबे, पंजाब के जमीन के लिए इच्छुक किसान थे इनमें विशेष रूप से जालंधर और होशियारपुर इलाके के किसान थे। इनमें से बहुत से ब्रिटिश भारतीय फौज में नौकरी कर चुके थे। इससे उनमें प्रवास के लिए जरूरी विश्वास पैदा हो गया था और उनके पास उसके लिए पर्याप्त साधन भी थे। स्थानीय लोगों के विद्वेषपूर्ण रवैये जिसमें गोरे मजदूरों की यूनियनें भी सम्मिलित थीं, प्रतिबंधक प्रवासी नियमों जिनमें भारत सचिव की मिलीभगत सम्मिलित थी, इन सबने भारतीय समुदाय को अहसास दिला दिया कि अगर उन्हें अपने विरुद्ध नस्लवादी भेदभाव का मुकाबला करना है तो उन्हें स्वयं को संगठित करना होगाँ जैसे भारतीय मूल के एक छात्र तारकनाथ दास ने **फ्री हिंदुस्तान नामक** अखबार भी आरंभ किया था, यह अच्छी तरह जान गया था कि ब्रिटिश सरकार भारतीय मजदूरों को फिजी में तो काम करने को प्रोत्साहित कर रही थी क्योंकि वहाँ के ज़मींदारों को मजदूरों की जरूरत थी लेकिन वह उत्तरी अमरीका

में भारतीयों के प्रवास को हतोत्साहित कर रही थी क्योंकि उसे भय था कि वे वहाँ आजादी के वर्तमान विचारों से प्रभावित हो जाएँगे।

आरंभिक गतिविधियाँ—प्रवासी भारतीय समुदाय में राजनैतिक गतिविधि की हलचल 1907 में ही आरंभ हो गई जब रामनाथ पुरी नामक एक राजनैतिक प्रवासी ने **सर्कुलर-ए-आज़ादी** नामक पर्चा छापा जिसमें उसने स्वदेशी आंदोलन की मदद का वचन दिया था। तारक नाथ दास ने **फ्री हिंदुस्तान** निकालना आरंभ किया और जी.डी. कुमार ने **स्वदेशी सेवक** नामक पत्र गुरुमुखी में निकाला जिसमें उसने सामाजिक सुधारों की हिमायत की और हिंदुस्तानी सिपाहियों को विद्रोह करने का सुझाव दिया। 1910 तक दास और कुमार ने सियैटल (अमरीका) में युनाइटेड इंडिया हाउस की स्थापना कर ली जहाँ वे हर हफ़्ते हिंदुस्तानी मज़दूरों के गुटों को भाषण दिया करते थे। उन्होंने खालसा दीवान सोसायटी के साथ भी घनिष्ट संबंध स्थापित किए जिसके परिणामस्वरूप 1913 में लंदन में कोलोनियल सेक्रेटरी और भारत में वायसराय एवं अन्य अफसरों से मिलने के लिए एक शिष्टमंडल भेजने का फैसला किया गया। एक महीना इंतज़ार करने के उपरांत भी वे कोलोनियल सैक्रेटी से मिलने में सफल नहीं हो सके लेकिन पंजाब में वे लेफ़्टीनेंट गवर्नर और वायसराय से मिलने में सफल हो गए। पंजाब में उनकी यात्रा के दौरान पंजाब के विभिन्न शहरों में बहुत-सी जनसभाएँ आयोजित की गईं। जनता एवं अखबारों से बहुत मदद मिली।

इसी बीच 1913 के आरंभ में हाँगकाँग में मलाया प्रदेशों में काम करने वाले एक सिक्ख पुजारी भगवान सिंह कनाडा में बैंकूवर शहर गए और खुलेआम ब्रिटिश शासन के खिलाफ हिंसक विद्रोह करने का प्रचार किया। उनके प्रचार का इतना प्रभाव पड़ा कि उन्हें तीन महीने उपरांत कनाडा से निकल जाने को कहा गया लेकिन उनके विचारों ने श्रोताओं में नई चेतना जगा दी थी।

संगठन—ब्रिटिश भारतीय सरकार के रवैये से हताश होकर, उत्तरी अमरीका के भारतीय समुदाय को लगा कि विदेशों में उनकी घटिया स्थिति का कारण उनका एक गुलाम देश का नागरिक होना है। लगातार राजनैतिक संघर्षों, राष्ट्रीय चेतना और भाईचारे की भावना के परिणामस्वरूप उत्तरी अमरीका के इस समुदाय को एक केंद्रीय संगठन तथा नेता की जरूरत महसूस हुई। यह नेता उन्हें लाला हरदयाल के रूप में मिला, जो 1911 में राजनैतिक प्रवासी के रूप में अमरीका आए थे और स्टैनफोर्ड विश्वविद्यालय में एवं अमरीकी बुद्धिजीवियों, उग्रवादियों एवं मज़दूरों को अराजकतावादी एवं श्रमिकसंघवादी आंदोलनों के बारे में भाषण दिया करते थे लेकिन जिन्होंने भारतीय प्रवासियों के जीवन में अधिक रुचि नहीं दिखाई दी। दिसंबर 1912 में

दिल्ली में वायसराय पर बम द्वारा हमले की खबर से उनके व्यवहार में बदलाव आया क्योंकि उन्हें लगा कि क्रांतिकारी भावना अभी जीवित थी। उन्होंने भारतीय प्रवासी समुदाय का नेतृत्व सँभाल लिया एवं मई 1913 में पोर्टलैंड में **हिंदी एसोसिएशन** की स्थापना से एक केंद्रीय संगठन की जरूरत भी पूरी हो गई। उपरांत में इस संगठन का नाम बदल कर **हिंदुस्तान गदर पार्टी** रख दिया गया। और अध्यक्ष बाबा सोहन सिंह भाकना को बनाया गया और सेक्रेटरी एवं कोषाध्यक्ष क्रमशः लाला हरदयाल और पंडित काशी राम मरोली को बनाया गया। इस मीटिंग में अन्य लोगों के अतिरिक्त भाई परमानंद एवं हरनाम सिंह ''टुंडीलाट'' ने भी भाग लिया था। 10,000 डालर की रकम भी वहीं जमा कर ली गई और फैसला किया गया कि सैन फ्रांसिस्को में युगाँतर **आश्रम** नाम से एक मुख्यालय की स्थापना की जाएगी और **गदर नामक** एक साप्ताहिक अखबार निकाला जाएगा जो मुफ्त बाँटा जाएगाँ

योजना एवं कार्यवाही—राजनैतिक कार्यवाही की योजना लाला हरदयाल द्वारा सुझाई गई थी और इसे हिंदी एसोसिएशन ने स्वीकार किया था, इस योजना में प्रावधान था कि ब्रिटिश शासन को केवल हथियारबंद विद्रोह द्वारा ही उखाड़ फेंका जा सकता था और ऐसा करने के लिए जरूरी था कि बड़ी संख्या में भारतीय प्रवासी भारत जाएँ और यह संदेश जनता एवं हिंदुस्तानी फौज के सिपाहियों तक पहुँचाएँ। लाला हरदयाल का मत था कि जब तक हिंदुस्तान स्वतंत्र नहीं होगा तब तक विदेशों में भारतीय को बराबरी का दर्जा मिलना मुश्किल है। इस समझ को स्वीकार करते हुए राष्ट्रवादियों ने एक जबर्दस्त अभियान छेड़ दिया और जिन फैक्ट्रियों और फ़ार्मों पर हिंदुस्तानी प्रवासी काम करते थे उनका दौरा करने लगे।

अखबार की शुरुआत—गदर अखबार का प्रकाशन 1 नवंबर 1913 को आरंभ हुआ। पहला अंक उर्दू में छपा लेकिन एक महीने उपरांत उसका गुरुमुखी अंक भी आ गया। **गदर** अखबार की रूपरेखा राष्ट्रवाद के संदेश को सीधे-सादे लेकिन प्रभावशाली शब्दों में व्यक्त करने के हिसाब से तैयार की गई थी। उसके नाम का ही अर्थ था विद्रोह ताकि उसकी मंशा के बारे में किसी प्रकार का संदेह न रहे। उसके ऊपर ''अंग्रेज़ी राज का दुश्मन'' छपा हुआ था। इसके अलावा, हर अंक के मुखपृष्ठ पर ''अंग्रेज़ी राज का कच्चा चिट्ठा'' छपता था जिसमें भारतीय, ज़मीन के ऊँचे लगान, प्रति व्यक्ति निम्न आय, लाखों भारतीयों की जान लेने वाले अकाल का बार-बार पड़ना, फौज पर लंबे-चौड़े खर्च, स्वास्थ्य पर नगण्य खर्च एवं हिंदू-मुसलमानों को लड़वा कर ''विभाजन और शासन'' की नीति आदि का ज़िक्र रहता था। चिट्ठे की आखिरी दो बातें इस सबके समाधान की ओर यह कहकर संकेत करती थीं कि

करोड़ों भारतीयों के मुकाबले में हिंदुस्तान में मौजूद अंग्रेज़ों की संख्या बहुत ही कम थी और 1857 के पहले विद्रोह के उपरांत छप्पन वर्ष बीत गए थे और अब पुनः विद्रोह का वक्त आ गया था।

गदर जिसका विस्तार उत्तरी अमरीका के भारतीय प्रवासियों में खूब था, जल्दी ही फिलिपाइन्स, हाँग-काँग, चीन, मलाया प्रदेशों, सिंगापुर, त्रिनिदाद एवं होंडूरस के प्रवासियों तक भी पहुँचने लगा और इन केंद्रों में मौजूद हिंदुस्तानी सेनाओं में भी। इसे भारत भी भेजा जाता था। इसने प्रवासी समुदायों में जबर्दस्त चेतना पैदा की एवं इसे पढ़ने और इसमें उठाए गए मुद्दों पर बहस के लिए कई वर्ग बनाए गए और चंदे के ढेर लग गए। सबसे अधिक लोकप्रिय थीं इसमें छपने वाली कविताएँ जिन्हें जल्दी ही **गदर की गूँज** नाम से संकलित किया गया। इन्हें भारतीयों के सम्मेलन में पढ़ा और गाया जाता था।

''गदर'' ने पंजाबियों से अपील की कि वे 1857 के अपने अंग्रेज़ों की हिमायत की भूमिका का उधार अब उन्हें उखाड़ फेंकने में महत्त्वपूर्ण भूमिका अदा करके चुका दें। वे अंग्रेजों द्वारा बनाई गई वफ़ादार सिपाहियों की अपनी छवि का भी खंडन करें और सिर्फ़ विद्रोही बनें जिनका एकमात्र उद्देश्य स्वतंत्रता प्राप्त करना था। गदर का संदेश इतनी तेज़ी से घर कर गया कि स्वयं हरदयाल उन लोगों की तीव्र प्रतिक्रिया से चकित रह गए जो कुछ करने के लिए बेचैन थे।

आन्दोल की प्रमुख घटनाएँ—1914 में घटी तीन मुख्य घटनाओं ने गदर आंदोलन की आगे की दिशा निर्धारित की, लाला हरदयाल की गिरफ्तारी, ज़मानत और स्विट्ज़रलैंड भाग जाना, कामागाटा मारू जहाज़ की यात्रा और प्रथम संसार युद्ध की शुरुआत—

1. मार्च 1914 में हरदयाल को गिरफ़्तार कर लिया गया। संभवतः इसका सबसे महत्त्वपूर्ण कारण था ब्रिटिश सरकार का दबाव जो चाहती थी वे गदर आंदोलन के नेतृत्व से हट जाएँ लेकिन जो कारण बताया गया वह था, उनकी अराजकतावादी गतिविधियाँ। उन्हें ज़मानत पर छोड़ दिया गया और उनकी पार्टी ने फ़ैसला किया कि वह ज़मानत से भाग कर स्विट्ज़रलैंड चले जाएँ।

2. इस बीच, कनाडा के प्रवास कानूनों का उल्लंघन करने के लिए, जिनके अनुसार ''सीधे अपने जहाज़ पर आने वालों'' के सिवा सभी अन्य के आने पर प्रतिबंध था, सिंगापुर में रह रहे एक हिंदुस्तानी कांट्रेक्टर गुरदित्त सिंह ने **कामागाटा मारू** नामक जहाज किराये पर लिया और पूर्वी एवं दक्षिण पूर्वी एशिया के विभिन्न भागों में रहने वाले 376 भारतीय यात्रियों को लेकर वैंकूवर के लिए रवाना हो गया।

रास्ते में गदर पार्टी के कार्यकर्ता जहाज़ पर आते, भाषण देते एवं साहित्य बाँटते। उनके प्रवास की पूर्व सूचना मिलने पर वैंकूवर के प्रैस ने "बढ़ते हुए पूर्व के आक्रमण" की चेतावनी दे दी और अपने कानूनों को और कड़ा करके कनाडा की सरकार इस चुनौती का सामना करने को तैयार हो गई।

कनाडा पहुँचने पर, जहाज़ को बंदरगाह में जाने नहीं दिया गया एवं पुलिस ने उसकी घेराबंदी कर दी। वैंकूवर में "समुद्रतट समिति" जिसके नेता हुसैन रहीम, सोहन लाल पाठक और बलवंतसिंह थे, के प्रयत्नों के बावजूद एवं अमरीका में बर्कातुल्ला, भगवान सिंह, रामचंद्र और सोहन सिंह भकना के शक्तिशाली अभियान के बावजूद, कामागाटा मारू को कनाडा की जल सीमा के बाहर निकाल दिया गया। उसके जापान पहुँचने से पहले प्रथम संसार युद्ध छिड़ गया एवं ब्रिटिश सरकार ने ऐलान कर दिया कि जहाज़ के कलकत्ता पहुँचने से पहले किसी यात्री को उतरने नहीं दिया जाएगाँ

वापसी की यात्रा में जिस बंदरगाह पर भी यह जहाज पहुँचा वहाँ ब्रिटिश विराधी भावना बढ़ गयी। जब जहाज कलकत्ता के समीप बज-बज नामक स्थान पर पहुंचा तो पुलिस के द्वेषपूर्ण रवैये के कारण संघर्ष हुआ। इस संघर्ष में 18 यात्रियों की मृत्यु हो गई, 202 को गिरफ्तार कर लिया गया एवं बाकी भाग निकलने में सफल हो गए।

3. प्रथम विश्व युद्ध जब प्रारंभ हो गया तो गदरवादी अंग्रेज़ों की कठिनाइयों का पूरा फायदा उठाने के लिए सक्रिय हो गया। यह मौका उनकी आशाओं से पहले ही आ गया। अभी उनकी तैयारी भी पूरी नहीं हुई थी। फिर भी पार्टी के सक्रिय कार्यकर्ताओं की विशेष सभा हुई और यह फैसला किया गया कि काम का समय आ गया था। दल में हथियारों की कमी को पूरा जिसे हिंदुस्तानी सिपाहियों को विद्रोह के लिए उकसा कर किया जा सकता था। गदर पार्टी ने एक पत्र **ऐलाने-जंग** (युद्ध की घोषणा) जारी कर दिया जिसे विदेशों में रहने वाले भारतीयों में बाँटा गया। गदर के कार्यकर्ताओं ने लोगों गें प्रोत्साहन जगाने के लिए यात्राएँ भी प्रारंभ कर दीं कि वे हिंदुस्तान लौटकर संगठित विद्रोह की तैयारी करें। इससे गदर पार्टी को भारी सफलता मिली। इससे उत्साहित होकर गदर पार्टी ने हिंदुस्तान चलने का आह्वान किया एवं 1914 के पूर्वार्ध से क्रांतिकारियों के जत्थे विभिन्न रास्तों से होकर हिंदुस्तान पहुँचने लगे।

आन्दोलन का आखिरी दौर—हिंदुस्तान में प्रवेशाधिकार घुसपैठ के विरुद्ध एक नए अध्यादेश से युक्त होकर हिंदुस्तानी सरकार ताक लगाए बैठी थी। लौटने

वाले प्रवासियों की पूरी तरह जाँच-पड़ताल की गई और लौटने वाले लगभग 8000 में से 5000 को "सुरक्षित" मानकर प्रवेश की इजाजत दे दी गई। शेष में से कुछ को गाँवों में नज़रबंद कर दिया गया और काफी लोगों को हिरासत में ले लिया गया। फिर भी कुछ देशभक्त पंजाब पहुँचने में कामयाब हो गये।

पंजाब में सुरक्षित पहुँचने वालों में करतार सिंह सरापा नाम का एक नौजवान एवं बुद्धिमान विद्यार्थी भी था जिसने गदर पार्टी की सदस्यता अमरीका में प्राप्त की थी और जो गदर अख़बार के निकालने में प्रमुख योगदान देता था। उसने तुरंत लौटने वाले प्रवासियों से संपर्क स्थापित करने, उन्हें संगठित करना शुरू कर दिया। वह सभाएँ करने लगा एवं योजना बनाने के काम में जुट गया। गदर कार्यकर्ता गाँवों के दौरे करके; पार्टी के पर्चे बाँट कर, मेलों में लोगों को संबोधित करके और अन्य कई प्रयत्नों द्वारा लोगों को विद्रोह के लिए प्रेरित करने लगे। लेकिन 1914 का पंजाब उनकी आशाओं से भिन्न था और लोग गदर द्वारा काल्पनिक विद्रोह के लिए तैयार नहीं थे। कार्यकर्ताओं को सरकार के वफ़ादार तत्वों के विरोध का भी सामना करना पड़ा जिसमें खालसा दीवान का प्रमुख भी सम्मिलित था जिसने उन्हें तनखैया अथवा पतित सिखों और अपराधी का दर्जे देकर सरकार द्वारा उन्हें दबाने के प्रयत्नों में पूरा सहयोग दिया।

आम जनता में लोकप्रियता के अभाव से निराश होकर गदर क्रांतिकारियों ने दूसरा प्रयत्न सिपाहियों में अपना संदेश फैलाकर उन्हें विद्रोह के लिए तैयार करने का किया। नवंबर 1914 के विद्रोह का प्रयास संगठन एवं केंद्रीय नेतृत्व के अभाव के कारण असफल हो गया। फरवरी 1915 में रास बिहारी बोस से संपर्क और उन्हें नेतृत्व एवं संगठन सौंप देने के उपरांत एक अधिक संगठित प्रयास किया गया लेकिन यह भी असफल रहा क्योंकि सरकार संगठन में घुसपैठ करके इससे पहले ही कार्रवाई कर ली थी। बोस बच निकलने में सफल हो गए लेकिन अन्य नेताओं को गिरफ्तार कर लिया गया और गदर आंदोलन को प्रभावशाली ढंग से दबा दिया गया।

गदर आन्दोलन का दमन—इसके उपरांत दमन का जो दौर चला वह बहुत ही भयानक था—42 लोगों को फाँसी की सज़ा सुनाई गई और अन्य को लंबी अवधि का कारावास दिया गया। इसके परिणामस्वरूप पंजाब में राष्ट्रवादी नेतृत्व की एक पूरी पीढ़ी की राजनैतिक हत्या कर दी गई। बर्लिन में रह रहे हिंदुस्तानी क्रांतिकारियों द्वारा जर्मन मदद प्राप्त करने और विदेशों में भेजे गए हिंदुस्तानी सिपाहियों में विद्रोह कराने के प्रयास भी असफल हुए। राजा महेंद्र प्रताप और बर्कातुल्लाह द्वारा

अफगानिस्तान के अमीर की सहायता प्राप्त करने के प्रयत्नों में भी असफलता हाथ आई। इस प्रकार हिंसक विद्रोह द्वारा अंग्रेजी शासन को उखाड़ फेंकने में सफलता शायद इन क्रांतिकारियों के भाग्य में लिखी ही नहीं थी।

गदर आन्दोलन की उपलब्धियाँ—गदर पार्टी के लोग राष्ट्रीय विचारधारा को लोकप्रिय बनाने में सफल हुए विशेष रूप से उपनिवेशवाद के मूल्यांकन करने एवं इस समझ का विस्तार करने में कि हिंदुस्तान की गरीबी और पिछड़ेपन का मुख्य कारण अंग्रेज़ी शासन था। यह विस्तार उन्होंने देश एवं विदेश में रहने वाले भारतीयों में किया। उन्होंने अत्यधिक उत्साही राष्ट्रवादियों का एक दल तैयार किया जो उपरांत में कई दशकों तक राष्ट्रीय आंदोलन तथा उपरांत में पंजाब और देश के अन्य भागों में वामपंथी एवं किसान आंदोलन तैयार करने में प्रमुख भूमिका अदा की। यद्यपि दमन के परिणामस्वरूप उनमें से कई लोग स्थायी तौर पर और अन्य लोग कई वर्षों तक आंदोलन से पृथक् रहे।

गदर विचारधारा मूलतः अत्यंत समतावादी एवं जनतंत्रवादी थी। उनका उद्देश्य था हिंदुस्तान में एक स्वतंत्र गणतंत्र की स्थापना करना। हरदयाल ने जो प्रारंभिक अवस्था में अराजकतावादी एवं श्रमिकसंघवादी आंदोलनों से प्रभावित हुए थे, इस आंदोलन को एक समतावादी स्वरूप प्रदान किया। वे अक्सर आयरिश, मैक्सिकन एवं रूसी क्रांतिकारियों का ज़िक्र किया करते थे जिसके कारण इस आंदोलन को अंधे राष्ट्रवाद से भी बचा सकें और उसे एक अंतर्राष्ट्रीय रूप भी दे सकें।

गदर आंदोलन में सक्रिय आंदोलनकारी पूरी तरह धर्म-निरपेक्ष बने रहे। धर्म को महत्त्व देने को तुच्छ और संकीर्णता समझा जाता था जिसे क्रांतिकारी निंदनीय समझते थे। वे खुले दिल से सिक्खों और पंजाबियों के सिवा दूसरों को भी नेता स्वीकार करते थे—हरदयाल हिंदू थे, बर्कातुल्लाह मुसलमान थे, रास बिहारी बोस बंगाली हिंदू थे। वे समस्त भारत के नेताओं का सम्मान करते थे—तिलक, सावरकर, खुदीराम बोस एवं अरविंद घोष उनके हीरो थे। वे यह भी समझते थे कि सिक्खों को "लड़ाकू कौम" घोषित करने में उपनिवेशवादी शासन का कूटनीतिक षड्यंत्र है। गदर पार्टी में वंदे मातरम् को आंदोलन के नारे के रूप में लोकप्रिय बनाया और सत श्री अकाल जैसे धार्मिक नारे को नहीं अपनाया। सोहन सिंह माखना, जो उपरांत में गदरी बाबा के नाम से प्रसिद्ध हुए और सुप्रसिद्ध राष्ट्रीय तथा वामपंथी नेता बने, के विचार में "हम सिक्ख अथवा पंजाबी नहीं थे देश प्रेम ही हमारा धर्म था।"

कमज़ोरियाँ—गदर आंदोलन सबसे प्रमुख कमजोरी थी आंदोलन के लिए तैयारी के स्तर को अधिक महत्व देना। उन्होंने बिना किसी सोम्य आकलन के युद्ध

आरंभ कर दिया। प्रतिदिन नस्लवादी अपमान, अपरिचित परिस्थितियों में रहने के कारण आई विमुखता की भावना आदि के शिकार भारतीय प्रवासियों में राष्ट्रीय चेतना जगाने के उनके अभियान का जबर्दस्त प्रभाव पड़ा क्योंकि उनकी संख्या कम होने के कारण उन्हें संगठित करना बहुत आसान था और उन्हें भ्रम हो गया कि भारत की जनता भी संघर्ष के लिए तत्पर है। उन्होंने ब्रिटिश शासकों की ताकत, उनकी विचारधारा के प्रभाव का भी गलत अंदाज़ लगाया और समझा कि हिंदुस्तान की जनता को सिर्फ विद्रोह का नारा देने की जरूरत है। इस महत्त्वपूर्ण कमजोरी से गदर आंदोलन और समूचे राष्ट्रीय आंदोलन को भारी कीमत चुकानी पड़ी क्योंकि यदि गदर आंदोलन के नेतृत्व के एक बड़े भाग को शासन द्वारा कार्यक्षेत्र से पृथक् न किया जाता तो राष्ट्रीय आंदोलन का स्वरूप, विशेष रूप से पंजाब में, कुछ और ही होता क्योंकि अपनी राष्ट्रवादी तथा धर्मनिरपेक्ष विचारधारा के कारण गदर दल ने उन फिरकापरस्त भावनाओं को रोकने में महत्त्वपूर्ण भूमिका निभाई होती जिन्होंने आने वाले वर्षों में अपना सिर उठाया।

होम रूल लीग—प्रथम संसार महायुद्ध से उत्पन्न परिस्थितियों की एक अन्य कम नाटकीय लेकिन अधिक प्रभावशाली प्रतिक्रिया हुई—लोकमान्य तिलक तथा ऐनी बिसेंट की होम रूल लीग।

प्रमुख घटनाएँ—मांडाले, बर्मा में छह वर्ष की लंबी कैद काटने के उपरांत जब तिलक वापस हिंदुस्तान लौटे तो सर्वप्रथम उन्होंने अपना ध्यान स्वयं एवं अन्य उग्रवादियों के कांग्रेस में वापस जाने की ओर दिया जिसमें से उन्हें 1907 में सूरत में निकाल दिया गया था। 1907 में भी वे विभाजन से खुश नहीं थे। अब तो वह एकता के और भी हामी बन गए। इसके अतिरिक्त, किसी भी प्रकार की राजनैतिक गतिविधियों के लिए कांग्रेस की मुहर जरूरी थी क्योंकि लोगों के दिमाग में कांग्रेस राष्ट्रीय आंदोलन का विशिष्ट चिह्न बन गई थी। साथ ही, विभाजन ने अंग्रेजों को ही फायदा पहुँचाया था जिन्होंने पहले तो गरम दल को दमन करके पृथक् कर दिया और फिर नरम दल की भी उपेक्षा ऐसे संशोधन लाकर कर दी जो अपेक्षाओं से बहुत ही कम थे। 1908 के उपरांत से राजनैतिक गतिविधियों के पूर्ण अभाव से नरम दलीय पर मिसेज़ ऐनी बिसेंट का भी काफी दबाव था क्योंकि वे हिंदुस्तान में भी आयरिश होम रूल लीग की तरह का आंदोलन चलाना चाहती थीं और वह उग्रवादियों के वापस लिए जाने पर ज़ोर दे रही थीं। ऐनी बिसेंट जिनकी उम्र 1914 में 66 वर्ष की थी, 1893 में इंग्लैंड से थियोसेफिकल सोसाइटी का काम करने हिंदुस्तान आई थीं। वह पहले मुक्त विचारधारा, क्रांतिकारी विचारधारा एवं फेबियनवाद

की समर्थक रह चुकी थीं। उन्होंने मद्रास के निकट अदयार में अपना मुख्य कार्यालय बनाया था और उन शिक्षित भारतीयों में से बहुत को थियोसौफिकल सोसायटी का सदस्य बना लिया था जिनके समुदायों में किसी प्रकार का सांस्कृतिक पुनऊत्थान नहीं हुआ था। इसी को आधार बनाकर वह राजनैतिक आंदोलन प्रारंभ करना चाहती थीं।

दो लीग—दिसंबर, 1914 के कांग्रेस के अधिवेशन में उग्रवादियों को पुनः प्रवेश नहीं मिल पाया लेकिन 1915 में लगातार प्रयत्नों के कारण, जिन्हें एनी बिसेंट और तिलक ने समाचार पत्रों एवं स्थानीय एसोसिएशनों के द्वारा आरंभ किया था, दिसंबर 1915 में उन्हें पुनः प्रवेश मिल गया। फिरोज़शाह की मृत्यु के उपरांत उनके विरोध में काफी कमी आई थी क्योंकि वे उनके विरोधियों में सबसे प्रमुख थे। कांग्रेस जिसमें अभी भी नरम दलीय सत्ता में थे, स्थानीय स्तर की कांग्रेस समितियों को दुबारा आरंभ करने व सितंबर, 1916 तक लोगों को शिक्षित करने के कार्यक्रम को आरंभ नहीं कर पाई। इसीलिए तिलक और एनी बिसेंट ने 1916 में अपने-अपने संगठन—होम रूल लीग—शुरू कर दिए। दोनों लीगों ने अपने-अपने प्रभाव क्षेत्रों को साफ-साफ सीमित कर लिया। तिलक की लीग को महाराष्ट्र, कर्नाटक, मध्य प्रदेश और बरार में काम करना था ओर एनी बिसेंट वाली लीग को शेष भारत में।

तिलक का होम रूल लीग—तिलक की होम रूल लीग को जिसे अप्रैल, 1916 में बेलगाम में हुई बंबई की क्षेत्रीय कांफ्रेंस में आरंभ किया गया था। इसे छह ब्रांचों में संगठित किया गया था जिनमें से एक-एक मध्य महाराष्ट्र, बंबई शहर, कर्नाटक एवं मध्य प्रदेश में थी और दो बरार में थीं। इसने मराठी में 6 और अंग्रेजी में 2 पैम्फलैट जारी किए जिनकी 47,000 प्रतियाँ बिकीं। पैम्फलैट कन्नड़ और गुजराती में भी निकाले गए। इसके अतिरिक्त सबसे प्रमुख भूमिका अदा की तिलक द्वारा महाराष्ट्र के दौरे ने जिसमें उन्होंने भाषण दिए और होम रूल की माँग के बारे में बताया। "हिंदुस्तान उस बेटे की तरह था जो अब वयस्क हो गया था", उन्होंने कहा, "अब उसे उसके ट्रस्टी अथवा पिता से वह सब मिलना चाहिए जो उसका हक था।" उन्होंने अपने भाषणों में स्पष्ट कहा—"परायापन का संबंध धर्म, व्यापार एवं व्यवसाय से जुड़ा नहीं है; यह तो रुचि का प्रश्न है। जो भी कोई ऐसा काम करता है जो इस देश के हित में है, चाहे वह मुस्लिम हो अथवा अंग्रेज़, वह विदेशी नहीं है।"

बालगंगाधर तिलक सभी भाषाओं व संस्कृतियों की प्रगति के पक्ष में थे और चाहते थे कि शिक्षा भारतीय भाषाओं में दी जाए। वे छुआछूत के खिलाफ थे। उन्होंने

ब्राह्मणों से कहा कि वे गैर-ब्राह्मणों की माँगों का विरोध न करें और साथ ही गैर-ब्राह्मणों से अनुरोध किया कि वे नौकरियों की कमी जैसी समस्याओं को ब्राह्मण-गैर-ब्राह्मण के दृष्टिकोण से न देखें क्योंकि इसका असली कारण ब्राह्मणों में शिक्षा का अधिक विस्तार था। सरकार ने तिलक पर दबाव बनाने के लिए कहा कि वह 60,000 रुपये "सुरक्षा-राशि" के रूप में जमा कराएँ अन्यथा उन पर एक साल के लिए "सद्व्यवहार" की रोक लगा दी जाएगी। लेकिन उच्च न्यायालय ने नवंबर 1916 में उन्हें बरी कर दिया। सरकार द्वारा उनका मुँह बंद करने के असफल प्रयास से आंदोलन को बल मिला जिसके परिणामस्वरूप तिलक ने घोषणा कर दी कि होम रूल को अब वैधानिक मान्यता मिल गई थी। अप्रैल 1917 तक लीग के सदस्यों की संख्या 14,000 हो गई थी।

एनी बिसेंट की होम रूल लीग—इस बीच एनी बिसेंट की लीग भी काफी सक्रिय थी। सितंबर 1916 में लीग के औपचारिक उद्घाटन से पहले ही प्रचार फंड ने 26 अंग्रेजी पैम्फलैट्स 300,000 प्रतियाँ बेच डाली थीं जिनमें हिंदुस्तान में चल रहे शासन के स्वरूप एवं सैल्फ-गवर्नमेंट (स्वशासन) की माँग की व्याख्या की गई थी। भारतीय भाषाओं में पैम्फलेट निकाले गए, स्थानीय शाखाओं ने भाषणों एवं चर्चा-सभाओं का आयोजन किया एवं पुस्तकालयों की स्थापना की गई। अडयार के मुख्यालय में एनी बिसेंट एवं उनके सहयोगियों ने मिलकर, न्यू इंडिया और कॉमनवील नामक पत्र निकाले। न्यू इंडिया में अरूंडेल का "होम रूल" कॉलम खबरों एवं निर्देश का माध्यम था। थियोसौफिकल सोसायटी के वर्तमान सदस्यों के अलावा, इलाहाबाद से जवाहरलाल नेहरू, कलकत्ता से बी. चक्रवर्ती एवं जे. बनर्जी समेत बहुत से लोग लीग में शामिल हो गए।

होम रूल लीग बहुत से उदारवादी कांग्रेसियों की मदद प्राप्त करने में भी सफल हो सकी क्योंकि वे कांग्रेस की गतिविधियों से असंतुष्ट थे। गोखले के सर्वेन्ट्स ऑफ इंडिया सोसायटी के सदस्यों ने दौरे करके भाषण दिए, पैम्फलेट छापे एवं होम रूल की माँग का समर्थन किया; उत्तर प्रदेश में उदारवादी कांग्रेसियों ने छोटे शहरों एवं गाँवों के दौरों में होम लीग वालों का साथ दिया। इसमें कोई आश्चर्य की बात नहीं थी क्योंकि होम लीग के समर्थक उदारवादियों के ही कार्यक्रम को जोर-शोर से आगे बढ़ा रहे थे।

दिसंबर, 1916 में लखनऊ में हुए कांग्रेस के वार्षिक अधिवेशन में भी होम रूल के समर्थकों को अपनी शक्ति दिखाने का मौका मिला और वे इसमें बड़ी संख्या में सम्मिलित हुए। तिलक व एनी बिसेंट ने कांग्रेस व मुस्लिम लीग में संधि कराने

में महत्त्वपूर्ण भूमिका निभाई जिस पर इसी अधिवेशन में हस्ताक्षर किए गए। तिलक ने इस आलोचना का कि हिन्दू मुसलमानों के प्रति बहुत अधिक सहृदयता दिखा रहे थे, उत्तर इस प्रकार दिया–"मुझे विश्वास है कि मैं समूचे भारत का सामूहिक रूप से प्रतिनिधित्व कर रहा हूँ जब मैं यह कहता हूँ कि यदि स्वशासन सिर्फ मुसलमान समुदाय को दिया जाता है तो हम बिल्कुल भी आपत्ति नहीं करेंगे यदि यह अधिकार हिंदुस्तान के किसी एक समुदाय को दिया जाता है तो भी हम कोई आपत्ति नहीं करेंगे।"

"जब आपको एक तीसरे दल के विरुद्ध लड़ना होता है तो यह अत्यंत महत्त्वपूर्ण है कि हम इस मंच पर इकट्ठे खड़े हों, जाति, धर्म एवं राजनैतिक विचारों की विविधता होते हुए भी हम एक हों।" हालाँकि इसमें कोई संदेह नहीं कि कांग्रेस-लीग संधि में मुसलमानों के लिए पृथक् चुनाव-क्षेत्र का स्वीकार किया जाना बहुत ही विवादास्पद था लेकिन उसकी आलोचना बहुसंख्यक वर्ग द्वारा सहृदयता न दिखाने के लिए कतई नहीं की जा सकती थी।

अधिवेशन की समाप्ति पर होम रूल लीगों की संयुक्त सभा हुई जिसमें 1000 से अधिक प्रतिनिधियों ने भाग लिया। इस सभा को तिलक और बिसेंट दोनों ने संबोधित किया। वापसी पर दोनों नेताओं ने उत्तर, मध्य एवं पूर्वी भारत का दौरा किया।

सरकार द्वारा एक बार फिर दमन की नीति अपनाने से आंदोलन को और बल मिला। जून 1917 में बिसेंट, वी.पी. वाडिया एवं अरूंडेल को हिरासत में ले लिया गया। फलस्वरूप जो लोग पहले पृथक् थे, वे भी आंदोलन में सम्मिलित हो गए और विरोध प्रकट करने लगे। जिन्ना, सुरेंद्रनाथ बनर्जी एवं मदन मोहन मालवीय इनमें प्रमुख थे। ए.आई.सी.सी. की जुलाई, 1917 की मीटिंग में तिलक ने निष्क्रिय विरोध का सुझाव दिया एवं गाँधी के उस सुझाव को स्वीकार किया गया जिसमें कहा गया था कि एक हजार ऐसे व्यक्तियों के हस्ताक्षर इकट्ठे किए जाएँ जो हिरासत के सरकारी निर्देश का विरोध करके बिसेंट के हिरासत स्थल पर जाएँ। गाँवों के दौरे व सभाएँ आयोजित की गईं एवं आंदोलन में एक नई शक्ति दिखाई दी।

अंग्रेजी रवैये में बदलाव–इस आंदोलन की बढ़ती हुई शक्ति को देखकर ब्रिटेन में सरकार ने दबाव कम करने का फैसला किया। इस बदलती हुई नीति का संकेत भारत के लिए सेक्रेटरी ऑफ स्टेट, मौंटेग्यू द्वारा हाउस ऑफ कॉमन्स में इस घोषणा से मिला "सम्राट की सरकार की पॉलिसी...है कि ब्रिटिश साम्राज्य के अखंड भाग के रूप में हिंदुस्तान में ज़िम्मेदार सरकार की स्थापना की प्रगति के प्रयत्न के

लिए प्रशासन की हर शाखा के साथ हिंदुस्तानियों को संबद्ध किया जाना चाहिए ताकि धीरे-धीरे स्वशासन संस्थाओं का विकास हो सके।" यह घोषणा 1909 में करते समय मोर्ले (वायसराय) ने कहा था कि स्वशासन को बढ़ावा देने की माँग को देशद्रोह नहीं कहा जा सकता। लेकिन इसका अर्थ यह भी नहीं था कि ब्रिटेन भारत को स्वशासन प्रदान करने वाला था। इस वक्तव्य में कहा गया था कि इन संशोधनों के स्वरूप एवं समय का फैसला अकेले ब्रिटिश सरकार ही करेगी। इससे अंग्रेज़ों को अपने हाथ में शासन रखने का मौका मिल गया।

1917 में एनी बिसेंट को नई नीति के कारण बरी कर दिया गया। तिलक के सुझाव पर कांग्रेस के 1917 के वार्षिक अधिवेशन में बिसेंट को अध्यक्ष चुन लिया गया। इस समय उनकी प्रतिष्ठा चरम-सीमा पर थी एवं आंदोलन भी प्रगति के लिए एकदम तैयार था।

लीग का पतन– 1918 में उदारवादियों द्वारा समर्थन वापस लेने से होमरूल लीग आंदोलन कमजोर हो गया। उदारवादियों को एक बार फिर संशोधन की आशा दिखाई पड़ने लगी थी और जो होम रूल लीग के सदस्यों द्वारा नागरिक अवज्ञा की बढ़ती हुई बातचीत से संशंकित थे। जुलाई 1918 में सुधार योजना के प्रकाशन से राष्ट्रवादियों में और भी विभाजन हो गया–कुछ उसे ठुकरा देना चाहते थे जबकि अन्य उन्हें कार्यान्वित किए जाने का मौका दिए जाने के हक में थे। संशोधन एवं निष्क्रिय विरोध के दोनों ही प्रश्नों पर स्वयं एनी बिसेंट के विचारों में विरोधाभास था। कुल मिलाकर तिलक के विचारों में एकरूपता थी कि ये संशोधन ब्रिटेन द्वारा दिए जाने और हिंदुस्तान द्वारा स्वीकार किए जाने के लायक नहीं थे, लेकिन एनी बिसेंट के तिलक कुछ नहीं कर सके। 1918 के अंत में उन्होंने **इंडियन अनरेस्ट** के लेखक वेलैंटाइन चिरौल के विरुद्ध एक मान-हानि का मुकदमा दायर किया और उसके लिए इंग्लैंड जाने का फैसला किया जिसके फलस्वरूप तिलक के बिना आंदोलन ढीला पड़ गया।

तृतीय चरण

1918-19 ई. में भारतीय राजनीतिक रंगमंच पर कई ऐसी घटनाएँ हुईं जिनके फलस्वरूप व्यापक असंतोष फैला। 1920 ई. में नेशनल कांग्रेस को नेतृत्व में आंदोलन को आगे बढ़ाया गया। सही मायने में 'राष्ट्रीय' आंदोलन 1920 से ही प्रारंभ हुआ। गाँधीजी ने अहिंसात्मक असहयोग, सत्याग्रह और सविनय अवज्ञा आंदोलन

के माध्यम से देश में एक नई राष्ट्रीय चेतना जागृत की। उन्होंने दक्षिण अफ्रीका में सत्याग्रह के माध्यम से गोरी सरकार को भारतीयों को सुविधाएँ देने पर बाध्य किया था। जनवरी, 1915 ई. में वह भारत आ गए। 1917 ई. में उन्होंने सत्याग्रह और अहिंसा के आधार पर दो प्रमुख सफलताएँ प्राप्त कीं–भारतीय मजदूरों को बलपूर्वक अंग्रेजी उपनिवेशों में काम करने के लिए ले जाने की पद्धति को बंद करवाना और चंपारण (बिहार) में नील की खेती करने वाले कृषकों पर हो रहे अत्याचारों को दूर करवाना। गाँधी जी के इन दो सफलताओं से भारतीय जनमानस के मध्य लोकप्रिय हो गए।

भारतीय राजनीति में महात्मा गाँधी का आगमन

भारतीय राजनीति में गाँधीजी का सक्रिय प्रादुर्भाव 1917-18 के युग में हुआ जो कि तीन स्थानीय समस्याओं से संबंधित था। ये समस्याएँ थीं; चंपारन और खेड़ा में किसानों का संघर्ष और अहमदाबाद में मजदूरों का संघर्ष। यहाँ पर गाँधी ने सत्याग्रह की तकनीक का प्रयोग किया और अंततः इन्हीं स्थानीय संघर्षों के माध्यम से वे संपूर्ण भारत के नेता के रूप में उभर कर आए।

चंपारण सत्याग्रह–उत्तरी बिहार के तिरहुत मंडल में चंपारन एक ऐसा स्थान था जहाँ पर कि एक लंबे समय से कृषकों में असंतोष फैला हुआ था। यूरोपीय बागान मालिकों ने इस क्षेत्र में 19वीं शताब्दी के प्रारंभ से नील के बागान और फैक्टरियाँ स्थापित की थीं। 1916-17 में चंपारन का अधिकांश क्षेत्र केवल तीन भू-स्वामियों के आधीन था। ये भू-स्वामी-बेतिया, राम नगर और मधुबन जागीरों के मालिक थे। इनमें बेतिया की जागीर सबसे बड़ी थी और उसमें लगभग 1500 गाँव आते थे। भू-स्वामी स्वयं जागीर की देखभाल न कर उसे ठेके पर दे देते थे और ठेकेदारों में सबसे प्रभुत्वशाली वर्ग यूरोपीय बागान मालिकों का था। यहाँ पर असंतोष का मुख्य कारण यह था कि किसानों को भूमि पर स्थाई अधिकार प्राप्त नहीं था। उन्हें बागान मालिकों से जमीन के पट्टे लेने होते थे और ऐसे पट्टे उन्हें इस शर्त पर दिए जाते थे कि वे एक निश्चित भू-भाग पर केवल नील की ही खेती करेंगे। इसके बदले में बागान मालिक किसानों को कुछ अग्रिम धन राशि भी देते थे।

जिस व्यवस्था के अंदर नील की खेती की जाती थी वह "तिन-कथिया" कहलाती थी। इसमें किसान को अपनी भूमि के 3/20 हिस्से पर केवल नील की ही खेती करनी होती थी और अधिकांशतः उसकी भूमि के सबसे अधिक उपजाऊ हिस्से पर उसे नील की खेती करने के लिए बाध्य किया जाता था। तिन-कथिया

व्यवस्था में यद्यपि 1908 में कुछ सुधार लाने की कोशिश की गयी थी, परंतु इससे किसानों की गिरती हुई हालत में कोई बदलाव नहीं हुआ था। बागान मालिक किसानों को अपनी उपज एक निश्चित धनराशि पर केवल उन्हें ही उपजाने के लिए बाध्य करते थे और यह धनराशि बहुत कम होती थी। इस समय जर्मनी के वैज्ञानिकों के कृत्रिम नीले रंग का उत्पादन कर लिया था, जिसके फलस्वरूप विश्व के बाजारों में भारतीय नील की माँग गिर गई थी। चंपारन के अधिकांश बागान मालिकों ने यह महसूस किया था कि नील के व्यापार से अब उन्हें अधिक मुनलाभ नहीं होगा परंतु उन्होंने अपने घाटे को किसानों पर लादना आरंभ कर दिया। इसके लिए किसानों को जो प्रलोभन दिया गया कि जो रास्ते उन्होंने अपनाए उसमें किसानों से यह कहा गया कि अगर वे उन्हें एक बड़ा मुआवजा दे दें तो नील की खेती से मुक्ति मिल सकती थी। इसके अतिरिक्त कई अवैध करों को देने के लिए किसानों को बाध्य किया।

जब 1916 में लखनऊ में हो रहे कांग्रेस अधिवेशन में चंपारन के किसानों की समस्याओं का जिक्र किया गया तो गाँधीजी ने इस पर कोई ध्यान नहीं दिया। लेकिन गाँधीजी मोतीहारी (चंपारन की जिला-कार्यालय) पहुँचे तो उनकी उपस्थिति को जन शांति के लिए एक खतरा समझा गया। इन्हें चंपारन छोड़ने का आदेश दिया गया, परंतु गाँधीजी ने वहाँ की जनता के प्रति अपने दायित्व को समझते हुए इस आदेश को मानने से इनकार कर दिया। तत्काल ही उन्हें गिरफ्तार कर उन पर जिला न्यायालय में मुकदमा चलाया गया। परंतु बिहार सरकार के हस्तक्षेप से मुकद्दमे को वापस लेना पड़ा। परंतु उन्हें किसानों के कष्टों के बारे में जानकारी हासिल करने की पूर्ण स्वीकृति दे दी गई।

सरकार ने गाँधी जी के नेतृत्व ने "चंपारन एगरेरियन कमेटी" का गठन किया। इस कमेटी ने यह सिफारिश की कि तिन-कथिया व्यवस्था समाप्त कर दी जाये। बढ़ाए गए लगान की दरों में कमी की गई और जो वसूली अवैध रूप से किसानों से की गई थी उसका 25% किसानों को लौटाया जाना था। कमेटी की इन सिफारिशों को 1919 के 'चंपारन एगरेरियन एक्ट' के रूप में पारित किया गया।

इस किसान आंदोलन में गाँधीजी के अधिकांश सहयोगी शिक्षित मध्यम वर्ग से थे, जैसे कि राजेन्द्र प्रसाद, गोरख प्रसाद, आचार्य कृपलानी आदि। स्थानीय महाजनों और गाँवों के मुख्तियारों ने भी गाँधीजी को सहयोग दिया था लेकिन सर्वाधिक सहयोग किसानों और उनके स्थानीय नेताओं ने दिया था। चंपारन में गाँधीजी पैदल अथवा बैलगाड़ी पर यात्रा करते थे और किसानों से उन्हीं की भाषा में बातचीत करते थे।

खेड़ा सत्याग्रह—गाँधी जी ने दूसरा सत्याग्रह गुजरात के खेड़ा जिले में किया। खेड़ा अधिक उपजाऊ क्षेत्र था और यहाँ पर उगने वाली खाद्य फसलों, तंबाकू और रूई को अहमदाबाद में एक सुलभ बाजार प्राप्त था। यहाँ पर कई धनी किसान थे जो कि पट्टीदार कहलाते थे। इसके अतिरिक्त कई छोटे किसान और भूमिहीन कृषक भी यहाँ पर रहते थे।

1917 में अधिक बारिश के कारण खरीफ की फसल को नुकसान हुआ। इसी समय मिट्टी का तेल, लोहा, कपड़ों और नमक की कीमतों में भी वृद्धि हुई जिसने कि किसानों के जीवन स्तर को प्रभावित किया। किसानों ने इस समय यह माँग की कि पूरी फसल न होने के कारण लगान माफ किया जाए। लगान कानून के अंतर्गत ऐसा प्रावधान मौजूद था कि अगर कुल उपज सामान्य उपज के मुकाबले केवल 25 प्रतिशत हो तो पूरा लगान माफ किया जा सकता था। बंबई के दो वकीलों, श्री वी.जे. पटेल और जी.के. पारख ने इस संबंध में छान-बीन की और वे इस नतीजे पर पहुँचे कि उपज का एक बड़ा हिस्सा विनष्ट हो चुका था, परंतु सरकार इससे सहमत नहीं थी। खेड़ा के कलेक्टर ने यह निर्णय लिया कि लगान माफ करने की माँग का कोई औचित्य नहीं है। सरकारी धारणा यह थी कि किसानों ने यह माँग नहीं की थी वरन् इसके लिए उन्हें बाहर के लोगों ने भड़काया था जो कि होम रूल लीग और गुजरात सभा से संबंध रखते थे। गाँधीजी स्वयं इस समय गुजरात सभा के अध्यक्ष थे। सच्चाई यह थी कि यहाँ आंदोलन प्रारंभ करने की पहल न तो गाँधीजी ने ही कि थी और न ही अहमदाबाद के राजनीतिज्ञों ने। यह माँग तो सही मायने में मोहन लाल पांडे जैसे स्थानीय गाँव के नेताओं ने उठाई थी।

छान-बीन करने के उपरांत गाँधीजी ने यह धारणा व्यक्त की कि सरकारी अफसरों ने उपज का बढ़ा-चढ़ा कर मूल्य लगाया था और किसानों का यह वैध अधिकार था कि वे लगान न दें। इसमें उन्हें कोई सुविधा नहीं प्रदान की जा रही थी लेकिन सरकार ने इस ओर कोई ध्यान नहीं दिया। कुछ हिचकिचाहट के उपरांत गाँधीजी ने यह निर्णय लिया कि 22 मार्च, 1918 से सत्याग्रह का प्रारंभ नदियाद में एक सभा करके किया गया। इस सभा में गाँधीजी ने किसानों को यह राय दी कि वे अपना लगान न दें। किसानों के उत्साह को बढ़ाने के लिए और उनके हृदय से सरकार का डर निकालने के लिए गाँधीजी ने अनेक गाँवों का दौरा किया।

इस सत्याग्रह में इन्दुलाल याज्ञिक, बिट्ठल भाई पटेल और अनसुइया साराभाई ने भी गाँधीजी की सहायता की। 21 अप्रैल को 2,337 किसानों ने यह शपथ ली कि वे लगान नहीं देंगे। अधिकांश पट्टाधारियों ने सत्याग्रह में हिस्सा लिया परंतु

सरकार ने अपनी दमनकारी नीति के माध्यम से कुछ गरीब किसानों को लगान देने के लिए बाध्य किया। इस समय रबी की फसल अच्छी हुई जिससे कि लगान न देने का मुद्दा कुछ कमजोर पड़ा। गाँधीजी यह समझने लगे थे कि किसान सत्याग्रह से थकने लगे हैं। जब सरकार ने यह आदेश जारी किया कि लगान की वसूली केवल उन्हीं किसानों से की जानी चाहिए जो कि उसको दे सकते हैं और गरीब किसानों पर इसके लिए दबाव नहीं डाला जाना चाहिए, तो गाँधीजी ने सत्याग्रह को खत्म करने की घोषणा की। सही मायने में इस सत्याग्रह का सब गाँवों पर समान असर नहीं पड़ा था। खेड़ा के 559 गाँवों में से केवल 70 गाँवों में ही यह सफल रहा था और यही कारण था कि गाँधीजी ने केवल थोड़ी सी रियायत मिलने पर ही सत्याग्रह वापस ले लिया था लेकिन इसमें कोई संदेह नहीं कि इस सत्याग्रह के माध्यम से गुजरात के ग्रामीण क्षेत्र में गाँधीजी के सामाजिक आधार का विकास हुआ था।

अहमदाबाद का मिल मालिक व श्रमिक संघर्ष—अहमदाबाद एक औद्योगिक नगर का रूप ले रहा था। लेकिन मिल मालिकों को अक्सर श्रमिकों की कमी का सामना करना पड़ा था और उन्हें आकर्षित करने के लिए वे मजदूरी की ऊँची दर देते थे। 1917 में अहमदाबाद में प्लेग की महामारी फैल गई जिससे श्रमिक डर गये। श्रमिकों को शहर छोड़कर जाने से रोकने के लिए मिल मालिकों ने उन्हें "प्लेग बोनस" देने का निर्णय किया जो कि कभी-कभी साधारण मजूरी का लगभग 75% होता था। जब यह महामारी खत्म हो गई तो मिल मालिकों ने इस भत्ते को खत्म कर दिया लेकिन इसका भारी विरोध हुआ। श्रमिकों का मानना था कि युद्ध के दौरान जो महँगाई हुई थी, यह भत्ता उसकी भी पूर्ति करता था। मिल मालिक 20% की वृद्धि देने को तैयार थे, लेकिन मूल्य वृद्धि को देखते हुए श्रमिक 50% की वृद्धि माँग रहे थे।

अहमदाबाद के मिल मालिकों और श्रमिकों के मध्य का संघर्ष घातक होता जा रहा था। गाँधीजी ने अम्बालाल साराभाई से विचार-विमर्श करने के पश्चात् इस समस्या में हस्तक्षेप करने का निर्णय लिया। उनके हस्तक्षेप से श्रमिक और मिल मालिक इस बात पर सहमत हो गए कि पूरी समस्या को एक मध्यस्थता कराने वाले बोर्ड के ऊपर छोड़ दिया जाए जिसमें कि तीन प्रतिनिधि मजदूरों के हों और तीन मिल मालिकों के। अंग्रेज कलेक्टर को बोर्ड का अध्यक्ष बनाया गया। गाँधीजी इस बोर्ड में श्रमिकों के प्रतिनिधि के रूप में मौजूद थे, लेकिन अचानक मिल मालिक बोर्ड से खुद को अलग कर लिया। इसका कारण उन्होंने यह बताया कि गाँधीजी को श्रमिकों की तरफ से कोई अधिकार नहीं दिया गया था और इस बात की कोई

गारंटी नहीं थी कि श्रमिक इस बोर्ड के निर्णय को स्वीकार करेंगे। 22 फरवरी से मिल मालिकों ने तालाबंदी की घोषणा की।

गाँधी जी ने कहा कि श्रमिकों को 50% के स्थान पर 35% बढ़ोत्तरी की माँग करनी चाहिए। गाँधीजी ने मिल मालिकों के विरुद्ध सत्याग्रह प्रारंभ किया। श्रमिकों से यह शपथ लेने को कहा गया कि जब तक मजूरी में 35% वृद्धि नहीं होती तब तक वे काम पर नहीं जाएँगे और शांतिपूर्वक सत्याग्रह करते रहेंगे। अनेक स्थानों पर सभाएँ हुईं और गाँधीजी ने इनमें भाषण दिए। इस स्थिति के ऊपर उन्होंने कुछ लेख भी लिखे।

12 मार्च को मिल मालिकों ने तालाबंदी हटा लिया और घोषणा किया कि उन श्रमिकों को कार्य पर वापस लेंगे जो कि 20% वृद्धि स्वीकार करते हैं। इसके विपरीत 15 मार्च को गाँधीजी ने यह घोषणा की कि जब तक कोई समझौता नहीं होता वे भूख हड़ताल पर रहेंगे। इस समय गाँधीजी का उद्देश्य यह था कि जो मजदूर अपनी शपथ के बावजूद काम पर वापस जाने की सोच रहे थे उन्हें उससे रोका जा सके। अंततः 18 मार्च के दिन एक समझौता हुआ, इसके अनुसार, श्रमिकों को उनकी शपथ को देखते हुए पहले दिन की मजूरी 35% वृद्धि के साथ हासिल होनी थी और दूसरे दिन उन्हें 20% की वृद्धि, जो कि मिल मालिकों द्वारा प्रस्तावित की जा रही थी, मिलनी थी। तीसरे दिन ही तब तक, जब तक कि एक मध्यस्थता के माध्यम से निर्णय नहीं लिया जाता उन्हें 27½% की वृद्धि मिलनी थी। अंततः मध्यस्थ ने गाँधीजी के प्रस्ताव को मानते हुए मजदूरों के पक्ष में 35% की वृद्धि का निर्णय दिया।

1917 में भारतीय सरकार ने जस्टिस सिडनी रौलट की अध्यक्षता में एक कमेटी का गठन किया था जिसका उद्देश्य क्रांतिकारियों के कार्यों की जाँच-पड़ताल करते हुए उनके दमन के लिए कानून प्रस्तावित करना था। स्थिति का जायजा लेने के पश्चात् रौलट कमेटी के कानून में कई प्रकार के बदलाव किए जाने का सुझाव रखा। इन सुझावों को ध्यान में रखते हुए भारतीय सरकार ने राष्ट्रीय काउंसिल के सम्मुख दो विधेयक 6 फरवरी, 1919 के दिन प्रस्तुत किये। सरकार का यह दावा था कि पड्यंत्रकारी अपराधों को रोकने के लिए यह विधेयक केवल अस्थायी आधार पर अपनाए जा रहे हैं।

ये विधेयक सही मायने में जो प्रतिबंध युद्ध के दौरान लगाए गए थे उन्हें स्थायी रूप देने के उद्देश्य से प्रेरित थे। इनके अंतर्गत अपराधियों पर एक विशेष न्यायालय के माध्यम से मुकदमा चलाया जा सकता था जिसमें कि तीन हाई कोर्ट

के जज सदस्य होने थे। इस न्यायालय के निर्णय के विरुद्ध अपील का कोई प्रावधान नहीं था और न्यायालयों की कार्यवाही भी खुले तौर पर नहीं होती थी। किसी भी व्यक्ति को बिना वारंट के गिरफ्तार किया जा सकता था अथवा उसकी तलाशी ली जा सकती थी। बिना मुकदमा चलाए ही किसी भी व्यक्ति को दो वर्ष तक बन्दीगृह में रखा जा सकता था। भारतीय राष्ट्रवादियों की यह धारणा थी कि यह बिल उस गैर-सरकारी और सरकारी जनमत को संतुष्ट करने के लिए लाए गए थे जिसने कि मोंटेग्यू सुधार प्रस्तावों का विरोध किया था।

आन्दोलन—सारे देश में इन बिलों की आलोचना की गई। गाँधीजी ने भी इनके विरुद्ध अभियान छेड़ दिया। उनके अनुसार जो शक्तियाँ सरकार को दी जा रही थीं वे खतरे से ख़ाली नहीं थीं और वाइसराय को बहुत पहले से ही आपातकालीन शक्तियाँ प्राप्त थीं। उन्होंने यह भी कहा कि ये ऐसे दमनकारी बिल हैं जो कि सुधारों के सभी प्रस्तावों को रद्द कर देते हैं। गाँधीजी केवल बिलों के प्रावधान के ही विरोधी नहीं थे अपितु उस प्रक्रिया के भी विरोधी थे जिसमें कि जनमत की अवहेलना करते हुए इन्हें लागू किया जाना था। 24 फरवरी, 1919 के दिन बंबई में इन बिलों का विरोध करने के लिए गाँधीजी ने एक सत्याग्रह सभा का संगठन किया। इस सभा के सदस्यों ने यह शपथ ली कि वे अत्यंत ही सभ्य तरीके से, जिनका कि निर्णय एक कमेटी द्वारा लिया जाएगा, इन बिलों का विरोध करेंगे और इस संघर्ष में वे सच्चाई का रास्ता अपनाते हुए किसी भी प्रकार की हिंसा से दूर रहेंगे। सत्याग्रह आंदोलन का प्रारंभ करते हुए गाँधीजी ने यह कहा था : ''मेरा यह पक्का विश्वास है कि हमें कष्ट सहकर ही अपनी मुक्ति प्राप्त होगी, न कि अंग्रेजों द्वारा टपकाये गए सुधारों से। वह क्रूर शक्ति प्रयोग करते हैं जबकि हम आत्मा की शक्ति।''

सम्पूर्ण भारत में विरोध के बाद भी सरकार अपने निर्णय पर अडिग रही। सरकार गैर-सरकारी सदस्यों द्वारा इनके खिलाफ मत दिए जाने के बावजूद काउंसिल ने एक बिल पारित कर दिया। 21 मार्च, 1919 के दिन वाइसराय ने बिल को अपनी सहमति प्रदान कर दी। इस समय उदारवादी नेताओं के गुट ने जिसमें कि सर डी. ई. वादी, सुरेंद्रनाथ बनर्जी, तेज बहादूर सप्रू और श्रीनिवास शास्त्री सम्मिलित थे, गाँधीजी द्वारा सत्याग्रह प्रारंभ किए जाने का विरोध किया। उनका मानना था कि आम नागरिक सभ्य तरीके से रौलट ऐक्ट का विरोध नहीं कर पाएगाँ एनी बीसेंट ने भी सत्याग्रह का विरोध किया वे इसे घातक मानती थी। सत्याग्रह का प्रारंभ करने के लिए गाँधीजी ने देशवासियों को हड़ताल करने को कहा। इस दिन कोई कार्य नहीं होना था। जनता को उपवास रखना था। प्रार्थना करनी थी और इस प्रकार बिलों

का विरोध करना था। प्रारंभ में हड़ताल की तिथि 30 मार्च रखी गई थी परंतु उपरांत में इसे बदलकर 6 अप्रैल कर दिया। विभिन्न लेकिन दिल्ली में 30 मार्च के दिन ही हड़ताल की गई और इस दिन पुलिस की गोली से 10 व्यक्ति मारे गए। अन्ये बड़े नगरों में हड़ताल 6 अप्रैल को हुई और जनता ने व्यापक सहयोग दिया। गाँधीजी ने 7 अप्रैल को सत्याग्रहियों को यह सुझाव दिया कि वे प्रतिबंधित साहित्य संबंधी कानून को और समाचार पत्रों के पंजीकरण संबंधी कानूनों का विरोध करें और इसे स्वीकार न करें। इसके लिए 4 किताबों को, जिनमें गाँधीजी कि ''हिंद स्वराज'' भी सम्मिलित थी, जिसे बंबई सरकार ने 1910 में प्रतिबंधित कर दिया था, बिक्री के लिए चुना गया।

8 तारीख को गाँधीजी बंबई से दिल्ली और पंजाब के लिए रवाना हुए। सरकार ने यह माना कि उनका पंजाब आगमन खतरनाक हो सकता है। अतएव दिल्ली के निकट गाँधी को गाड़ी से उतारकर वापस बंबई भेज दिया गया। गाँधीजी की गिरफ्तारी से बंबई में स्थिति तनावपूर्ण हो गई और अहमदाबाद व विदर्भ में हिंसा भी हुई। अहमदाबाद में सरकार को मार्शल लॉ लगाना पड़ा।

गाँधीजी की गिरफ्तारी की खबर जब अमृतसर पहुँची तो उसी समय वहाँ के दो स्थानीय नेताओं, डॉ. किचलू और डॉ. सत्यपाल को भी गिरफ्तार किया गया था। जनता हिंसा पर उतारू हो गई और कुछ सरकारी कार्यालयों में आग लगा दी गई। 5 अंग्रेजों की हत्या कर दी गई और एक अंग्रेज महिला से अभद्र व्यवहार भी किया गया। शहर पर से नागरिक प्रशासन का नियंत्रण लगभग खत्म हो गया। 13 अप्रैल के दिन जनरल डायर ने जलियाँवाला बाग में निहत्थे लोगों की शांतिपूर्ण सभा पर गोलियाँ चलवाईं। अधिकांश लोगों को इस बात की कोई खबर ही नहीं थी कि सरकार द्वारा सभा करने पर प्रतिबंध लगा दिया गया है और जनरल डायर ने बिना किसी चेतावनी के गोलियाँ चलवाई थीं। डायर ने आगे चलकर यह स्वीकार किया कि उसका उद्देश्य मात्र सभा को तितर-बितर करना नहीं था, वह तो जनता को मानसिक तौर से भयभीत करना चाहता था। सरकारी आँकड़ों के अनुरूप इस गोली कांड में 379 व्यक्ति मारे गए थे परंतु गैर-सरकारी आँकड़े इससे तीन गुना अधिक थे। 13 अप्रैल की रात को ही पंजाब में मार्शल लॉ लगा दिया गया।

महत्त्व—यह स्पष्ट है कि रौलट एक्ट के विरुद्ध चलाया गया आंदोलन किसी योजनाबद्ध तरीके पर आधारित नहीं था। सत्याग्रह सभा केवल एक्ट के विरुद्ध प्रचार हेतु साहित्य प्रकाशित कर रही थी अथवा उसके विरुद्ध दस्तखत इकट्ठे कर रही थी। एक संगठन के रूप में कांग्रेस कहीं पर भी नजर नहीं आ रही थी। अधिकांश

क्षेत्रों में जनता ने अंग्रेजी शासन के विरुद्ध अपनी सामाजिक और आर्थिक शिकायतों के कारण स्वयं हिस्सा लिया था।

लेकिन एक बात स्पष्ट है कि गाँधीजी द्वारा किए गए सत्याग्रहों ने विभिन्न वर्गों और समुदायों के लोगों को एक स्थान पर लाकर खड़ा कर दिया था। यह इस बात से भी स्पष्ट होता है कि यद्यपि गाँधीजी ने पंजाब की यात्रा नहीं की थी तथापि इस आंदोलन में पंजाब की जनता ने व्यापक रूप से हिस्सा लिया था। लेकिन यह आंदोलन अभी भी शहरों में ही तीव्र रूप ले पाया था, भारत के ग्रामीण क्षेत्र तक इसका फैलाव नहीं हो पाया था।

आंदोलन के दौरान जो हिंसा की घटनाएँ हुई थीं, विशेष तौर से अहमदाबाद में, उन्हें देखते हुए गाँधीजी ने सत्याग्रह वापस ले लिया। गाँधीजी ने यह स्वीकार किया कि उन्होंने यह आंदोलन आरंभ करके एक महान भूल की थी क्योंकि जनता अभी सत्याग्रह के लिए जरूरी अनुशासन को नहीं समझ पाई थी। परंतु इस आंदोलन का सबसे महत्त्वपूर्ण प्रभाव यह निकला कि गाँधीजी एक राष्ट्रीय नेता के रूप में उभर कर सामने आए। राष्ट्रीय आंदोलन के नेतृत्व में उनकी स्थिति सबसे ऊपर हो गई और वे कांग्रेस के कार्यों को भी निर्णयात्मक रूप दिया करते थे।

जलियाँवाला बाग हत्याकांड—11 अप्रैल, 1919 ई. को ब्रिगेडियर जनरल डायर उपद्रव पर नियंत्रण करने के लिए अमृतसर पहुँचा। उसने व्यावहारिक रूप में बिना घोषणा किए 'मार्शल ला' की स्थिति स्थापित कर दी। 12 अप्रैल से व्यक्तियों को धड़ाधड़ बंदी बनाया गया, सभाओं और जुलूसों पर प्रतिबंध लगा दिया गया। यद्यपि नगर के सब भागों में इस प्रतिबंध की सूचना नहीं दी गई। उसी दिन जनता की ओर से 13 अप्रैल, 1919 ई. को 4.30 बजे सायंकाल जलियाँवाला बाग में एक सार्वजनिक सभा की घोषणा भी की गई। जनरल डायर को इस सभा का पता था लेकिन उसने इसे रोकने के लिए कोई कार्य नहीं किया। सभा यथासमय हुई और लगभग आठ अथवा दस हजार व्यक्ति उपस्थित थे। सभा प्रारंभ होने के समय जनरल डायर अपनी सैनिक टुकड़ी एवं बख्तरबंद गाड़ियों को लेकर पहुँच गया और भीड़ पर बिना पूर्व चेतावनी के उस समय तक गोलियाँ चलाता रहा जब तक वे खत्म नहीं हो गईं। 1650 गोलियाँ निशाना बाँधकर छोड़ी गईं। इस क्रूर गोलीकांड में लगभग एक हजार निर्दोष व्यक्तियों की मौत हो गई। जनरल डायर, भारत सरकार और इंग्लैंड की जनता के एक भाग ने इस गोलीकांड का समर्थन किया। इस हत्याकांड से समस्त भारत में असंतोष जागृत हुआ। अंग्रेजी सरकार और राष्ट्रीय कांग्रेस ने इस निर्मम हत्याकांड के लिए अलग-अलग जाँच समितियाँ बनाईं। सरकार की ओर से हंटर

कमेटी ने रिपोर्ट प्रस्तुत की। इस रिपोर्ट से भी जनरल डायर के कार्यों का औचित्य स्पष्ट नहीं होता। डायर ने जलियाँवाला बाग के घायल या मृतकों की न तो स्वयं कोई चिंता की और कर्फ्यू लगाकर उनके संबंधियों को भी देखभाल करने का मौका नहीं दिया। 15 अप्रैल को अमृतसर में मार्शल लॉ लगा दिया और फिर उसके बाद क्रूर, निर्मम और पशुवत् व्यवहार किया गया। यह मानवता को शर्मसार करने वाली है। शांत भीड़ पर हवाई जहाजों से बम गिराए गए, लोगों को नग्न करके कोड़े लगाए गए।

अंग्रेज सरकार ने माइकेल डायर और जनरल डायर के कार्यों की पर्याप्त निंदा या आलोचना नहीं की। भारत में अंग्रेजों ने और इंग्लैंड में हाउस ऑफ लार्ड्स ने उनका स्पष्ट समर्थन किया। इंग्लैंड सरकार ने जनरल डायर को सेवा से अवकाश प्रदान कर दिया। भारतवासियों पर सामान्य अंग्रेजों द्वारा जनरल डायर के समर्थन और जलियाँवाला बाग के हत्याकांड की निंदा न करने से भारतीयों और अंग्रेजों के मध्य अविश्वास की एक खाई पैदा हो गई जो समय के साथ अधिक होती गई।

खिलाफत आंदोलन– तुर्की के सुलतान को इस्लामी जगत का धार्मिक नेता (अर्थात् खलीफा) माना जाता था इसलिए भारतीय मुसलमान इनका आदर करता था। 1913-15 ई. में मौलाना अबुल कलाम आजाद और मौलाना मोहम्मद अली ने भारतीय मुसलमानों को तुर्की साम्राज्य और पश्चिमी साम्राज्यवादी देशों की तुर्की के प्रति नीति के संबंध में राजनीति शिक्षा प्रदान की। प्रथम विश्व युद्ध में तुर्की ने इंग्लैंड के खिलाफ युद्ध में भाग लिया। इंग्लैंड के प्रधानमंत्री लायड जार्ज ने युद्ध के प्रचलित रहते हुए यह घोषणा की कि तुर्की की अखंडता और उसके अधीन एशियाई प्रदेशों पर उसका नियंत्रण यथास्थितिपूर्ण रहेगाँ लेकिन 1918 ई. की युद्ध विराम संधि में तुर्की के एशियाई प्रदेश पर इंग्लैंड और फ्रांस का नियंत्रण मेंडेट प्रणाली के अधीन स्थापित किया गया और तुर्की में भी सुलतान के अधिकारों पर नियंत्रण के लिए एक उच्च आयुक्त नियुक्त किया गया।

1918-1919 ई. में भारतीय मुसलमानों में खिलाफत आंदोलन ने जोर पकड़ा। अली बंधु (मौलाना मोहम्मद अली और शौकत अली) एवं अबुल कलाम आजाद इस आंदोलन के प्रभावशाली नेता थे। इन नेताओं के विचारों में कुछ अंतर था। अली बंधु खिलाफत को धार्मिक संस्था और खलीफा के धार्मिक नेतृत्व की जरूरत और महत्त्व पर बल देते थे। अबुल कलाम आजाद इसके राजनीतिक पक्ष पर बल देते थे। 1920 ई. में तुर्की में सुलतान के विरुद्ध राष्ट्रीय आंदोलन कमालपाशा के नेतृत्व में हो रहा था लेकिन वे खिलाफत आंदोलन द्वारा प्रस्तुत माँगों का समर्थन नहीं कर रहे थे। वे न तो खिलाफत के समर्थक थे और न एशियाई प्रदेशों पर अपना नियंत्रण स्थापित करने

के पक्ष में थे। भारतीय खिलाफत आंदोलन से तुर्की के राष्ट्रवादियों को कोई समर्थन नहीं मिला। 1924 ई. में तुर्की में खिलाफत संस्था को ही खत्म कर दिया गया। खिलाफत आंदोलन स्वतः असंगत एवं अवास्तविक सिद्ध हुआ।

लेकिन 1919-1920 ई. में भारतीय रंगमंच पर ही ध्यान केंद्रित करने से ऐसा प्रतीत होता था कि मुसलमानों में राजनीतिक चेतना एवं अंग्रेज विरोधी भावनाएँ पहली बार पैदा हुईं। इसलिए राष्ट्रीय नेताओं ने मुसलमानों की धार्मिक संस्था के आंदोलन के समर्थन का निश्चय किया। गाँधीजी ने खिलाफत आंदोलन का इसलिए भी समर्थन किया कि उन्हें यह आंदोलन सत्य और न्याय पर आधारित दिखाई पड़ा। नवंबर, 1919 ई. में दिल्ली में हुए आल इंडिया खिलाफत सम्मेलन ने गाँधीजी को अध्यक्ष चुना और उनके परामर्श पर असहयोग और बायकाट की नीति की धमकी अंग्रेजों को दी अगर उन्होंने तुर्की की समस्या का उचित हल न ढूँढ़ा। गाँधीजी के समर्थन पर एक अन्य कारण यह भी था कि हिंदुओं द्वारा मुसलमानों की न्यायोचित माँग का समर्थन, हिंदू-मुस्लिम एकता एवं राष्ट्रीय आंदोलन में सहायक होगाँ एक खिलाफत शिष्टमंडल इंग्लैंड गया लेकिन इंग्लैंड सरकार से उसे कोई मदद नहीं मिली। गाँधीजी ने 1 अगस्त, 1920 ई. को खिलाफत के प्रश्न पर असहयोग आंदोलन प्रारंभ कर दिया। इस असहयोग आंदोलन की नीति का कांग्रेस द्वारा अनुमोदन सितंबर, 1920 ई. में एक विशेष अधिवेशन में और दिसंबर, 1920 ई. के वार्षिक अधिवेशन में कर दिया गया। असहयोग नीति के पक्ष में व्यापक समर्थन प्राप्त करने के लिए अन्य कारण, पंजाब में अंग्रेजी अत्याचार, (रौलेट) एक्ट और भारतीय स्वराज्य की माँग भी जोड़ दिए गए।

असहयोग आंदोलन—असहयोग आंदोलन के दो पक्ष थे—रचनात्मक एवं विध्वंसात्मक। रचनात्मक कार्यों में स्वदेशी को प्रोत्साहन, असहयोग आंदोलन के लिए 'तिलक कोष' में एक करोड़ की राशि जमा करना (तिलक की मृत्यु के बाद यह कोष स्थापित किया गया), स्वयं सेवकों की एक विशाल संख्या भर्ती करना, 20 लाख चरखों को बेरोजगारों में बंटवाना शामिल थे।

आंदोलन का विध्वंसात्मक कार्यक्रम को तीन वस्तुओं के बायकाट से संबंधित किया जाता है। ये प्रमुख बायकाट थे—अंग्रेजी विधान सभाओं, न्यायालयों, अंग्रेजी वस्तुओं के प्रयोग एवं मदिरापान का त्याग। 1921 ई. में असहयोग आंदोलन अत्यधिक लोकप्रिय रहा। विधान सभाओं के बहिष्कार में असहयोग आंदोलन असफल रहा।

विधानसभा के चुनावों में भाग लेने से रोकने में पूरी तरह असफल रहा। निर्वाचित विधान सभाएँ वास्तविक प्रतिनिधित्व नहीं कर सकीं। न्यायालयों के बहिष्कार में यद्यपि सी.आर. दास और पंडित मोतीलाल नेहरू ने बायकाट किया लेकिन इसका कुछ खास असर नहीं हुआ। इसी प्रकार पंचायतों द्वारा मुकदमों के निर्णयों की पद्धति भी कुछ स्थानों को छोड़कर असफल रही। इस बहिष्कार और पंचायती प्रणाली का अंग्रेजी न्यायालयों पर अधिक प्रभाव नहीं पड़ा। सरकारी शिक्षा पद्धति का अवश्य बहिष्कार अधिक व्यापक रूप में प्रारंभ हुआ। लेकिन शीघ्र ही विद्यार्थी वापस शिक्षा संस्थाओं में आने लगे क्योंकि अधिक विद्यार्थियों की शिक्षा के लिए वैकल्पिक व्यवस्था नहीं हो सकी। सरकारी नौकरियों से त्यागपत्र देने का आंदोलन सफल नहीं हो पाया परंतु सरकारी उपाधियों के प्रति आर्कषण निम्न हो गया।

असहयोग आंदोलन की विशेष सफलता इंग्लैंड के राजकुमार एवं ड्यूक ऑफ कनाट के आगमन के बहिष्कार की नीति में हुई। विदेशी कपड़े और शराब के प्रयोग के बहिष्कार की नीति भी सफल रही। नवंबर, 1921 ई. में प्रिंस ऑफ वेल्स के आगमन के बहिष्कार से भारत सरकार अत्यधिक प्रभावित हुई। असहयोग आंदोलन को वापस लेने के लिए उसने कुछ लोभ दिया परंतु उसका असर नहीं हुआ। अंग्रेजी सरकार ने अहिंसात्मक आंदोलनकर्त्ताओं पर विभिन्न प्रकार के अत्याचार किए। इनसे अहिंसात्मक नीति के संबंध में लोगों में विभिन्न प्रकार की भ्रांतियाँ पैदा हो गईं और एक प्रकार की उत्साहहीनता छा गई। 5 फरवरी, 1922 ई. को गोरखपुर जिले में 'चौरी चौरा' में अहिंसात्मक प्रदर्शनकारियों पर पुलिस ने गोलीबाजी की जिसके बाद उत्तेजित प्रदर्शनकारियों ने थाने को आग लगा दी जिससे पुलिस के व्यक्ति और भवन जलकर राख हो गए। गाँधीजी द्वारा आंदोलन स्थगित कर दिया गया जिसका काफी विरोध हुआ। अंग्रेजी सरकार ने भी इस मौका से फायदा उठाकर गाँधीजी को 10 मार्च, 1922 ई. को बंदी बना लिया और राजद्रोह फैलाने के अपराध में उन्हें 6 वर्ष की कैद की सजा दी गई।

असहयोग आंदोलन का योगदान—असहयोग आंदोलन को गाँधीजी द्वारा स्थगित किये जाने की अधिकांश समकालीन राष्ट्रीय नेताओं ने आलोचना की। सी. आर. दास, मोतीलाल नेहरू, लाला लाजपत राय, सुभाषचन्द्र बोस आदि नेताओं ने बन्दीगृह में रहते हुए भी इस कार्य की आलोचना की। उनका विचार था कि आंदोलन को सफलता के निकट पहुँचाकर स्थगित करना अनुचित था। सुभाषचन्द्र बोस स्थगित करने की घटना को राष्ट्रीय आपत्ति समझते थे। सामान्यतः यह समझा जाता

है कि गाँधीजी ने चौरी चौरा में पुलिस के व्यक्तियों की हत्या के कारण आंदोलन स्थगित किया लेकिन गाँधी जी का मूल्यांकन यह था कि असहयोग आंदोलन प्रायः छिन्न-भिन्न हो रहा था। लोगों का अहिंसात्मक संघर्ष की नीति में विश्वास डगमगा रहा था। अंग्रेजी अत्याचार की नीति के परिणामस्वरूप लोगों में मनोबल का अभाव, हीनता और दुर्बलता की भावना बढ़ी।

असहयोग आंदोलन अपने घोषित लक्ष्यों—खिलाफत के प्रति अंग्रेजी नीति में परिवर्तन, पंजाब के हत्याकांड के लिए अंग्रेज सरकार द्वारा उपचार, एक वर्ष में स्वराज्य प्राप्ति—में सफल नहीं हो सका। विधान सभाओं, न्यायालयों, विद्यालयों का बहिष्कार भी उतना अधिक सफल नहीं हुआ। रक्षात्मक कार्यक्रम में चर्खे का प्रयोग थोड़े ही दिन लोकप्रिय रहा। लेकिन इस आधार पर आंदोलन को निष्फल कहना अनुचित है। इस आंदोलन की सफलताएँ भी विभिन्न थीं। सामान्य जनता में अंग्रेजी प्रशासन की न्यायप्रियता में अविश्वास, राजनीतिक अधिकारों के लिए जागरूकता, अत्याचार से लोगों का दमन न कर पाना, उसकी कुछ उपलब्धियाँ थीं। अंग्रेज सरकार ने यह भी स्वीकार किया कि सामान्य जनता में राजनीतिक अधिकारों और अंग्रेजी भेदनीति के प्रति जागरूकता पैदा हो गई थी। लोगों में राष्ट्र-प्रेम और देश-प्रेम के प्रति बलिदान की भावना पहली बार व्यापक हुई। गाँधीजी के इस आंदोलन के बाद ही कांग्रेस एक जन आंदोलन संचालित करने वाली संस्था का रूप ग्रहण कर सकी। कांग्रेस एक संघर्ष करने वाली संस्था बन गई थी। यह क्रांतिकारी बदलाव था। अहिंसात्मक साधन अपनाने के फलस्वरूप यह खुले रूप में कार्य कर सकती थी और जन साधारण की सहानुभूति इसे उपलब्ध हो सकती थी।

स्वराज्य दल की स्थापना

1922 ई. में असहयोग आंदोलन के स्थगित कर दिए जाने के बाद कांग्रेस की एक समिति ने सविनय अवज्ञा आंदोलन की संभावना को अस्वीकार कर दिया। कांग्रेस का एक वर्ग यह अनुभव करता था कि 1919 ई. की सुधार योजना को विधान सभाओं में जाकर अव्यावहारिक एवं असफल सिद्ध किया जाए। लेकिन इस योजना से कांग्रेस का एक बड़ा वर्ग सहमत नहीं था। इसलिए 'कौंसिल प्रवेश' के समर्थन करने वालों ने एक अलग दल, स्वराज्य पार्टी, की स्थापना की। इस दल का नेतृत्व मोतीलाल नेहरू और चितरंजन दास ने किया। सितंबर, 1923 ई. में कांग्रेस ने दल के सदस्यों को आगामी निर्वाचन में मतदान और चुनाव लड़ने की स्वतंत्रता प्रदान करके स्वराज्य दल के गठन को स्वीकार कर लिया।

स्वराज्य दल के समर्थकों का तर्क था कि असहयोग आंदोलन के स्थगित कर दिए जाने के उपरांत राष्ट्रीय कार्यकर्त्ताओं के समक्ष कोई अन्य कार्यक्रम नहीं था। साथ ही वे यह भी चाहते थे कि विधान सभाओं के अन्य सदस्यों के साथ मिलकर सरकारी अत्याचार नीति का विरोध किया जाए और कार्यक्रम के अभाव में हिंदू मुस्लिम एकता के टूटने की संभावना को रोका जाए। स्वराज्य दल के सदस्य अपने आपको कांग्रेस का सदस्य कहते थे लेकिन उनका सविनय अवज्ञा आंदोलन की क्षमता में विश्वास नहीं था। वे विधान सभा में घुसकर नौकरशाही के दुर्ग को खत्म करना चाहते थे।

निर्वाचनों में स्वराज्य दल के सदस्यों ने नरमपंथियों को अधिकांश स्थानों पर पराजित किया। स्वराज्य दल को मध्य प्रदेश (सी.पी.) में बहुमत, बंगाल, यू.पी. एवं बंबई में प्रधानता मिली और केंद्रीय विधान सभा में 145 में से 48 स्थान प्राप्त हुए। केंद्रीय सभा में 24 सदस्य (इंडिपेंडेंट दल) मोहम्मद अली जिन्ना के नेतृत्व में थे। स्वराज्य और इंडिपेंडेंट दल से मिलकर सरकार पर दबाब डाल सकती थी।

1924-26 ई. के मध्य स्वराज्य दल को ने प्रत्येक वार्षिक बजट को अस्वीकृत करके अंग्रेज सरकार की नीतियों की अव्यावहारिकता स्पष्ट की। सितंबर, 1924 ई. में के ली कमीशन (जो सरकारी सेवाओं में प्रजातीय उच्चता को बनाए रखना चाहता था) की रिपोर्ट को स्वराज्य दल के सदस्यों ने स्वीकृत होने से असफल कर दिया। इसी प्रकार द्वैध शासन व्यवस्था संबंधी जाँच कमेटी (मुडिमैन कमेटी) रिपोर्ट पर स्वराज्य दल ने बहुमत (सरकारी) पक्ष का समर्थन नहीं किया और द्वैध शासन को असफल सिद्ध किया। लेकिन फरवरी, 1925 ई. में जिन्ना और मोतीलाल नेहरू में आपसी समझौता खत्म हो जाने से स्वराज्य दल का प्रभाव केंद्रीय विधान सभा में समाप्त हो गया। मार्च, 1926 ई. में आल इंडिया कांग्रेस कमेटी के आदेशानुसार स्वराज्य दल ने इंडियन लेजिस्लेटिव असेंबली का बहिष्कार कर दिया।

पंडित मोतीलाल नेहरू ने कहा कि अंग्रेज सरकार ने भारतीय सहयोग का मूल्य नहीं समझा। बार-बार विरोध करने पर भी सरकार अपनी दमनकारी नीति पर डटी रही। इसलिए कौंसिल प्रवेश का कार्यक्रम स्थगित किया गया। स्वराज्य दल के ने अंग्रेजी सरकार के वास्तविक दमनकारी स्वरूप को जनता के समक्ष प्रस्तुत किया।

1926-28 ई. के मध्य कांग्रेस का प्रभाव बहुत कम हो गया । 1926 ई. के निर्वाचनों में स्वराज्य दल के सदस्यों की संख्या घट गई। कांग्रेस ने पहले ही सरकार के साथ बायकाट की नीति अपना रखी थी। राष्ट्रीय आंदोलन ढीला पड़ रहा था कि

इंग्लैंड सरकार द्वारा साइमन कमीशन की नियुक्ति की घोषणा से राष्ट्रीय राजनीति ने एक नया मोड़ लिया।

साइमन कमीशन—1919 ई. के अधिनियम में एक व्यवस्था थी कि 10 वर्ष तक कार्य कर लेने के बाद इंग्लैंड सरकार एक कमीशन द्वारा इस बात की जाँच करवाएगी कि अधिनियम में क्या-क्या बदलाव किए जाएँ। भारतीय नेता द्वैध शासन की योजना को मूल रूप में अपर्याप्त समझते थे और शीघ्र बदलाव चाहते थे। लेकिन इंग्लैंड सरकार ने इस ओर कोई ध्यान नहीं दिया। अचानक 8 नवंबर, 1927 ई. को इंग्लैंड के प्रधानमंत्री ने एक कमीशन की नियुक्ति की घोषणा की। ऐसा इसलिए किया गया था कि 1929 ई. में यह संभावना थी कि शायद इंग्लैंड में 'लेबर दल' का मंत्रिमंडल बन जाए और उस समय भारत के लिए नियुक्त कमीशन भारतवासियों को अधिक अधिकार प्रदान कर सकता था। उस संभावना को रोकने के लिए कमीशन दो वर्ष पूर्व ही नियुक्त कर दिया गया। यह कमीशन सर जान साइमन की अध्यक्षता में नियुक्त किया गया। उनके अतिरिक्त 6 सदस्य और थे। वे सबके सब अंग्रेज थे एवं इंग्लैंड संसद के सदस्य थे। किसी भी भारतवासी को इस कमीशन का सदस्य नियुक्त नहीं किया गया। इससे बड़ा प्रजातीय विभेद और क्या हो सकता था? परिणामस्वरूप अधिकांश भारतीय राष्ट्रीय नेता इस कमीशन के बहिष्कार करने पर एकमत थे। इससे राष्ट्रीय गतिविधियों में आई हुई शिथिलता एकदम दूर हो गई।

3 फरवरी, 1928 ई. को साइमन कमीशन बंबई पहुँचा और देशव्यापी हड़ताल एवं काले झंडों और 'साइमन वापस जाओ' के नारों से उसका स्वागत किया गया। इस कमीशन की रिपोर्ट 7 जून, 1930 ई. को प्रकाशित हुई। उस समय तक राष्ट्रीय आंदोलन बहुत आगे बढ़ चुका था। इस रिपोर्ट की मुख्य विशेषताएँ निम्नलिखित थी—

> भारतीय संविधान संघीय होना चाहिए। केंद्र में कोई उत्तरदायित्व भारतीयों को न दिया जाए। प्रांतों को पूर्ण स्वायत्तता प्रदान की जाए लेकिन गर्वनर को पूर्ण अधिकार प्रदान किए जाएँ। भारतीय विषयों पर विचार-विमर्श के लिए एक कौंसिल की स्थापना की जाए जिसमें भारतीय राज्यों एवं अंग्रेजी भारत के विभिन्न दलों के प्रतिनिधि हों। बर्मा को भारत से पृथक् कर दिया जाए और सिंध और उड़ीसा को भी अलग-अलग प्रांत बना दिया जाए। प्रांतीय विधान सभाओं के सदस्यों की संख्या में वृद्धि कर दी जाए। उच्च न्यायालयों को भारत सरकार के अधीन कर दिया जाए। भारत सचिव की कौंसिल के सदस्यों की संख्या और उनके अधिकारों में कमी कर दी जाए।

इस रिपोर्ट के प्रकाशित होने से पूर्व साइमन कमीशन ने यह सुझाव दिया था कि रिपोर्ट पर विचार-विमर्श के लिए एक गोलमेज सम्मेलन बुलाया जाए। नवंबर, 1930 ई. में यह गोलमेज सम्मेलन बुलाया गया। साइमन कमीशन की नियुक्ति विभिन्न भारतीय दलों के आपसी मतभेद खत्म करने एवं राष्ट्रीय आंदोलन में एक नया जोश पैदा करने में सहायक हुई। इसकी सिफारिशें संवैधानिक विकास की दृष्टि से अधिक महत्त्वपूर्ण नहीं हैं।

साइमन कमीशन की नियुक्ति के साथ ही इंग्लैंड सरकार ने भारतीय नेताओं को यह चुनौती भी दी की अगर वे विभिन्न संप्रदायों की सहमति से एक संविधान तैयार कर सकें तो इंग्लैंड सरकार उस पर सहानुभूतिपूर्ण विचार करने को तत्पर रहेगी। यह चुनौती 1925 ई. से दी जा रही थी। उस समय सरकार से असहयोग की नीति के कारण इस ओर कोई ध्यान नहीं दिया गया। नवंबर, 1927 ई. में साइमन कमीशन की नियुक्ति के समय जब यह पुनः दोहराई गई तब भारतीय नेताओं ने शामिल संविधान का प्रारूप बनाने का प्रयत्न किया। इस प्रयास की कठिनाइयों को समझने के लिए मुसलमानों में 1927 ई. तक राजनीतिक चिंतन के विकास की व्याख्या आवश्यक है।

विभिन्न मुस्लिम नेताओं द्वारा राजनीतिक अधिकारों की माँग–1928 के पूर्व : 1916 ई. में लखनऊ समझौते और 1920-22 ई. के मध्य खिलाफत आंदोलन पर सहमति से यह प्रश्न उठना स्वाभाविक ही है कि मुसलमान नेता अधिकांशतः राष्ट्रीय प्रणाली से पृथक् क्यों हो गए? इस प्रश्न पर हमने 1887 ई. में सर सैयद द्वारा कांग्रेस विरोध के संदर्भ में चर्चा की है लेकिन 1916-22 ई. की पृष्ठभूमि के पश्चात् कुछ अन्य तथ्यों पर प्रकाश डालना आवश्यक है।

1915 ई. के लखनऊ समझौते से कांग्रेस ने अधिप्रतिनिधित्व और सांप्रदायिक निर्वाचन प्रणाली मान ली थी। 1919-20 ई. में खिलाफत के प्रश्न को राजनीति आंदोलन सम्मिलित करके मुसलमानों में धार्मिक उत्तेजना और भावनाओं को प्रोत्साहन दिया। इस आंदोलन के माध्यम से मौलाना आजाद और मौलाना मोहम्मद अली की इच्छा थी कि मुस्लिम लीग का नेतृत्व समाप्त हो जाए। मौलाना मोहम्मद अली तुर्की में खिलाफत आंदोलन के द्वारा मुसलमानों में राजनीतिक जागरण और अल्पसंख्यक होने की हीन भावना खत्म करना चाहते थे। पंजाब में मुसलमान नेताओं ने खिलाफत आंदोलन का कोई विशेष समर्थन नहीं किया। फजल हुसैन इस आधार पर कांग्रेस से अलग हो गए।

1920-34 ई. के बीच भारत में मुस्लिम राजनीति बहुत से गुटों में विभाजित

हो गई। कुछ संगठनों के नाम इस प्रकार थे—जमैयत-ए-खिलाफत, मुस्लिम लीग (शफी गुट), मुस्लिम लीग (जिन्ना गुट), जमैयत-उल-उलेमा, अंजुमन-ए-हिमायत-ए-इस्लाम (लाहौर), मजलिस-ए-अहरार (पंजाब) आदि। मुसलमानों में राजनीतिक जागरण पहले मुस्लिम अल्पसंख्यक प्रांतों में प्रारंभ हुआ जहाँ अपने अधिकारों की सुरक्षा के लिए उन्होंने अधिप्रतिनिधित्व और सांप्रदायिक निर्वाचन प्रणाली पर बल दिया। 1916 ई. के लखनऊ समझौते में प्रत्येक मुस्लिम अल्पसंख्यक प्रांत में उनके अधिकारों की उचित व्यवस्था हो गई। परंतु बंगाल और पंजाब के नेताओं ने लखनऊ समझौते का विरोध अपने लिए अधिक लाभदायक समझा। फज्ल-उल-हक (बंगाल), मोहम्मद शफी और फजल हुसैन (पंजाब) प्रभावशाली नेता थे।

नेहरू रिपोर्ट 1928—भारत सचिव की चुनौती का जवाब देने के लिए कांग्रेस ने विभिन्न राजनीतिक एवं सांप्रदायिक संगठनों को फरवरी, 1928 ई. में दिल्ली में आयोजित एक सर्वदलीय सम्मेलन में भाग लेने के लिए आमंत्रित किया। इस सम्मेलन में विभिन्न दलों के दृष्टिकोणों में अत्यधिक मतभेद था। इसलिए मोतीलाल नेहरू की अध्यक्षता में एक समिति का गठन करके भारत के लिए एक संविधान का प्रारूप तैयार करने के लिए कहा गया। लखनऊ में अगस्त, 1928 ई. में एक सर्वदलीय सम्मेलन में इस रिपोर्ट के प्रारूप पर विचार किया गया। इस सम्मेलन में स्वीकृत प्रस्तावों अर्थात् नेहरू रिपोर्ट पर दिसंबर, 1928 ई. में एक सर्वदलीय सम्मेलन में विचार किया गया। 1928 ई. का वर्ष इस प्रकार अत्यधिक राजनीतिक सरगर्मी का वर्ष था। नेहरू रिपोर्ट की मुख्य विशेषताएँ निम्न थीं :

1. भारत को अन्य अंग्रेजी डोमिनियनों की भाँति स्वाधीनता प्रदान की जाए। केंद्र में द्विसदनात्मक प्रणाली—सीनेट और हाउस आफ रिप्रजेंटेटिव—स्थापित की जाए। कार्यकारिणी पूर्ण रूप से व्यवस्थापिका सभा के प्रति उत्तरदायी रहे। समस्त उत्तरदायित्व भारतीय प्रतिनिधियों को सौंप दिया जाए। (2) भारत में संघीय प्रणाली स्थापित की जाए। अविशिष्ट अधिकार केंद्र के समीप रहें। प्रातों में एक सदनात्मक व्यवस्था होनी चाहिए। (3) समस्त निर्वाचन क्षेत्रीय निर्वाचन के आधार पर होंगे। सांप्रदायिक प्रतिनिधित्व खत्म कर दिया जाए। यह निर्वाचन वयस्क मताधिकार के आधार पर होगा और किसी भी बहुसंख्यक वर्ग के स्थान आरक्षित नहीं किए जाएँगे। अल्पसंख्यकों के लिए जनसंख्या के अनुपात में स्थान आरक्षित होंगे। पंजाब और बंगाल को छोड़कर अन्य प्रांतों में मुसलमानों के लिए और उत्तर-पश्चिमी सीमा प्रांत से हिंदुओं के लिए स्थान आरक्षित होंगे। 10 वर्ष बाद इस पद्धति का पुनः निरीक्षण किया जाएगाँ

नेहरू रिपोर्ट भारतीय राजनीतिक दलों द्वारा स्वीकृत न हो सकी। इस रिपोर्ट में भारतीय राष्ट्रीय आंदोलन का लक्ष्य डोमिनियन स्टेटस रखा गया जबकि 1927 ई. में कांग्रेस ने 'स्वतंत्रता' को लक्ष्य घोषित कर दिया था। इस विषय पर काफी वाद-विवाद कांग्रेस अधिवेशन में हुआ। युवा वर्ग जिसमें जवाहरलाल और सुभाषचंद्र बोस थे पूर्ण स्वतंत्रता चाहता था। गाँधीजी के बचाव करने पर यह तय हुआ कि अगर अंग्रेजों ने एक वर्ष के भीतर डोमिनियन स्टेटस नहीं दिया तब पूर्ण स्वतंत्रता राष्ट्रीय लक्ष्य हो जाएगाँ इसी संदर्भ में यह भी प्रस्ताव पास किया गया कि अंग्रेज सरकार द्वारा नेहरू रिपोर्ट अस्वीकृत हो जाने पर सविनय अवज्ञा आंदोलन प्रारंभ किया जाएगाँ

चतुर्थ चरण

पूर्ण स्वराज्य दिवस—26 जनवरी, 1930—नेहरू रिपोर्ट द्वारा तैयार संविधान अंग्रेज सरकार द्वारा 1929 ई. में लागू नहीं हुआ। इसी वर्ष इंग्लैंड के निर्वाचन मे लेबर दल को सफलता मिली, लेकिन स्पष्ट बहुमत उसे नहीं मिला। उसने लिबरल एवं कंजर्वेटिव दलों के कुछ सदस्यों के मदद से मंत्रिमंडल का गठन किया। अक्टूबर, 1929 ई. में गवर्नर जनरल लार्ड इरविन को इंग्लैंड विचार विमर्श के लिए बुलाया गया। लौटने पर इरविन ने 31 अक्टूबर, 1929 ई. को घोषित किया कि 1917 ई. की घोषणा से भारत के लिए डोमिनियन स्टेटस परिलक्षित होता था। इंग्लैंड का दोनों दलों ने इस घोषणा का विरोध किया जिससे यह अव्यावहारिक हो गया। दिसंबर, 1929 ई. में कांग्रेस का वार्षिक अधिवेशन हुआ। इस बीच इंग्लैंड सरकार ने नेहरू रिपोर्ट को स्वीकार नहीं किया। पूर्ण स्वराज्य का लक्ष्य कांग्रेस ने आत्मसात् कर लिया और कांग्रेस कमेटी को यह अधिकार दिया कि सविनय अवज्ञा आंदोलन उपयुक्त समय पर प्रारंभ कर दे। 26 जनवरी, 1930 ई. को पूर्ण स्वतंत्रता दिवस मनाने की घोषणा कर दी गई। इसी से 26 जनवरी भारतीय को हमने गणतंत्रीय संविधान को लागू किया है।

सविनय अवज्ञा आंदोलन—1930 ई. में महात्मा गाँधी को सविनय अवज्ञा आंदोलन शुरू करने का अधिकार दिया गया, जिससे पूर्ण स्वराज्य प्राप्त किया जा सके। गाँधीजी ने 2 मार्च, 1930 ई. को गवर्नर जनरल इरविन को एक पत्र लिखा जिसमें उन 11 माँगों का वर्णन किया गया जो जनवरी, 1930 ई. में भी सरकार के समक्ष प्रस्तुत की गई थीं। ये 11 माँगें थीं, शराब व्यापार बंद करना, रुपए का पुनर्मूल्यन, सेना और नौकरशाही पर किए जाने वाले खर्च में कमी, भूराजस्व में 50 प्रतिशत कमी, विदेशी कपड़े के आयात पर प्रतिबंध, नमक कर को खत्म करना,

भारतीय जहाजों के लिए समुद्र व्यापार की सुविधा, सी.आई.डी. को खत्म करना, राजनीतिक बंदियों को बन्दीगृह से छोड़ना, भारतीयों को हथियार रखने की सुविधा। उन्होंने कहा कि अगर अंग्रेजी सरकार ये माँगें नहीं स्वीकार कीं तो वह 12 मार्च, 1930 ई. को नमक कानून का उल्लंघन करेंगे। वह गुजरात के समुद्री तट पर दांडी नामक गाँव में नमक बनाना प्रारंभ कर देंगे। उन्होंने अपना पक्ष स्पष्ट करने के लिए गवर्नर जनरल से भेंट करने का अवसर माँगा परंतु इरविन ने भेंट करने से इंकार कर दिया।

दांडी यात्रा—12 मार्च, 1930 ई. को गाँधीजी ने 78 स्वयंसेवकों के साथ समुद्र तट पर स्थित दांडी के लिए यात्रा प्रारंभ कर दी। यह स्थान साबरमती आश्रम से 385 किलोमीटर दूर था। 6 अप्रैल को प्रातः गाँधीजी ने समुद्र तट से नमक जमा किया और इस नमक कानून का उल्लंघन प्रारंभ किया। देशव्यापी सत्याग्रह और अबरा आंदोलन 6 अप्रैल, 1930 ई. के बाद प्रारंभ हो गया। 5 मई, 1930 ई. को गाँधीजी को कैद कर लिया गया। अंग्रेज अधिकारियों ने प्रारंभ में इस आंदोलन को तुच्छ समझा था लेकिन हर महीने इसका प्रभाव बढ़ता गया। पुलिस के अत्याचारों एवं सेना की गोलियों से डरने के स्थान पर सत्याग्रहियों की संख्या बढ़ती गई। साठ हजार प्रतिमाह के स्थान पर एक लाख लोग प्रतिमाह बन्दीगृह जाने लगे। तब इरविन को यह आभास हुआ कि यह आंदोलन अधिक गंभीर हो रहा था। विभिन्न प्रांतों में लोगों ने विभिन्न नियमों का उल्लंघन प्रारंभ कर दिया। इरविन की चिंता प्रतिदिन बढ़ रही थी। सरकार के विरुद्ध असंतोष अधिक व्यापक हो रहा था। साइमन कमीशन की रिपोर्ट भी जून, 1930 ई. में प्रकाशित हुई। इस रिपोर्ट से इरविन को भी असंतोष हुआ क्योंकि उसमें डोमिनियन स्टेट प्रदान करने का कहीं वर्णन नहीं था।

गाँधी-इरविन समझौता—इरविन को जैसे ही यह आभास हुआ कि सविनय अवज्ञा आंदोलन दबाया नहीं जा सकता उसने मध्यस्थ द्वारा गाँधीजी से समझौते की बातचीत प्रारंभ की। इसी बीच गोलमेज सम्मेलन का प्रथम अधिवेशन लंदन में प्रारंभ हो गया। लेकिन कांग्रेस ने उसमें भाग नहीं लिया। प्रधानमंत्री रेम्जे मैकडोनल्ड ने यह आशा व्यक्त की कि कांग्रेस दूसरे अधिवेशन में भाग ले सकेगी। परिणाम स्वरूप गाँधीजी को बन्दीगृह से 26 जनवरी, 1931 ई. को छोड़ दिया गया। फिर गाँधीजी और लार्ड इरविन में 17 फरवरी से दिल्ली में बातचीत प्रारंभ हुई और 5 मार्च, 1931 ई. को एक समझौते की घोषणा की गई जिसके अनुसार दोनों पक्षों ने भारत के आगामी संविधान के विषय में संघीय प्रणाली को स्वीकार किया। प्रशासन में भारतीय

उत्तरदायित्व की स्थापना स्वीकार की गई लेकिन अल्पसंख्यकों, प्रतिरक्षा, विदेशी मामलों एवं भारतीय वित्तीय कुशलता के लिए कुछ विशिष्ट अधिकारों का अंग्रेजों के हाथ में रखना भी मान लिया गया। कांग्रेस को दूसरे गोलमेज सम्मेलन में भाग लेने के लिए आमंत्रित और सविनय अवज्ञा आंदोलन स्थगित किया गया। स्वदेशी के प्रचार की अनुमति थी लेकिन बायकाट के राजनीतिक प्रयोग को भी स्थगित कर दिया गया। भारतीय संस्थाओं और संगठनों को जिन्हें अवैध घोषित किया गया था, पुनः कार्य करने की सुविधा प्रदान की जाएगी। राजनीतिक बंदियों को छोड़ दिया जाएगाँ उनकी जब्त की हुई संपत्ति उन्हें लौटा दी जाएगी। सरकार की ओर से लोगों को नमक बनाने की छूट दे दी गई अगर उनके निकटवर्ती क्षेत्रों में यह कार्य हो सकता हो।

गाँधीजी ने इस समझौते को उचित ठहराया। उनके अनुसार इसका सबसे बड़ा फायदा यह था कि पहली बार अंग्रेज सरकार ने भारतीय नेताओं के साथ समानता के स्तर पर बातचीत की थी। वह इस समझौते को दोनों पक्षों की विजय कहते थे। लेकिन अधिकांश नेता गाँधीजी के इस मूल्यांकन से सहमत नहीं थे। एक ओर गाँधीजी पूर्ण स्वराज्य के समर्थक थे दूसरी ओर उन्होंने कुछ विषयों से संबंधित अंग्रेजों के विशेषाधिकारों को भी स्वीकार कर लिया। इस समझौते से नेहरूजी को बहुत दुःख हुआ। गाँधीजी तीन क्रांतिकारियों—भगतसिंह, राजगुरु और सुखदेव—को दिए गए मृत्युदंड में कुछ कमी न करवा सके। जिससे युवाओं के मन में असंतोष व्याप्त हो गया। दूसरी ओर इरविन की नीति से अंग्रेजी नौकरशाही अत्यधिक असंतुष्ट थी। वह इस समझौते को अंग्रेजी सरकार की हार मानती थी और इरविन के चले जाने के उपरांत इस समझौते को निरर्थक बनाने के लिए हरसंभव प्रयास करती रही।

गोलमेज सम्मेलन (1930-32)—गोलमेज सम्मेलन के लिए इंग्लैंड सरकार पर साइमन कमीशन एवं लार्ड इरविन ने दबाब बनाया। इरविन की योजना थी कि कांग्रेस के प्रभाव को कम किया जाए और भारतीय प्रतिनिधियों को इस प्रकार चुना जाए कि राष्ट्रीय विचारधारा अल्पमत में दिखाई पड़े। गोलमेज सम्मेलन की योजना को इंग्लैंड सरकार ने स्वीकार कर लिया। सम्मेलन में प्रायः सभी विचारधाराओं के लोगों को बुलाया गया । सभी समुदाय वर्गों, जमींदारों, उद्योगपतियों, यूरोपियनों, भारतीय नरेशों, इंग्लैंड के विभिन्न राजनीतिक दलों और भारतीय नरमपंथियों के प्रतिनिधियों को आमंत्रित किया गया। मुसलमान प्रतिनिधियों को चुनने में इरविन फजली हुसैन से अधिक प्रभावित हुआ। मार्च, 1930 ई. में गाँधीजी ने अवज्ञा आंदोलन शुरू कर दिया इसलिए इस सम्मेलन से कांग्रेस अलग रही। अन्य दलों एवं हितों के प्रतिनिधि सदस्यों का चयन इस प्रकार किया गया कि भारतीय

प्रतिनिधियों में मतभेद स्पष्ट हो जाए। अधिकांश सदस्यों का चयन किसी विशेष हित के समर्थन के लिए किया गया था। अंग्रेज प्रशासक यह भी दिखाना चाहते थे कि अंग्रेजी नियंत्रण के बिना भारतीय व्यवस्था नहीं चल सकेगी। इस गोलमेज सम्मेलन के तीन अधिवेशन हुए।

प्रथम अधिवेशन (12 नवंबर 1930–19 जनवरी 1931)—इस सम्मेलन का उद्घाटन जार्ज पंचम ने किया। सम्मेलन की अध्यक्षता इंग्लैंड के प्रधानमंत्री रेम्जे मैकडोनल्ड ने की। जार्ज ने भारत के सभी समुदाय के हितों की बात पर जोर दिया। प्रारंभ में ही कंजर्वेटिव और लिबरल दलों के प्रतिनिधियों और भारतीय प्रतिनिधियों में मौलिक मतभेद स्पष्ट हो गया। भारतीय वक्ता भारत के लिए एक संघीय व्यवस्था चाहते थे जिसमें भारतीयों को अधिकार सौंप दिए जाएँ। इंग्लैंड के प्रतिनिधि भारत में डोमिनियन स्टेटस लागू करने के पक्ष में नहीं थे। सम्मेलन के कार्य को पूरा करने के लिए विभिन्न उपसमितियाँ बनाई गईं जिनमें विभिन्न विषयों पर विचार विमर्श प्रारंभ हुआ। अल्पसंख्यकों संबंधी उपसमिति को छोड़कर शेष समितियों का कार्य सुचारु रूप से चलता रहा। इस समिति में अंबेडकर ने अनुसूचित जातियों के लिए अलग निर्वाचन की माँग की। यह संभव था कि मुसलमानों के उचित अधिकारों की माँग की समस्या हल हो जाती लेकिन मुसलमानों में दो विचारधाराएँ समान रूप से प्रभावशाली थीं। सांप्रदायिक निर्वाचन प्रणाली, जनसंख्या के अनुपात एवं अधिप्रतिनिधित्व की माँग। बंगाल पंजाब के नेता जनसंख्या के अनुपात में प्रतिनिधित्व चाहते थे लेकिन शेष क्षेत्रों में अधिप्रतिनिधित्व की बात अधिक प्रभावशाली थी। इसलिए कोई सहमति न हो सकी। 19 जनवरी, 1931 ई. को पहला अधिवेशन खत्म हुआ। इस अधिवेशन की समाप्ति पर रेम्जे मैकडोनल्ड ने इंग्लैंड सरकार की नीति संबंधी एक घोषणा की जिसमें निम्न बातों पर बल दिया गया। प्रधान मंत्री ने यह भी आशा व्यक्त की कि अवज्ञा आंदोलन शीघ्र ही खत्म करके कांग्रेस सरकार से सहयोग करेगी।

1. भारतीय प्रशासन का उत्तरदायित्व विधान सभाओं को दिया जाएगाँ लेकिन अल्पसंख्यकों के हितों की सुरक्षा के लिए उचित व्यवस्था की जाएगी।
2. एक अखिल भारतीय संघ की स्थापना की जाए।
3. प्रतिरक्षा और विदेशी विभागों एवं संकटकालीन अधिकारों को छोड़कर शेष क्षेत्रों में केंद्र में कार्यकारिणी का विधानसभा के प्रति उत्तरदायित्व स्थापित करने का प्रयास किया जाएगाँ

4. प्रांतों में पूर्ण उत्तरदायी प्रशासन लागू किया जाएगा और संघीय एवं प्रांतीय सरकारों का कार्यक्षेत्र स्पष्ट कर दिया जाएगाँ
5. सांप्रदायिक समस्या का निवारण विभिन्न संप्रदायों पर निर्भर करेगाँ

प्रथम अधिवेशन की समाप्ति पर मैकडोनल्ड की इस घोषणा से कांग्रेस वर्किंग कमेटी बहुत असंतुष्ट हुई लेकन थोड़े ही दिनों बाद गाँधी-इरविन बातचीत प्रारंभ हो गई जिसका परिणाम 5 मार्च, 1931 ई. को गाँधी-इरविन समझौता हुआ।

द्वितीय अधिवेशन—7 सितंबर, 1931 से 1 दिसंबर, 1931—दूसरे अधिवेशन में भाग लेने के लिए कांग्रेस ने अपने एकमात्र प्रतिनिधि महात्मा गाँधी को भेजा। गाँधीजी अपने साथ डॉ. अंसारी को ले जाना चाहते थे लेकिन वह इसमें असमर्थ रहे। यह अधिवेशन 7 सितंबर, 1931 ई. को प्रारंभ हो गया। यद्यपि गाँधी जी 12 सितंबर को लंदन पहुँच सके।

इस अधिवेशन का मुख्य आकर्षण गाँधीजी का व्यक्तित्व था। वह इंग्लैंड और भारत के परस्पर संबंध समानता के आधार पर चाहते थे। अधिवेशन के समक्ष मुख्य समस्या संघीय ढाँचे और अलपसंख्यकों के हितों की रक्षा की व्यवस्था थी। दोनों ही विषयों से संबंधित समितियों में गाँधीजी थे। गाँधीजी ने कांग्रेस के राष्ट्रीय होने, भारत में पूर्ण रूप से उत्तरदायी सरकार की स्थापना की जरूरत और गवर्नर जनरल के विशेषाधिकारों की जरूरत पर बल दिया। लेकिन इन बातों का व्यावहारिक निर्णयों पर कोई प्रभाव नहीं पड़ा। अल्पसंख्यकों के हितों के प्रश्न पर सबसे अधिक वाद-विवाद हुआ। विभिन्न अल्पसंख्यक समुदायों ने आपसी विचार-विमर्श से एक योजना तैयार की जिसे गाँधीजी ने अस्वीकार कर दिया। डॉ. अंबेडकर ने प्रस्ताव रखा कि अनुसूचित एवं दलित वर्गों के लिए कुछ स्थान आरक्षित कर दिए जाएँ और संयुक्त निर्वाचन क्षेत्रों द्वारा उनका चुनाव हो। गाँधीजी ने इसे अस्वीकार कर दिया। मैकडोनल्ड ने कहा कि अगर भारतीय प्रतिनिधि आपस में सांप्रदायिक समस्या का हल नहीं कर सकते तो उन्हें अंग्रेज सरकार पर इसका निर्णय छोड़ देना चाहिए। अधिकांश वर्गों ने मैकडोनल्ड के निर्णय के प्रति आस्था प्रकट की। गाँधीजी ने भी केवल मुसलमानों और सिक्खों के लिए मैकडोनल्ड की मध्यस्थता स्वीकार की। सांप्रदायिक समस्या के जटिल होने का मूल कारण अंग्रेज सरकार की वह नीति थी जिसके अनुसार इस समस्या के हल को संवैधानिक प्रगति के लिए जरूरी बताया गया। दूसरा अधिवेशन किसी भी समस्या को हल करने में सफल नही हो पाया।

द्वितीय अधिवेशन असफल होने के बाद यद्यपि एक तीसरा अधिवेशन (17 नवंबर से 24 दिसंबर 1932 ई.) भी हुआ लेकिन उसका कोई महत्त्व नहीं था। इंग्लैंड

की कंजर्वेटिव सरकार और भारत में विलिंगडन का अत्याचार और आतंक के आधार पर प्रशासन चलाने की नीति से वह वातावरण खत्म हो गया जो 1929-30 ई. में था जब लेबर दल और इरविन भारतीय स्थिति में समझौते के आधार पर बदलाव चाहते थे।

सांप्रदायिक निर्णय (कम्यूनल एवाड)—भारतीय अल्पसंख्यक संप्रदायों की समस्या आपसी समझौते से हल न कर सकने के कारण रेम्जे मैकडोनल्ड ने 16 अगस्त 1932 को सांप्रदायिक निर्णय की घोषणा की। इस घोषणा के अनुरूप अल्पसंख्यक एवं विशेष हितों वाले संप्रदायों की संख्या भी काफी बढ़ा दी गई—मुसलमान, सिक्ख, दलित वर्ग, पिछड़े हुए क्षेत्र, भारतीय ईसाई, ऐंग्लोइंडियन, यूरोपियन, व्यापारिक और औद्योगिक वर्ग आदि। प्रत्येक अल्पसंख्यक संप्रदाय के लिए स्थान आरक्षित कर दिया गया और उनके प्रतिनिधियों के निर्वाचन के लिए भिन्न अलग-अलग पद्धति अपनाई गईं।

सांप्रदायिक निर्णय की योजना इस प्रकार बनाई गई कि वास्तविक उत्तरदायी प्रशासन का विकास प्रांतों में भी न हो सके। केंद्र के संविधान के स्वरूप का स्पष्टीकरण हो जाने के उपरांत इन्हीं आधारों पर वहाँ भी ऐसा संभव न हो सकेगाँ उदाहरणार्थ—पंजाब और बंगाल में मुसलमान बहुमत में होते हुए भी मुसलमान सदस्यों को बहुमत नहीं दिया गया। यू.पी., बिहार, मद्रास में मुसलमानों को जनसंख्या के अनुपात से दोगुने के लगभग स्थान दिए गए। पंजाब और बंगाल में क्रमशः 55 प्रतिशत और 54.8 प्रतिशत जनसंख्या होते हुए उन्हें 49 प्रतिशत और 47.5 प्रतिशत स्थान दिए गए। गाँधीजी को इस निर्णय में सबसे अधिक दुःख दलित वर्गों के लिए सांप्रदायिक निर्वाचन प्रणाली की स्थापना से हुआ। गाँधीजी ने 18 अगस्त को इस निर्णय के विरोध में मैकडोनल्ड को पत्र लिखा और इसी पत्र में 20 सितंबर की दोपहर से आमरण अनशन करने की सूचना दी अगर उस समय तक दलित वर्गों के अलग निर्वाचन को खत्म नहीं कर दिया गया। सरकार पर इसका कोई विशेष प्रभाव नहीं पड़ा लेकिन हिंदू नेताओं पर अवश्य इसका प्रभाव पड़ा। पंडित मदनमोहन मालवीय एवं अन्य हिंदुओं ने डॉ. अंबेडकर के साथ 19 से 24 सितंबर तक विचार-विमर्श किया। डॉ. अंबेडकर ने इस मौका का पूरा फायदा उठाया और 71 के स्थान पर 148 स्थान दलित वर्गों के लिए आरक्षित करा लिए। इस प्रकार उसी आधार पर समझौता हुआ जो अंबेडकर ने लंदन में गाँधीजी के समक्ष प्रस्तुत किया था। यद्यपि इनके लिए निर्वाचन हिंदुओं के साथ शामिल चुनाव क्षेत्रों द्वारा ही होगा इस निर्वाचन की प्रणाली यह थी कि पहले दलित वर्ग प्रत्येक आरक्षित स्थान

के लिए चार सदस्यों का चुनाव करेंगे और उपरांत में हिंदू चुनाव क्षेत्रों से उनमें से किसी एक को चुन लिया जाएगाँ यह निर्णय 25 सितंबर को हुआ और गाँधीजी ने 26 सितंबर को अपना अनशन खत्म कर दिया।

गाँधीजी के इस आमरण अनशन से सांप्रदायिक निर्णय प्रायः मान्यता प्राप्त हो गया। अब तक सांप्रदायिक समस्या हिंदुओं और मुसलमानों के परस्पर अधिकारों का निपटारा करने में सीमित थी। अब दलित वर्गों की समस्या अधिक जटिल हो गई और गाँधीजी की अधिकांश शक्ति इस समस्या के हल करने में लग गई। गाँधीजी के अनशन से साधारण जनता का ध्यान 1932-33 ई. में पुनः चल रहे सविनय अवज्ञा आंदोलन से हट गया। गाँधीजी ने यह अनुभव किया कि साधारण जनता सरकार के अत्याचारों से भयभीत हो चुकी थी और हताश होकर उसका मनोबल कम हो रहा था। इसलिए उन्होंने अवज्ञा आंदोलन को 9 मई, 1933 ई. को स्थगित कर दिया और सरकार से अनुरोध किया कि वह बंदी बनाए गए सत्याग्रहियों को मुक्त कर दे लेकिन सरकार ने इस ओर ध्यान नहीं दिया। शीघ्र ही 'कौंसिल प्रवेश' की नीति पुनः अपनाई गई।

गाँधीजी द्वारा अवज्ञा आंदोलन का स्थगित किया जाना बहुत से नेताओं को उस समय अप्रिय लगा गाँधीजी की नीति उन्हें बड़ी ढुलमुल सी दिखाई दी। इस नीति पर चलते रहने से किसी समस्या का हल नहीं हुआ और सांप्रदायिक निर्णय भी भारतीय राजनीतिक व्याख्या का एक अंग बन गया। इस निर्णय को और सांप्रदायिक निर्वाचन पद्धति को खत्म करने के लिए एक अंतिम प्रयास अक्टूबर-नवंबर, 1932 ई. में हुआ। दोनों संप्रदायों के विभिन्न प्रातनिधि राजनीतिक दलों का एक सम्मेलन बुला कर इस समस्या पर विचार किया गया। पंजाब, बंगाल में मुसलमानों को बहुमत, केंद्र में 32 प्रतिशत निर्वाचित स्थान देकर सांप्रदायिक निर्वाचित प्रणाली को समाप्त करने का प्रयत्न किया गया। लेकिन इसी बीच भारत सचिव ने केंद्र में मुसलमानों को 33-1/3 प्रतिशत स्थान देकर आपसी समझौते के प्रयास समाप्त करने का प्रयत्न किया गया। अक्टूबर-नवंबर 1952 ई. में भी मुसलमानों में शामिल निर्वाचन क्षेत्रों को स्वीकार करने की इच्छा थी लेकिन अंग्रेज साम्राज्यवादियों ने अधिक संरक्षण देकर मुसलमानों को राष्ट्रीय धारा से अलग करने का प्रयास किया जिसमें सफल भी हो गया। 1919 ई. के अधिनियम में सांप्रदायिक निर्वाचन प्रणाली के स्थापित करने का औचित्य अंग्रेज अधिकारियों ने यह बातया था कि 1916 ई. में कांग्रेस लीग समझौते द्वारा वह स्वीकृत हो चुका था और 1932 ई. में कम्यूनल

एवार्ड की घोषणा का आधार यह था कि दोनों पक्षों में समझौता नहीं हुआ था। जिससे अंग्रेज की 'फूट डालो और शासन करो' की नीति भारतीय समस्या को गंभीर बना दिया। अंग्रेज लेखकों एवं प्रशासकों ने बहुत बार भारतीय राष्ट्रीयता के विकास में मुख्य बाधा हिंदू मुसलमानों के मतभेद बताए लेकिन यह वास्तविकता से विपरीत हैः सांप्रदायिक निर्णय या 1919 ई. के सुधारों के आधार पर भारतीय निर्वाचन मंडलों को केवल हिंदू मुसलमान क्षेत्रों में ही विभाजित नहीं किया गया। 1919 ई. में ऐसे 10 वर्ग थे जिन्हें विशिष्ट प्रतिनिधित्व दिया गया था। 1933 ई. में यह संख्या बढ़ाकर 18 कर दी गई। इस पक्षपात एवं भेदपूर्ण नीति के कारण राष्ट्रीयता का कमजोर होना स्वाभाविक ही था।

गवर्नमेंट ऑफ इंडिया एक्ट 1935 ई.—गोलमेज सम्मेलनों में भारत के भावी संविधान की रूपरेखा पर हुए विचार-विमर्श के परिणामों को कंजर्वेटिव दल ने एक श्वेत पत्र के रूप में प्रकाशित किया। यह श्वेतपत्र पार्लियामेंट के दोनों सदनों की एक शामिल सिलेक्ट कमेटी के समक्ष प्रस्तुत किया गया। इस सिलेक्ट कमेटी की रिपोर्ट के आधार पर गवर्नमेंट ऑफ इंडिया एक्ट 1935 ई. में पास किया गया। इस 1935 ई. के अधिनियम की मुख्य विशेषताएँ निम्न थीं—

अखिल भारतीय संघ की स्थापना—पहली बार भारतीय राज्यों एवं प्रांतों का एक संघ स्थापित किया गया। राज्य के नरेशों को अधिमिलन पत्र पर हस्ताक्षर करके संघ में शामिल होने का अधिकार था। संघ के दोनों सदनों में राज्यों को उचित प्रतिनिधित्व दिया गया था। संघीय असेंबली में 375 में से 125 सदस्य और संघ के दूसरे सदन—कौंसिल ऑफ स्टेट्स—में 260 में से 104 सदस्य नियुक्त करने का उन्हें अधिकार था। भारतीय संघ की स्थापना के लिए दो पूर्व शर्तें रखी गई थीं जो निम्न हैं—

1. इतने राज्य शामिल होने के लिए तैयार हों जिन्हें कौंसिल ऑफ स्टेट्स में 52 प्रतिनिधि भेजने का अधिकार हो; और
2. उन राज्यों की जनसंख्या समस्त भारतीय राज्यों की जनसंख्या का 1/2 से कम न हो।

प्रत्येक नरेश द्वारा अधिमिलन प्रस्ताव में यह वर्णित होगा कि वह किन विषयों में संघीय सरकार के अधीन होगाँ

1935 ई. के अधिनियम में आयोजित संघ की कभी स्थापना नहीं हुई क्योंकि उचित संख्या में नरेशों ने शामिल होना स्वीकार नहीं किया। संघ की योजना कुछ

बेमेल भी दिखाई पड़ती थी। जहाँ एक ओर भारतीय राज्यों के प्रतिनिधि नरेशों (परोक्ष रूप में अंग्रेज रेजिडेंटों) द्वारा मनोनीत किए जाएँगे वहाँ दूसरी ओर निर्वाचित सदस्य भी होंगे। यह व्यवस्था दोनों को अप्रिय थी।

केंद्र में द्वैध प्रशासन की स्थापना–1935 ई. के अधिनियम से केंद्र में द्वैध शासन स्थापित किया गया। प्रतिरक्षा, विदेश, धार्मिक एवं कबीलों संबंधी विषयों को छोड़कर शेष सभी विभागों को उत्तरदायी मंत्रियों को सौंप दिया गया लेकिन हस्तांतरित विषयों के संबंध में गवर्नर जनरल को विशेषाधिकार दिए गए जिनकी उचित व्यवस्था के लिए वह मंत्रियों के कार्यों में हस्तक्षेप कर सकता था।

गवर्नर जनरल के विशेषाधिकार उत्तरदायी प्रशासन के विकास में एक बड़ी बाधा थी। उन विशेषाधिकारों की व्यापकता का सहज अनुमान उनमें से कुछ के वर्णन मात्र से हो सकता है–

1. भारत या उसके किसी भाग की शांति को सुरक्षित रखना। संघीय सरकार की वित्तीय साख और स्थायित्व को बनाए रखना। अल्पसंख्यकों के उचित हितों की सुरक्षा। लोक सेवाओं के उचित हितों की सुरक्षा एवं राज्य कर्मचारियों और उन पर आश्रितों को आयोजित सुविधाएँ उपलब्ध कराना। इंग्लैंड में बनी हुई वस्तुओं के प्रति भेदभाव की नीति का विरोध। भारतीय राज्यों एवं नरेशों के सम्मान एवं उचित अधिकारों की सुरक्षा।

इनमें से प्रत्येक विशेषाधिकार की व्याख्या अत्यधिक कठिन और व्यापक है। अल्पसंख्यक वर्ग धार्मिक ही नहीं अपितु राजनीतिक, व्यावसायिक, आर्थिक, आदि भी थे। उनके उचित हित क्या हैं? इसका निर्णय का अधिकार भी गवर्नर जनरल को ही था। वित्तीय कुशलता और 'साख' बनाए रखने के लिए किसी भी नीति को उचित ठहराया जा सकता था। लोक सेवाओं और भारतीय नरेशों के हित अत्यंत व्यापक थे।

द्वैध प्रशासन प्रणाली को 1919 ई. के अधिनियम के कटु अनुभव के बाद भी स्थापित करने से यह स्पष्ट होता था कि अंग्रेज प्रशासक सही मायने में भारतीय मंत्रियों को सत्ता हस्तांतरण नहीं करना चाहते थे। एक सामान्य व्यवस्था से सत्ता प्रदान करने और फिर विशेषाधिकारों द्वारा उसे वापस लेने की नीति से भारतीयों के प्रति अविश्वास स्पष्ट परिलक्षित होता था।

संघीय व्यवस्थापिका का शक्तिहीन होना–संघीय प्रणाली में भारतीय मंत्रियों को सत्ता प्रयोग का अधिकार बहुत कम दिया गया एवं संघीय व्यवस्था पूरी तरह स्वतंत्र थी। अंग्रेज प्रशासकों ने साम्राज्यवाद को सुरक्षित रखने के लिए संघीय

असेंबली में सामान्य क्षेत्रों से निर्वाचित सदस्यों की संख्या इतनी कम रखी थी कि वे सरलता से बहुमत में नहीं हो सकते थे। 375 में 125 भारतीय नरेशों के प्रतिनिधि और 80 से अधिक मुसलमान सदस्य बड़ी सरलता से अपना स्थाई बहुमत स्थापित कर सकते थे।

संघीय विधान सभा गवर्नर जनरल की इजाजत के बिना कोई भी वित्तीय विधेयक प्रस्तुत नहीं कर सकता था। वह किसी भी विधेयक पर तुरंत विचार करने के लिए कह सकता था। वह किसी भी पास किए हुए विधेयक को भी अस्वीकृत कर सकता था और उसके द्वारा स्वीकृत विधेयक इंग्लैंड सरकार द्वारा अस्वीकृत किया जा सकता था। विधान सभा को किसी अधिनियम या अध्यादेश पारित करने का अधिकार नहीं था। गवर्नर जनरल के संकटकालीन अधिकार भी इतने व्यापक थे कि वह न्यायालय को छोड़कर शेष सभी अधिकारों को अपने हाथों में ले सकता था।

प्रांतीय स्वायत्तता की स्थापना—संघीय प्रणाली के लिए यह आवश्यक है कि संघीय इकाई स्वतंत्र हो। गोलमेज सम्मेलन में मुस्लिम लीग ने विशेष रूप से इस माँग पर अत्यधिक जोर दिया कि प्रांतों को अधिक से अधिक कार्यक्षेत्र सौंप दिये जाएँ जिससे मुसलमान बहुमत वाले प्रांतों में वे स्वतंत्र और केंद्र के नियंत्रण से मुक्त रह सकें। प्रांतीय स्वायत्तता पर भी गवर्नर का उसी प्रकार नियंत्रण एवं अधिकार था जिस प्रकार गवर्नर जनरल का केंद्रीय व्यवस्था पर नियंत्रण था।

सत्ता विभाजन की नवीन प्रणाली—1935 ई. के अधिनियम में केंद्र और प्रांतों में सत्ता विभाजन का एक नया आधार अपनाया गया। संसार के अन्य संघीय संविधानों में दो पद्धतियाँ थीं। संघ के अधिकार क्षेत्र की स्पष्ट व्याख्या और अवशिष्ट क्षेत्र को इकाइयों को सौंपना (संयुक्त राज्य अमरीका) या इकाइयों के अधिकार क्षेत्र की व्याख्या और अवशिष्ट क्षेत्र को संघ को सौंपना (कनाडा)। भारत के कांग्रेस और मुस्लिम लीग एक दूसरे से अलग विचार रखते थे। इसलिए इस अधिनियम में तीन सूचियाँ तैयार की गईं—संघीय, प्रांतीय और समवर्ती।

एक संघीय न्यायालय की स्थापना—किसी भी संघीय संविधान में यह संभावना होती है कि विभिन्न इकाइयों और संघीय सरकारों में अधिनियम की धाराओं पर परस्पर मतभेद हो। अधिनियम की धाराओं के सही अर्थ और विभिन्न पक्षों के उचित कार्यक्षेत्र की स्पष्ट व्याख्या के लिए एक उच्चसंघीय न्यायालय की जरूरत थी। इसलिए 1935 ई. के अधिनियम में एक फेडरल कोर्ट की स्थापना की गई। लेकिन इस न्यायालय द्वारा की गई अधिनियम की व्याख्या अंतिम नहीं थी। इसके निर्णय के विरुद्ध लंदन में प्रीवी कौंसिल को अपील की जा सकती थी।

भारत सचिव के अधिकारों में कटौती—प्रांतीय स्वायत्तता और केंद्रीय स्तर पर आंशिक रूप में उत्तरदाई प्रशासन को लागू करने के प्रयास का स्वाभाविक परिणाम यह था कि लंदन स्थित भारत सचिव के अधिकारों को कम किया जाए। इस अधिनियम के अंतर्गत इंडियन कौंसिल को खत्म कर दिया गया और तीन सदस्यों को परामर्श देने के लिए नियुक्त किया गया। भारत सचिव उनका परामर्श मानने के लिए बाध्य नहीं था। भारत सचिव का नियंत्रण अब सामान्यतः उन क्षेत्रों तक ही सीमित रह गया जिनमें गवर्नर जनरल संघीय मंत्रिमंडल की सलाह नहीं मानता था या अपने विशेषाधिकारों का प्रयोग करता था। यह क्षेत्र भी कम व्यापक नहीं था। व्यावहारिक रूप में इससे कोई अंतर नहीं पड़ा क्योंकि 1935 ई. के अधिनियम का संघीय पक्ष कभी लागू ही नहीं हुआ और केंद्रीय प्रशासन 1919 ई. के अधिनियम के अधीन ही चलता रहा।

गवर्नर जनरल और गवर्नरों के विशेषाधिकार—इस अधिनियम की सबसे बड़ी विशेषता यह थी कि भारत में राष्ट्रीय आंदोलन के दबाव के होते हुए भी वास्तविक सत्ता भारतीय प्रशासन को न सौंपकर गवर्नर जनरल के हाथों में केंद्रित कर दी गई। प्रांतीय और केंद्रीय स्तर पर विभिन्न संप्रदायों एवं हितों के प्रतिनिधियों से विधानसभाओं के प्रभाव को कम करने का प्रयास किया गया। जो कुछ सत्ता उनको मिली भी थी उसे भी गवर्नरों और गवर्नर जनरल के विशेष अधिकारों के माध्यम से कम करने का प्रयास किया गया।

1935 ई. के अधिनियम की उपर्युक्त विशेषताओं को देखते हुए इसके प्रति राष्ट्रीय नेताओं की प्रतिक्रिया अनुकूल नहीं थी। इंग्लैंड में भी लेबर दल के नेता एटली की यह धारणा थी कि इस अधिनियम से संघीय स्तर पर रूढ़िवादी और प्रतिक्रियावादी तत्वों को इतनी अधिक प्रधानता दी गई कि किसी भी प्रकार का प्रजातंत्रीय विकास संभव नहीं था। अधिनियम में भारत के लिए डोमिनियन स्टेट्स के लक्ष्य की भी घोषणा नहीं की गई। भारतीय नरेशों के प्रतिनिधियों को प्रांतों एवं अंग्रेजी भारत की जनता के विकास संबंधी विषयों पर निर्णायक मतदान का अधिकार दिया गया। आगामी प्रगति भारतीय नरेशों के प्रतिनिधियों की स्वीकृति के बिना असंभव कर दी गई। संघीय विधान सभा के लिए सीधे चुनाव की परंपरा स्थापित नहीं की गई। इंडियन सिविल सर्विस पर भारत सचिव का ही नियंत्रण था। गवर्नर जनरल के अधिकार इतने व्यापक थे कि वह इंग्लैंड के प्रधानमंत्री या अमरीका के राष्ट्रपति से भी अधिक शक्तिशाली था।

प्रांतीय स्वायत्तता—गोलमेज सम्मेलनों में मुस्लिम लीग ने प्रांतीय स्वायत्तता

पर अत्यधिक बल दिया। अंग्रेज प्रशासक भी भारत में राष्ट्रीय आंदोलन की प्रगति को देखते हुए यह जरूरी समझते थे कि 1917 ई. की घोषणा को पूरा करने के लिए कुछ स्वायत्तता एवं अधिकार भारतीय मंत्रियों को देने के लिए 1935 ई. के अधिनियम में प्रावधान किया गया। प्रांतीय स्वायत्तता के लिए प्रांतों का कार्यक्षेत्र पृथक निर्धारित करना, उन्हें वित्तीय स्वायत्तता, गवर्नर जनरल के नियंत्रण से मुक्ति देना अनिवार्य था। इसलिए प्रांतीय स्तर पर भारतीय मंत्रियों को पूर्ण सत्ता सौंपी गई।

(भारतीय अधिनियम 1935) को प्रांतीय क्षेत्र में 1 अप्रैल, 1937 ई. से लागू करने की घोषणा की गई। चुनाव में भाग लेने के लिए सभी राजनीतिक दल तैयार हो गए। प्रांतीय विधान सभाओं के निर्वाचनों से कुछ महत्त्वपूर्ण तथ्य सामने आए। कुल मुसलमान सदस्यों (482) में इसे केवल 26 स्थान प्राप्त हुए थे और उनमें से 15 उत्तर-पश्चिमी सीमा प्रांत में थे। मुस्लिम लीग को भी मुसलमान सदस्यों की संख्या में कुल 23 प्रतिशत से कम स्थान मिले। पंजाब में इसको 86 में से केवल 2 और बंगाल में 119 में से केवल 40 स्थान मिले। मुस्लिम लीग की सफलता मुसलमानों के अल्पसंख्यक प्रांतों में थी। इसकी सफलता कम होते हुए भी आश्चर्यजनक थी। 50 वर्षों से राष्ट्रीय आंदोलन का नेतृत्व करने के बाद भी कांग्रेस मुसलमानों में अलोकप्रिय थी।

हिंदू बहुसंख्यक प्रांतों में कांग्रेस को मद्रास, बिहार, यू.पी., सी.पी. और उड़ीसा में स्पष्ट बहुमत मिला। बंबई, असम और उत्तर-पश्चिमी सीमा प्रांत में कांग्रेसी सदस्यों की सबसे अधिक संख्या थी।

निर्वाचन के बाद प्रांतों में मंत्रिमंडल बनाने का प्रश्न उठा। इस संदर्भ में दो प्रश्न मुख्य थे—(1) मंत्रिमंडल केवल बहुसंख्यक दल द्वारा अपने सदस्यों से ही बनाया जाए या कई दलों का मिला-जुला हो। यह प्रश्न केवल उन प्रांतों में विचारणीय था जहाँ कांग्रेस का स्पष्ट बहुमत था। अन्य स्थानों पर किसी एक दल का मंत्रिमंडल बन ही नहीं सकता था। (2) अधिनियम में प्रांतीय गवर्नरों को अत्यधिक अधिकार दिए गए थे जिनसे वे दैनिक प्रशासन में हस्तक्षेप कर सकते थे। ऐसी स्थिति में मंत्रिमंडल बनाना उस समय तक व्यर्थ था जब तक गवर्नर जनरल की ओर से यह आश्वासन न मिल जाए कि गवर्नर सांविधानिक अध्यक्ष की भाँति ही कार्य करेंगे। इस विषय पर 21 जून को गवर्नर जनरल ने इस प्रकार का आश्वासन दिया और 7 जुलाई, 1937 ई. को कांग्रेस बहुमत वाले प्रांतों में मंत्रिमंडल बनाए गए।

बहुमत प्राप्त प्रांतों में कांग्रेसी नेता मुस्लिम लीग के सदस्यों को मंत्रिमंडल

में शामिल करने के पक्ष में थे अगर विधान सभाओं में मुस्लिम लीग के पृथक् अस्तित्व को समाप्त कर दिया जाता। मुस्लिम लीग इस पर सहमत नहीं हुई और कांग्रेसी मंत्रिमंडलों में शामिल नहीं हुई। कांग्रेस को मुसलमानों में लोकप्रिय बनाने के लिए कांग्रेसी नेताओं ने 'जन संपर्क' कार्यक्रम शुरू किया। कांग्रेस के सत्तारूढ़ होने के उपरांत विभिन्न प्रांतों में राजनीतिक कार्यकर्त्ताओं को जेलों से छोड़ दिया गया। सामाजिक क्षेत्र में हरिजन उद्धार, शराबबंदी और प्रारंभिक शिक्षा की ओर प्रायः सभी स्थानों पर समान रूप से ध्यान दिया गया। लेकिन 3 सितंबर, 1939 ई. को दूसरा विश्व युद्ध प्रारंभ हो गया। गवर्नर जनरल ने भारत को बिना मंत्रिमंडलों से पूछे युद्ध में शामिल कर दिया। कांग्रेस ने साम्राज्यवादी युद्ध में भाग लेने से मना कर दिया। उसका कहना था कि विश्व में प्रजातंत्र और स्वतंत्रता को भी तभी बचाया जा सकता था जबकि भारत स्वयं भी स्वतंत्र हो इसलिए कांग्रेस वर्किंग कमेटी और ए.आई.सी.सी. ने अंग्रेजी सरकार से युद्ध के लक्ष्य संबंधी घोषणा करने के लिए कहा तब ही भारत युद्ध में अंग्रेजों का सहयोग कर सकता था।

गवर्नर जनरल लिनलिथगो ने भारत सचिव को यह आश्वासन दिया कि युद्ध प्रयत्नों में कांग्रेस के असहयोग से कोई अंतर नहीं पड़ेगाँ कांग्रेस नेताओं—गाँधीजी, जवाहरलाल नेहरू और डॉ. राजेंद्र प्रसाद—ने गवर्नर जनरल से भेंट करके उन्हें अंग्रेज समर्थक भावनाओं से अवगत कराया। लिनलिथगो अपने मित्रों—मुसलमानों और भारतीय नरेशों—को प्रसन्न करना चाहता था इसलिए उसने 17 अक्तूबर, 1939 ई. को घोषणा की कि युद्ध समाप्ति पर भारत के विभिन्न हितों, राजनीतिक दलों, संप्रदायों के प्रतिनिधियों से विचार विमर्श करके संविधान में जरूरी संशोधन किए जाएँगे। इस घोषणा से यह स्पष्ट हो गया कि यदि अंग्रेज प्रजातंत्र की प्रगति रोक सकेंगे तो वे अवश्य ही रोक देंगे। परिणामस्वरूप कांग्रेस के समक्ष अब कोई विकल्प नहीं रह गया और कांग्रेसी मंत्रिमंडलों ने त्यागपत्र दे दिए।

मुस्लिम राजनीति (1930—1940)—1929 ई. में जिन्ना मुसलमानों के परस्पर विरोधी गुटों की राजनीति से दुखी होकर इंग्लैंड चला गया 1930 ई. में इकबाल ने मुस्लिम लीग में अपना अध्यक्षीय भाषण देते हुए यह लक्ष्य प्रस्तुत किया कि उत्तर-पश्चिमी भारत के मुसलमान बहुमत वाले प्रांतों को एक राज्य बना दिया जाए। उस वर्ष लीग ने इस संदर्भ में कोई प्रस्ताव इसलिए पास नहीं किया था क्योंकि लीग के अधिवेशन में उपस्थित सदस्यों की संख्या कोरम से कम थी। इकबाल ने जिस आधार पर उत्तर-पश्चिमी भारत के मुसलमानों के लिए एक राज्य की कल्पना

की (मिल्लत की एकता) वह ही आगे चलकर पाकिस्तान की माँग के लिए औचित्य बनी। गोलमेज सम्मेलन और कम्यूनल एवार्ड (सांप्रदायिक निर्णय) के बाद जिन्ना भारत लौट आए और उन्होंने मुस्लिम लीग को चुनाव लड़ने के लिए पुनः संगठित करने का प्रयास किया। 1937 ई. के निर्वाचनों में लीग की सफलता उल्लेखनीय थी क्योंकि इसके पूर्व लीग का भारतीय मुसलमानों के सामान्य वर्गों में कोई विशेष कार्य या प्रभाव नहीं था। किसी भी जन आंदोलन में इसने भाग नहीं के समान ही लिया था।

1937 ई. के बाद जिन्ना ने मुस्लिम लीग को सही मायने में मुसलमानों की प्रतिनिधि पार्टी और मुस्लिम बहुमत वाले प्रांतों में प्रभावशाली बनाने का भरपूर प्रयत्न किया। बंगाल, पंजाब और सिंध के प्रांतीय मुस्लिम दल भी यह चाहते थे कि अखिल भारतीय स्तर पर कांग्रेस के समक्ष मुसलमानों का पक्ष प्रस्तुत करने के लिए उनका भी एक संगठित दल होना चाहिए।

पाकिस्तान प्रस्ताव—23 मार्च, 1940 ई. को मुस्लिम लीग के वार्षिक अधिवेशन में लाहौर प्रस्ताव (पाकिस्तान प्रस्ताव) पारित किया गया। इस प्रस्ताव की रूपरेखा तैयार करने में सर सिकंदर हयात खाँ, फज्ल-उल-हक, खलीक उज्जमाँ का प्रमुख योगदान था। प्रस्ताव का मुख्य भाग था—'इस देश में कोई भी संवैधानिक योजना उस समय तक मुसलमानों की स्वीकृति नहीं होगी जब तक वह इस आधार पर न बनी हो कि उत्तर-पश्चिमी और पूर्वी भारत में मुसलमानों के बहुसंख्यक भौगोलिक दृष्टि से संलग्न क्षेत्रों को अलग स्वायत्त संपन्न स्वतंत्र राज्यों में न बना दिया जाए।' प्रस्ताव की रूपरेखा तैयार करने का दायित्व मुस्लिम लीग के वर्किंग कमेटी को दिया गया और खलीक उज्जमाँ ने इसका अनुमोदन किया। इस प्रस्ताव में कोई स्पष्ट योजना या रूपरेखा प्रस्तुत नहीं की गई थी। लीग का वर्किंग कमेटी को यह अधिकार दे दिया गया कि वह जरूरी रूपरेखा तैयार करे।

जिन्ना द्वारा इसकी व्याख्या करने में असमर्थता जतायी गयी जिसके फलस्वरूप यह कहा जा सकता है कि पाकिस्तान प्रस्ताव की माँग निश्चित नहीं थी और यह केवल सौदेबाजी का एक ढंग था। लेकिन यह ध्यान रखने योग्य बात है कि 1940-46 ई. के मध्य जितने संवैधानिक प्रस्ताव रखे गए उन्हें मुस्लिम लीग ने उस समय तक स्वीकार नहीं किया जब तक केंद्रीय प्रशासन में लीग कांग्रेस में समानता, मुस्लिम बहुमत वाले प्रांतों को प्रायः पूर्ण स्वायत्तता और केंद्र के नियंत्रण से मुक्ति न मिल गई। चूँकि ये माँगें कांग्रेस विभाजन ही एकमात्र राजनीतिक हल था।

देश के विभाजन की रूपरेखा सबसे पहले इकबाल ने 1930 ई. में प्रस्तुत की थी। उस समय भारतीय संघ की योजना विचाराधीन थी। इसलिए उसमें अलग स्वतंत्र राज्यों का वर्णन नहीं था। 1933 ई. में कैंब्रिज के कुछ मुस्लिम छात्र रहमान अली एवं अन्य ने इस प्रकार की योजना प्रस्तुत की। जुलाई, 1939 ई. में सर सिकंदर हयात खाँ ने भी एक योजना प्रकाशित की जिसने भारत में सात क्षेत्रीय राज्यों और इन सातों क्षेत्रों के एक संघ की व्यवस्था थी जिसे कम से कम कार्य सौंपे गए। लेकिन उसने खुद इस योजना की व्याख्या करते हुए कहा कि यदि जरूरी हुआ तो केंद्रीय संगठन को खत्म भी घोषित किया जा सकता था। फज्ल-उल-हक ने स्वयं पाकिस्तान प्रस्ताव को प्रस्तुत किया था। इसलिए यह कहना अनुचित होगा कि यह प्रस्ताव केवल जिन्ना का था। 1940-46 ई. में जिन्ना के नियंत्रण से मुक्त होने के लिए पंजाब, बंगाल और सिंध के मुख्य मंत्रियों ने प्रयास किए और इस दिशा में उनमें और जिन्ना में मतभेद भी काफी हुए। फज्ल-उल-हक ने लीग का साथ छोड़कर अन्य दलों के साथ बंगाल में मंत्रिमंडल बनाया। 1946 ई. में युनियनिस्टों ने भी पंजाब में इसी प्रकार का प्रयास किया लेकिन इसका आशय यह नहीं था कि वे पाकिस्तान या मुसलमान बहुसंख्यक प्रांतों के अलग संघ के पक्ष में नहीं थे अपितु वे दोनों—फज्ल-उल-हक और खिज्र हयात खाँ (पंजाब में सिकंदर हयात खाँ का उत्तराधिकारी) अपनी सत्ता को बनाए रखना चाहते थे। जिन्ना केंद्र में हिंदू बहुसंख्यकों के नियंत्रण को खत्म करने का इच्छुक था। इसलिए फज्ल और खिज्र हिंदुओं के प्रति सामान्यतः वैसा दृष्टिकोण नहीं अपना सकते थे जैसा जिन्ना के लिए संभव था। इस विवशता पर ध्यान रखते हुए यह कहना अनुचित होगा कि जिन्ना अकेला ही मुस्लिम सांप्रदायिकता के अत्यधिक विकास या पाकिस्तान की माँग के लिए उत्तरदाई था।

पाकिस्तान की माँग प्रस्तुत करने में कुछ योगदान 1937 ई. में कांग्रेस की नीति का भी बताया जाता है। इस नीति के अंतर्गत इंग्लैंड में प्रचलित पार्लियामेंटरी पद्धति के आधार पर केवल बहुमत को ही मंत्रिमंडल बनाने का अधिकार उस स्थिति में तो ठीक हो सकता था जहाँ जनता के निर्णयों से बहुमत बदल सकता हो लेकिन भारत में जहाँ सांप्रदायिक निर्वाचन प्रणाली प्रचलित हो और उत्तर पश्चिम सीमा प्रांत को छोड़कर शेष 10 प्रांतों में कांग्रेस को मुसलमानों के लिए निर्धारित स्थानों में 2 प्रतिशत भी स्थान प्राप्त नहीं हुए हो केवल बहुमत के आधार पर मंत्रिमंडल का गठन सैद्धांतिक रूप में भले ही ठीक हो लेकिन व्यावहारिक रूप में इसका परिणाम दूरगामी एवं हानिकारक हुआ। इस मत के अनुरूप कांग्रेस के राष्ट्रीय संस्था होने की जाँच

का सबसे पहला मौका 1937 ई. में था जिससे यह स्पष्ट अवश्य हुआ कि मुसलमानों की सदस्यता एवं नेतृत्व उपलब्ध होने के उपरांत भी कांग्रेस मुसलमानों में लोकप्रिय नहीं थी।

पंचम चरण 1939-1947

अंग्रेजी साम्राज्यवादी नीति (1939-1946)

1939 ई. के बाद घटनाएँ काफी तीव्र गति से बढ़ीं और आने वाले 6-7 वर्षों में कई ऐसे मौके उत्पन्न हुए जब कि ईमानदारी के साथ अगर अंग्रेज प्रशासक भारतीय समस्या का हल ढूँढ़ना चाहते तो ढूँढ़ सकते थे। लेकिन वे भारत की स्वाधीनता के मार्ग में विभिन्न बाधाएँ खड़ी करना चाहते थे जिससे उनका भारत पर नियंत्रण अधिक से अधिक समय तक रह सके। विभिन्न प्रांतों में कांग्रेसी मंत्रिमंडलों के त्यागपत्र दे देने से लिनलिथगो को अत्यधिक स्वतंत्रता मिल गई। उसने लीग और अन्य अंग्रेज समर्थक तत्त्वों पर अधिक आश्रित होना प्रारंभ कर दिया। कांग्रेस मंत्रिमंडलों का त्यागपत्र न केवल लीग और अंग्रेजों के गठबंधन एवं मुसलमानों पर जिन्ना को नियंत्रण बढ़ाने में निर्णायक सिद्ध हुआ अपितु भारतीय राजनीतिक गतिविधियों को प्रभावित करने की भी क्षमता कांग्रेस के हाथों से जाती रही।

8 अगस्त, 1940 का प्रस्ताव—द्वितीय विश्व युद्ध जर्मनी ने डेनमार्क, नार्वे, हालैंड, बेल्जियम, फ्रांस आदि पर सफलंता प्राप्त कर ली और ऐसा प्रतीत होता था कि शायद इंग्लैंड पर भी शीघ्र सफलता मिल जाएगी। कांग्रेस वर्किंग कमेटी कुछ शर्तों पर युद्ध में इंग्लैंड का सहयोग चाहती थी। लेकिन वे अंग्रेज सरकार से उसकी नीति और भारतीय संवैधानिक प्रगति के संबंध में वक्तव्य चाहते थे। लिनलिथगो इस समय तक पूरी तरह से प्रतिक्रियावादी और कांग्रेस को पीछे धकेलने की नीति का समर्थक हो चुका था। अपनी 8 अगस्त, 1940 ई. की घोषणा में उसने निम्नलिखित बातों पर बल दिया—

1. गर्वनर जनरल की सलाहकार कौंसिल का प्रसार तुरंत ही किया जाएगा और विभिन्न दलों के एवं विचारधाराओं के व्यक्ति शामिल किए जाएँगे।

   अल्पसंख्यकों की स्वीकृति के अभाव में सरकार किसी भी संवैधानिक बदलाव को लागू नहीं करेगी और न ही सरकार की शक्ति का प्रयोग उन अल्पसंख्यकों को दबाने के लिए किया जाएगाँ युद्ध समाप्ति के बाद विभिन्न भारतीय दलों

के प्रतिनिधियों की एक बैठक बुलाई जाएगी जिसमें संवैधानिक विकास पर विचार किया जाएगाँ

राष्ट्रीय स्वतंत्रता के मार्ग में इस प्रस्ताव ने अवरोध पैदा कर दिया। अल्पसंख्यकों को किसी भी प्रगति या परिवर्तन के लागू करने में 'वीटो' का अधिकार प्रदान कर देने से देश विभाजन के लिए यह घोषणा बीजारोपण सिद्ध हुई। लिनलिथगो ने मुस्लिम लीग और जिन्ना को दुराग्रही और हठी बना दिया। अगस्त, 1940 ई. के प्रस्तावों से उनकी सभी इच्छाओं की पूर्ति हो गयी। अंग्रेजी साम्राज्य की सुरक्षा के प्रति कांग्रेसी नेता सतर्क थे और सहयोग देने के लिए तैयार थे। इस घोषणा ने अंग्रेजी कूटनीति के प्रति अविश्वास को अत्यधिक बढ़ा दिया।

जापान की सफलता और क्रिप्स प्रस्ताव—1942 ई. के शुरुआती महीनों में जापान के कारण अंग्रेजी सेनाओं को सिंगापुर, मलाया से भागना पड़ा और बर्मा में भी कई स्थानों से हटना पड़ा। जापान ने यह प्रचार प्रारंभ किया कि वह भारत को अंग्रेजी नियंत्रण से मुक्त कराने आ रहा था। भारतीय नेताओं का जापान के इस प्रचार में विश्वास नहीं था लेकिन साथ ही उनकी इंग्लैंड के प्रति सहानुभूति में भी कोई वृद्धि नहीं हुई। उनकी दृष्टि में जापान भी इंग्लैंड के जैसे साम्राज्यवादी था। इतना अवश्य हुआ कि अंग्रेजी शक्ति की अजेयता में से विश्वास उठ गया। 7 मार्च, 1942 ई. को रंगून पर जापानियों का अधिकार हो गया और भारत पर हमला स्पष्ट दिखाई देने लगाँ 11 मार्च को चर्चिल ने युद्ध की बिगड़ती हुई दशा से प्रभावित होकर सर स्टेफर्ड क्रिप्स को भारत भेजने की घोषणा की। इस घोषणा के पीछे अमरीकी राष्ट्रपति रूजवेल्ट का भी काफी हाथ था।

स्टेफर्ड क्रिप्स 23 मार्च, 1942 ई. को दिल्ली पहुँचा और उसने निम्न प्रस्तावों की 30 मार्च, 1942 ई. को घोषणा की। क्रिप्स योजना को दो भागों में विभक्त किया जा सकता है। पहले भाग में युद्ध समाप्ति के बाद भारत में डोमिनियन स्थापित करने की योजना थी और दूसरे भाग में तत्कालीन परिवर्तनों की व्यवस्था थी। पहले भाग में बताया गया कि युद्ध समाप्ति पर एक निर्वाचित संविधान सभा बुलाकर (जिसमें भारतीय राज्यों के प्रतिनिधि भी होंगे) नए संविधान की रूपरेखा तैयार की जाएगी। अंग्रेजी सरकार उस संविधान को दो शर्तों के साथ पूरी तरह लागू करेगी—

1. यदि कोई प्रांत उसे स्वीकार न करे तो वह वर्तमान स्थिति में बना रह सकता था और अगर वह प्रांत पूर्ण स्वतंत्रता चाहे तो अंग्रेज सरकार को कोई आपत्ति नहीं होगी।

2. इंग्लैंड और संविधान सभा में एक संधि होगी जिसमें अंग्रेजी सरकार द्वारा धार्मिक और जातीय अल्पसंख्यकों को दिए गए आश्वासनों का वर्णन होगाँ अगर कोई भारतीय राज्य नए भारतीय संविधान को स्वीकार करना चाहे तो उसे अंग्रेजों के साथ एक नई संधि करनी पड़ेगी।

इस संविधान सभा का निर्वाचन समस्त नई निर्वाचित प्रांतीय विधान सभाओं के सदस्य का एक निर्वाचन मंडल बनाकर किया जाएगाँ संविधान सभा के सदस्यों की संख्या विभिन्न विधान सभाओं के कुल सदस्यों का 1/10 होगी।

दूसरे भाग में युद्ध के समय की व्यवस्था थी। देश की सुरक्षा और प्रतिरक्षा का पूर्ण उत्तरदायित्व अंग्रेजों पर था लेकिन भारत सरकार और भारतीय नेताओं के सहयोग के बिना भारतीय जनधन की पूरी मदद उपलब्ध नहीं हो सकती थी। इसलिए भारतीय नेताओं को विभिन्न स्तरों का सहयोग करने के लिए आमंत्रित किया गया।

क्रिप्स योजना ने व्यावहारिक रूप में मुस्लिम लीग की पाकिस्तान की माँग को एक कदम और आगे बढ़ा दिया जब इसने विभिन्न प्रांतों एवं राज्यों को भारतीय संघ से पृथक् रहने का अधिकार प्रदान कर दिया। कांग्रेस वर्किंग कमेटी ने 10 अप्रैल, 1942 ई. को अपने प्रस्ताव में यह मान लिया था कि यद्यपि कांग्रेस भारतीय एकता और अखंडता के लिए प्रयत्नशील रही है लेकिन वह किसी भी क्षेत्र के निवासियों को उनकी इच्छा के विरुद्ध भारतीय संघ में रहने के लिए विवश करने की इच्छुक नहीं है। लेकिन वास्तविक कठिनाई इस बात पर पैदा हुई कि तत्काल परिवर्तनों के संबंध में क्रिप्स ने पहले यह आश्वासन दिया था कि गवर्नर जनरल की कार्यकारिणी एक मंत्रिपरिषद की भाँति कार्य करेगी। लेकिन लिनलिथगो ने इसका विरोध किया वैसे भी चर्चिल वास्तविक सत्ता भारतीयों को सौंपना ही नहीं चाहता था। चर्चिल ने क्रिप्स द्वारा भारतीय नेताओं को दिए गए आश्वासनों का समर्थन नहीं किया जिसके फलस्वरूप क्रिप्स योजना सफल नहीं हो सकी। क्रिप्स ने 11 अप्रैल की घोषणा में अपनी असफलता का उत्तरदायित्व कांग्रेस पर डाल दिया और अल्पसंख्यकों ने कांग्रेस की ओर से शंका और संदेह को बढ़ावा दिया।

भारत छोड़ो आंदोलन—क्रिप्स योजना की असफलता, जापान की बढ़ती हुई सफलता और बर्मा और मलेशिया से भागे हुए भारतीयों के प्रति अंग्रेजों का दुर्व्यवहार, युद्ध के कारण बहुत सी वस्तु उपलब्ध नहीं रहने से जनता में असंतोष की भावना बलवती हो रही थी। ऐसी स्थिति में गाँधीजी ने यह प्रस्ताव कांग्रेस वर्किंग कमेटी के समक्ष रखा कि अगर अंग्रेज भारत से अपना नियंत्रण हटा लें तो भारतीय

जनता विदेशी आक्रांताओं का सामना करने के लिए हर प्रकार से योगदान करने के लिए तैयार थी। कांग्रेस ने 14 जुलाई 1942 ई. को एक प्रस्ताव पारित किया एवं उसे ए. आई. सी. सी. के पास भेज दिया। आल इंडिया कांग्रेस कमेटी ने 'भारत छोड़ो' प्रस्ताव 8 अगस्त को पास कर दिया। इस प्रस्ताव में जन आंदोलन और अहिंसात्मक सत्याग्रह की बात कहीं गई। यह आंदोलन गाँधीजी के नेतृत्व में संचालित किया जाएगाँ अगर यह नेतृत्व सरकारी नीति के दमन के कारण उपलब्ध न रहे तब प्रत्येक व्यक्ति अपना नेता स्वयं होगाँ

अंग्रेजी अत्याचार—लिनलिथगो ने 9 अगस्त 1942 को प्रभात के समय कांग्रेसी नेताओं को जेल में बंद कर दिया। कांग्रेस के सभी नेताओं को बन्दीगृह में डाल दिया गया। एक सप्ताह के भीतर देश भर में स्थानीय कांग्रेस नेताओं को भी बंदी बना लिया गया। अंग्रेजी साम्राज्यवादी समझते थे कि ऐसा करने से आंदोलन खत्म हो जाएगाँ

गांधीजी एवं अन्य कांग्रेसी नेताओं की गिरफ्तारी की सूचना फैलने के बाद सम्पूर्ण देश में हड़ताल एवं जुलूस निकाले गए। सरकार ने बर्बरतापूर्वक इन शांत प्रदर्शनकारियों का दमन किया। लेकिन शीघ्र ही सरकार को नीति का परिणाम भी भुगतना पड़ा। देश के विभिन्न भागों से 11 अगस्त के उपरांत स्थिति बिगड़नी प्रारंभ हुई। इस आंदोलन का कुचलने के लिए सरकार ने सम्पूर्ण ताकत झोंक दी। सरकारी वक्तव्य के अनुरूप 538 बार गोलियाँ चलाई गईं जिसमें 1,028 व्यक्ति मारे गए और 3,200 घायल हुए। लगभग 70,000 से अधिक व्यक्तियों को बन्दीगृह में बंदी बनाया गया। सरकार ने अत्यधिक घबराहट में कई बार हवाई गोलीबारी भी की। एक बार रेल मार्ग पर काम करने वाले कुलियों पर भी इसी प्रकार भूल से बमबारी की गई।

आंदोलन का स्वरूप—1942 ई. के आंदोलन के लिए कोई तैयारी नहीं हुई थी। गाँधीजी या अन्य किसी ने आंदोलन संचालन के लिए कोई रूपरेखा तैयार नहीं की थी। यह एक स्वतःस्फूर्त जन आंदोलन था जो मूल रूप से विद्यार्थियों, कृषकों और निम्न मध्यम वर्ग तक सीमित था। श्रमिकों ने इस आंदोलन में बहुत कम भाग लिया। कम्युनिस्ट दल इस आंदोलन से पृथक् रहा। जुलाई, 1942 ई. के बाद रूस के नेतृत्व में दल ने अंग्रेज सरकार के युद्ध प्रयत्नों का समर्थन किया। द्वितीय विश्व युद्ध भारतीय कम्युनिस्टों के लिए 1942 ई. के पूर्व साम्राज्यवादी था। अब वह एक जनता का युद्ध हो गया क्योंकि जर्मनी ने रूस पर हमला कर दिया था। कम्युनिस्ट

दल ने अंतर्राष्ट्रीय समस्याओं से प्रभावित होकर राष्ट्रीय समस्याओं के प्रति अपना दृष्टिकोण शीघ्र ही बदल लिया।

इस आंदोलन का कुछ नेतृत्व जयप्रकाश नारायण ने किया और बिहार के विभिन्न भागों में कई सप्ताहों तक अंग्रेजी प्रशासन का नामो-निशान तक नहीं रहा। लेकिन कुछ समय बाद अंग्रेजी सेना और पुलिस ने पुनः अपना नियंत्रण स्थापित कर लिया। जनता पर अकथनीय अत्याचार किए गए। पूर्वी उत्तर प्रदेश में भी आंदोलन अत्यधिक प्रभावशाली रहा। बलिया जिले में अंग्रेजी राज्य प्रायः खत्म हो चुका था। बनारस, गाजीपुर में भी जनता ने अंग्रेजी प्रशासन को अस्त-व्यस्त कर दिया। सेना ने शीघ्र ही अंग्रेजी नियंत्रण पुनः स्थापित कर लिया। गाजीपुर, आजमगढ़, बलिया एवं जौनपुर के जिलों में गाँव के गाँव जला दिए या नष्ट कर दिए गए। गाजीपुर के एक गाँव में अंग्रेजी सेना के अत्याचारों का वर्णन केंद्रीय विधान सभा में दिया गया 'चार गोरे सिपाही 150 सैनिकों के साथ एक गाँव में पहुँचे। वहाँ से सब पुरुषों को घरों के बाहर सड़क पर लाइन में खड़ा किया गया। स्त्रियों को घर से बाहर निकालकर उनके जेवर आदि लूट लिये गए और फिर समस्त गाँव को लूटा गया एवं प्रत्येक पुरुष के पाँच-पाँच कोड़े लगाए गए।' मध्य प्रदेश, बंगाल, उड़ीसा में आंदोलन प्रभावशाली रहा। दक्षिणी भारत, पंजाब, राजस्थान, सिंध, उत्तर-पश्चिमी सीमा प्रांत में आंदोलन का बहुत कम प्रभाव रहा।

आंदोलन पर टिप्पणी—1942 ई. का आन्दोलन केवल अहिंसात्मक आंदोलन नहीं था। अहिंसात्मक आंदोलन का प्रचार पिछलें 20 वर्षों से गाँधीजी कर रहे थे लेकिन नेताओं के एकदम बन्दिगृह में बंद कर दिए जाने के बाद जनता ने स्वतः प्रेरणा से हिंसात्मक आंदोलन किया। बहुत सीमा तक यह अंग्रेजी अत्याचारों का परिणाम था। इस आंदोलन में भाग लेने वाले हजारों और लाखों व्यक्तियों ने अदम्य साहस और सहनशीलता का परिचय दिया जो एक सत्याग्रही का जरूरी गुण है। सैकड़ों नवयुवकों ने शांतचित्त राष्ट्रीय ध्वज की रक्षा के लिए अपना जीवन बलिदान कर दिया।

यह आंदोलन दो महीनों के भीतर बर्बरतापूर्वक कुचल दिया गया। गाँधीजी को स्वयं यह आशा नहीं थी कि अंग्रेज इतनी शीघ्रता से कांग्रेस के विरुद्ध कार्यवाही करेंगे। अंग्रेज शासकों ने गाँधीजी को बदनाम करने एवं इस हिंसात्मक आंदोलन और अव्यवस्था के लिए यह प्रचार प्रारंभ किया कि इस आंदोलन का संचालन गाँधीजी के आदेशों द्वारा किया गया। गाँधी-लिनलिथगो पत्र-व्यवहार में गाँधीजी ने स्वयं इस आक्षेप को निराधार बताया कि उन्होंने या कांग्रेस ने इस आंदोलन का संचालन

किया। गाँधीजी के तीन सप्ताह के उपवास से देश भर में एवं अंतर्राष्ट्रीय स्तर पर प्रतिक्रिया हुई। अंग्रेज सरकार समझती थी कि बर्बरतापूर्ण नीति से कांग्रेस एवं गाँधीजी का प्रभाव खत्म हो जाएगाँ यह उनकी भ्राँति थी, 1945 ई. में बन्दीगृह से छूटने पर एवं 1946 ई. में निर्वाचनों में जनता ने उन कांग्रेसी नेताओं में अपना आस्था जतायी।

आंदोलन का महत्त्व—सरकार क्रूर नीति द्वारा भी आंदोलन को असफल नहीं कर सकी। सबसे पहला महत्त्वपूर्ण परिणाम यह हुआ कि स्वतंत्र संघर्ष अब केवल कुछ संस्थाओं या दलों तक सीमित नहीं रह गया। देश के विभिन्न क्षेत्रों में एक साथ आंदोलन की लहर फैल गई। स्वतंत्रता प्राप्ति के लिए भारतीय जनमानस जान की बलि देने को भी तत्पर हो गया। ये इस बात के स्पष्ट लक्षण थे कि भारतीय जनता अंग्रेजी नियंत्रण से मुक्त होने के लिए व्याकुल थी।

इस आंदोलन ने अंग्रेजी युद्ध प्रयत्नों को काफी सीमा तक प्रभावित किया केवल इतना ही नहीं हुआ कि पूर्व भारत में यातायात के साधनों में अव्यवस्था उत्पन्न हो गई अपितु सैनिकों के लिए कुछ जरूरी वस्तुओं का अभाव भी हो गया। जैसे हड़तालों के परिणामस्वरूप खाकी कपड़े का उत्पादन 45 प्रतिशत एवं चमड़े की वस्तुओं का उत्पादन 50 प्रतिशत कम हो गया। सूती धागा, सिगरेट के कागज के उत्पादन भी प्रभावित हुए। यह भी संभव है कि बर्मा के मोर्चे पर अंग्रेजी सेना की हार में 1942 ई. का आंदोलन कुछ सीमा तक उत्तरदाई रहा।

सशस्त्र विद्रोह की परंपरा और आई.एन.ए.

राष्ट्रीय आंदोलन के लिए सशस्त्र विद्रोह की भावना भी व्याप्त थी। 1920-30 के मध्य उत्तरी भारत के विभिन्न प्रांतों में क्रांतिकारियों का आंदोलन काफी महत्त्वपूर्ण एवं 1960-14 ई. के क्रांतिकारी प्रत्यनों की अपेक्षा एक दृष्टि से भिन्न था। इन क्रांतिकारियों का लक्ष्य केवल अधिकारियों की हत्या ही नहीं था बल्कि सामान्य जनता में अहिंसात्मक आंदोलन से उत्पन्न निष्क्रियता को दूर करना था। इनका मानना था कि अहिंसात्मक प्रयास से स्वतंत्रता नहीं मिल सकती। 'इन्नकलाब जिंदाबाद' का नारा देश में इन क्रांतिकारियों की ही देन था। भगतसिंह और बटुकेश्वर दत्त ने केंद्रीय विधान सभा भवन में बम फेंककर उस व्यापक असंतोष की अभिव्यक्ति की जो भारतीय जनता में फैला हुआ था। क्रांतिकारियों ने कुछ तकनीकी ज्ञान भी प्राप्त कर लिया था जिससे जरूरत पड़ने पर अंग्रेजी साम्राज्य के प्रशासन

में बाधाएँ उत्पन्न की जा सकें। 1942 ई. के आंदोलन में पूर्वी भारत में संचार व्यवस्था को भंग करने में जरूरी रूप से इन क्रांतिकारियों का हाथ था।

कांग्रेस कमेटी और गाँधीजी से मतभेद होने के कारण सुभाषचंद्र बोस ने अप्रैल, 1939 ई. में कांग्रेस कमेटी से त्यागपत्र देकर 'फारवर्ड ब्लाक' का गठन किया। अंग्रेज सरकार ने उनकी क्रांतिकारी गतिविधियों पर रोकथाम रखने के लिए उन्हें जुलाई, 1940 ई. में कैद कर लिया। सुभाष बोस ने बन्दीगृह में अनशन प्रारंभ कर दिया और उनकी स्थिति बिगड़ती देखकर उन्हें बन्दीगृह से 5 दिसंबर, 1940 ई. को मुक्त कर दिया गया। उन्हें उनके मकान में पुलिस की कड़ी निगरानी में रखा गया। 17 जनवरी, 1941 ई. को सुभाष बोस कलकत्ता से भाग निकले यद्यपि इस बात का पता 10 दिन उपरांत चला। सुभाषचंद्र बोस पेशावर, काबुल, मास्को होते हुए बर्लिन पहुँचे (28 मार्च, 1941)। हिटलर के प्रमुख सलाहकार रिबेंट्रोप के साथ सुभाष बोस ने अंग्रेज विरोधी कार्य करना प्रारंभ किया और भारतीय युद्ध बंदियों से एक सैनिक टुकड़ी का गठन किया।

1941 ई. के उत्तरार्ध से जापान ने पूर्वी एशिया पर हमला करके अपना साम्राज्य विस्तार प्रारंभ कर दिया और अंग्रेजी साम्राज्य का नियंत्रण क्षेत्र कम होता चला गया। सिंगापुर, मलाया और बर्मा में जापानी सेनाएँ सफल हुईं। जापान में एक भारतीय क्रांतिकारी रासबिहारी बोस 1915 ई. से रह रहे थे– वह जापान के नागरिक बन चुके थे। उनके नेतृत्व में 28-30 मार्च, 1942 ई. में टोक्यों में एक सम्मेलन हुआ जिसमें 'इंडियन नेशनल आर्मी' के गठन का निर्णय लिया गया। साथ ही एक इंडियन इंडिपेंडेंस लीग की भी स्थापना की गई जिसमें भारत से बाहर रहने वाले भारतीय शामिल थे। इस लीग का अधिवेशन बैंकाक में जून, 1942 ई. में हुआ। विभिन्न प्रस्तावों में से एक के अनुरूप सुभाष बोस को पूर्वी एशिया आने के लिए आमंत्रित किया गया। दिसंबर, 1941 ई. में अंग्रेजी सेना उत्तरी मलाया में हार गई और कप्तान मोहनसिंह एक छोटी सैनिक टुकड़ी के साथ जंगलों में घूमते हुए पकड़े गए। बहुत विचार विमर्श के बाद मोहनसिंह के नेतृत्व में आई.एन.ए. का गठन प्रारंभ हुआ। सिंगापुर के जापानियों के नियंत्रण में आने के बाद बहुत से भारतीय सैनिकों ने आई.एन.ए. में शामिल होना स्वीकार किया। औपचारिक रूप से आई. एन.ए. (आजाद हिंद फौज) की स्थापना 1 सितंबर, 1942 ई. को हुई।

सुभाष चन्द्र बोस 8 फरवरी, 1943 ई. को एक जर्मन पनडुब्बी में जापान के लिए चल दिए और 1943 ई. को टोक्यो पहुँचे। 4 जुलाई को सुभाष ने आई.एन. ए. और इंडिपेंडेंस लीग का नेतृत्व संभाल लिया। 21 अक्तूबर, 1943 ई. को नेताजी

सुभाष चन्द्र बोस ने अस्थाई भारत सरकार की स्थापना सिंगापुर में की। सुभाष चन्द्र बोस ने जापान के सेनाध्यक्षों को इस बात के लिए सहमत कर लिया कि आजाद हिंद फौज की चुनी हुई टुकड़ियाँ जापानी सेना के साथ मिलकर भारत-बर्मा सीमा पर युद्ध करें। शाहनवाज खाँ आजाद हिंद फौज की पहली ब्रिगेड के कमांडर हुए। फरवरी, 1944 ई. से जून, 1944 ई. तक बड़ी सफलतापूर्वक आजाद हिंद फौज की तीन ब्रिग्रेडों ने जापानियों के साथ मिल कर अंग्रेजों के विरुद्ध युद्ध किया और अपनी बहादुरी एवं कौशल का परिचय दिया। इस बीच अमरीकी नौसेना ने प्रशांत महासागर में जापान की स्थिति को कठिन बनाना शुरू कर दिया। जापान ने जून, 1944 ई. के बाद बर्मा से सेना को वापस बुला लिया। आई.एन.ए. के सैनिकों एवं कमांडरों को अंग्रेजों ने 1945 ई. में बंदी बना लिया। नेताजी सुभाष बोस की हवाई दुर्घटना में 18 अगस्त, 1945 ई. को मृत्यु हो गई।

आजाद हिंद फौज का योगदान—आजाद हिंद फौज ने कम समय में ही स्वतंत्रता प्राप्ति के लिए बहुत योगदान दिया। अंग्रेजों के पुनः बर्मा और पूर्वी एशिया पर नियंत्रण हो जाने के उपरांत इस फौज के सैनिकों को बंदी बना लिया गया। अंग्रेजों के विद्रोहों के लिए उन सैनिकों एवं उनके कमांडरों पर दिल्ली के लाल किले में मुकदमा चलाया। इस घटना से शायद अंग्रेजों को यह आशा थी कि वे आजाद हिंद फौज को भारत में अपमानित कर सकेंगे। लेकिन उन्हें सबसे बड़ा धक्का उस समय लगा जबकि सारे भारत में उन सैनिकों की सराहना की गई। भारत में प्रायः सभी विचारधारा के नेताओं ने आजाद हिंद फौज की तारीफ की। इसके विपरीत उन भारतीय सैनिकों के प्रति (जिन्होंने अंग्रेज भक्ति के कारण आजाद हिंद फौज में शामिल होना ठीक नहीं समझा) कोई सहानुभूति जनता द्वारा व्यक्त नहीं की गई। इससे अंग्रेजों को यह पता चला कि भविष्य में वे भारतीय सेना की भारत के विरुद्ध अंग्रेजों के प्रति भक्ति पर निर्भर नहीं रह सकते। अंग्रेजों को भारत छोड़ने के लिए आजाद हिंद फौज ने बाध्य कर दिया था।

भारत का बंटवारा और स्वाधीनता

राजगोपालाचारी (सी.आर.) फार्मूला—1944—देश के प्रभावशाली नेताओं में राजगोपालाचार्य की गिनती होती थी। 10 अप्रैल, 1942 ई. को पास किए गए कांग्रेस वर्किंग कमेटी के प्रस्ताव में भारत विभाजन के सिद्धांत को अप्रत्यक्ष रूप में मान लिया गया था वह इसे प्रत्यक्ष रूप से पास करना चाहते थे। इस प्रश्न पर मतभेद होने से 1943 ई. में उन्होंने कांग्रेस दल से एवं वर्किंग कमेटी से अपना त्यागपत्र

भी दे दिया। अक्टूबर, 1943 ई. में लार्ड वेवल भारत के गवर्नर जनरल नियुक्त हुए। 10 जुलाई, 1944 को राजगोपालाचारी ने देश की सांप्रदायिक समस्या को सुलझाने के लिए एक फार्मूला प्रकाशित किया जो उनके नाम से प्रसिद्ध है। इसकी मुख्य बातें निम्नलिखित थीं–

1. मुस्लिम लीग भारतीय स्वतंत्रता की माँग का समर्थन करे।
2. युद्ध समाप्ति के बाद एक कमीशन उत्तर-पश्चिमी एवं उत्तर-पूर्वी भारत में उन क्षेत्रों को निर्धारित करे जहाँ मुसलमान स्पष्ट बहुमत में हैं। उस क्षेत्र में एक जनमत द्वारा यह निर्णय किया जाए कि वे भारत से पृथक् होना चाहते हैं या नहीं।
3. देश विभाजन की स्थिति में जरूरी विषयों–प्रतिरक्षा, संचार, आवागमन आदि–के लिए दोनों में कोई समझौता हो जाए।
4. ये बातें उसी स्थिति में स्वीकृत होंगी जब अंग्रेज पूर्ण रूप से भारत को स्वतंत्र कर देंगे।

इस फार्मूला को उस समय नेताओं ने स्वीकार नहीं किया लेकिन अंततः उसी आधार पर देश का विभाजन हुआ।

गाँधी-जिन्ना वार्ता–1944–देश की सांप्रदायिक समस्या को हल करने के लिए गाँधीजी और जिन्ना में वार्ता प्रारंभ हुई। दो सप्ताहों से अधिक समय तक चलने के बाद भी यह वार्ता असफल रही। गाँधीजी ने सी.आर. फार्मूला की भाँति पंजाब और असम के विभाजन की बात कहीं जिसे जिन्ना ने स्वीकार नहीं किया। जिन्ना द्वारा मुसलमानों के अलग कौम (नेशन) होने की बात गाँधीजी ने नहीं मानी। गाँधीजी बँटवारे को स्वीकार करने के लिए तैयार थे लेकिन उसी भाँति जैसे एक संयुक्त परिवार के सदस्य पारिवारिक संपत्ति का बँटवारा करा लेते हैं। दोनों नेताओं में इस बात पर भी मतभेद था कि बँटवारा स्वतंत्रता प्राप्ति के पूर्व हो या बाद में। जिन्ना यह बँटवारा पहले चाहते थे गाँधीजी उपरांत में। गाँधीजी इस बात के इच्छुक थे कि दोनों राज्यों में कुछ शामिल विषयों के प्रबंध की भी व्यवस्था हो। इस वार्ता के असफल होने से समस्त फायदा जिन्ना को हुआ। जहाँ एक ओर देश विभाजन की समस्या अधिक चर्चा का विषय बनी दूसरी ओर गाँधीजी के साथ वार्ता के उपरांत जिन्ना का अखिल भारतीय महत्त्व अत्यधिक बढ़ा। मुसलमानों के बहुसंख्यक प्रांतों के विभिन्न नेताओं के समक्ष भी अब कोई विकल्प नहीं रहा और वे जिन्ना के नेतृत्व को स्वीकार करने पर सहमत होने लगे। उनके लिए जिन्ना के बढ़ते हुए महत्त्व को रोकना कठिन होता गया।

शिमला कांफ्रेंस–1945–मार्च, 1945 ई. में लार्ड वेवल इंग्लैंड गए और भारतीय समस्या पर विचार-विमर्श करके जून, 1945 ई. में भारत लौटे। 14 जून, 1945 ई. को वेवल ने भारतीय नेताओं के एक सम्मेलन के विषय में घोषणा की और 25 जून से शिमला सम्मेलन में भारतीय नेताओं को वार्ता के लिए बुलाया। साथ ही कांग्रेस वर्किंग कमेटी के सदस्यों को बन्दीगृह से छोड़ने के आदेश भी प्रसारित कर दिए। सम्मेलन के निम्न उद्देश्य घोषित किये गए–

1. सांप्रदायिक समस्या का हल जो भारत की संवैधानिक प्रगति में मुख्य बाधा थी।
2. गवर्नर जनरल की एक नई कार्यकारिणी कौंसिल का गठन जिसमें सभी राजनीतिक विचारधारा का प्रतिनिधित्व हो। इस कौंसिल में मुसलमानों और हिंदुओं (हरिजनों को छोड़कर) को समान प्रतिनिधित्व दिया जाएगाँ गवर्नर जनरल और सेनाध्यक्ष को छोड़कर शेष सभी सदस्य भारतीय होंगे। विदेश विभाग भी भारतीय सदस्यों को सौंप दिया जाएगाँ इस कौंसिल का कार्य युद्ध संचालन, प्रशासन एवं नए संविधान निर्माण पद्धति का निर्णय करना होगाँ

यह सम्मेलन 25 जून से 14 जुलाई तक चला और अंततः असफल रहा। क्योंकि जिन्ना ने कहा कि सभी सदस्य मुस्लिम लीग से ही मनोनीत किये जाने चाहियें। इस आधार पर कांग्रेस अध्यक्ष मौलाना अबुल कलाम आजाद भी कौंसिल के सदस्य नहीं हो सकते थे। अनुसूचित जातियों के प्रतिनिधियों ने कांग्रेस द्वारा प्रस्तुत सदस्यों के नाम पर आपत्ति की और अलग नामांकन करने का अधिकार माँगाँ इन मतभेदों के अलावा वेवल ने विभिन्न दलों से नामों की एक सूची प्रस्तुत करने के लिए कहा और उसमें से निर्धारित संख्या में चयन का अधिकार अपने लिए सुरक्षित रखा। जिससे मुस्लिम लीग सहमत नहीं हुई।

सम्मेलन की असफलता के लिए जिन्ना की अपेक्षा वेवल मुख्य रूप से उत्तरदाई था। अगर वेवल जिन्ना के दृष्टिकोण को इतना अधिक महत्त्वपूर्ण मानता था तो उसे पहले जिन्ना और कांग्रेस अध्यक्ष से समझौता कर लेना चाहिए था। जिस प्रकार शिमला सम्मेलन में विचार-विमर्श हुआ उसका परिणाम जिन्ना को एक ऐसा 'वीटो' का अधिकार प्रदान करना था जिससे उसका महत्त्व अत्यधिक बढ़ा। इस सम्मेलन से केंद्र में हिंदू मुस्लिम समानता भी जिन्ना को उपलब्ध हो गई। अब भारत विभाजन पास नजर आने लगाँ वेवल ने मुसलमानों के नामों की सूची स्वयं तैयार की थी जिसमें चार मुस्लिम लीग के और एक युनियनिस्ट दल का सदस्य था। जिन्ना ने इसे अस्वीकार कर दिया जिससे सम्मेलन सफल नहीं हुआ।

शिमला सम्मेलन के निर्णय को, लीग द्वारा अस्वीकृत कर दिए जाने पर वेवल ने सम्मेलन को खत्म घोषित कर दिया। इसका एक कारण यह था कि इंग्लैंड में मंत्रिमंडल में कुछ बदलाव हो रहे थे। लेबर दल अलग हो गया था। चर्चिल सत्ताधारी था और उसे आगामी निर्वाचनों में सफल होने की पूरी आशा थी। वह लीग के बिना कांग्रेस द्वारा मंत्रिमंडल बना लेने पर सहमत नहीं था। इसलिए भारत सचिव ने 14 जुलाई को सम्मेलन समाप्त करने का सुझाव दिया।

कांग्रेस अध्यक्ष मौलाना आजाद ने शिमला सम्मेलन में भाग लेने का औचित्य यह बताया है कि युद्ध खत्म हो जाने के बाद इंग्लैंड को भारतीय सहयोग की कोई विशेष जरूरत न होती। लेकिन यह तर्क भ्राँतिपूर्ण है। 1942 ई. में कांग्रेसी नेताओं ने क्रिप्स प्रस्तावों के समय इंग्लैंड की स्थिति को अत्यधिक निराशाजनक समझने में गलती की एवं 1945 ई. में उसकी स्थिति को दृढ़ समझने में भी भूल की। सही मायने में इंग्लैंड में आर्थिक संकट एवं अंतर्राष्ट्रीय स्तर पर इंग्लैंड के घटते हुए प्रभाव के विषय में भारतीय नेताओं को पर्याप्त ज्ञान नहीं था। कंजर्वेटिव दल जाते-जाते कांग्रेस को केवल एक हिंदू संस्था के रूप में प्रस्तुत कर दिया। क्रिप्स प्रस्तावों की अपेक्षा शिमला सम्मेलन में कम सुविधाओं का आश्वासन होते हुए भी कांग्रेस का बातचीत के लिए तैयार होना कुछ अप्रासंगिक ही था।

1946 के निर्वाचन—जुलाई, 1945 ई. में इंग्लैंड में हुए निर्वाचन में लेबर पार्टी को भारी बहुमत मिला। उसने भारत की प्रांतीय एवं केंद्रीय विधान सभाओं के लिए आगामी शरद ऋतु से निर्वाचन कराने की घोषणा की। दिसंबर, 1945 ई. में केंद्रीय विधान सभा के निर्वाचन का परिणाम आ गया। कांग्रेस को सामान्य स्थानों पर और लीग को मुसलमानों के लिए आरक्षित स्थानों पर भारी सफलता मिली। 1934 ई. में हुए निर्वाचन की तुलना में नेशनलिस्ट मुसलमानों एवं स्वतंत्र सदस्यों को करारी हार मिली।

केबिनेट मिशन प्रस्ताव—24 मार्च, 1946 ई. को यह मिशन दिल्ली पहुँचा। पहले तीन सप्ताहों में विभिन्न राजनीतिक पक्षों, सरकार के अधिकारियों आदि से विचार-विमर्श होता रहा—जिन्ना को पहली बार यह अनुभव हुआ कि अंग्रेजी सरकार उसकी सहमति के बिना भी सत्ता हस्तांतरित करने को तैयार थी। 16 मई, 1946 ई. को मिशन ने अपने प्रस्ताव प्रकाशित कर दिए। विभिन्न दलों में समझौता न होते हुए भी मिशन ने भावी संविधान बनाने के लिए कुछ प्रस्ताव प्रकाशित किए—

1. भारतीय संघ की स्थापना की जाए जिसमें भारतीय राज्य एवं प्रांत शामिल हों और इस संघ के समीप प्रतिरक्षा, विदेशी संबंध एवं संचार व्यवस्था का

उत्तरदायित्व रहे। संघ को स्पष्ट रूप से दिए हुए विभागों के अलावा समस्त अधिकार प्रांतों या राज्यों को उपलब्ध रहेंगे।

2. संविधान निर्माण के लिए एक संविधान सभा का गठन किया जाए जिसमें प्रत्येक प्रांत की उसकी जनसंख्या के अनुपात में स्थान दिए जाएँ (10 लाख पर एक स्थान) अल्पसंख्यकों का अधिप्रतिनिधित्व खत्म कर दिया गया। इस प्रकार कुल सदस्यों की संख्या 389 होगी जिसमें 93 भारतीय राज्यों के प्रतिनिधि होंगे।
3. प्रांतों को तीन समूहों में रखा गया, ग्रुप 'ए' में मद्रास, बंबई, यू.पी., बिहार सी.पी. और उड़ीसा थे। ग्रुप 'बी' में पंजाब, उत्तर-पश्चिमी सीमा प्रांत एवं सिंध थे। ग्रुप 'सी' में बंगाल और असम थे। तीनों ग्रुपों के प्रांतों के प्रतिनिधि अपने-अपने ग्रुप के लिए एवं अपने प्रांत के लिए संविधान बनाएँगे। अगर कोई प्रांत एक ग्रुप से निकलकर दूसरे ग्रुप में आना चाहे तो नए संविधान के अंतर्गत हुए निर्वाचनों के बाद ऐसा कर सकेगाँ दस वर्ष बाद संविधान को पुनः संशोधित करने का मौका होगाँ
4. इस प्रकार से तैयार किए हुए संविधान को अंग्रेज सरकार पूरी तरह लागू करेगी।
5. पैरामाउंट्सी (भारतीय राज्यों के प्रति अंग्रेजी नियंत्रण का अधिकार) भारतीय संघ को नहीं दी जाएगी न ही वह अंग्रेजों के समीप रहेगी।
6. पाकिस्तान की माँग के प्रति कुछ आपत्तियाँ थीं जिसके कारण मिशन ने इसे स्वीकार नहीं किया। सांप्रदायिक समस्या का हल पाकिस्तान के बनने से नहीं हो सकेगी क्योंकि दोनों राज्यों में सांप्रदायिक अल्पसंख्यक बड़ी मात्रा में रहेंगे। प्रत्येक वह तर्क जो पाकिस्तान बनने के पक्ष में था वह ही हिंदू बहुसंख्यक जिलों या क्षेत्रों को पाकिस्तान से पृथक् रखने के लिए भी दिया जा सकता था। पंजाब और बंगाल के विभाजन के बिना पाकिस्तान की रचना नहीं हो सकती थी। इन दोनों प्रांतों में जनमत विभाजन के विरुद्ध था। इसके अतिरिक्त सिक्ख दोनों राज्यों में विभाजित हो जाएँगे। प्रशासनिक, आर्थिक एवं सैनिक आधारों पर पाकिस्तान की माँग न्यायोचित नहीं थी।

कैबिनेट मिशन की इस योजना का ने कांग्रेस को संतुष्ट रखने के लिए संगठित भारत की व्यवस्था की गई और मुस्लिम लीग एवं भारतीय नरेशों को संतुष्ट करने के लिए उस संघ को दुर्बल रखा गया। संवैधानिक सभा का जनसंख्या के अनुपात में गठन किया गया। इसमें यूरोपियन सदस्यों को सम्मिलित नहीं किया

गया। अंतरिम सरकार में समस्त उत्तरदायित्व भारतीयों को सौंप दिया गया और संविधान सभा को पूर्ण स्वतंत्रता एवं अधिकार दिए गए।

इस योजना का सबसे बड़ा अवगुण प्रांतों के खंड बनाने के संबंध में था। इस विषय पर दोनों राजनीतिक दलों में सबसे बड़ा मतभेद था। कांग्रेरा के विचार में प्रांतों को ग्रुप में रहना या ग्रुप के संविधान को मानना जरूरी नहीं था। मुस्लिम लीग के विचार में प्रांतों को ग्रुप के बाहर रहने का अधिकार नहीं था। कैबिनेट मिशन एवं अंग्रेजी सरकार ने मुस्लिम लीग की व्याख्या को उचित ठहराया। कांग्रेस ने इस आधार पर इस योजना को अस्वीकार कर दिया।

16 जून, 1946 की घोषणा

स्वतंत्रता प्राप्ति के पश्चात् तुरंत सत्ता हस्तांतरण के लिए एक अंतरिम सरकार के लिए भी व्यवस्था की गई जिसमें 14 मंत्री–6 कांग्रेस (1 अनुसूचित जाति), 5 मुस्लिम लीग, 1 सिक्ख, 1 पारसी, 1 भारतीय ईसाई होंगे। कांग्रेस किसी मुसलमान सदस्य को मनोनीत नहीं करेगी। लेकिन कांग्रेस वर्किंग कमेटी ने इस योजना को स्वीकृत नहीं किया।

कैबिनेट मिशन के सदस्य 29 जून को इंग्लैंड लौट गए। कांग्रेस ने 16 मई की योजना को स्वीकार कर लिया। 10 जुलाई को नेहरू ने एक वक्तव्य दिया जिसमें प्रांतों के ग्रुप की व्यवस्था की इस प्रकार से व्याख्या की गई कि 16 मई की योजना का अर्थ ही बदल गया। 29 जुलाई को मुस्लिम लीग कौंसिल ने इन योजनाओं को अस्वीकार कर दिया और 16 अगस्त को 'डायरेक्ट एक्शन डे' के रूप में मनाने का निर्णय लिया। भारत सचिव ने अंतरिम सरकार बनाने के लिए आमंत्रित किया। 8 अगस्त को कांग्रेस वर्किंग कमेटी के कांग्रेस अध्यक्ष नेहरू को मंत्रिमंडल बनाने के निमंत्रण को स्वीकार करने के आदेश दिए। लीग ने कांग्रेस के साथ मंत्रिमंडल में शामिल होकर कार्य करने से मना कर दिया। 16 अगस्त से देश में सांप्रदायिक उपद्रवों का वह सिलसिला आरम्भ हुआ जिसमें लाखों जानों और करोड़ों की संपत्ति की हानि हुई। अंग्रेजं सरकार ने विभिन्न प्रांतों में जरूरी सुरक्षा कार्यवाही नहीं की। बंगाल में जहाँ मुस्लिम लीग मंत्रिमंडल था सबसे अधिक उपद्रव हुए। 24 अगस्त, 1946 ई. को घोषणा की गई कि 2 सितंबर को अंतरिम मंत्रिमंडल को शपथ दिलाई जाएगी।

अंतरिम सरकार का गठन—वेवल ने 24 अगस्त के उपरांत मुस्लिम लीग का समर्थन करना प्रारंभ किया। उधर भारत सचिव और वेवल में मतभेद बढ़ता गया।

वेवल चाहता था कि मुस्लिम लीग को उसकी शर्तों पर शीघ्र मंत्रिमंडल में शामिल कर लिया जाए। वेवल ने लीग को खुश करने के लिए संवैधानिक सभा का अधिवेशन स्थगित करने की सोची लेकिन उसका समर्थन भारत सचिव ने नहीं किया। लीग कौंसिल के 29 जुलाई प्रस्ताव को वापस लिए बिना वेवल ने लीग को अंतरिम सरकार में शामिल कर लिया। दोनों दलों के शामिल हो जाने के उपरांत वेवल ने संयुक्त उत्तरदायित्व को स्थापित करने का कोई प्रयास नहीं किया। देश में मुस्लिम लीग द्वारा एक कठिन परिस्थिति पैदा की जा रही थी। एक ओर उसने संविधान सभा में भाग नहीं लिया, दूसरी ओर वह अंतरिम सरकार में शामिल होकर कांग्रेस की नीतियों को खत्म करना चाहती थी। लीग को महत्त्वपूर्ण विभागों में वित्त विभाग दिया गया था। नया बजट प्रस्तुत करते समय लियाकत अली ने उद्योगपतियों और व्यापारियों पर अत्यधिक कर लगाए। 1 लाख से अधिक आय पर 25 प्रतिशत आय कर लगाया गया। कहने के लिए ये कर कांग्रेसी उद्देश्यों—समाज में आर्थिक विषमताओं को दूर करना—की पूर्ति के लिए लगाए गए थे लेकिन इसमें सांप्रदायिक कारण छिपे हुए थे। अधिकांश व्यापारी और उद्योगपति हिंदू थे। उन पर अत्यधिक कर लगाए गए। इसके अतिरिक्त भाषा एवं आंतरिक व्यवस्था के संबंध में दोनों दलों में भारी मतभेद था। नवंबर 46 से मार्च 47 तक का अनुभव इस तथ्य को स्पष्ट करने में पर्याप्त था कि कांग्रेस एवं लीग मिलकर कार्य नहीं कर सकती थी। इस अनुभव से बहुत सीमा तक कांग्रेस में देश विभाजन के लिए जनमत बनना प्रारंभ हुआ।

एटली की 20 फरवरी, 1947 की घोषणा—इंग्लैंड मंत्रिमंडल भारत की बिगड़ती हुई दशा को भलीभाँति समझता था। वेवल कांग्रेस लीग मतभेद को इसी स्थिति में रखना चाहता था। एटली ने समस्या को हल करने का एकमात्र तरीका यह निकाला कि इंग्लैंड को भारत से अपना अधिकार खत्म करने की एक निश्चित तिथि निर्धारित कर देनी चाहिए। इसलिए 20 फरवरी, 1947 ई. को एटली ने घोषणा की कि जून, 1948 ई. के पूर्व अंग्रेजी सरकार भारतीयों को सत्ता सौंप देगी और इस कार्य के लिए माउंटबेटन को भारत का गवर्नर जनरल बनाकर भेजा गया। एटली की इस नीति की कंजर्वेटिव दल ने संसद में भारी आलोचना की लेकिन अंततः यह नीति स्वीकृत हुई। 24 मार्च, 1947 ई. को माउंटबेटन ने गवर्नर जनरल का उत्तरदायित्व ग्रहण किया।

भारत विभाजन—3 जून, 1947 ई. को माउंटबेटन ने भारत विभाजन की योजना प्रकाशित कर दी। उसी दिन एटली ने इस योजना को इंग्लैंड की संसद में पेश कर दिया। इस योजना की निम्न विशेषताएँ थीं--

संविधान सभा द्वारा पारित संविधान भारत के उन भागों में नहीं लागू किया जाएगा जो इसे मानने के लिए तैयार न हों। बंगाल और पंजाब में हिंदू एवं मुसलमान बहुल जिलों के प्रांतीय विधान सभा के सदस्यों की अलग-अलग बैठक बुलाई जाए और उसमें अगर कोई भी पक्ष प्रांत विभाजन चाहेगा तो विभाजन कर दिया जाएगाँ उत्तर-पश्चिमी सीमा प्रांत में जनमत द्वारा यह पता लगाया जाए कि वह भारत के किस भाग के साथ रहना चाहेगाँ असम के सिलहट जिले से भी इसी प्रकार जनमत द्वारा निर्णय कराया जाए। भारतीय नरेशों के प्रति पुरानी नीति रहेगी कि पेरामाउंटसी के अधिकार उन राज्यों को वापस लौटा दिये जाएँगे।

इस योजना को कांग्रेस एवं मुस्लिम लीग दोनों ने स्वीकार कर लिया जिससे देश का विभाजन निश्चित हो गया। बंगाल और पंजाब के जिलों में विभाजन एवं सीमा निर्धारण का कार्य एक कमीशन के अधीन सौंपा गया। जिसकी अध्यक्षता रेडक्लिफ ने की।

उपर्युक्त योजना पर आधारित विधेयक को इंग्लैंड की संसद ने 16 जुलाई 1947 ई. को पास कर दिया। इसके अनुसार देश को 15 अगस्त, 1947 ई. को दो डोमिनियनों में—भारत और पाकिस्तान—बाँट दिया जाएगाँ दोनों डोमिनियनों को पूरी स्वतंत्रता एवं प्रभुसत्ता सौंप दी गई। प्रश्न उठता है कि राष्ट्रीय नेताओं ने देश विभाजन क्यों स्वीकार किया। इसका उत्तर उस अनुभव में निहित है जो 1937 और 1947 ई. के मध्य राष्ट्रीय नेताओं को हुआ। राष्ट्रीय नेताओं का 1946 ई. के पूर्व यह तर्क था कि पहले स्वतंत्रता मिलनी चाहिए और उपरांत में कांग्रेस और मुस्लिम लीग अपने झगड़ों को निपटा लेंगे। लेकिन मुस्लिम लीग किसी भी शर्त पर बहुमत का नियंत्रण स्वीकार करने के लिए तैयार नहीं थी। इसलिए राष्ट्रीय नेताओं के समक्ष एक विकल्प अंग्रेजी नियंत्रण को और अधिक लंबी अवधि तक स्वीकार करने का था। शायद यह विकल्प भी स्वीकृत होता लेकिन 1946-47 ई. के मध्य कांग्रेस लीग की मिली-जुली सरकार का अनुभव इतना बुरा था कि दोनों दलों में मिलकर सरकार संचालन की समस्त संभावनाएँ खत्म हो गईं। सरदार पटेल ने यह स्पष्ट किया कि अगर भारत विभाजन पर कांग्रेस सहमत न होती तो एक पाकिस्तान के स्थान पर कई पाकिस्तान होते। अंग्रेजों के विशेषाधिकारों, भारतीय राज्यों पर पेरामाउंटसी के प्रयोग एवं लोकसेवाओं पर अंग्रेजी नियंत्रण ने भारतीय नेताओं को देश विभाजन स्वीकार करने पर बाध्य किया। पंजाब में उपद्रव के समय कुछ जिलाधीशों ने सांप्रदायिक दंगों को प्रोत्साहन दिया। गृहमंत्री होते हुए भी पटेल उन्हें स्थानांतरित

नहीं करवा सके। भारतीय नरेशों पर नियंत्रण से राज्यों के साधनों का दुरुपयोग प्रारंभ हो चुका था। ऐसी स्थिति में अंग्रेजी साम्राज्य को शीघ्रतम खत्म करवाना ही भारत के हित में था। देश विभाजन को अगर अस्वीकृत किया जाता तो इससे देश का ही नुकसान होता।

भारत को अंग्रेजी नियंत्रण से छुटकारा अवश्य मिल गया लेकिन दो समस्याएँ उसके समक्ष थीं—(1) भारतीय राज्यों का विलय एवं (2) भारत के लिए नया संविधान का निर्माण।

7

भारतीय विदेश नीति

15 अगस्त 1947 को ब्रिटिश सरकार की गुलामी से मुक्त होकर पूरे एशिया में सबसे बड़े राष्ट्र के रूप में स्थान प्राप्त किया। यह आजादी उस समय प्राप्त की गई जब ब्रिटिश साम्राज्य धीरे-धीरे सिमट रहा था अनेक तीसरी दुनिया के देश धीरे-धीरे मुक्त होते जा रहे थे एवं एक नए विश्व का निर्माण हो रहा था। इन जटिल परिस्थितियों में भारत को बहुत ही सूझ-बूझ से विदेश नीति का निर्माण करना था। इस स्थिति से निपटने में जवाहर लाल नेहरू का योगदान उल्लेखनीय है।

अन्तर्राष्ट्रीय व्यक्तित्त्व का विकास—प्राचीन समय से ही भारत का सम्बन्ध कई देशों से रहा है। लेकिन ब्रिटिश शासन स्थापना के फलस्वरूप भारत का स्वतन्त्र अन्तर्राष्ट्रीय अस्तित्त्व समाप्त हो गया और अन्तर्राष्ट्रीय विधि के अन्तर्गत वह ब्रिटिश साम्राज्य का हिस्सा हो गया। स्वतन्त्र रूप से वह न तो किसी देश के साथ कोई सन्धि कर सकता था और न किसी अन्तर्राष्ट्रीय सम्मेलन या संगठन में भाग ले सकता था। ऐसें अवसरों पर अन्तर्राष्ट्रीय क्षेत्र में भारत का प्रतिनिधित्व ब्रिटिश सरकार किया करती थी। भारत का अपना कोई स्वतन्त्र अन्तर्राष्ट्रीय व्यक्तित्त्व नहीं था। ब्रिटिश साम्राज्य के अन्तर्गत कनाडा, आस्ट्रेलिया, दक्षिण अफ्रीका आदि कुछ स्वशासी डोमिनियनें भी थीं। उन्नीसवीं शताब्दी तक उनकी अन्तर्राष्ट्रीय स्थिति भी भारत के समान ही थी। विदेशों से वे किसी तरह का सम्पर्क नहीं स्थापित कर सकते थे। चूँकि वे स्वशासित उपनिवेश थे, अतएव नीति-निर्धारण के सम्बन्ध में ब्रिटिश सरकार ने उनसे सलाह-मशविरा करने का फैसला किया था इसके लिए लंदन में औपनिवेशिक

सम्मेलन करने का निश्चय किया। इस तरह का पहला औपनिवेशिक सम्मेलन 1887 में हुआ। भारत को इस सम्मेलन में हिस्सा लेने का अधिकार नहीं मिला। इसी तरह 1897, 1902, 1905 1907 में भी औपनिवेशिक सम्मेलन हुए, लेकिन भारत को विधिवत् रूप से इसमें कोई स्थान नहीं मिला।

1914 में प्रथम विश्व-युद्ध के आरंभ होने पर भारत ने युद्ध में ब्रिटेन की बड़ी सहायता की। इसी तरह की सहायता उसे अन्य स्वशासी उपनिवेशों से भी मिली। ये उपनिवेश अब इस बात की माँग करने लगे कि वे ब्रिटेन की अपार सहायता कर रहे हैं और इसलिए युद्धोपरान्त विश्व के पुनर्निर्माण के काम में हिस्सा बँटाने के लिए उन्हें भी अधिकार मिलना चाहिए। इस माँग पर विचार करने के लिए 1917 में एक दूसरा औपनिवेशिक सम्मेलन हुआ। भारत सरकार और भारत की जनता की ओर से यह माँग की गयी कि 1917 के औपनिवेशिक सम्मेलन में भाग लेने के लिए उन्हें भी अधिकार मिले। भारत के युद्ध-प्रयासों को देखकर इस माँग की उपेक्षा नहीं की जा सकती थी और 1917 के औपनिवेशिक सम्मेलन में भारत को शामिल होने की बात स्वीकार कर ली गयी। इस तरह पहली बार भारत एक अन्तर्राष्ट्रीय संगठन का सदस्य बना 1907 में ही औपनिवेशिक सम्मेलन का नाम बदलकर ''इम्पीरियल कान्फ्रेंस'' रख दिया गया जो बाद में चलकर ''ब्रिटिश कामनवेल्थ'' कहलाया।

ब्रिटिश कामनवेल्थ की सदस्यता ने भारत के लिए अन्तर्राष्ट्रीय राजनीति में प्रत्यक्ष रूप से भाग लेने के लिए रास्ता खोल दिया। 1917 की इम्पीरियल कान्फ्रेंस ने यह निश्चय किया कि शांति-सम्मेलन में हिस्सा लेने के लिए इम्पीरियल कान्फ्रेंस के सभी राज्यों को अवसर दिया जाय। पेरिस के शान्ति-सम्मेलन में राष्ट्रपति विल्सन और फ्रांसीसी प्रधानमंत्री क्लिमेंटो ने पहले इस प्रस्ताव का विरोध किया क्योंकि स्वशासी डोमिनियन तथा भारत पूर्ण स्वतन्त्र न थे और किसी भी अन्तर्राष्ट्रीय सम्मेलन में शामिल होने के लिए राज्य को पूर्ण स्वतन्त्रता आवश्यक है। लेकिन कनाडा ने इस पर जोर दिया कि यदि कम युद्ध प्रयास करने वाले बेल्जियम और सर्बिया आदि देशों को प्रतिनिधित्व मिल सकता है तो शान्ति-प्रयास करने वाले कनाडा, आस्ट्रेलिया, भारत आदि देशों को प्रतिनिधित्व क्यों न मिलेगाँ ब्रिटिश सरकार ने इस माँग का समर्थन किया और 1919 के पेरिस शान्ति-सम्मेलन में स्वशासी ब्रिटिश उपनिवेश के साथ भारत को भी स्थान मिल गया। यह पहला अवसर था कि अन्तर्राष्ट्रीय सम्मेलन में स्वतन्त्र रूप से भारत शामिल हुआ। पेरिस का शान्ति-सम्मेलन भारत का अन्तर्राष्ट्रीय व्यक्तित्त्व के विकास में एक महत्त्वपूर्ण स्तम्भ था।

पेरिस शान्ति सम्मेलन में भारत के प्रतिनिधि शामिल हुए और उन्होंने स्वतन्त्र रूप से वर्साय की संधि तथा अन्य शान्ति-संधियों पर हस्ताक्षर किए। चूँकि राष्ट्रसंघ का विधान वर्साय-संधि तथा अन्य शान्ति-संधियों का अभिन्न हिस्सा था, इसलिए इन संधियों के हस्ताक्षरकर्त्ता होने के नाते भारत अपने आप राष्ट्रसंघ का सदस्य हो गया। राष्ट्रसंघ के सभी सदस्यों में केवल भारत ही ऐसा देश था जो पूर्ण स्वतंत्र राज्य नहीं था, फिर भी राष्ट्रसंघ की सदस्यता ने उसे अन्तर्राष्ट्रीय विधि के अन्तर्गत ''अन्तर्राष्ट्रीय व्यक्ति'' बना दिया। इसके पश्चात् भारत युद्धोत्तर काल के प्रत्येक अन्तर्राष्ट्रीय सम्मेलनों में भाग लेने लगा और स्वतन्त्र रूप से उसने कई संधि-समझौते पर हस्ताक्षर भी किये। सीमित अर्थ में विदेशों में भारत का कूटनीतिक प्रतिनिधित्व होने लगाँ परतन्त्र होते हुये भी भारत ने अन्तर्राष्ट्रीय व्यक्तित्त्व हासिल कर लिया। इसी कारण जब 1945 में संयुक्त राष्ट्रसंघ की स्थापना हुई तो भारत ने स्वतन्त्र रूप से हस्ताक्षर किया और उसका एक प्रारम्भिक सदस्य बना। संयुक्त राष्ट्रसंघ की सदस्यता भारत को ब्रिटिश अधीनता से मुक्त होने के पहले ही मिली थी।

भारतीय विदेश नीति का उद्भव

भारत की विदेश नीति का उद्भव स्पष्ट करना एक कठिन कार्य है और उसका वास्तविक मूल्यांकन करने के लिए भारतीय विदेश नीति के विकास पर दृष्टिपात करना जरूरी है। भारतीय विदेश नीति की गतिशीलता को समझने के लिए ऐतिहासिक तत्त्वों का सावधानीपूर्वक विवेचन आवश्यक है। भारतीय विदेश नीति के विकास को चार कालों में बांटा जा सकता है–

1. **प्रथम चरण अंतर्राष्ट्रीय चेतना का विकास (1885-1919)**–हम पर शासन करने वाले लोग सुदूर ब्रिटेन से आये थे। यह अनुभूति ही प्रबुद्ध भारतीयों के मन में इंग्लैण्ड और उसके आस-पास के देशों के प्रति उत्सुकता जागृत करने के लिए पर्याप्त थी और जब हमें यह पता चला कि भारत में कोई भी सुधार लंदन की स्वीकृति के बिना नहीं हो सकता तो लंदन के प्रति भारत की उत्सुकता एक विवशता में परिवर्तित हो गई।

राजा राम मोहनराय–भारतीय पुनर्जागरण के जनक राजा राममोहन राय को भारत से सती प्रथा मिटाने के लिए इंग्लैण्ड तक जाना पड़ा संयोग से वहाँ उनकी विद्वता, उनकी प्रतिभा और समाज सुधार के प्रति उनकी लगन से इंग्लैण्ड के लोग प्रभावित हुए। इंग्लैण्ड में राजा राममोहन राय की इतनी धाक जमी कि जब वे प्रेस की स्वतंत्रता संबंधी प्रतिवेदन देने पहुँचे तो सदरलैंड के शब्दों में ''स्त्री, पुरुष और

बच्चों की भीड़ राजा को देखने के लिए दौड़ती। कई व्यक्ति उनसे हाथ मिलाने का आग्रह करते। कई महिलाओं ने उनका आलिंगन करना चाहा। उनका मार्ग साफ करने के लिए पुलिस की मदद की जरूरत पड़ी" प्रसिद्ध विद्वान बैन्थम ने उनकी काफी प्रशंसा की। बैन्थम ने कहा कि "राजा राममोहन राय मानवता की सेवा के क्षेत्र में अत्यंत प्रशंसनीय और प्रिय सहयोगी हैं।" जब राजा राममोहन राय के बारे में यह विचार प्रकट किये जा रहे थे तो ऐसी स्थिति में स्वाभाविक था कि इंग्लैंड के प्रति भारत के लोग और अधिक जानने को उत्सुक होते।

स्वामी विवेकानंद—1993 में शिकागो में विश्वधर्म सम्मेलन हुआ। उसमें भारत का एक युवा सन्यासी विवेकानंद भी भाग लेने आया। सम्मेलन के पहले ही दिन उसने संपूर्ण श्रोताओं को मंत्रमुग्ध कर दिया। समाचार पत्र न्यूयार्क टाइम्स ने लिखा—"भारत के इस सन्यासी को सुनने के बाद हमें प्रतीत होता है कि हम कितने मूर्ख हैं कि उस देश के व्यक्तियों का धर्म परिवर्तन करने के लिए इस देश से पादरी भेजते हैं।" विवेकानंद का अमेरिका में अभूतपूर्व स्वागत और अभिनंदन हुआ। वे जापान और इंग्लैण्ड भी गए। वहाँ भी उन्होंने भारतीय सभ्यता, संस्कृति और धर्म का प्रचार किया। उनकी विजयी विश्व यात्रा से जहाँ विश्व के उन राज्यों की रुचि भारत में बढ़ी वहीं भारत में भी उन देशों के प्रति अधिक जानकारी प्राप्त करने की उत्सुकता बढ़ी। लौटकर स्वामी विवेकानंद ने भारतीयों को विश्व में हो रही वैज्ञानिक और भौतिक प्रगति से परिचित कराया। ज्ञान के इस दोतरफा आदान-प्रदान से भारत में अंतर्राष्ट्रीय चेतना अंकुरित होने लगी।

लंबी दासता के कारण भारतीय यह समझते थे कि पश्चिम देशों के लोग जन्मजात श्रेष्ठ और अजेय हैं। परंतु कुछ घटनाएँ ऐसी घटीं कि जिन्होंने यह मिथ्या धारणा भी भंग कर दी और भारत की अंतर्राष्ट्रीय राजनीति में रुचि विकसित किया।

1894 में इटली और एबीसीनिया (इथोपिया) में युद्ध हुआ। इस युद्ध में एबीसीनिया के काले लोगों ने इटली की गोरी सेनाओं को पराजित किया।

1905 में जापान और रूस में युद्ध हुआ। इस युद्ध में जापान ने रूस को बुरी तरह पराजित किया। पीले लोगों द्वारा यह गोरे लोगों की भारी पराजय थी। रूस की पराजय से पश्चिमी देशों की अजेयता का भ्रम टूट गया। रविन्द्रनाथ टैगोर ने लिखा—"जापान के उदाहरण ने संपूर्ण एशिया को बल प्रदान किया। हमने यह अनुभव किया है कि हममें जीवन और शक्ति है केवल मृत भावना को हटाने की जरूरत है।" जापान की विजय ने नवयुवकों में इतना उत्साह भरा कि नेहरू जो उस समय 16 वर्ष के थे, जापान से पढ़ने के लिए ढ़ेर सारी पुस्तकें खरीद लाये।

1914 में प्रथम विश्वयुद्ध आरंभ हुआ। यद्यपि यह युद्ध यूरोपीय राष्ट्रों द्वारा यूरोप में ही लड़ा गया, तथापि भारत ने ब्रिटिश उपनिवेश होने के कारण युद्ध में ब्रिटेन की बहुत सहायता की। महात्मा गाँधी ने भारत में इस बात का प्रचार किया कि हमें युद्ध में अंग्रेजों की मदद करनी चाहिए। दिसंबर 1914 में मद्रास में काँग्रेस के अधिवेशन में एक प्रस्ताव पारित करके ब्रिटिश सम्राट के प्रति भारतीयों की वफादारी प्रकट की गई और शासन को हर प्रकार से सहयोग देने की बात कही गई।

भारतीय सेनाओं ने अंग्रेजों की ओर से युद्ध में भाग लिया। लगभग दस लाख भारतीय सैनिक यूरोप में लड़े तथा भारत की ओर से डेढ़ लाख पौण्ड की आर्थिक मदद भी दी गई। भारतीय राजाओं ने भी अपनी वफादारी व्यक्त करने के लिए धन-जन से अंग्रेजों की मदद की।

युद्ध के दौरान भारतीयों की रुचि विश्व राजनीति में बढ़ी। उनके सैनिक भाई यूरोप में लड़ रहे थे। मित्र राष्ट्रों ने वचन दिया कि उनकी लड़ाई 'प्रजातंत्र को सुरक्षित बनाने' के लिए की जा रही है। राष्ट्रपति वुडरो विलसन ने जो सिद्धांत प्रतिपादित किये थे, उनमें पराधीन राष्ट्रों के लिए 'आत्मनिर्णय' का अधिकार महत्त्वपूर्ण था। इसलिए विश्वयुद्ध की संपूर्ण अवधि में भारत के लोग और भारत के नेता युद्ध की प्रगति तथा युद्ध के परिणामों की ओर बड़ी बेसब्री से देखते रहे। वे उत्साहित और उत्तेजित होकर विश्व राजनीति के प्रवाह का अध्ययन करने लगे।

रूस की साम्यवादी क्रांति—प्रथम विश्वयुद्ध के समय ही रूस में साम्यवादियों ने जार का तख्ता पलट दिया। 1917 में रूस में महान क्रांति हुई। कुछ माह बाद लेनिन के नेतृत्व में बोलशेविकों ने मेनसेविकों से सत्ता हथिया ली। इस क्रांति के साथ ही रूस में मार्क्स के आदर्शों को क्रियान्वित करने का एक अभिनव प्रयोग शुरू हुआ। यह कहा गया कि रूस में सामंतवाद का अंत करके एक शोषणविहीन समतावादी समाज बनाया जायेगा रूसी क्रांति ने भारतीय बुद्धिजीवियों के मन में रोमांचक भावनाएँ पैदा कीं। रूसी क्रांति से संपूर्ण भारत स्पंदित होने लगा। उत्साहित जवाहरलाल नेहरू ने 'विश्व इतिहास की झलक' में लिखा कि ''यह क्रांति खुद भी एक जबरदस्त घटना थी जो संसार के इतिहास में बेजोड़ है। हालाँकि अपने देश की यह पहली ही क्रांति थी, मगर अन्य देशों के लिए एक चुनौती और संसार भर के क्रांतिकारियों के लिए उदाहरण बन गई।

2. भारतीय विदेश नीति के विकास का दूसरा काल (1918-1927)—प्रथम महायुद्ध तक विश्व की घटनाओं के प्रति भारतीय जनमानस की समझ विकसित

हो चुकी थी। प्रथम विश्वयुद्ध के पश्चात् अंतर्राष्ट्रीय घटनाओं के बारे में भारतीय नेताओं की पकड़ मजबूत होने लगी थी और वे स्पष्ट शब्दों में अपना विचार प्रकट करने लगे थे। कांग्रेस के मंच पर विदेशों से लौटे भारतीयों का वर्चस्व बढ़ने लगा था और कांग्रेस के प्रस्तावों में विश्व की घटनाओं के संबंध में विचार प्रकट किये जाने लगे। कांग्रेस की विदेशी नीति विकसित होने लगी।

प्रथम विश्वयुद्ध समाप्त होने पर पेरिस में शांति वार्ताएँ हुईं। इन शांति वार्ताओं में भारत को भी प्रतिनिधित्व दिया गया परंतु भारत की ओर से जो लोग प्रतिनिधित्व करने गए वे भारतीय नेता नहीं थे। कांग्रेस चाहती थी कि इस सम्मेलन में भारत का प्रतिनिधित्व करने के लिए लोकमान्य तिलक, महात्मा गाँधी और हसन इमाम को भेजा जाए। लेकिन भेजे गए भारतीय सचिव माँगटेग्यू चेम्सफोर्ड को बड़ा रोष उत्पन्न हुआ।

इस अवसर पर लोकमान्य तिलक ने पेरिस शांति सम्मेलन के अध्यक्ष क्लेमंशो को एक पत्र लिखा। यह एक ऐतिहासिक पत्र था। इसमें प्रथम बार भारत की विदेश नीति के संबंध में लिखित रूप से अपना मत व्यक्त किया गया था। इसीलिए इस पत्र को भारतीय विदेश नीति का महत्त्वपूर्ण दस्तावेज कहा जा सकता है। लोकमान्य तिलक ने लिखा, "सभी दृष्टियों से भारत एक सम्मानयुक्त और स्वावलंबी राष्ट्र है और संसार के किसी देश की भूमि पर कोई दावा नहीं है। अपने विशाल भू-भाग, अपरिमित साधन और अपार जनसंख्या के आधार पर भारत विश्व की महान शक्ति बनने की आकांक्षा रखता है। इस परिस्थिति में पूर्वी गोलार्द्ध में शांति बनाए रखने के काम में एक महत्त्वपूर्ण भूमिका अदा कर सकता है, प्रस्तावित राष्ट्रसंघ का प्रबल समर्थक हो सकता है।" इस पत्र में तिलक ने यह भी लिखा कि युद्ध के समय यह वायदा किया गया था कि उपनिवेशों को आत्मनिर्णय का अधिकार दिया जाएगाँ

इस पत्र से स्पष्ट हो गया कि अंग्रेजों द्वारा संचालित भारत की विदेश नीति भारतीय जनता की इच्छाओं का प्रतिनिधित्व नहीं करती थी। भारत की विदेश नीति का प्रतिनिधित्व कांग्रेस करती है। यहीं से कांग्रेस की विदेश नीति शुरू हुई जो बाद में स्वतंत्र भारत की विदेश नीति के रूप में विकसित हुई।

अमेरिकी सीनेट में भारत के आत्मनिर्णय का प्रश्न—पेरिस में हुए शांति सम्मेलन में यह निर्णय किया गया था कि विश्व में शांति स्थापित करने के लिए राष्ट्रसंघ की स्थापना की जाए। अमेरिका भी वर्साय की संधि पर हस्ताक्षर करने वाले देशों में एक था। परंतु अमेरिकी संविधान के अनुसार अमेरिकी राष्ट्रपति द्वारा की

गई प्रत्येक संधि पर सीनेट की पुष्टि आवश्यक थी। अतः वर्साय की संधि पर भी सीनेट में वाद-विवाद हुआ।

अमेरिका के राष्ट्रपति वुडरो विल्सन ने यह कहा था कि युद्ध के बाद भारत को आत्मनिर्णय का अधिकार दिया जायेगाँ क्योंकि इस संधि में भारत के लिए आत्मनिर्णय का प्रावधान नहीं किया गया था, इसलिए भारतीयों को इस पर स्वाभाविक रूप से रोष था। कांग्रेस ने कहा कि अमेरिका की सीनेट में भी वर्साय की संधि पर बहस के समय यह बात उठाई जाये। अतः अमेरिका में रहने वाले भारतीयों को इस बारे में लिखा गया। उन्होंने अमेरिका सीनेटरों से संपर्क स्थापित किया 29 अगस्त 1919 को अमेरिका के सीनेटर डडले फील्ड मेलोन ने कहा कि सीनेट की विदेशी मामलों की समिति के वायदे को संधि में स्थान नहीं दिया गया है, इसलिए वर्साय संधि को अस्वीकार कर दिया जाये। उन्होंने यह भी कहा कि भारत को तुरंत स्वतंत्र किया जाये।

अमेरिका की सीनेट में भारतीय स्वतंत्रता का प्रश्न उठाया गया, इसी से स्पष्ट है कि कांग्रेस विदेश नीति के प्रति कितनी जागरूक थी। विदेश नीति के क्षेत्र में कांग्रेस के द्वारा चलाया गया यह पहला सफल कूटनीतिक अभियान था।

राष्ट्रसंघ में भारत—वर्साय संधि के अनुरूप 1919 में राष्ट्रसंघ की स्थापना हुई। भारत को भी राष्ट्रसंघ का सदस्य बनाया गया। राष्ट्रसंघ में भारत का प्रतिनिधित्व करने के लिए जिन लोगों को चुना गया वे वास्तव में भारतीय मानस का नहीं, ब्रिटिश हितों का प्रतिनिधित्व करते थे। इस प्रतिनिधि मण्डल का नेतृत्व एक अंग्रेज करता था। दो अन्य सदस्य भी प्रतिनिधिमंडल में होते थे। वे भारतीय थे, परंतु वे भारत की गोरी सरकार द्वारा मनोनीत किये जाते थे। इसलिए लगातार 1922 से 1927 तक भारत के केन्द्रीय विधानमंडल में यह माँग की जाती रही कि राष्ट्रसंघ में जो प्रतिनिधिमंडल भेजा जाता है उसका नेतृत्व किसी भारतीय को दिया जाये। अंत में 1929 में कांग्रेस की बात मानी गई और एक भारतीय मुहम्मद हबीबुल्ला को राष्ट्रसंघ में भारतीय प्रतिनिधिमंडल का नेता बनाया गया। जनाब हबीबुल्ला साहब जनता के नुमाइंदे नहीं, बल्कि ब्रिटिश सरकार के प्रतिनिधि थे इसलिए राष्ट्रसंध में वही विचार व्यक्त करते थे, जो ब्रिटिश सरकार चाहती थी। जैसे 1932 में जापान ने चीन पर आक्रमण किया। भारत में कांग्रेस की सहानुभूति चीन के साथ थी, लेकिन राष्ट्रसंघ में भारतीय प्रतिनिधि अंग्रेजों के इशारों पर जापान का समर्थन कर रहे थे। कांग्रेस ने इस स्थिति का लगातार विरोध किया।

3. भारतीय विदेश नीति के विकास का तीसरा काल (1927-1936)—

10 फरवरी 1927 को बेल्जियम के एक नगर ब्रुसेल्स में साम्राज्य विरोधी संघ ने सम्मेलन आयोजित किया, जिसमें भारतीय कांग्रेस के प्रतिनिधि के रूप में पं. जवाहरलाल नेहरू ने हिस्सा लिया। साम्राज्यवाद विरोधी संघ ने इस सम्मेलन का आयोजन किया। इसमें 175 प्रतिनिधिमंडलों ने भाग लिया था। सम्मलेन के पीछे जो शक्तियाँ काम कर रही थीं, उनमें मुख्य थे ब्रिटेन का श्रमिक दल तथा जर्मनी, रूस व पश्चिमी यूरोपीय देशों के साम्यवादी दल। इस सम्मेलन में पं. जवाहरलाल नेहरू ने अत्यंत प्रभावशाली तरीके से कहा कि "हमारे लिए भारत की स्वतंत्रता जरूरी है, लेकिन हमारी स्वंतत्रता आपके लिए भी कम महत्त्वपूर्ण नहीं है। हमारी पराधीनता आपकी स्वतंत्रता के लिए सबसे बड़ी बाधा है। अतः हम आपसे अनुरोध करते हैं कि आप हमारी मदद कीजिए। इसमें आपका भी हित है।"

ब्रुसेल्स सम्मेलन में श्री नेहरू ने दुनिया के कई महत्वपूर्ण नेताओं से मित्रता की । बाद में जब पं. नेहरू भारत के प्रधानमंत्री बने और विदेश नीति का संचालन किया, उस समय ये संबंध बहुत काम आये।

ब्रुसेल्स सम्मेलन के बाद विश्व में कई छोटे-छोटे अंतर्राष्ट्रीय सम्मलेन हुए। भारत ने इनमें भी भाग लिया। ये थे—1928 का हालैण्ड का विश्व युवक शांति सम्मेलन, 1928 का ब्रुसेल्स का श्रम और समाज अंतर्राष्ट्रीय सम्मेलन, 1929 का टोकियो का विश्व मंच, इससे उसके दृष्टिकोण और संपर्क विस्तृत होते गए।

श्री नेहरू ने चीन, मिस्र और लंका का दौरा किया। वे एशियाई देशों की समस्याओं के प्रति इतने संवेदनशील थे कि उन्होंने एशियाई राष्ट्रों का एक संघ तक बनाने की कल्पना की। एशियाई देशों के प्रति बढ़ती हुई सद्भावना के परिणामस्वरूप भारत ने मिस्र, सीरिया, फिलीस्तीन, ईराक और चीन के राष्ट्रवादी नेताओं को उनके स्वतंत्रता संग्राम की सफलता के प्रति शुभकामनाएँ भेजीं। श्री नेहरू ने कहा—भविष्य में विश्व राजनीति में भारत सहित एशिया एक महत्त्वपूर्ण भूमिका अदा करेगाँ

स्वतंत्रता के लिए राष्ट्रीय आंदोलन इसी समय सबसे अधिक प्रभावी हुआ। मई 1929 में नेहरू ने कांग्रेस से कहा कि वह जनता को इस संबंध में शिक्षित करें कि ब्रिटेन, रूस और चीन के विरुद्ध युद्ध करने वाला है। श्री नेहरू ने यह भी कहा कि हमें अमेरिका पर सावधानीपूर्वक नजर रखनी चाहिए क्योंकि ब्रिटेन और अमेरिका मिलकर संपूर्ण विश्व पर प्रभुत्व स्थापित करना चाहते हैं। 1929 में कांग्रेस के अध्यक्ष बनने के बाद नेहरू ने एक भाषण में विश्व में बढ़ते हुए शास्त्रीकरण के प्रति चेतावनी दी।

1930 में कांग्रेस ने विदेश नीति से संबंधित एक अलग विभाग ही बना

लिया, जिसके संचालक पं. जवाहरलाल नेहरू थे, कांग्रेस ने अंतर्राष्ट्रीय समस्याओं पर अपनी स्वतंत्र प्रतिक्रियायें व्यक्त करना शुरू कर दिया। 1931 में जब जापान ने चीन पर आक्रमण किया तो उसने जापान की निंदा की 1930 में ही युद्ध विरोधी प्रस्ताव पारित किये जाने लगे और यह स्पष्ट कर दिया गया कि किसी भी साम्राज्यवादी युद्ध में भारत साथ नहीं देगाँ 1935 में कांग्रेस ने फासीवाद और नाजीवाद के प्रति विरोध प्रकट किया। 1935 में इटली द्वारा अबीसीनिया पर आक्रमण के विरोध में कांग्रेस में 1936 के लखनऊ अधिवेशन में एक प्रस्ताव पारित करके अबीसीनिया के प्रति साहानुभूति व्यक्त की गई। जब हिटलर ने 1938 में चेकोस्लोवाकिया पर आक्रमण किया तो कांग्रेस ने आक्रमण की निंदा करते हुए म्युनिख समझौते की आलोचना की कांग्रेस के हरीपुर अधिवेशन में घोषित किया गया कि "भारतवासी अपने पड़ोसी एवं अन्य देशों के साथ शांति और मित्रता से रहना चाहते हैं। अपनी स्वतंत्रता अंतर्राष्ट्रीय सहयोग एवं सद्भावना के आधार पर ही अपनी शक्ति बढ़ाना चाहते हैं। स्वतंत्र भारत ही सदैव निःशस्त्रीकरण एवं सामूहिक सुरक्षा का समर्थक रहेगाँ विश्व सहयोग तब तक असंभव है जब तक अंतर्राष्ट्रीय विवादों को समाप्त नहीं किया जाता। यदि विश्व शांति की स्थापना करनी है तो साम्राज्यवाद एवं एक राष्ट्र द्वारा दूसरे राष्ट्र का शोषण समाप्त करना ही होगा"। 1939 में जब द्वितीय विश्वयुद्ध शुरू हुआ तो कांग्रेस ने इसमें सहयोग देने से इंकार कर दिया, परंतु फिर भी भारतीय लोकमत के विरुद्ध ब्रिटिश सरकार ने भारत को युद्ध में शामिल घोषित कर दिया। संक्षेप में, भारतीय स्वाधीनता से पूर्व वैदेशिक मुद्दों पर कांग्रेस के दृष्टिकोण से भारत की विदेश नीति की पृष्ठभूमि को समझने में बहुत सहायता मिलती है।

भारतीय विदेश नीति के प्रमुख तत्त्व एवं उद्देश्य

डॉ. वी. पी. दत्त के अनुसार, "ऐतिहासिक परंपराओं, भौगोलिक स्थिति और भूतकालीन अनुभव भारतीय विदेश नीति के निर्माण में प्रभावी तत्त्व रहे हैं।"

भारत की विदेश नीति के निर्माण में जिन तत्त्वों का विशिष्ट महत्त्व रहा है वे अग्रलिखित हैं–

1. भौगोलिक तत्त्व–किसी भी विदेश नीति के निर्माण में उस राष्ट्र की भौगोलिक परिस्थितियाँ प्रमुख और निर्णायक होती हैं। के. एम. पणिक्कर के अनुसार–"जब नीतियों का लक्ष्य प्रादेशिक सुरक्षा होती है तो उनका निर्धारण मुख्य रूप से भौगोलिक तत्त्व से हुआ करता है।"

एक अन्य स्थान पर पणिक्कर लिखते हैं कि ''यह समझना कठिन नहीं है कि भूगोल का सुरक्षा से कितना गहरा संबंध है चूंकि हर देश की भौगोलिक विशेषताओं में मूलतः कोई बदलाव नहीं आया इसलिये प्रत्येक देश की वैदेशिक नीति के कुछ स्थाई पहलू होते हैं। वास्तव में, यह कहना अतिश्योक्तिपूर्ण होगा कि वैदेशिक नीति भूगोल द्वारा निर्धारित होती है।'' डॉ. एयर्स का विचार है कि ''समझौते तोड़े जा सकते हैं, संधियाँ भी एकतरफा समाप्त की जा सकती हैं, परंतु भूगोल अपने शिकार को कसकर पकड़े रहता है'' भारत के संदर्भ में उपर्युक्त तथ्य सही हैं। भारत की विदेश नीति के निर्धारण में उसकी भौगोलिक परिस्थिति का महत्वपूर्ण योगदान रहा है। भारत उत्तर में साम्यवादी गुट के दो प्रमुख देशों—सोवियत संघ और चीन के बिल्कुल समीप है। भारत के एक ओर पाकिस्तान है, दूसरी ओर उसकी सीमा समुद्रों से घिरी मुख्य चिंता का विषय था। यदि भारत साम्यवादी गुट में शामिल होता तो इसकी समुद्री सीमा पर खतरा उत्पन्न हो जाता क्योंकि पश्चिमी गुट का अपनी नौ शक्ति के कारण हिंद महासागर पर दबदबा था। यदि भारत पश्चिमी गुट में सम्मिलित होता तो उत्तरी सीमा पर साम्यवादी राष्ट्र से खतरा उत्पन्न हो जाता। इन भौगोलिक परिस्थितियों में सीमा सुरक्षित बनाए रखने के लिए ब्रिटेन एवं साम्यवादी देशों से अच्छे संबंध बनाए रखने का प्रयत्न किया।

2. आपसी गुटबंदी—भारत की स्वतंत्रता के समय विश्व दो गुटों में बंटा था। अमेरिका और सोवियत संघ में मनमुटाव काफी बढ़ गया। यह मनमुटाव 'शीतयुद्ध' के रूप में परिवर्तित हो गया। शीतयुद्ध की इस राजनीति में भारत क्या करता? भारत ने गुटों से अलग रहना ही ठीक समझा। भारत द्वारा पृथकता की नीति अपनाने का प्रधान कारण यही है कि गुटों में से किसी के भी साथ न बंधने से भारत को कोई नुकसान नहीं है। उनका हित दोनों गुटों के मध्य तनाव में कमी होने में निहित है। क्योकि अगर किसी से भी भारत का युद्ध होता तो भारतीय अर्थव्यवस्था बर्बाद हो जाती। असंलग्नता की स्थिति उसे दोनों गुटों के मध्य मध्यस्थता का कार्य, अंतर्राष्ट्रीय तनाव को कम करने में सहायता देने के योग्य बनाती है।

3. विचारधाराओं का प्रभाव—भारत की विदेश नीति के निर्धारण में गाँधीवादी विचारधारा का भी प्रभाव पड़ा है। इस विचारधारा से प्रभावित होकर ही संविधान के अनुच्छेद 51 में राज्य नीति के निर्देशक तत्त्वों के अंतर्गत विश्वशांति की चर्चा की गई। हडसन लिखते हैं कि, ''गाँधी के शांतिवाद ने देश को यह भरोसा दिलाया कि विश्वशांति 'समझौतों' से ही स्थापित हो सकती है, न कि रक्षात्मक

संगठन बनाने से। भारत का यह कर्त्तव्य है कि वह विरोधी पक्षों से अलग रहे और उनमें मध्यस्थता का कार्य करे।''

बुद्ध द्वारा प्रतिपादित तथा अशोक द्वारा प्रचारित अहिंसा की संकल्पना और अकबर व शिवाजी द्वारा प्रदर्शित सहिष्णुता की भावना ने भारत की विदेश नीति को प्रभावित किया है। भारतीय विदेश नीति अरविंद, टैगोर तथा एम.एन. राय के मानवतावादी विचारों को भी प्रतिबिंबित करती है। भारतीय झंडे में अशोक चक्र इस बात का सूचक है कि भारत संसार में शांति व मित्रता स्थापित करना चाहता है।

4. आर्थिक तत्त्व—भारत की आर्थिक उन्नति तभी संभव थी जब अंतर्राष्ट्रीय शांति बनी रहे। आर्थिक दृष्टि से भारत का अधिकांश व्यापार पाश्चात्य देशों के साथ होता था और पाश्चात्य देश भारत का शोषण कर सकते थे। भारत अपने विकास के लिए अधिकतम विदेशी सहायता का भी इच्छुक था, इस दृष्टि से भारत के लिए सभी देशों के साथ मित्रता का बर्ताव रखना आवश्यक था और वह किसी भी एक गुट के साथ बंध नहीं सकता था। गुटबंदी से अलग रहने के कारण उसे दोनों ही गुटों से आर्थिक एवं तकनीकी सहायता मिलती रही, क्योंकि कोई भी गुट नहीं चाहता कि भारत दूसरे गुट के प्रभाव क्षेत्र में आ जाये।

जे. बंदोपाध्याय ने अपनी पुस्तक, ''दि मेकिंग ऑफ इंडियास फारेन पालिसी'' में भारतीय विदेश नीति के आर्थिक आयाम बताये हैं जिसके तीन प्रमुख सूचक हैं। सुरक्षा, विदेशी सहायता तथा अंतर्राष्ट्रीय व्यापार।

5. सैनिक तत्त्व—सैनिक दृष्टि से भारत शक्तिशाली देश नहीं था अपनी रक्षा के लिए अनेक दृष्टि से वह विदेशों पर निर्भर था। भारत की दुर्बल सैनिक स्थिति उसे इस बात के लिए बाध्य करती रही है कि विश्व की सभी महत्त्वपूर्ण शक्तियों के साथ मैत्री बनाई रखी जाये। शुरू से ही भारत राष्ट्रमंडल का सदस्य बना रहा। इसका राज यह था कि सैनिक दृष्टि से भारत ब्रिटेन पर निर्भर था।

6. पंडित नेहरू का व्यक्तित्व—श्री जवाहरलाल नेहरू न केवल भारत के प्रधानमंत्री थे अपितु विदेशमंत्री भी थे। उनके व्यक्तित्त्व की छाप विदेश नीति के हर पहलू में झलकती है। वे साम्राज्यवाद, उपनिवेशवाद व फॉसीवाद के विरोधी थे, वे सभी अंतर्राष्ट्रीय विवादों को शांतिपूर्ण उपायों से सुलझाने के समर्थक थे। वे महाशक्तियों के संघर्ष में भारत के लिए पृथकता की नीति को श्रेष्ठ मानते थे, अपने इन्हीं विचारों के अनुरूप उन्होंने भारत की विदेश नीति को ढाला और आज इसका जो रूप है वह पंडित नेहरू के विचारों का ही मूर्तरूप है।

विदेश नीति के निर्धारण में राष्ट्रीय नेतृत्व का बहुत प्रभाव पड़ता है। नेहरू का यह बड़प्पन था कि वह भारतीय विदेश नीति को नेहरू नीति के नाम से पुकारा जाना नापसंद करते थे, लेकिन यह सच्चाई है कि भारतीय विदेश नीति पं. नेहरू की ही नीति है। प्रो. सच्चदानंद मूर्ति ने लिखा है कि यदि देश का नेतृत्व पं. नेहरू के हाथ में नहीं होता तो दूसरे प्रकार की विदेश नीति की पर्याप्त संभावना थी। जैसा कि कुछ दूसरे दक्षिण-पूर्व एशियाई देशों और पाकिस्तान के उदाहरण से भी स्पष्ट है, जिन्होंने पृथक् विदेश नीतियाँ अपनाई थीं। जहाँ तक विदेश नीति के निर्माण में दूसरे नेताओं के प्रभाव का सवाल है, एस. के. पाटिल ने लिखा था कि ''नेहरू हमारी सबसे बड़ी संपत्ति हैं क्योंकि वह एक वटवृक्ष की भाँति है जिसकी छाया में लाखों आश्रय लेते हैं, तथापि वह हमारा सबसे बड़ा उत्तरदायित्व है क्योंकि वटवृक्ष की छाया में कोई चीज पैदा नहीं होती।''

7. राष्ट्रीय हित—पं. नेहरू ने संविधान सभा में साफ-साफ कहा था कि, ''किसी भी देश की विदेश नीति की आधारशिला उसके राष्ट्रीय हित की सुरक्षा होती है। और भारत की विदेश नीति का भी ध्येय यही है।'' भारत का राष्ट्रीय हित क्या है? इसका निर्धारित करना मुश्किल नहीं है। भारत के राष्ट्रीय हित दो प्रकार के हैं—स्थायी राष्ट्रहित जैसे देश की अखंडता और सुरक्षा तथा अस्थायी राष्ट्रीय हित खाद्यान्न, विदेशी पूँजी, तकनीकी विकास आदि। भारत की विदेश नीति में विरोधाभास दिखाई देता है, यह इस बात को सिद्ध करता है कि भारत की विदेश नीति में राष्ट्रीय हितों का सबसे बड़ा स्थान है राष्ट्रीय हितों के संदर्भ में ही भारत ने पश्चिमी एशिया संकट में इजराइल के बजाय अरब राष्ट्रों का हमेशा समर्थन किया। गुटनिरपेक्ष होते हुए भी 9 अगस्त 1971 को सोवियत संघ के साथ एक 20 वर्षीय संधि की। भारत की विदेश नीति दूसरे राष्ट्रों के आंतरिक मामलों में हस्तक्षेप के खिलाफ है लेकिन राष्ट्रीय हितों को ध्यान में रखते हुए भारत ने अफगानिस्तान में सोवियत हस्तक्षेप की भर्त्सना नहीं की। भारत ने संयुक्त राष्ट्रसंघ के 14 जनवरी 1890 के उस प्रस्ताव पर मतदान में भाग ही नहीं लिया जिसमें अफगानिस्तान से विदेशी सेनाओं को शीघ्र हटाने की बात कही गयी थी। भारत ने 5 जून 1987 को मानवीय आधार पर श्रीलंका में जाफना की पीड़ित जनता के लिए हवाई मार्ग से राहत सामग्री पहुँचाई। स्वतंत्रता प्राप्ति के पश्चात् भारत ने विभिन्न देशों में आपदा राहत में मदद की।

8. ऐतिहासिक परम्पराएँ—भारत की विदेश नीति के निर्धारण में ऐतिहासिक परंपराओं का भी योगदान है। प्राचीनकाल से ही भारत की विदेश नीति अहिंसात्मक

रही है। भारत ने किसी भी राष्ट्र पर प्रभुत्व स्थापित करने का प्रयास नहीं किया। भारत की यह परंपरा वर्तमान विदेश नीति में स्पष्ट दिखाई देती है।

हिंदू सभ्यता का चरित्र और उसकी विशेषताएँ, जैसे—शांति, समन्वय और सहिष्णुता की भावनायें हमारी विदेश नीति का बहुत बड़ा आधार हैं। 200 वर्षों के अंग्रेजी शासन का भी हमारी विदेशी नीति के निर्धारण में असर पड़ा है। देश में संसदीय प्रणाली, उदारवाद, अंग्रेजी भाषा का प्रयोग, प्रशासनिक ढांचा आदि इसके प्रमाण हैं। ब्रिटिश साम्राज्यवाद का कटु अनुभव इसके मूल में है। पाकिस्तान के साथ शत्रुतापूर्ण संबंध एवं दक्षिण पूर्व एशियाई राष्ट्रों के साथ सांस्कृतिक व आध्यात्मिक संबंध भी ऐतिहासिक अनुभवों के परिणाम हैं। भारत का शांतिवाद भारतीय दर्शन की सहिष्णुता, उदारता और मानवतावादी दृष्टि पर आधारित है। चीन और पाकिस्तान के द्वारा दगाबाजी कर हमला करने के पश्चात् भी भारत ने हमेशा उसकी तरफ दोस्ती का हाथ बढ़ाया। जातीय रंगभेद की नीति का विरोध भारतीय मानववतावादी विचार से प्रभावित है। पंचशील के सिद्धांतों पर गाँधी की अहिंसा और बुद्ध के अष्टमार्ग का प्रभाव है।

9. आंतरिक शक्तियों और दबावों का प्रभाव—किसी देश की आंतरिक शक्तियाँ और दबाव समूह भी विदेश नीति के निर्धारण में मुख्य भूमिका निभाते हैं। जब राष्ट्र आंतरिक दृष्टि से अधिक सुदृढ़ और मनोवैज्ञानिक रूप से एकता के सूत्र में बंधा होता है तो राष्ट्र की विदेश नीति भी अधिक स्पष्ट सुदृढ़ और प्रभावशाली होती है, परंतु जब राष्ट्र आंतरिक फूट (मतभेदों) के कारण विभाजित होता है और राजनीतिक अस्थिरता पाई जाती है तो विदेश नीति प्रायः शिथिल और अंतर्राष्ट्रीय विषयों पर प्रायः निष्क्रिय और प्रभावहीन होती है। भारत की विदेश नीति भी इसका अपवाद नहीं हैं। आजादी के बाद के 19 वर्षों तक भारत आर्थिक और सैनिक दृष्टि से कमजोर होने के बाद भी विश्व राजनीति में अधिक योगदान दे सका।

भारतीय विदेश नीति के प्रमुख उद्देश्य

भारत की विदेश नीति की रूपरेखा स्पष्ट करते हुए श्री जवाहरलाल नेहरू ने सितंबर 1946 में एक प्रेस सम्मेलन में कहा था—"वैदेशिक संबंधों के क्षेत्र में भारत एक स्वतंत्र नीति का अनुसरण करेगा और गुटों की खींचतान से दूर रहते हुए संसार के सभी पराधीन राष्ट्रों को आत्मनिर्णय का अधिकार देने का अधिकार दिलाने तथा जातीय भेदभाव की नीति का दृढ़तापूर्वक उन्मूलन का प्रयत्न करेगाँ साथ ही वह

दुनिया के शांतिप्रिय राष्ट्रों के साथ मिलकर अंतर्राष्ट्रीय सहयोग और सद्भावना के प्रसार के लिए भी निरंतर प्रयत्नशील रहेगाँ'' नेहरू का यह कथन आज भी भारत की विदेश नीति का आधार स्तंभ है। भारत की विदेश नीति की मूल बातों का समावेश हमारे संविधान के अनुच्छेद 51 में कर दिया गया, जिसके अनुसार राज्य अंतर्राष्ट्रीय शांति और सुरक्षा को बढ़ावा देगा, राज्य राष्ट्रों के मध्य न्याय और सम्मानपूर्वक संबंधों को बनाए रखने का प्रयास करेगा, राज्य अंतर्राष्ट्रीय झगड़ों को. पंच फैसलों द्वारा निपटाने की पद्धति को बढ़ावा देगाँ

किसी भी राष्ट्र की विदेश नीति को राष्ट्रीय हित के संदर्भ में देखा जाना चाहिए क्योंकि विदेश नीति का उद्देश्य राष्ट्रीय हितों की रक्षा करना ही है। भारत की विदेश नीति के प्रमुख आदर्श निम्न हैं—

राष्ट्र की समृद्धि एवं विकास, भारतीय विदेश नीति का मुख्य उद्देश्य है। अंतर्राष्ट्रीय नीति और सुरक्षा के लिए हरसंभव प्रयत्न करना। अंतर्राष्ट्रीय विवादों को मध्यस्थता द्वारा निपटाए जाने की नीति को प्रत्येक संभव तरीके से प्रोत्साहन देना। भारत को दक्षिण एशिया में शक्ति के रूप में स्थापित करना तथा एशिया को महाशक्ति के रूप में उभारना। सभी राज्यों और राष्ट्रों के बीच परस्पर सम्मानपूर्ण संबंध बनाए रखना। अंतर्राष्ट्रीय कानून के प्रति और विभिन्न राष्ट्रों के पारस्परिक संबंधों में संधियों के पालन के प्रति आस्था बनाए रखना। अफ्रीकी, एशियाई देशों के साथ सहयोग एवं परस्पर सहमति को बढ़ावा देना ताकि विश्व राजनीति में अफ्रो-एशियाई देशों को उचित स्थान मिल सके। उपनिवेशवाद/साम्राज्यवाद एवं जातिगत भेदभाव के खिलाफ संघर्ष करना एवं विश्वशांति के लिए जनमत तैयार करना। सैनिक गुटबंदियों और सैनिक समझौतों से अपने आपको अलग रखना तथा ऐसी गुटबंदी को निरुत्साहित करना, उपनिवेशवाद का चाहे वह कहीं भी किसी भी रूप में हो, विरोध करना। हर प्रकार की साम्राज्यवादी भावना को निरुत्साहित करना। उन देशों की जनता की सक्रिय रूप से सहायता करना जो उपनिवेशवाद, जातिवाद और साम्राज्यवाद से पीड़ित हों। संयुक्त राष्ट्रसंघ में सक्रिय भूमिका निभाना। गुटनिरपेक्ष आंदोलन एवं ग्रुप ऑफ-77 को नेतृत्व प्रदान करना। निःशस्त्रीकरण की दिशा में किए गए प्रयासों को प्रोत्साहित करना।
नाभिकीय एवं आणविक हथियारों के निर्माण एवं उपयोग का विरोध करना। नई अंतर्राष्ट्रीय व्यवस्था को बढ़ावा देना। क्षेत्रीय सहयोग की वृद्धि करना। उपर्युक्त बिंदूओं से यह साबित होता है कि भारत की विदेश नीति में मैत्रीपूर्ण

संबंध, शांति एवं समानता के सिद्धांतों को सर्वाधिक महत्त्व दिया गया है। भारत ने सभी के साथ सहयोग एवं सद्भावना की नीति पर चलने का निश्चय किया है। इसी परिप्रेक्ष्य में भारत की विदेश नीति के प्रमुख निर्माता पंडित जवाहरलाल नेहरू ने भारत की विदेश नीति के आधारस्तंभ शांति, मित्रता और समानता को बनाया।

भारतीय विदेश नीति के प्रमुख सिद्धांत

अंतरिम सरकार का गठन सितंबर 1946 में किया गया जिसके बाद भारतीय विदेश नीति विकसित होने लगी। पं. नेहरू ने स्पष्ट कहा कि स्वतंत्र भारत अंतर्राष्ट्रीय क्षेत्र में एक स्वतंत्र नीति को अपनाएगा और किसी गुट में शामिल नहीं होगाँ भारत विश्व के किसी भी भाग में उपनिवेशवाद और प्रजातीय विभेद का विरोध करेगा और विश्वशांति के समर्थक देशों के साथ सहयोग करेगाँ पं. नेहरू ने अंतर्राष्ट्रीय सहयोग बढ़ाने पर अत्यधिक बल दिया। यदि स्वाधीन भारत की विदेश नीति का समीक्षात्मक विश्लेषण करें तो निम्नांकित सिद्धांत हमारे सामने परिलक्षित होते हैं–

1. गुटनिरपेक्षता की नीति–विश्व राजनीति में भारतीय दृष्टिकोण असंलग्नता अथवा गुटनिरपेक्षता का रहा है। इसे भारतीय विदेश नीति का सारतत्त्व कहा जाता है। गुटनिरपेक्षता गुटों की पूर्व उपस्थिति का संकेत देती है। जब भारत स्वाधीन हुआ तो उसने पाया कि विश्व की राजनीति दो विरोधी गुटों में विभाजित है। एक गुट का नेता संयुक्त राज्य अमेरिका और दूसरे का सोवियत संघ था। विश्व के अधिकांश राष्ट्र दो विरोधी खेमों में विभाजित हो गये और शीतयुद्ध आरंभ हो गया। शीतयुद्ध का क्षेत्र विस्तृत होने लगा और इसके साथ-साथ एक तीसरे महासमर की तैयारी होने लगी। स्वतंत्र भारत के लिए यह एक विकट समस्या थी कि इस स्थिति में वह क्या करे? ऐसी स्थिति में भारत या तो दोनों में से किसी एक का साथ पकड़ सकता था अथवा दोनों से पृथक् रह सकता था। भारत के नीति निर्धारक कहने लगे कि वे संसार के किसी भी गुट में शामिल नहीं होंगे। गुटबंदी में शामिल होना न तो भारत के हित में था न संसार के। अंतर्राष्ट्रीय राजनीति के सभी सवालों पर वे गुटनिरपेक्षता की नीति का अवलम्बन करेंगे।

भारत ने दोनों गुटों से अलग रहने की जो नीति अपनाई, उसे 'गुटनिरपेक्षता' की नीति के नाम से जाना जाता है। इस नीति का अभिप्राय है भारत वर्तमान विश्व राजनीति के दोनों गुटों में से किसी में भी शामिल नहीं होगा, किंतु अलग रहते हुए भी उनसे मैत्री संबंध बनाए रखने की चेष्टा करेगा और उनकी बिना शर्त सहायता

से अपने विकास में तत्पर रहेगाँ भारत की गुटनिरपेक्षता एक विधेयात्मक, सक्रिय और रचनात्मक नीति है। इसका ध्येय किसी दूसरे गुट का निर्माण करना नहीं वरन् दो विरोधी गुटों के बीच संतुलन बनाना है। असंलग्नता की यह नीति सैनिक गुटों से अपने आपको दूर रखती है, किन्तु पड़ोसी व अन्य राष्ट्रों के बीच अन्य सब प्रकार के सहयोग को प्रोत्साहन देती है। यह गुटनिरपेक्षता नकारात्मक तटस्थता, अप्रगतिशीलता, अथवा उपदेशात्मक नीति नहीं है। इसका अर्थ सकारात्मक है।

गुटनिरपेक्षता का अभिप्राय है विश्व के किसी भी गुट के साथ जुड़ा हुआ न होना, अर्थात् नाटो, सीटो या वारसा जैसे किसी सैनिक गठबंधन में शामिल न होना। यह ऐसी नीति है जो विश्व में स्वतंत्र नीति का गमन करती है। और हर समस्या पर अपने विचार प्रकट करने और सोचने के लिए स्वतंत्र समझती है। यह किन्हीं पूर्वाग्रहों के आधारों पर कार्य नहीं करती। यह समस्याओं पर वस्तुनिष्ठ दृष्टिकोण अपनाती है, व्यक्तिनिष्ठ नहीं।

भारत की गुटनिपेक्षता स्विट्जरलैण्ड या ऑस्ट्रिया की तटस्थता के समान नहीं है और न ही यह एक स्थायी तटस्थता है। इसका सरल अर्थ केवल यह है कि इन दोनों शक्तिशाली गुटों द्वारा उत्पन्न समस्याओं में हम समान्यतया किसी का भी पक्ष लेना नहीं चाहते और अंतर्राष्ट्रीय विवादों में नहीं पड़ना चाहते।

गुटों से अलग रहना, शीतयुद्ध में हिस्सा न लेना, यह तटस्थता नहीं है। प्रत्येक अंतर्राष्ट्रीय समस्या पर गुण-दोषों के आधार पर निर्णय लेना चाहिए।

2. विश्वशांति नीति—भारत की विदेश नीति सदैव ही विश्वशांति की समर्थक रही है। भारत ने प्रारंभ से ही ये महसूस किया है कि युद्ध और संघर्ष नवोदित भारत के आर्थिक और राजनीतिक विकास को बाधित करने वाला है। अगस्त 1954 में पणिक्कर ने कहा था—"भारत को इस बात की बड़ी चिंता है कि उसकी प्रगति को तथा सामान्य रूप से मानव जाति की उन्नति को संकट में डालने वाला कोई युद्ध न हो।" 1956 अरब इस्राइल संघर्ष के कारण भारतीय अर्थव्यवस्था डगमगाने लगी। शांतिवादी नीति की करते हुए पं. नेहरू ने कहा कि "हमारी पहली नीति तो यह होनी चाहिए कि हम ऐसी भीषण आपत्ति को घटित होने से रोकें, दूसरी नीति इससे बचने की होनी चाहिए और तीसरी नीति भी स्थिति बचाने की होनी चाहिए और यदि युद्ध छिड़ जाये तो हम उसे रोकने में समर्थ हो सकें। अतः अंतर्राष्ट्रीय विवादों के निपटारे के लिए भारत शांतिमय साधनों, द्विपक्षीय या त्रिपक्षीय वार्ताओं व समझौतों, मध्यस्थता, पंचनिर्णय पर अधिक जोर देता है। जैसे भारत-पाकिस्तान के मध्य नदियों के पानी पर जारी विवाद को 1960 में 'सिंधु-जल संधि'

द्वारा हल किया गया। कच्छ के प्रश्न को लेकर जब 1965 में पाकिस्तान ने भारत पर हमला किया तो भारत ने समस्या के शांतिपूर्ण हल के लिए त्रिसदस्यीय ट्रिब्यूनल स्थापित करना स्वीकार कर लिया जिसके कारण भारत सरकार को अपनी जनता के विरोध का सामना करना पड़ा। 1966 में ताशकंद समझौते में भी भारत ने पाकिस्तान को वे क्षेत्र लौटा दिये जो भारत की सुरक्षा के लिए आवश्यक थे। 1971 के युद्ध के बाद भी भारत ने पाकिस्तान के प्रति सद्‌भावना का पक्ष अपनाया और 1992 में शिमला में द्विपक्षीय वार्ताओं पर बल दिया। अप्रैल 1974 के त्रिपक्षीय समझौते द्वारा युद्ध में बंदी बनाए गए सैनिकों को लौटा दिया गया, जिन पर बंगलादेश अमानुषिक हत्याओं के मुकदमें चलाना चाहता था। यह शांतिपूर्ण सहजीवन की नीति का ही प्रतीक है कि भारत ने राष्ट्रीय हितों के बलिदान पर भी सितंबर 1977 के फरक्का समझौते द्वारा पानी की कमी वाले दिनों में बंगलादेश को गंगा का अधिक पानी देना स्वीकार कर लिया।"

भारत ने अन्य पड़ोसी देशों के साथ भी विवादों का समाधान करने के लिए अहिंसात्मक मार्ग चुना। श्रीलंका से चल रहे विवादों को शांतिमय तरीकों से हल किया गया। श्रीलंका में रहने वाले भारतीयों के संबंध में 1954, 1964 और 1974 में समझौते हुए। 1987 के राजीव-जयवर्द्धने समझौते के अंतर्गत भारत ने श्रीलंका में शांति सेना भेजा। बंगलादेश के साथ भी सीमा संबंधी मतभेदों का पारस्परिक समझौतों द्वारा हल किया गया। गंगा पानी के बंटवारे के लिए भारत और बंगलादेश में 29 सितंबर 1977 को फरक्का समझौता हुआ। भारत चीन के साथ भी विवादों को पारस्परिक वार्ताओं से निपटाना चाहता है।

भारत प्रारंभ से ही विश्व शांति के निःशस्त्रीकरण को जरूरी मानता है। यही कारण है कि जब 1963 में आणविक परीक्षण निषेध संधि हुई तो भारत वह पहला देश था जिसने अविलंब इस संधि पर हस्ताक्षर कर दिये। परंतु भारत ने 1968 की परमाणु अप्रसार संधि पर हस्ताक्षर करने से मना कर दिया क्योंकि अमेरिका इसके द्वारा विश्व में परमाणु शक्ति पर अपना एकाधिकार स्थापित करना चाहता है और छोटे और अल्पविकसित राष्ट्रों को अपनी दया पर निर्भर बनाना चाहता है। निःसंदेह 1974 एवं 1998 में भारत ने अणुशक्ति का परीक्षण किया, परंतु भारत ने अणुशक्ति का परीक्षण शांतिमय कार्यों के लिए किया।

3. साम्राज्यवाद और प्रजातीय विभेद का विरोध—भारत साम्राज्यवाद के दुष्परिणामों का स्वयं भुक्तभोगी रहा है, अतः उसके लिए साम्राज्यवाद का विरोध करना स्वाभाविक है। प्रजातीय विभेद के कारण भी अंतर्राष्ट्रीय वातावरण दूषित होता

है और युद्ध के कारण उत्पन्न होते हैं। अतएव भारत इन दोनों का विरोध करता रहा है, 'यही कारण है कि विश्व में जहाँ कहीं भी राष्ट्रवादी आंदोलन विदेशी दासता से मुक्ति पाने के लिए हुए, भारत ने खुलकर उनका समर्थन किया इण्डोनेशिया पर जब हॉलैण्ड ने द्वितीय विश्वयुद्ध के बाद पुनः अपनी सत्ता स्थापित करने का प्रयास किया तो भारत ने इसका कड़ा विरोध किया। इसके लिए उसने एशियाई देशों को संगठित किया और संयुक्त राष्ट्रसंघ में इस मामले को प्रस्तुत किया। 1956 में इंग्लैण्ड और फ्रांस ने मिलकर मिस्र पर आक्रमण कर दिया। वे स्वेज नहर को हड़प लेना चाहते थे। भारत ने इस नवीन साम्राज्यवाद का जमकर विरोध किया। इसी प्रकार भारत ने लीबिया, ट्यूनीशिया, मोरक्को, मलाया, अल्जीरिया आदि देशों के स्वतंत्रता संग्राम का पूरा समर्थन किया। पश्चिमी एशिया में भारत ने डॉलर साम्राज्यवाद का सर्वदा विरोध किया और अरब राष्ट्रों का साथ दिया। भारत फिलीस्तीनी जनता को अपने अधिकार दिलाने के लिए सर्वदा प्रयत्नशील रहा है। हिन्द चीन (वियतनाम, कंपूचिया, लाओस) में अमरीकी हस्तक्षेप का भारत ने सर्वदा विरोध किया है। बंगलादेश की स्वतंत्रता में तो भारत की भूमिका एक 'मुक्तिदाता' के रूप में रही है। भारत संयुक्त राष्ट्र संघ में उपनिवेशवाद के खिलाफ आवाज उठाता रहा है। संयुक्त राष्ट्र संघ की न्यास परिषद् में भी भारत ने सक्रिय भूमिका निभाई और इस बात पर बल दिया कि स्वशासन न करने वाले प्रदेशों का शासन चार्टर के सिद्धांतों के अनुरूप किया जाना चाहिए। दक्षिण अफ्रीका और रोडिशिया में प्रजातीय विभेद भी अपनी उच्चतर सीमा पर पहुँचा हुआ था। वहाँ की गोरी सरकार काली चमड़ी वाले लोगों पर प्रजाति के आधार पर अत्याचार करती थी। भारत ने इस नीति का जोरदार विरोध किया। संयुक्त राष्ट्र संघ में भारत बराबर यह प्रश्न उठाता रहा है। भारत प्रजाति विभेद का इतना विरोधी था कि उसने दक्षिणी अफ्रीका के साथ अपने संबंध भी विच्छेद कर लिए।

4. साधनों की पवित्रता की नीति—भारत की नीति अवसरवादी और अनैतिक नहीं रही है। भारत साधनों की पवित्रता में विश्वास रखता है। भारत की विदेश नीति महात्मा गाँधी के इस मत से बहुत प्रभावित है कि न केवल उद्देश्य वरन् उसकी प्राप्ति के साधन भी पवित्र होने चाहिएँ। यद्यपि उनके सत्य और अहिंसा के साधनों को पूरी तरह नहीं स्वीकार नहीं किया जा सकता है, फिर भी भारत लगातार इस बात का प्रयत्न करता रहा है कि अंतर्राष्ट्रीय विवादों का समाधान शांतिपूर्ण उपायों से किया जाये, हिंसात्मक तरीके से नहीं। स्वयं भारतीय संविधान में कहा गया है कि—"(1) राज्य अंतर्राष्ट्रीय शांति और सुरक्षा का (2) राष्ट्रों के बीच न्यायपूर्ण

और सम्मानपूर्ण संबंधों को बनाए रखने का, (3) संगठित लोगों के, एक दूसरे से व्यवहारों में अंतर्राष्ट्रीय विधि और संधि के बंधनों के प्रति आदर बढ़ाने का, (4) अंतर्राष्ट्रीय विवादों के मध्यस्थता द्वारा निपटाने का प्रयास करेगाँ अगर इनमें भारत का विश्वास न होता तो 1965 का 'ताशकंद समझौता' एवं 1972 का 'शिमला समझौता' कभी नहीं होता। भारत ने न केवल पाकिस्तान के युद्धबंदी ही लौटा दिये अपितु युद्ध में जीती हुई भूमि भी लौटा दी। भारत हथियारों का प्रयोग केवल आत्मरक्षा में ही करना उपयुक्त मानता है। भारत मानता है कि साधन अच्छा है तो साध्य भी निश्चित रूप से अच्छा ही होगाँ

5. विरोध गुट के बीच सेतुबंध बनाने की नीति—भारत अपनी विदेश नीति के माध्यम से विश्व में परस्पर विरोधी गुटों के मध्य सेतुबंध का कार्य करता रहा है। अपनी गुटनिरपेक्ष नीति के कारण भारत दोनों गुटों के बीच उनको एकजुट करने वाली कड़ी के रूप में कार्य कर सकने की एक विशिष्ट स्थिति में रहा है। दोनों गुटों के मुकाबले में भारत की आर्थिक स्थिति और सैनिक स्थिति काफी कमजोर रही है। किंतु गुटों में शक्ति संतुलन होने के कारण उन दोनों के बीच विभिन्न अंतर्राष्ट्रीय विवादों के समाधान में मध्यस्थता का कार्य करने की दृष्टि से भारत की स्थिति बहुत उपयुक्त रही है। अपनी इस स्थिति के कारण अब तक उसने कोरिया, हिन्द चीन, कांगों आदि समस्याओं के समाधान में महत्त्वपूर्ण भूमिका निभायी है और दोनों गुटों को समीप लाकर, विश्व-शांति का आसन्न खतरा दूर किया है।

6. मैत्री और सह-अस्तित्त्व की नीति—भारत की विदेश नीति मैत्री और सह-अस्तित्त्व पर जोर देती है। भारत की यह धारणा रही है कि विश्व में परस्पर विरोधी विचारधाराओं में सह-अस्तित्त्व की भावना पैदा हो। यदि सह-अस्तित्त्व को स्वीकार नहीं किया जाता तो आणविक शस्त्रों से समूची दुनिया का ही विनाश हो जाएगाँ इसी कारण भारत ने अधिक से अधिक राष्ट्रों के साथ मैत्री संधियाँ और व्यावहारिक समझौते किए इन संधियों में—भारत-नेपाल संधि, भारत-इराक मैत्री, भारत-जापान शांति संधि, भारत-मिस्र शांति संधि, भारत-सोवियत मैत्री संधि, भारत बंगलादेश मैत्री संधि उल्लेखनीय हैं। पं. नेहरू ने स्पष्ट कहा था कि "विश्व में आज अलगाव के लिए कोई स्थान नहीं है। हम दूसरों से अलग रहकर जिन्दा नहीं रह सकते। हमें या तो सहयोग करना चाहिए था या युद्ध। हम शांति चाहते हैं। अपना वश चलते हम दूसरे राष्ट्र के साथ लड़ाई नहीं चाहते।"

7. पंचशील पर जोर देने वाली नीति—भारत द्वारा पंचशील के सिद्धांतों को प्रतिपादन इस बात को सत्य सिद्ध करता है कि भारत शांतिप्रिय है। 1954 के

बाद से भारत की विदेश नीति को 'पंचशील' के सिद्धांतों ने एक नई दिशा दी। 'पंचशील' से तात्पर्य है—आचरण के पाँच सिद्धान्त। और भारत इन सिद्धांतों के अनुरूप काम करता है। आधुनिक पंचशील के सिद्धान्तों के द्वारा राष्ट्रों के लिए एक दूसरे के साथ आचरण के संबंध में निश्चित किये गए। ये सिद्धान्त निम्नलिखित हैं—

एक-दूसरे की प्रादेशिक अखण्डता और सर्वोच्च सत्ता के लिए पारंपरिक सम्मान की भावना, अनाक्रमण की नीति, एक दूसरे के आंतरिक मामलों में अहस्तक्षेप, समानता एवं पारस्परिक लाभ एवं शांतिपूर्ण सह-अस्तित्त्व।

पंचशील के सिद्धांतों का प्रतिपादन सर्वप्रथम 29 अप्रैल 1954 को तिब्बत के संबंध में भारत और चीन के बीच हुए एक समझौते में किया गया था। 28 जून 1954 को चीन के प्रधानमंत्री चाऊ-एन-लाई तथा भारत के प्रधानमंत्री नेहरू ने 'पंचशील' में अपने विश्वास को दोहराया। एशिया के लगभग प्रत्येक देश ने 'पंचशील' के सिद्धांत को आत्मसात् किया। अप्रैल 1955 में ''बाण्डुग सम्मेलन'' में 'पंचशील' के सिद्धांतों को पुनः विस्तृत रूप दिया गया। ''बाण्डुग सम्मेलन'' के बाद विश्व के अधिसंख्य राष्ट्रों ने 'पंचशील' सिद्धांत को मान्यता दी। सन् 1955 में ऑस्ट्रिया, सोवियत संघ, पोलेण्ड, संयुक्त राज्य अमेरिका और आस्ट्रेलिया ने भी पंचशील को मान्यता दी। 14 दिसंबर 1959 को 82 राष्ट्रों की संयुक्त राष्ट्र महासभा ने भारत द्वारा प्रस्तुत किए गये 'पंचशील' के प्रस्ताव को स्वीकृत कर लिया जिससे 'पंचशील' को अंतर्राष्ट्रीय मान्यता मिल गई। 'पंचशील' के सिद्धांत आपसी विश्वासों के सिद्धांत हैं। पं. नेहरू ने स्पष्ट कहा था कि, ''यदि इन सिद्धान्तों को सभी देश मान्यता दें तो आधुनिक विश्व की अनेक समस्याओं का निदान हो जायेगाँ 'पंचशील' के सिद्धांत आदर्श हैं जिन्हें यथार्थ जीवन में उतारा जाना चाहिए। इनसे हमें नैतिक शक्ति मिलती है और नैतिकता के बल पर हम न्याय और आक्रमण का प्रतिकार कर सकते हैं।

8. संयुक्त राष्ट्र संघ को समर्थित नीति—भारत संयुक्त राष्ट्र संघ का संस्थापक सदस्य है। भारत संयुक्त राष्ट्र संघ को विश्वशांति स्थापित करने वाला एक उचित मंच मानता है। भारत के लिए संघ राष्ट्रीय हितों की पूर्ति का एक प्रमुख प्रभावशाली एवं उचित मार्ग है। भारत ने संयुक्त राष्ट्र संघ के विभिन्न अंगों और विशेष अभिकरणों में सक्रिय रूप से भाग लेकर महत्त्वपूर्ण कार्य किये हैं। भारत ने आज तक कभी अंतर्राष्ट्रीय कानून का उल्लंघन नहीं किया और संयुक्त राष्ट्रसंघ के आदेशों का यथोचित सम्मान किया। कोरिया और हिन्द चीन में शांति स्थापित करने

के लिए भारत ने संघ की मदद की। भारत ने संयुक्त राष्ट्र के आह्वान पर कांगों में शांति स्थापना हेतु अपनी सेनाएँ भेजीं जिन्होंने उस देश की एकता को सुरक्षित रखा। संयुक्त राष्ट्र संघ को भारत ने जो सहयोग दिया उसी के कारण 1991 में वह पाँचवीं बार सुरक्षा परिषद् का अस्थायी सदस्य बना। 1968 में 'अंकटाट' का द्वितीय सम्मेलन बुलाकर भारत ने संयुक्त राष्ट्र संघ के प्रति अपनी निष्ठा प्रदर्शित की। भारत के बी.एन. राव ने अंतर्राष्ट्रीय न्यायालय में न्यायाधीश के रूप में कार्य किया और डॉ. राधाकृष्णन यूरेस्को के सर्वोच्च पदों पर आसीन रहे। भारतीय प्रतिनिधि श्री विजयलक्ष्मी पण्डित महासभा का सभापतित्त्व कर चुकी हैं। दुनियाभर में सराहना हुई। भारत ने क्रोशिया और बोस्निया हर्जेगोविना में हुए संघर्षों का अंत कराने के उद्देश्य से सुरक्षा परिषद् के प्रस्तावों का पूरी तरह से समर्थन किया। संयुक्त राष्ट्र सुरक्षा दल के प्रयासों, एक भारतीय ले. जनरल सतीश नाम्बियार की कमांड में भूतपूर्व यूगोस्लाविया में संयुक्त राष्ट्र ऑपरेशन की विश्वभर में प्रशंसा हुई। भारत ने सोमालिया को मानवीय सहायता तत्काल भेजने में संयुक्त राष्ट्र की शांति स्थापना की कार्यवाही में सहयोग कर रहा है। पंडित नेहरू ने स्वीकार किया था कि, "हम संयुक्त राष्ट्रसंघ के बिना आधुनिक विश्व की कल्पना नहीं कर सकते।" संक्षिप्त में यह कहना गलत नहीं होगा कि संयुक्त राष्ट्रसंघ का समर्थन करने में भारत ने जितना सहयोग दिया, उतना दुनिया के बहुत कम देशों ने दिया है। वर्तमान समय में भी भारत संयुक्त राष्ट्र संघ द्वारा ही अंतर्राष्ट्रीय विवाद को सुलझाने का पक्षधर है।

9. अफ्रोशियाई एकता—भारत की विदेश नीति हमेशा देशों की आजादी को स्थायी बनाने की रही है। उसकी यह इच्छा भी रही है कि ये देश पारस्परिक सहयोग द्वारा अपना आर्थिक और तकनीकी विकास करें। एशियाई-अफ्रीकी एकता को ठोस रूप देने के लिए भारत द्वारा मार्च 1947 में दिल्ली में एक एशियाई सम्मेलन बुलाया गया। दूसरा सम्मेलन इण्डोनेशिया के नगर बाण्डुग में अफ्रोशियाई राष्ट्रों ने भाग लिया जिसमें उपनिवेशवाद का विरोध किया गया, पंचशील के सिद्धान्तों में आस्था व्यक्त करते हुए उनका विस्तार किया गया और एक दूसरे के साथ सहयोग के वचन दिये। भारत की पहल ने साबित कर दिया कि अंतर्राष्ट्रीय संगठन महाशक्तियों के संकेतों पर नहीं चल सकता।

शोध प्रणाली—शोध प्रबंध में शोध की संकल्पना सोवियत संघ के विघटन के बाद भारतीय विदेश नीति के विकास तथा अन्य बिंदुओं का अध्ययन करना है क्योंकि 1990 के बाद भारतीय विदेश नीति की प्रासंगिकता पर जो प्रश्न चिन्ह लगा

हुआ था वह उचित है अथवा अनुचित उसका विस्तृत अध्ययन किया जाए तथा विश्व पटल पर भारत को एक महाशक्ति के रूप में देखा जाए। इसके लिए समसामयिक तथ्यों के आधार पर भारतीय विदेश नीति के विकास को कालक्रम अनुसार विश्लेषित करने का आधार बनाया गया है, तथा अंतर्राष्ट्रीय समस्याओं के प्रति भारतीय दृष्टिकोण को उल्लेखित करने का प्रयास किया गया है।

शोध प्रणाली—चूँकि अध्ययन की विषयवस्तु समसामयिक है अतः तथ्यों के संकलन एवं विश्लेषण के लिए पुस्तकालय पद्धति को आधार बनाया गया है। जहाँ भी आवश्यक समझा गया महत्त्वपूर्ण व्यक्तियों से साक्षात्कार एकत्रित करने का यथासंभव प्रयास किया गया है। दूरदर्शन एवं दूरभाष द्वारा भी तथ्य सामग्री एकत्रित की गई है। निष्कर्ष की सार्थकता प्रदान करने के लिए भारतीय विदेश नीति का मूल्यांकन किया गया है।

भारतीय विदेश-नीति का निर्धारण और उसके तत्त्व

गुटबन्दियाँ—आज के युग में विदेश-नीति का निर्धारण किसी भी देश के प्रशासन के लिए बड़ी कठिन समस्या है। सैनिक और आर्थिक दृष्टि से कमजोर राष्ट्र के लिए तो यह कठिनाई कई गुना बढ़ जाती है। भारत इस सिद्धान्त का अपवाद नहीं हो सकता था।

15 अगस्त, 1947 को भारत आजाद हुआ। उस दिन से भारत स्वतन्त्रापूर्वक अपनी विदेश-नीति का निर्धारण करने लगाँ लेकिन यह एक अत्यन्त ही कठिन कार्य था। स्वतन्त्र भारत की विदेश-नीति के निर्धारण में अनेक कठिनाइयाँ थीं। सबसे बड़ी समस्या युद्धोपरान्त विश्व का दो विरोधी गुटों में बंटा होना था। अभी द्वितीय विश्व-युद्ध समाप्त नहीं हुआ था कि संयुक्त राज्य अमेरिका और सोवियत संघ में मनमुटाव पैदा हो गया। यह मनमुटाव बढ़ते-बढ़ते ''शीत-युद्ध'' के रूप में बदल गया। संसार दो गुटों में बँट गया— एक का नेता सोवियत संघ और दूसरे का संयुक्त राज्य अमेरिका था। इन गुटबन्दियों में स्वतन्त्र भारत का क्या स्थान हो, भारत के विदेश-मंत्री के सामने यह एक प्रमुख प्रश्न था।

भौगोलिक तत्त्व—भारत की भौगोलिक स्थिति इस समस्या को और भी जटिल बनाती थी। उत्तर भारत साम्यवादी गुट के दो प्रमुख देशों (रूस और चीन) के बिल्कुल निकट है। इसके अतिरिक्त आजादी के शीघ्र बाद भारत अपनी राष्ट्रीय सुरक्षा के लिए पश्चिमी गुट की मर्जी पर आश्रित था। भारत दक्षिण-पूर्व और दक्षिण-पश्चिम में समुद्रों

से घिरा हुआ है। इतने लम्बे समुद्र तट की रक्षा के लिए बहुत बड़ी नौ-सेना आवश्यक है और इस दृष्टि से हम पूर्ण रूप से ब्रिटेन पर आश्रित थे। भारतीय सेना का संगठन भी पश्चिमी ढंग से हुआ था। फिर भारत के दोनों छोरों पर पाकिस्तान स्थित है। काफी मनमुटाव और झगड़े के बाद पाकिस्तान की स्थापना हुई थी और इसलिए भारत और पाकिस्तान का सम्बन्ध सन्तोषजनक नहीं था। अतः भारतीय विदेश-नीति के निर्धारण में इस भौगोलिक स्थिति पर ध्यान देना आवश्यक था।

विचारधाराओं का असर—भारतीय विदेश-नीति के निर्धारण में विचारधारा का भी प्रभाव पड़ा। राष्ट्रीय आन्दोलन के वक्त कांग्रेस ने अन्तर्राष्ट्रीय क्षेत्र में तरह-तरह के आदर्श संसार के सामने प्रस्तुत किये थे। कांग्रेस ने हमेशा विश्वशान्ति और शान्तिपूर्ण सहजीवन का समर्थन तथा साम्राज्यवाद और प्रजातीय विभेद का भारी विरोध किया था। 1974 में भारत का शासन-सूत्र इसी पार्टी को मिला। सत्तारूढ़ होने के पश्चात् कांग्रेस सरकार को अपनी विदेश-नीति के निर्धारण में उन सभी आदर्शों पर ध्यान देना था। इसके अलावा कांग्रेस के स्वयं भी कुछ सिद्धांत थे। इस संस्था पर महात्मा गाँधी के विचारों का प्रभाव था जो अहिंसा और विश्व-बन्धुत्व की भावना में विश्वास करते थे। कांग्रेस को इन सिद्धान्तों का भी ख्याल रखना था।

तत्कालीन परिस्थिति—भारतीय विदेश नीति के निर्धारण में आंतरिक परिस्थिति बहुत बड़ी बाधा थी। देश के विभाजन के पश्चात् साम्प्रदायिक दंगे के कारण देश की स्थिति काफी सोचनीय हो गयी थी। आर्थिक स्थिति भी बहुत दयनीय थी। साम्प्रदायिक दंगे के कारण लाखों की संख्या में शरणार्थी पाकिस्तान से भागकर भारत चले आये। भारत सरकार के सामने उन्हें बसाने और रोजी-रोटी देने का सवाल था। इसके तुरन्त बाद भारत सरकार को कश्मीर-युद्ध में फँस जाना पड़ा। इन सब कारणों से देश का आर्थिक जीवन बिल्कुल अस्त-व्यस्त को गया। देश के मजदूर असन्तुष्ट थे। हड़ताल मामूली बात हो गयी थी। भारत से अंग्रेज तो चला गया था लेकिन भारत के अन्दर अभी भी फ्रांसीसियों और पुर्तगालियों के छोटे-छोटे उपनिवेश थे। इन उपनिवेशों का बने रहना स्वतन्त्र भारत की स्वतन्त्रता के लिए खतरे की बात थी।

आर्थिक तत्त्व—इस सोचनीय परिस्थिति के पृष्ठाधार में भारत के विदेश-मंत्री को अपनी नीति निर्धारित करना था। आर्थिक विकास के लिए भारत में राष्ट्रीय साधन और जन-शक्ति की कमी नहीं थी। प्रश्न यह था कि इन साधनों का अधिक-से-अधिक उपयोग करना और इनका उपयोग विदेशी सहायता से ही सम्भव था। विश्व दुनिया के सभी विकसित राष्ट्रों से सहयोग प्राप्त कर भारत अपनी उन्नति

चाहता था। इस दृष्टिकोण से भारत के लिए सभी देशों के साथ मैत्री संबंध रखना आवश्यक था।

भारत का विकास तभी सम्भव था जब संसार में शांति बनी रहती। अतएव विश्व-शान्ति भारत के लिए जीवन-मरण का प्रश्न बन गया। भारतीय विदेश-नीति के निर्धारण के प्रारम्भिक इतिहास में हमें कई बातों पर ध्यान देना होगाँ

विदेश-नीति की विशेषताएँ—सितम्बर, 1946 में अन्तरिम सरकार के गठन के बाद ही भारतीय विदेश-नीति विकसित होने लगी। 26 सितम्बर को एक प्रेस-सम्मेलन में बोलते हुए पं. नेहरू ने इसकी एक रूपरेखा निर्धारित की। सरकारी तौर पर भारत की विदेश नीति से सम्बन्धित यह पहली महत्त्वपूर्ण घोषणा थी। पं. नेहरू ने कहा, स्वतन्त्र भारत अन्तर्राष्ट्रीय क्षेत्र में एक स्वतन्त्र नीति का अवलम्बन करेगा और किसी भी गुट में शामिल नहीं होगाँ भारत दुनिया के किसी भी भाग में उपनिवेशवाद और प्रजातीय विभेद का विरोध करेगा और विश्व-शान्ति के समर्थक देशों के साथ सहयोग करेगाँ पं. नेहरू ने भारत के अन्तर्राष्ट्रीय सम्पर्क बढ़ाने पर भी बल दिया। उन्होंने कहा कि अन्तर्राष्ट्रीय क्षेत्र में स्थान प्राप्त कर लेने के पश्चात् यह आवश्यक हो गया कि भारत संसार के समस्त देशों के साथ मैत्रीपूर्ण सम्बन्ध स्थापित करने तथा एशियाई राष्ट्रों के साथ घनिष्ठता बढ़ाने का प्रयास करे। 1947 के आरंभ में, जब भारत पूर्णतया स्वतन्त्र भी नहीं हुआ था, एशियाई देशों का एक सम्मेलन दिल्ली में हुआ। यह इसी नीति का परिणाम था। पंडित नेहरू के उक्त वक्तव्य के आधार पर ही स्वतन्त्र भारत की विदेश-नीति विकसित हुई। अतः अब हम भारतीय विदेश-नीति की मुख्य विशेषताओं का वर्णन करेंगे।

भारतीय विदेश-नीति के अध्ययन के आधार पर हम निम्नलिखित विशेषताएँ पाते हैं— (1) वर्तमान गुटबन्दियों की विश्व-राजनीति में असंलग्नता की नीति का अवलम्बन, (2) शान्तिपूर्ण सह-जीवन के सिद्धान्त में विश्वास करते हुए विश्व-शान्ति कायम रखने में सहयोग देना (3) साम्राज्यवाद और प्रजातीय विभेद का विरोध तथा पददलित राष्ट्रों की सहायता, (4) पारस्परिक आर्थिक तथा जनहितों के रक्षार्थ एशियाई-अफ्रीकी देशों को संगठित करना तथा (5) संयुक्त राष्ट्रसंघ तथा उससे सम्बद्ध उसकी अन्य संस्थाओं का समर्थन तथा सहयोग।

असंलग्नता की नीति

युद्धोत्तर विश्व-राजनीति—युद्धोत्तर वैश्विक राजनीति का सबसे प्रमुख और दुर्भाग्यपूर्ण तथ्य संसार का दो विरोधी गुटों में विभाजित था। एक गुट का नेता संयुक्त

राज्य अमेरिका और दूसरे का सोवियत संघ था। अभी द्वितीय विश्व-युद्ध समाप्त भी नहीं हुआ था कि संसार इन विरोधी खेमों में विभाजित हो गया और युद्ध खत्म होते-होते दोनों में अनेक कारणों को लेकर शीत-युद्ध आरंभ हो गया। इसी शीत-युद्ध ने अन्तर्राष्ट्रीय राजनीति को बुरी तरह प्रभावित किया। यूरोप और एशिया के अधिकांश राष्ट्र इस गुटबन्दी में फँस गये और वे खुले तौर पर एक दूसरे का सहयोग करने लगे। शीत-युद्ध का क्षेत्र विस्तृत होने लगा और इसके साथ-साथ एक तीसरे महासमर की तैयारी होने लगी। एक-से-एक भयानक शस्त्रास्त्र बनने लगे। सैनिक संगठनों का निर्माण हुआ। कुछ ही दिनों में ऐसा प्रतीत होने लगा कि दोनों गुटों के बीच अन्तिम फैसले के लिए युद्ध होना अनिवार्य है।

"भारत तटस्थ रहेगा"—भारत का उदय स्वतंत्र राष्ट्र के रूप में उस वक्त हुआ जब विश्व दो गुटों में विभाजित था। स्वतन्त्र भारत के लिए यह एक विकट समस्या थी कि इस स्थिति में वह क्या करे क्या संसार के अन्य देशों की तरह वह किसी एक गुट में शमिल हो जाये? भारत के समक्ष दो रास्ते थे—या तो किसी एक गुट के साथ मिलकर संसार के संघर्ष क्षेत्र को और व्यापक करने में अपना योग दे या गुटबन्दियों से अलग रहकर दो विरोधी गुटों में मेल-मिलाप करने का यत्न करे। काफी सोच-विचार के बाद यह निर्णय हुआ कि भारत के राष्ट्रीय हित में द्वितीय रास्ते का अवलम्बन ही हितकर है। अतएव आरंभ से ही भारत के नीति-निर्धारक लगे कि वे संसार के किसी भी गुट में सम्मिलित नहीं होंगे। अन्तर्राष्ट्रीय राजनीति के सभी प्रश्नों पर वे तटस्थता की नीति का अनुसरण करेंगे और स्वतंत्रतापूर्वक अपना निर्णय करेंगे।

भारत को इन नीतियों पर चलना मुश्किल हो रहा था। जैसे-जैसे दोनों गुटों का मतभेद गहरा होता गया वैसे-वैसे उनके द्वारा यह प्रयास होने लगा कि किसी भी तरह संसार के उन राष्ट्रों को, जो अपने को तटस्थ कहते हैं, अपने गुट में शामिल कर लिया जाय और इस उद्देश्य की प्राप्ति के लिए सभी प्रकार प्रयत्न किया गया। उनके द्वारा (विशेषकर अमरीकी गुट द्वारा) कूटनीतिक धमकियाँ देना, अधिक सहायता देने से मना करना और अन्य तरीकों से दबाव डालने का काम आरंभ हुआ। जब अमेरिका द्वारा इस प्रकार का दबाव असह्य हो गया तो 4 दिसम्बर, 1947 में भारतीय संविधान परिषद् में बोलते हुए प. नेहरू ने कहा—"हम लोगों ने दोनों में किसी भी गुट में शामिल न होकर गुटबन्दियों से अलग रहने का प्रयास किया है इसका परिणाम यह हुआ कि दोनों में से कोई भी गुट हम लोगों के प्रति सहानुभति नहीं रखता है। लेकिन इसका परिणाम चाहे जो भी हो वे अपनी तटस्थ और स्वतन्त्र

नीति का त्याग नहीं कर सकते हैं, क्योंकि भारत का हित इसी नीति का अवलम्बन करने में है। वस्तुतः इस नीति के अवलम्बन का निर्णय कोई क्षणिक आवेश का परिणाम न था वरन् एक गम्भीर चिन्तन का फल था। इसके मूल में तीन प्रमुख बातें थीं।

सर्वप्रथम भारत साम्राज्यवादी शोषण के बाद स्वतंत्र हुआ था और उसके सामने सबसे महत्त्वपूर्ण सवाल देश के आर्थिक पुनर्निर्माण का था। यह कार्य शान्ति के वातावरण में ही हो सकता था, अतएव भारत के लिए तटस्थता की नीति का अवलम्बन अनिवार्य था द्वितीयतः, गौरवपूर्ण भारतीय राष्ट्रीयता और प्रत्येक क्षेत्र में पूर्ण स्वतन्त्र रहने की उत्कृट अभिलाषा तटस्थ और स्वतन्त्र विदेश-नीति के अवलम्बन में दूसरा प्रेरक तत्त्व था। वर्षों के कठिन प्रयास और अनगिनत देश भक्तों की कुर्बानी के बाद भारत आजाद हुआ था। ऐसी स्थिति में भारतीयों के लिए स्वतन्त्रता से बढ़कर बहुमूल्य कोई अन्य चीज न थी। अन्तर्राष्ट्रीय क्षेत्र में किसी गुट में सम्मिलित होने का अर्थ इस मूल्यवान स्वतन्त्रता को खो बैठना था। भारत यह अनुभव करता था कि विश्व-राजनीति में बिल्कुल स्वतन्त्र रूप से भाग लेने का उसे पूर्ण अधिकार है। अर्थात् अन्तर्राष्ट्रीय क्षेत्र में भारत अपना कोई निर्णय इसलिए नहीं ले सकता कि यह गुट अथवा वह गुट ऐसा चाहता है, बल्कि उसके निर्णयों का आधार वही होगा जिसे वह ठीक समझता है और वह उसके राष्ट्रीय हित में है। यदि भारत किसी गुट में शामिल हो जाता तो उसकी वह स्वतन्त्रता खत्म हो जाती। भारतीय संसद में जब किसी सदस्य ने यह सुझाव पेश किया कि भारत को अपनी असंलग्नता की नीति का परित्याग कर देना चाहिए तो पंडित नेहरू ने जवाब देते हुए कहा—"किसी गुट में सम्मिलित होने का अर्थ क्या है? इसका केवल एक ही अर्थ है—किसी एक विशेष प्रश्न पर आप अपने विचार का परित्याग कर दें और दूसरे को खुश करने तथा उसकी सुविधा प्राप्त करने के लिए उसके विचारों को स्वीकार कर लें।" भारत के लिए ऐसी स्थिति असह्य थी। वह अन्तर्राष्ट्रीय क्षेत्र में पूर्ण स्वतन्त्र रहना चाहता था और किसी गुट में शामिल होकर इस स्वतन्त्रता को कायम नहीं रखा जा सकता था।

किसी गुट में शामिल नहीं होने का एक और कारण भी था यदि भारत स्वतन्त्र विदेश-नीति का अवलम्बन करते हुए सभी अन्तर्राष्ट्रीय प्रश्नों पर निष्पक्ष रूप से अपना निर्णय लेगा तो दोनों गुट उसके विचारों का आदर करेंगे और अन्तर्राष्ट्रीय तनाव में कमी होगी तथा भारत की दुनिया में प्रतिष्ठा बढ़ेगी। यदि विश्व-राजनीति में कभी गतिरोध उत्पन्न हो जाय तो उसको दूर करने के लिए कुछ ऐसे राष्ट्रों की

आवश्यकता होगी जो कोई रास्ता निकाल सके। गुटों में शामिल राष्ट्र इस तरह के काम में सफल नहीं हो सकते क्योंकि उनकी तरफ से कोई मान्य प्रस्ताव भी आएगा तो विरोधी गुट उसको शक की निगाहों से देखेगा और अन्ततः उसको नामंजूर कर देगाँ अन्तर्राष्ट्रीय गतिरोध को मिटाने तथा इस तरह विश्व-शान्ति का पथ प्रशस्त करने के उद्देश्य से भी भारत ने असंलग्नता की नीति को स्वीकार किया। बाद की अन्तर्राष्ट्रीय घटनाओं ने इस अनुमान को बहुत हद तक सही साबित किया है। युद्धोत्तर काल में भारत के प्रयास से कई अन्तर्राष्ट्रीय गतिरोध सुलझाये गये।

इस सम्बन्ध में एक और बात है। इसी नीति के निर्धारण में परिस्थिति ने भी सहयोग दिया। 1947 में एशिया की स्थिति यूरोप से बहुत अलग थी। यूरोप में राष्ट्रों के बीच कटुता और मनमुटाव की एक लम्बी परम्परा थी जिससे यूरोप के राष्ट्र अन्तर्राष्ट्रीय क्षेत्र में तटस्थ नीति का अनुसरण नहीं कर पाते थे। लेकिन एशिया के देशों में ऐसी बात नहीं थी। स्वतन्त्र राष्ट्र के रूप में जब भारत का उदय हुआ तो उस समय दुनिया के किसी भी देश के साथ उसकी शत्रुता न थी। और न ही दुनिया के किसी भाग में उसका अन्यायपूर्ण स्वार्थ ही था। इस पृष्ठाधार में वह संसार के प्रत्येक देश का मित्र बन सकता था और विश्व-शान्ति की मंजिल तक पहुँचने में सबके साथ सहयोग कर सकता था।

असंलग्नता का अभिप्राय—गुटबन्दियों से पृथक् रहने की भारतीय नीति अत्यन्त विवादास्पद बन गयी। इसका एक कारण यह है कि कभी-कभी स्वयं इसके निर्धारक भी इसकी व्याख्या स्पष्ट शब्दों में नहीं कर पाते। इस नीति को—तटस्थ विदेश-नीति, स्वतन्त्र विदेश-नीति, गुटबन्दियों से पृथक् रहने की नीति, शांति-नीति, असंलग्नता की नीति आदि नामों से पुकारा जाता है जिससे भ्राँतियाँ और भी अधिक हो जाती हैं। लेकिन वास्तव में इस नीति में गलतफहमियों की कोई गुंजाइश नहीं है। भारत की विदेश-नीति को तटस्थ नहीं कहा जा सकता क्योंकि तटस्थता एक निषेधात्मक विचार है। वह किसी पक्ष में शामिल नहीं होती तथा वह पूर्ण रूप से पार्थक्यवादी होती है। असंलग्नता के बारे में नेहरू का कहना था कि "यह कदापि नहीं है कि वह संसार की राजनीति से अपने-आप को अलग रखे और न इसका अर्थ कोई शांतिवाद से है क्योंकि प्रत्येक राष्ट्र को युद्ध की सम्भावना को ध्यान में रखकर काम करना पड़ता है। भारत की नीति सकारात्मक एवं गतिशील है। वह दोनों गुटों से खुद को अलग रखना चाहता है। वह दोनों की मित्रता चाहता है और दोनों से सहायता प्राप्त करके अपना विकास करना चाहता है। वह इन दोनों गुटों में किसी के साथ सैनिक सन्धियाँ और समझौते करके खुद को उसमें शामिल करना नहीं

चाहता। परन्तु आवश्यकता पड़ने पर भारत की नीति चुपचाप बैठकर तमाशा देखने वाली नहीं है। भारत विश्वशांति के लिए किसी भी गुट को सहयोग देने को तैयार है। लेकिन भारत उन शक्तियों से अपने को दूर रखता है, जिनकी नीति से शांति और सुरक्षा को खतरे में पड़ने की सम्भावना है। संयुक्त राज्य अमेरिका की सीनेट में बोलते हुए पं. नेहरू ने इसको स्पष्ट कर दिया था– ''जहाँ स्वतन्त्रता के लिए खतरा उपस्थित हो, न्याय को धमकी दी जाती हो, अथवा जहाँ आक्रमण होता है वहाँ न तो हम तटस्थ रह सकते हैं और न तटस्थ रहेंगे।''

असंलग्नता की नीति का प्रयोग

असंलग्नता का नीति के इतिहास को मुख्यतः तीन भागों में विभाजित किया जा सकता है–कोरिया युद्ध (1947-1950), कोरिया-युद्ध से द्वितीय भारतीय निर्वाचन 1957 तक था 1957 से 1962 के भारत-चीन युद्ध तथा 1962 से वर्तमान समय तक।

1947 से 1950 तक–स्वतंत्रता प्राप्ति के बाद असंलग्नता की नीति स्पष्ट नहीं थी। उन दिनों भारत की नीति अमरीकी या पश्चिमी गुट की ओर थोड़ी झुकी हुई थी, अर्थात् अन्तर्राष्ट्रीय मामलों में वह पश्चिमी गुट का अपेक्षाकृत अधिक पक्ष लेती थी। इसके कई कारण थे। सर्वप्रथम, सुरक्षा के मामले में हम पश्चिमी गुटों पर पूरी तरह आश्रित थे। भारतीय सेना का संगठन ब्रिटिश पद्धति के आधार पर हुआ था और इसलिए हम ब्रिटेन के साथ इस मामले में पूरी तरह सम्बद्ध थे। इसके अतिरिक्त भारत की समुद्र तटीय सीमा की रक्षा के लिए भी हम ब्रिटेन पर ही निर्भर थे। द्वितीय, भारत के शिक्षित वर्ग पर पश्चिमी देशों का अत्यधिक प्रभाव था। हमारी शिक्षा-पद्धति पश्चिमी ढाँचे पर बनी थी। इस पद्धति में शिक्षित लोगों की सहानुभूति स्वभावतः ब्रिटेन और पश्चिमी गुट के साथ थी। लेकिन सबसे प्रमुख कारण आर्थिक था। पहले से ही हमारा व्यापारिक सम्बन्ध केवल पश्चिमी देशों से था। स्वतन्त्रता-प्राप्ति के पश्चात् हम आर्थिक दृष्टि से पश्चिमी गुट पर और अधिक आश्रित हो गये। आर्थिक पुनर्निर्माण के लिए भारत को विदेशी सहायता की आवश्यकता थी। यह सहायता मुख्यतः ब्रिटेन और संयुक्त राज्य अमेरिका से प्राप्त हो सकती थी। उस समय सोवियत संघ आर्थिक और सैनिक दृष्टिकोण से स्वयं एक शक्तिहीन राज्य था। अतएव इन परिस्थितियों में भारत की असंलग्नता की नीति निष्पक्ष नहीं रह सकी और पश्चिमी गुट की ओर उसका अधिक झुकाव रहा।

भारतीय असंलग्नता की नीति निष्पक्ष नहीं थी, यह पूर्वी जर्मनी के प्रति भारतीय नीति से स्पष्ट हो जाता है। विभाजित जर्मनी में एक को (पश्चिमी जर्मनी) जो पश्चिमी गुट से सम्बन्ध था उसको कूटनीतिक मान्यता प्रदान करना और दूसरे (पूर्वी जर्मनी) को तर्कसंगत नहीं प्रतीत होता है। पूर्वी जर्मनी को यह कहकर भारत ने मान्यता नहीं दी कि ऐसा करना जर्मनी के विभाजन को स्वीकार कर लेना होगा, लेकिन भारत का ऐसा इरादा नहीं था।

कोरिया-युद्ध के आरंभ में भारत का रुख कुछ इसी तरह का रहा। उदाहरण के लिए संयुक्त राज्य अमेरिका अन्य पश्चिमी देशों की तरह भारत ने भी उत्तरी कोरिया को आक्रामक घोषित किया था, यद्यपि पश्चिमी देशों ने आज तक अपने कथन के समर्थन में विश्वसनीय प्रमाण प्रस्तुत नहीं किये हैं। यह बहुत सम्भव है कि दक्षिण कोरिया ने ही उत्तर कोरिया पर आक्रमण किया हो, जैसा कि श्री करुणाकर गुप्त लिखते हैं–''भारत का निर्णय श्री कोन्डापी की रिपोर्ट पर आधारित था और यह रिपोर्ट उसके व्यक्तिगत विचारों से अत्यधिक प्रभावित थी।'' इस तरह का अन्य कई अन्तर्राष्ट्रीय घटनाओं में भी भारत पश्चिमी देशों के साथ सम्बद्ध रहा।

1950 से 1957 का काल–इस काल में सोवियत संघ के प्रति भारतीय रुख में कुछ बदलाव आया। इसके कई कारण थे। 1953 में स्टालिन की मृत्यु के पश्चात् सोवियत व्यवस्था में कई उदार तत्त्वों का समावेश हुआ। इसके पहले सामरिक दृष्टिकोण से भी सोवियत संघ कुछ शक्तिशाली हुआ। इस समय तक अणु बम का निर्माण सोवियत संघ में हो चुका था। स्टालिन के मरने के बाद सोवियत नीति में परिवर्तन आया। इस प्रकार जहाँ एक ओर अनेक कारणों से सोवियत संघ और भारत का सम्बन्ध बढ़ रहा था, वहीं दूसरी ओर अमेरिका के साथ भारत के सम्बन्ध में कटुता आने लगी थी। इसका एक कारण था 1954 में अमेरिका और पाकिस्तान के बीच सैनिक संधि। भारत के विरोध के बावजूद अमेरिका ने पाकिस्तान को बड़े पैमाने पर अस्त्र-शस्त्र देने का निर्णय किया। भारत में इसकी तीव्र प्रतिक्रिया हुई। इसी तरह की प्रतिक्रिया गोआ की समस्या के प्रति अमरीकी रवैये को लेकर हुई। विदेश सचिव जॉन फास्टर डलेस ने सार्वजनिक तौर पर गोआ में पुर्तगाल का समर्थन किया। एक ओर अमेरिका का ऐसा रुख होता गया और दूसरी तरफ से भारत को सोवियत संघ से सहयोग मिलता रहा। दो देशों के बीच इस बढ़ती हुई मित्रता को पं. नेहरू और ख्रुश्चेव के भ्रमणों ने और भी मजबूत बनाया। 1955 में पं. नेहरू ने रूस की यात्रा की और उसी वर्ष ख्रुश्चेव भारत आये।

सोवियत संघ से राजनीतिक और व्यापारिक सम्बन्ध के कारण भारत को

आर्थिक सहायता मिलने लगी। सोवियत सहयोग से भिलाई में इस्पात का एक कारखाना स्थापित हुआ। यह काल दो महत्त्वपूर्ण अन्तर्राष्ट्रीय घटनाओं के लिए भी प्रसिद्ध है। स्वेज नहर के राष्ट्रीयकरण को लेकर मिस्र पर ब्रिटेन और फ्रांस के आक्रमण से भारत को बहुत दुःख हुआ और मिस्र से आक्रमणकारियों को हटाने के लिए भारत ने सोवियत संघ के साथ सहयोग किया। आरंभ में हंगरी की समस्या पर भारत की नीति की सोवियत संघ समर्थक थी।

1957 से 1962 तक—लेकिन 1957 में द्वितीय साधारण निर्वाचन के बाद भारतीय नीति पश्चिमी गुट की तरफ कई कारणों से झुक गई। इसके कई कारण थे। सर्वप्रथम, चुनाव ने यह प्रकट कर दिया कि भारत में कम्युनिस्टों का प्रभाव बढ़ता जा रहा है। भारत के एक राज्य केरल में इस पार्टी की सरकार भी बनी इससे भी मुख्य कारण था 1957 का आर्थिक संकट। देश में खाद्यान्न और विदेशी मुद्रा की कमी तथा द्वितीय पंचवर्षीय योजना में मूल्यों का बढ़ना। नेहरू मंत्रिमंडल के सदस्य जो अमरीकी गुट के प्रति अपेक्षाकृत अधिक सहानुभूति रखते थे। इन सब कारणों से (विशेषकर आर्थिक सहायता के लिए) बाध्य होकर पं. नेहरू संयुक्त राज्य अमेरिका गये। इसके बाद ही भारतीय नीति में बदलाव का पहला प्रथम सबूत हंगरी की समस्या पर भारतीय रुख का बदलना था। शुरू में भारत ने इस मामले में सोवियत संघ का समर्थन किया, लेकिन बाद में भारत सोवियत संघ का विरोध करने लगाँ इसके अतिरिक्त पश्चिमी राष्ट्रों के साथ मेल बढ़ाने का एक अन्य परिणाम यह हुआ कि भारत उसके साम्राज्यवादी गुनाहों को स्वीकृति प्रदान करता चले। वियतनाम संकट के सम्बन्ध में भारत की ढुलमुल नीति इन्हीं परिस्थितियों का परिणाम है।

भारत-चीन युद्ध और असंलग्नता की नीति की अग्निपरीक्षा—भारतीय असंलग्नता की नीति में सबसे महान् संकट का काल नवम्बर 1962 में आया जब चीन और भारत के बीच युद्ध हुआ।

जब चीन-भारत युद्ध आरंभ हुआ तो देश के कई क्षेत्रों से इस बात की माँग होने लगी कि असंलग्नता की नीति पूर्णतया असफल हो चुकी है और देश के हित में इसका शीघ्र परित्याग होना चाहिये। इस तरह की माँग स्वतन्त्र पार्टी, जनसंघ और इससे सम्बन्धित प्रतिक्रियावादी दलों द्वारा ही नहीं हुई, वरन् कुछ जिम्मेवार एवं निष्पक्ष नागरिकों ने भी की। परन्तु अक्टूबर, 1962 को रेडियों से देश के नाम सन्देश देते हुए पं. जवाहरलाल नेहरू ने स्पष्ट कर दिया कि भारत अपनी असंलग्नता की नीति का अनुसरण करता रहेगाँ इसके बाद चीन का आक्रमण जारी रहा तथा नेफा में भारतीय सेना की पराजय हुई। युद्ध की स्थिति अत्यन्त गम्भीर हो गयी और भारत

की सुरक्षा खतरे में पड़ गयी। इस स्थिति में भारत सरकार ने पश्चिमी राष्ट्रों से सैनिक सहायता की अपील की अमेरिका और ब्रिटेन ने भारत को सहायता देने का निर्णय किया और इन देशों से बहुत बड़ी मात्रा में शस्त्रास्त्र भारत भेजी गई। इस अवसर पर असंलग्नता की नीति के विरोधियों को एक मौका और मिला। कहा जाने लगा कि दुनिया आज दो विरोधी गुटों में विभक्त है और भारत ने साम्यवादी गुट के एक प्रमुख सदस्य चीन के साथ युद्ध की स्थिति में है उसका मुकाबला करने के लिये उसने उसके विरोधी अमरीकी गुट से सैनिक सहायता ली है। इस स्थिति में असंलग्नता की नीति रही कहाँ? भारत को अब अपनी स्थिति का पुनर्निर्धारण कर लेना चाहिये। चीनी आक्रमण से उत्पन्न स्थिति में न तो यह असंलग्नता नीति का अवलम्बन कर सकता है और न अमरीकी सहायता स्वीकार करने के बाद इसका दावा ही कर सकता है। इस तरह असंलग्नता की नीति पर कठोर हमले होने लगे। स्वयं पंडित नेहरू को चीनी आक्रमण से गहरा धक्का पहुँचा। 25 अक्टूबर, 1962 को बोलते हुए उन्होंने कहा कि "चीन के आक्रमण से हमारी आँखें एकाएक खुल गयी हैं; अभी भारत वास्तविक तथ्य की ओर नहीं देख रहा था और अपने ही द्वारा निर्मित एक कृत्रिम वातावरण में रह रहा था।" इस वक्तव्य के बाद यह सन्देह किया जाने लगा कि प्रधान मंत्री ने असंलग्नता की नीति की असफलता की ओर संकेत किया है और शायद भारत नयी परिस्थिति में इस नीति का परित्याग कर दे। घाना, संयुक्त अरब गणराज्य, लंका आदि तटस्थ राज्यों से यही उम्मीद की जा रही थी कि वे इस विवाद में अपने साथी असंलग्न देश भारत का समर्थन करे। लेकिन इन देशों ने ऐसा नहीं किया और वे मध्यस्थ के रूप में काम करने लगे। इससे भारतीय जनता और सरकार को बड़ा सद्मा पहुँचा। ऐसा प्रतीत हुआ कि असंलग्नता की नीति बिल्कुल खोखली है और इससे राष्ट्र का हित सधने वाला नहीं है, लेकिन प्रधान मंत्री पण्डित नेहरू को अपने दर्शन और अपनी इस नीति में अटूट विश्वास था। वे अपने इस विश्वास से कभी नहीं डिगे और बराबर कहते रहे कि असंलग्नता की नीति ही देश के लिए सर्वोत्तम है। प्रधान मंत्री ने इस नीति को छोड़ने से साफ मना कर दिया। यद्यपि उनका कहना था कि भारत के हक में यह नीति सर्वोत्तम है। और वे उसका अनुकरण करते रहेंगे, तो भी यह बात तो माननी ही पड़ेगी कि 1962 से लगातार असंलग्नता की नीति की अग्नि-परीक्षा हो रही है। समय ही बतलायेगा कि यह नीति कहाँ तक सफल रही और कब तक कायम रहेगी। लेकिन अंसलग्नता के विरोधियों को यह कह देना अनुचित नहीं होगाँ पहली बात तो यह है कि इस नीति का परित्याग करके जिस गुट में वे भारत को शामिल करना चाहते थे उसके विदेश सचिव

डीन रस्क ने स्वयं ही कहा था कि वर्तमान परिस्थिति में असंलग्नता की नीति भारत के लिए सर्वोत्तम है। ब्रिटिश प्रधान पंत्री मैकमिलन ने भी इस बात की पुष्टि की थी। दूसरी बात यह है कि असंलग्नता की नीति को छोड़ कर अमरीकी गुट में शामिल हो जाने के फलस्वरूप भारत-चीन सीमा संघर्ष शीतयद्ध का एक अंग बन जाता, जिससे समस्या का समाधान कभी नही हो पाता। अमरीकी गुट में शामिल हो जाने से ही यदि भारत अपने खोये हुए प्रान्तों को प्राप्त कर ले तो इन पंक्तियों का लेखक भी इस नीति का समर्थन करने के लिए तैयार है। लेकिन इतिहास बताता है कि अमेरिका के समर्थन के बावजूद वर्तमान समय तक न तो कोरिया का एकीकरण हुआ और न ही जनवादी चीन का अन्त हो सका। इस पृष्ठाधार में भारत-चीन सीमा संघर्ष को शीत-युद्ध का अंग बना लेने में भारत को क्या लाभ होता यह समझने की बात है। इसीलिए पंडित नेहरू ने स्पष्ट कर दिया कि भारत अपनी रक्षा के लिए सभी मित्र राज्यों से सहायता लेगा, लेकिन असंलग्नता की नीति का परित्याग नहीं करेगाँ

1963 में यह साफ हो गया विश्व के दोनों गुटों के अंदर भारी मतभेद हैं। और गुटबन्दियों में दरारें पड़ने लगी हैं। फ्रांसीसी राष्ट्रपति चार्ल्स दगाल की नीति के कारण अटलान्टिक गुट में घोर मतभेद उत्पन्न हो गया। उन्होंने सार्वजनिक तौर पर अमेरिका पर आरोप लगाया है कि वह अटलान्टिक गुट पर अपना प्रभुत्व कायम रखना चाहता है जिससे नाटों राष्ट्रों की स्वतन्त्रता पर खतरा उत्पन्न हो गया है। जब फ्रांस तथा अन्य यूरोपीय राज्यों के साथ अमेरिका का यह व्यवहार है तो भारत के साथ उसका कैसा व्यवहार होता यह सोचने की बात है। साम्यवादी गुटों में भी भारी मतभेद पैदा हो गया था। ऐसी हालत में गुटबन्दियों का भविष्य ही खतरे में पड़ गया है। आश्चर्य नहीं कि कुछ दिनों में यह मतभेद इतना उग्र रूप धारण कर ले कि उसका अन्त ही हो जाय जब गुटों का ही भविष्य अन्धकारमय है तो असंलग्नता की नीति को त्याग कर किसी गुट में शामिल होने का क्या औचित्य हो सकता था।

अन्तर्राष्ट्रीय स्तर पर भारतीय विदेश नीति में 1963 की सबसे गम्भीर और महत्त्वपूर्ण घटना मास्को द्वारा भारत-चीन सीमा विवाद पर भारत का स्पष्ट रूप से खुला समर्थन था। यह समर्थन भारत की असंलग्नता की नीति की यह एक शानदार सफलता मानी जाती है। भारत, चीन के आक्रमण के पश्चात् देश और विदेश में भारत की असंलग्नता की नीति की जो कुट आलोचना हो रही थी, उसके मुँह पर करारा तमाचा था।

1965 का भारत-पाकिस्तान युद्ध और असंलग्नता की नीति—सितम्बर, 1965 में हुए भारत और पाकिस्तान के युद्ध ने असंलग्नता की नीति की शक्ति को

एक बार और सिद्ध कर दिया। पाकिस्तान 'सिआटो' और 'सेंटो' दो सैनिक गुटों का सदस्य था और उसने कहा कि भारत ने उस पर आक्रमण किया है। पश्चिमी गुट के प्रमुख प्रवक्ता के रूप में ब्रिटिश प्रधान मंत्री ने इस घटना को भारत-पाकिस्तान पर आक्रमण माना। उस हालत में पाकिस्तान को कहीं से कोई प्रत्यक्ष सहायता नहीं मिली। तुर्की और ईरान ने इसे सैनिक सहायता देने का आश्वासन दिया, लेकिन अन्य राज्यों के विरोध (जिनमें पश्चिमी राज्य भी शामिल थे) के कारण पाकिस्तान को वे कोई मदद नहीं दे सके। इस युद्ध में पाकिस्तान के दृष्टिकोण ने यह सिद्ध कर दिया कि राष्ट्रीय सुरक्षा के लिए गुटों में शामिल होने की नीति गलत है। बात यहीं तक सीमित नहीं रही। पाकिस्तान के बहुत बड़े समर्थक संयुक्त राज्य अमेरिका ने भारत और पाकिस्तान दोनों पर आर्थिक प्रतिबन्ध लगा दिये और यह घोषणा की कि जब तक दोनों पक्ष युद्ध बन्द नहीं कर देते तब तक उन्हें किसी तरह की सैनिक सहायता नहीं दी जायेगी। इस प्रकार एक साथी राज्य तथा एक असंलग्न राज्य को एक ही श्रेणी में रखा गया। गुटों में शामिल होने से यदि पाकिस्तान को लाभ नहीं हुआ तो भारत को क्या लाभ होता। संकट के समय में भारत को कई क्षेत्रों से समर्थन मिला और युद्ध के समय उसकी कूटनीतिक स्थिति किसी तरह कमजोर नहीं हुई। सुरक्षा-परिषद् में युद्ध से उत्पन्न समस्या पर बहस के दौरान सोवियत संघ से पर्याप्त सहायता मिली। यह असंलग्नता की नीति का ही परिणाम था। भारत-पाकिस्तान युद्ध ने असंलग्नता की नीति की श्रेष्ठता को अन्तिम रूप से सिद्ध कर दिया। यही कारण है कि पाकिस्तान में भी अब असंलग्नता की नीति को अपनाने की चर्चा चल पड़ी है। पाकिस्तान के शासक भी समझने लगे हैं कि गुटों में शामिल होने की नीति से कोई लाभ होने वाला नहीं है। इस स्थिति में भारत के लिए इस नीति का परित्याग राजनीतिक और कूटनीतिक आत्महत्या के अतिरिक्त और कुछ नहीं होगाँ

पंडित नेहरू की देन—असंलग्नता की नीति के जन्मदाता और पोषक पंडित जवाहरलाल नेहरू थे। उनके शासन काल में इस नीति को काफी सफलता मिली। जहाँ तक विश्व में प्रतिष्ठा का सवाल है, इस सम्बन्ध में कोई मतभेद नहीं कि प्रधान मंत्री नेहरू के काल में देश ने अन्तर्राष्ट्रीय समाज में अपने लिए पर्याप्त प्रतिष्ठा प्राप्त की। साम्यवादी दुनिया और पश्चिमी जगत दोनों ही भारत के विचारों की, उसकी निष्पक्ष असंलग्नता की नीति की कद्र करते रहे और सर्वत्र भारत सरकार के प्रतिनिधियों का यथोचित आदर होता रहा। एशिया और अफ्रीका में बहुत लोग नेहरू और उनकी सरकार को शोषित मानवता का प्रवक्ता मानते थे और राजनीतिक पराधीनता एवं उपनिवेशवाद के अत्याचार के खिलाफ जारी संघर्ष में उनसे नैतिक

और भौतिक समर्थन की उपेक्षा करते थे। उन्होंने भारत के लिए जिस विदेश-नीति का प्रतिपादन किया उससे देश की प्रतिष्ठा में काफी वृद्धि हुई। नेहरू की नीति के कटु आलोचक भी इस तथ्य को अस्वीकार नहीं कर सकते कि जब तक नेहरू जीवित रहे तब तक संसार में उनके मुकाबले का अन्तर्राष्ट्रीय ख्याति और प्रतिष्ठा प्राप्त व्यक्ति दूसरा नहीं था। नेहरू की विदेश-नीति ने राष्ट्रीय प्रतिष्ठा में वृद्धि की अथवा उनके व्यक्तित्त्व के कारण राष्ट्र को यह सम्मान प्राप्त हुआ। यह बात अलग-अलग नहीं सोची जा सकती है। किसी भी देश की विदेश-नीति के साथ विदेश मंत्री का व्यक्तित्त्व घनिष्ठ रूप से जुड़ा रहता है और उन्हें अलग-अलग कर उस पर विचार नहीं किया जा सकता।

नेहरू देहांत और असंलग्नता की नीति—नेहरू असंलग्नता की नीति पर बहुत यकीन करते थे और किसी भी स्थिति में वे उसके परित्याग की बात नहीं सोच सकते थे। 27 मई, 1964 को जब उनकी मृत्यु हो गई तो उस समय यह आशंका व्यक्त की जाने लगी कि भारत अब असंलग्नता की नीति का अवलम्बन कर पायेगा या नहीं। परंतु नेहरू के देहांत के पश्चात् । नेहरू की मृत्यु के बाद पद ग्रहण करते ही भारत के प्रधान मंत्री लाल बाहदुर शास्त्री ने स्पष्ट रूप से यह घोषणा कर दी कि भारत के हक में असंलग्नता की नीति सर्वोत्तम है और वह उसी नीति के आधार पर अपनी विदेश-नीति का निर्धारण जारी रहेगाँ शास्त्री का यह निर्णय भारतीय हित में मददगार साबित हुआ। यही कारण है कि लाल बहादुर शास्त्री की मृत्यु (जनवरी 1966) के बाद जब श्रीमती इन्दिरा गाँधी भारत की प्रधान मंत्री बनीं तो उन्होंने भी यह घोषणा की कि भारत हर हालत में असंलग्नता की नीति का अनुसरण करेगाँ

असंलग्नता का वर्तमान स्थिति—वर्तमान समय में भारतीय विदेश नीति संयुक्त राज्य अमेरिका की ओर अधिक झुक रहा है। इस विचार के मानने वालों का कहना है कि रुपया के अवमूल्यन (जून 1966) का सरकारी निर्णय अमरीकी दबाव का ही परिणाम था, और भी कई दृष्टियों से भारत सरकार को विवश होकर अमेरिका के प्रभाव में जाने के लक्षण दृष्टिगोचर होने लगे थे। लेकिन इनको असंलग्नता की नीति का परित्याग मान लेना सही प्रतीत नहीं होता।

असंलग्नता की नीति का अन्त—1964 के पश्चात् अन्तर्राष्ट्रीय राजनीति में पुरानी गुटबन्दियों खत्म होता गया जिसके कारण असंलग्नता की नीति कायम रखना आवश्यक नहीं रहा। 1971 के मध्य में दो प्रमुख अन्तर्राष्ट्रीय घटनाएँ घटीं—अमेरिका द्वारा चीन के साथ सामान्य सम्बन्ध कायम करने के लिए राष्ट्रपति निक्सन द्वारा चीन यात्रा की घोषणा तथा बांगला देश की उथल-पुथल। इन दोनों घटनाओं ने

भारतीय विदेश नीति को बहुत अधिक प्रभावित किया। भारत की विदेश नीति चीन की कमजोर अन्तर्रर्ष्ट्रीय स्थिति पर आश्रित थी। अब चीन-अमेरिका मिलाप से चीन की स्थिति बदल जाने की सम्भावना थी। इसलिये भारत को अपनी नीति पर पुनर्विचार करना था। इसी समय पाकिस्तान के गृहयुद्ध के कारण बंगलादेश स्वतंत्र हुआ। भारत की सहानभूति बंगला देश के साथ थी पश्चिमी पाकिस्तान की सेना ने बंगला देश के निवासियों पर घोर अत्याचार किये और बड़े पैमाने पर नर-संहार के अन्य देश बंगला देश का पक्ष लेकर पश्चिमी पाकिस्तान के तानाशाहों पर दबाव डालकर बंगला देश की समस्या के समाधान में उनकी मदद की। लेकिन किसी क्षेत्र से भारत को सहयोग नहीं मिला। उल्टे पाकिस्तान ने धमकी दी कि वह भारत के विरुद्ध युद्ध छेड़ देगाँ पाकिस्तान को चीन तथा अमेरिका के समर्थन का आश्वासन भी था। एक ऐसी स्थिति पैदा हो गयी जब एक दूसरा भारत-पाकिस्तान युद्ध अवश्यंभावी प्रतीत होने लगाँ भारत ने अपने को मित्रहीन और अकेला महसूस किया। इस अकेलेपन को दूर करने तथा देश की सुरक्षा के लिए भारत ने अपनी विदेश नीति में महत्त्वपूर्ण परिवर्तन करने का निर्णय किया।

शांतिपूर्ण सहजीवन और विश्व-शांति

आणविक आयुधों के इस काल में विश्व शान्ति की आवश्यकता सर्वोपरि है। अर्द्धविकसित और पिछड़े हुए देशों की उन्नति और विकास के लिए तो शान्ति का वातावरण अनिवार्य ही है। जिस समय भारत आजाद हुआ उस समय ब्रिटिश साम्राज्यवाद के शोषण के फलस्वरूप उसकी आर्थिक स्थिति डाँवाडोल थी। भारत को दुनिया में अमनचैन का कायम रहना आवश्यक प्रतीत हो रहा था। इसके अभाव में भारत का आर्थिक विकास संभव नहीं था। इस स्थिति में विश्व-शान्ति को बनाये रखना भारतीय विदेश-नीति का मूलाधार हो गया। 25 अगस्त, 1954 को पणिक्कर ने कहा था— ''यदि समय मिले तो भारत के लिए स्वयमेव, अपने ढंग से विश्व-शक्ति बनाने का पूरा मौका है। भारत को इस बात की काफी चिन्ता है। उसकी प्रगति को तथा सामान्यरूप से मानव-जाति की उन्नति को संकट में डालने वाला कोई युद्ध न हो।'' फिर 12 जून, 1952 को सम्भावित तृतीय विश्व-युद्ध के सम्बन्ध में अपनी शान्तिवादी नीति को घोषणा करते हुए नेहरू ने कहा था ''हमारी पहली नीति तो यह होनी चाहिए कि हम ऐसी भीषण आपत्ति को घटित होने से रोकें, दूसरी नीति इससे बचने की होनी चाहिए और तीसरी नीति ऐसी स्थिति बनाने की होनी चाहिए कि यदि युद्ध छिड़ जाये तो हम इसे रोकने में समर्थ हो सकें। मैं यह चाहता हूँ कि एशिया में ऐसे देशों का क्षेत्र

अधिक विस्तृत हो तो यह निश्चय करें कि चाहे कुछ हो, वे युद्ध में शामिल न हों, अन्य प्रदेशों में होने वाले युद्ध के क्षेत्र भी सीमित करें, अपने प्रदेश की रक्षा करें और दूसरों के प्रदेशों को सुरक्षित बनाने का भी प्रयास करें।''

अतः आजादी के बाद विश्व-शान्ति की स्थापना के लिए सदा तत्पर रहना और इस महान् कार्य में योगदान करना भारतीय विदेश-नीति का एक मूल तत्त्व बन गया। भारत ने इस तरह अपनी विदेश-नीति का निर्धारण करना शुरू किया जिससे विश्व की शान्ति सुरक्षित बनी रहे।

इसी उद्देश्य से प्रेरित होकर भारत किसी सैनिक गुट में सम्मिलित नहीं हुआ। भारत को गुटबन्दियों में शामिल कर लेने के लिए शक्ति-गुटों के नेताओं की ओर से अनेक प्रयास किये गए। पर, भारत उनसे प्रभावित नहीं हुआ।

विश्वशांति के लिए निरस्त्रीकरण बहुत जरूरी है। एक पीढ़ी के भीतर ही संसार को दो महायुद्ध देखने पड़े। अतएव द्वितीय विश्व युद्ध के बाद निरस्त्रीकरण के लिए अनेक प्रयास किये जाने लगे। भारत प्रारंभ से ही निरस्त्रीकरण का समर्थक रहा है। वह विश्व-शांति के लिए निरस्त्रीकरण को आवश्यक मानता है। यही कारण है कि जब अगस्त 1963 में आणविक परीक्षण रोक सन्धि हुई तो इस संधि पर हस्ताक्षर करने वाला भारत पहला देश था।

युद्धोत्तर काल में संसार के दो विरोधी गुटों में तनातनी बढ़ी और कई बार उनको लेकर विश्व-युद्ध छिड़ने की सम्भावना भी बनी। ऐसे कई अवसरों पर भारत ने दोनों गुटों के बीच मतभेद की खाई को पाटने का कार्य किया। दो अवसरों पर निश्चित रूप से भारत ने तृतीय विश्व-युद्ध को आरंभ होने से रोका और दोनों पक्षों में शान्ति के दूत का कार्य किया। ये अवसर कोरिया तथा हिन्द-चीन के युद्ध थे।

कोरिया– 1947 में जब संयुक्त राष्ट्रसंघ ने इसके लिए अस्थायी बनाया तो भारत भी इसका एक सदस्य मनोनीत हुआ। कुछ ही दिनों पश्चात् भारत को इस आयोग का अध्यक्ष बना दिया गया। कोरियाई आयोग के सदस्य के रूप में भारतीय प्रतिनिधि के. पी. एस. मेनन ने महत्वपूर्ण काम किये।

जून 1950 में कोरिया का युद्ध फिर से शुरू हो गया। भारत के लिए कोरिया युद्ध के दो पहलू थे– (1) उत्तर कोरिया ने दक्षिण कोरिया पर आयोजित ढंग से आक्रमण किया है। और सैनिक कारवाई से इस आक्रमण को रोकना चाहिए। (2) कोरिया-युद्ध को विश्व-युद्ध में परिणत होने की सम्भावना थी। इसलिए संयुक्त राष्ट्रसंघ की सैनिक कारवाई का समर्थन करने के बाद भारत ने इस युद्ध को सीमित करने का पूरा प्रयास किया। और मध्यस्थ की भूमिका निभायी । 7 जुलाई, 1950

को पं. नेहरू ने नयी दिल्ली से एक वक्तव्य जारी किया जिसमें उन्होंने कोरियाई युद्ध के प्रति भारत के रवैये को स्पष्ट किया। उस समय चीन में भारत के राजदूत के. एम. पणिक्कर थे और रुख की विकट सम्भावनाओं को भलीभाँति समझ रहे थे। युद्ध रोकने के लिए अपनी प्रेरणा से पं. नेहरू ने मार्शल स्टालिन और अमरीकी विदेश सचिव डीन अकेसन को पत्र लिखे। लेकिन इससे कुछ फायदा नहीं हुआ।

जब भारत का एक शान्ति प्रयास असफल हुआ तो इसके बाद उसने इस बात पर जोर देना आरंभ किया कि संयुक्त राष्ट्रसंघ की सेनाएँ उत्तरी कोरिया की सेना को दक्षिण कोरिया से भगाकर दोनों की सीमा 38° अक्षांश पर रुक जाये, उससे आगे न बढ़े। नेहरू को अपने पेकिंग स्थित राजदूत से यह सूचना मिल चुकी थी कि यदि 38° अक्षांश से उत्तर में संयुक्त राष्ट्र की सेना बढ़ी तो चीन इसमें अवश्य हस्तक्षेप करेगाँ इससे कोरिया युद्ध की जटिलता अधिक बढ़ जायेगी। अतएव भारत ने बराबर यह चेतावनी दी कि संयुक्त राष्ट्र की सेना 38° अक्षांश से आगे न बढ़े। यदि यह बात न मान ली जाती तो कोरिया का युद्ध बहुत जल्द समाप्त हो गया होता और इतने जन-धन का संहार न होता।

लेकिन संयुक्त राज्य अमेरिका ने भारत की विवेकपूर्ण सलाह का आदर नहीं किया। उसकी सेना उत्तरी कोरिया में आगे बढ़ने लगी। इस पर चीन ने हस्तक्षेप किया। संयुक्त राष्ट्र सुरक्षा परिषद् में चीन को आक्रामक घोषित करने का एक प्रस्ताव रखा। भारत ने इस प्रस्ताव का कड़ा विरोध किया। इसके बावजूद प्रस्ताव पारित हो गया। इसके बाद राष्ट्रपति ट्रूमैन ने कोरिया में अणुबम का प्रयोग करने की धमकी दी। इससे अन्तर्राष्ट्रीय तनाव बहुत बढ़ा। 5 दिसम्बर, 1950 को भारत ने अरब एशियाई गुट के कुछ राज्यों के साथ मिलकर शांति के लिये अपील की। फिर जून 1951 में भारत ने युद्ध बन्द करने तथा विराम सन्धि करने का एक प्रस्ताव रखा। पर यह भी स्वीकार नहीं हुआ। यद्यपि भारत की कूटनीति को कोई आशातीत सफलता नहीं मिली फिर भी, इसमें कोई सन्देह नहीं कि इनसे कोरिया का युद्ध विश्व-युद्ध का रूप धारण करने से बच गया।

जब दोनों पक्ष युद्ध से तंग आ गये तो पानमुन जोन में विराम सन्धि के लिए वार्ता आरंभ हुई। लेकिन पानमुन जोन की सन्धि-वार्ता ने एक विकट रूप धारण कर लिया। 575 बैठकों के बाद विराम सन्धि हो गयी, लेकिन वास्तविक संघर्ष समाप्त नहीं हुआ। इसमें युद्धबन्दियों के प्रत्यावर्तन का प्रश्न सबसे कठिन था। संयुक्त राष्ट्रसंघ द्वारा युद्ध में बन्दी बनाये गये कुछ सैनिक चीन और उत्तर कोरिया वापस जाना नहीं चाहते थे। लेकिन रूस और चीन उन्हें वापस लौटाने पर तुले हुए थे।

इस प्रश्न को हल करने के लिए भारत ने कई प्रस्ताव रखे। किन्तु उन्हें सोवियत संघ ने स्वीकार नहीं किया। अन्त में मार्च 1953 में दोनों पक्षों ने एक प्रस्ताव स्वीकार किया जो भारतीय प्रस्ताव से मिलता-जुलता था।

इस प्रस्ताव के अनुसार स्वदेश वापस लौटने के लिए अनिच्छुक बन्दियों की समस्या हल करने के लिये पाँच तटस्थ देशों—भारत, स्विट्जरलैंड, स्वीडन, पोलैंड, चेकोस्लोवाकिया—का एक आयोग नियुक्त किया गया। भारत इस आयोग का अध्यक्ष नियुक्त हुआ। जनरल थिमैया की अध्यक्षता में भारतीय सैनिकों ने बन्दियों को स्वदेश लौटाने का काम बड़ी सावधानी के साथ किया। इस काम को पूरा करने में भारतीय सैनिकों ने अपार सहनशीलता का परिचय दिया। पूछताछ के काम में बड़ी कठिनाइयों का सामना करना पड़ा। संयुक्त राज्य अमेरिका के राष्ट्रपति आइसनहावर ने कोरिया में भारत की संरक्षक सेना द्वारा किये गये शान्ति-कार्य और मध्यस्थता की सराहना करते हुए कहा— "अभी हाल के कार्यों में किसी अन्य सेना ने कोरिया में भारतीय फौजों की अपेक्षा अधिक नाजुक और कठिन कार्य नहीं किया है। इन अफसरों तथा सैनिकों का कार्य भारतीय सेना की उच्चतम ख्याति के अनुरूप था। वे उच्चतम प्रशंसा के पात्र हैं।" जुलाई 1950 में स्टालिन ने भी नेहरू के शान्ति-स्थापना के कार्य की सराहना की।

हिन्द-चीन—द्वितीय विश्व युद्ध के समय जापान ने इस क्षेत्र पर कब्जा कर लिया। 1945 में जापान के हारने के पश्चात् फ्रांसीसी अधिकार कायम होने के लक्षण दिखलाई देने लगे। लेकिन, 1930 से इस देश में साम्यवादी आन्दोलन चला आ रहा था। युद्ध के समय इस आन्दोलन की काफी प्रगति हुई। 1945 में साम्यवादी नेता डॉ. हो ची मिन्ह के नेतृत्व में वियतनाम गणराज्य की स्थापना हो गयी। फ्रांस ने इसको मान्यता भी दे दी। शेष-हिन्द चीन में फ्रांस के संरक्षण में स्थानीय प्रतिक्रियावादी राजाओं का शासन बरकरार रहा। कोचीन-चीन के प्रश्न को लेकर, 19 दिसम्बर, 1946 को फ्रांसीसी साम्राज्यवाद और हो ची मिन्ह में युद्ध छिड़ गया डॉ. होची वियतमिन्ह-सरकार को सोवियत संघ और चीन से मान्यता मिल गयी। अमरीकी सरकार ने बाओं दाई की वियतनाम सरकार (जिसको फ्रांस ने स्वतन्त्र कर दिया था) को मान लिया। 1954 में हिन्द-चीन युद्ध की स्थिति गम्भीर हो गयी। 7 मई को डीन बीन फू की लड़ाई में फ्रांसीसी हार गये। साम्यवाद की इस प्रगति को रोकने के लिए अमेरिका उछल-कूद मचाने लगाँ वह हिन्द-चीन युद्ध में फ्रांस का पक्ष लेकर हस्तक्षेप करना चाहता था। पर ब्रिटेन ने इसका समर्थन नहीं किया। फ्रांस की उदारवादी सरकार ने हो ची मिन्ह के साथ समझौता कर लेना उचित समझा।

अतएव समस्या पर जेनेवा-सम्मेलन (26 अप्रैल से 21 जुलाई, 1954) में विचार होना आरंभ हुआ।

भारत के एक तरफ से इस विवाद में संधि करने का भरपूर प्रयत्न हुआ। 24 अप्रैल, 1954 को नेहरू ने हिन्द-चीन की समस्या के शान्तिपूर्ण समाधान के लिये जेनेवा सम्मेलन के विचारार्थ छः प्रस्ताव रखे। जेनेवा सम्मेलन के निर्णयों पर इस प्रस्ताव का पर्याप्त प्रभाव पड़ा। यद्यपि भारत को जेनेवा सम्मेलन में शामिल नहीं किया गया, फिर भी भारतीय राजदूत वी.के. कृष्णमेनन उस समय जेनेवा में उपस्थित रहे और उनके द्वारा बीच-बचाव करने के कई प्रशंसनीय कार्य विशेष रूप से किए गए। जेनेवा सम्मेलन के प्रयासों के फलस्वरूप हिन्दी-चीन में युद्ध बन्द करने का समझौता हो गया। राजनीतिक समस्या के समाधान के लिये तीन सदस्यों का (भारत, पोलैंड तथा कनाडा) एक शान्ति आयोग स्थापित हुआ। भारत को इस आयोग का अध्यक्ष बनाया गया। यह भारत के शान्ति स्थापना के कार्यों के महत्त्व को स्वीकार करता था। पंचशील के पाँच सिद्धान्तों का प्रतिपादन भी भारत की शांतिप्रियता का द्योतक है 1954 के बाद से भारत की वैदेशिक नीति को पंचशील के सिद्धांतों ने एक नयी दिशा प्रदान की इसे भारत की विदेश-नीति की आधार स्तंभ भी कहा गया है।

पंचशील

पंचशील बौद्ध धर्म का एक पारिभाषिक शब्द है जिसका सर्वप्रथम प्रयोग महात्मा बुद्ध ने किया था। बौद्ध धर्म स्वीकार कर जो व्यक्ति भिक्षु बनता था उसको पाँच व्रतों का पालन करना पड़ता था, यह पंचशील कहलाता था। इसका शाब्दिक अर्थ है "आचरण के पाँच सिद्धान्त।" जिस प्रकार बौद्ध धर्म में व्रत एक व्यक्ति के लिये होते थे, उसी प्रकार आधुनिक पंचशील के सिद्धांत के द्वारा राष्ट्रों के लिये दूसरे के साथ आचरण के सम्बन्ध निर्धारित किये गये हैं। ये सिद्धान्त निम्न हैं—

(1) सभी देश एक दूसरे की प्रादेशिक अखण्डता और सम्प्रभुता का सम्मान करें।

(2) कोई राज्य दूसरे राज्य पर आक्रमण न करे और दूसरों की राष्ट्रीय सीमाओं का अतिक्रमण न करे। किसी राष्ट्र की सीमा को कोई दूसरा भंग न करे।

(3) कोई भी राष्ट्र एक दूसरे के आन्तरिक मामले में हस्तक्षेप न करे।,

(4) प्रत्येक राष्ट्र एक दूसरे के साथ समानता का व्यवहार करें तथा पारस्परिक हित में सहयोग करें। अर्थात् सभी देश समान हैं, कोई न बड़ा है और न कोई छोटा। सबको इसी सिद्धान्त के आधार पर आचरण करना चाहिये।

(5) सभी राष्ट्र शाँतिपूर्ण सहजीवन के सिद्धान्त में विश्वास करें तथा सिद्धान्त के आधार पर एक दूसरे के साथ शांतिपूर्वक रहें तथा अपनी अलग सत्ता एवं स्वतन्त्रता रखें।

वैश्विक स्तर पर पंचशील के इन सिद्धान्तों का प्रतिपादन सर्वप्रथम 29 अप्रैल, 1954 को तिब्बत के सम्बन्ध में भारत और चीन के बीच हुए एक समझौते में किया गया था। बाद में चीन के प्रधान मंत्री श्री चाऊ एन-लाई जब जून 1954 में दिल्ली आये तो तीन दिनों तक प्रधान मंत्री नेहरू के साथ बातचीत करने के बाद 28 जून, 1954 को दोनों प्रधान मंत्रियों का एक संयुक्त वक्तव्य जारी हुआ जिसमें पंचशील के सिद्धान्त में उनके विश्वास को दुहराया गया। इस वक्तव्य में कहा गया था–

"चीन और भारत ने दोनों के सम्बन्धों के संचालन के लिए इन पाँच सिद्धांतों के पालन का निश्चय किया है। वे एशिया तथा दुनिया के अन्य देशों के साथ अपने सम्बन्धों में भी इसका अनुसरण करेंगे। यदि इसका प्रयोग न केवल विभिन्न देशों में अपितु सामान्य रूप से अन्तर्राष्ट्रीय सम्बन्धों में भी किया जाय, तो इससे शान्ति एवं सुरक्षा का एक सुदृढ़ आधार बनेगा और आशंकाओं के स्थान पर विश्वास उत्पन्न होगाँ

इस समय एशिया के साथ संसार के विभिन्न भागोँ में विभिन्न प्रकार की सामाजिक तथा राजनैतिक प्रणालियाँ विद्यमान हैं। यदि उपर्युक्त सिद्धान्तों को स्वीकार किया जाय और इनका अनुपालन किया जाय, या दूसरे देश में कोई हस्तक्षेप न हो तो ये विभिन्नताएँ शान्ति भंग कर संघर्ष उत्पन्न नहीं करेंगी। प्रत्येक राष्ट्र को प्रादेशिक अखण्डता, सर्वोच्च सत्ता और अनाक्रमण का आश्वासन मिल जाने पर विभिन्न देशों में शान्तिपूर्ण सह-अस्तित्त्व बना रहेगा और मित्रतापूर्ण सम्बन्घ बढ़ेंगे। इससे विश्व में विद्यमान तनाव कम होगा और शान्ति का वातावरण बनाने में सहायता मिलेगी।"

शान्तिपूर्ण सहजीवन–पंचशील के सिद्धान्त वैश्विक सम्बन्ध के क्षेत्र में अत्यन्त महत्त्वपूर्ण माने जाते हैं। अतएव इसकी कुछ और अधिक विवेचना आवश्यक है। इसका पहला सिद्धान्त यह कहता है कि संसार के सभी राष्ट्रों को एक-दूसरे की प्रादेशिक अखंडता और सम्प्रभुता का सम्मान करना चाहिए। इस तरह यह जिसके द्वारा यह अर्थ स्पष्ट होता है कि किसी भी राज्य को अपने से कम शक्तिशाली राज्यों पर राजनीतिक या सैनिक शर्तें नहीं थोपनी चाहिएँ तथा प्रादेशिक और आर्थिक साम्राज्यवाद के सिद्धान्तों का परित्याग कर देना चाहिए। इस आधार पर यह कहना गलत नहीं होगा कि दूसरे राष्ट्रों से विशेष आर्थिक अधिकार और सुविधाएँ प्राप्त करना, विद्रोहात्मक कार्यवाहियों को प्रोत्साहन देना, दुर्बल, कठपुतली सरकारों की

स्थापना करना तथा किसी भी राज्य में किसी दल विशेष को आर्थिक सहायता देना, सभी देशों की सर्वोच्च सत्ता का पूरा ध्यान रखा जाय तो साम्राज्यवाद खुद ही समाप्त हो जायेगा अनाक्रमण और दूसरे देश के मामले में हस्तक्षेप की नीति दुनिया में संघर्ष के क्षेत्र को सीमित करने वाले हैं। पंचशील के चौथे सिद्धांत का अनुसरण किया गया तो कोई भी राज्य चाहे छोटा हो या बड़ा, एक दूसरे के साथ समानता के सिद्धांत और पारस्परिक लाभ पर बल दिया गया है। यदि सभी राष्ट्र एक दूसरे के साथ सहयोग करें विश्व के पिछड़े राष्ट्र भी विकास की मुख्य धारा में शामिल हो सकता है।

लेकिन पंचशील का सबसे महत्त्पूर्ण सिद्धांत शांतिपूर्ण सहजीवन का है। वर्तमान समय में विभिन्न परिस्थितियों के कारण विश्व दो विरोधी गुटों में बँट गया। और इससे अन्तर्राष्ट्रीय तनातनी बढ़ गयी। आणविक आयुधों के इस युग में तृतीय विश्व युद्ध की सम्भावना बढ़ गयी। पूँजीवादी देश समाजवाद को जड़-मूल से उखाड़ फेंकना चाहते हैं और समाजवादी देश पूँजीवाद को खत्म करने पर उतारू हैं। ऐसी स्थिति में दुनिया को युद्ध से बचाने का एकमात्र उपाय है, शांतिपूर्ण सहजीवन के सिद्धान्त में विश्वास। यदि यह मान लिया जाय कि पूँजीवाद और समाजवाद दोनों किसी-न-किसी रूप में रहेंगे तो बहुत सी समस्याओं का समाधान हो जाएगाँ पूँजीवादी देश साम्यवादी देशों के इस अधिकार को मान लें कि उन्हें अपने देश में किसी तरह रहने का अधिकार है और साथ ही पूँजीवादी राष्ट्र को भी समाजवादी एवं पूँजीवादी प्रणालियों, विचारधाराओं तथा आर्थिक, राजनीतिक एवं सामाजिक संगठनों में जमीन-आसमान का भेद है तो भी वे विश्व-शान्ति के हित में परस्पर मिलकर रह सकते हैं। यदि ऐसा हो गया तो विश्व में शांति हमेशा बनी रहेगी। । शान्तिपूर्ण सहजीवन का यही तात्पर्य है। शान्तिपूर्ण सहजीवन में ही आज विश्व और मानवता की आशा निहित है। पंचशील का पाँचवाँ सिद्धान्त इस बात पर बल देता है कि विभिन्न देशों के संगठनों में मौलिक भेद होने पर भी इन्हें एक-दूसरे के उन्मूलन का प्रयत्न नहीं करना चाहिए, बल्कि एक-दूसरे के साथ शान्तिपूर्वक रहने की नीति अपनानी चाहिए।

पंचशील का मूल्यांकन—इसमें कोई सन्देह नहीं कि पंचशील के सिद्धान्त बड़े ही प्रेरणादायक आदर्श हैं। फिर भी इसके सिद्धान्तों पर अनेक आपत्तियाँ की गयी हैं। इसको केवल ऊँचे आदर्शों की कोरी घोषणा मात्र कहा है और इसकी तुलना 1917 में पवित्र संघ तथा 1927 के कैलाग ब्रियाँ पैक्ट से की गयी है। कहा जाता है कि पंचशील एक ऐसी घोषणा है जिसको पालन कराने के लिए न तो कोई संस्था है और न कोई व्यवस्था। अतएव इसकी कुछ भी उपयोगिता नहीं है। फिर, पंचशील को व्यर्थ

भी माना जाता है, क्योंकि इसके सारे सिद्धान्त संयुक्त राष्ट्रसंघ के चार्टर में सन्निहित हैं और इसलिए पृथक् रूप से उसकी पुनरावृत्ति निरर्थक है, पंचशील का कोई भी ऐसा सिद्धान्त नहीं है जो चार्टर में न हो। इसके अतिरिक्त पंचशील के सिद्धान्त पर और भी कई आपत्तियाँ की गयी हैं; जैसे—उसकी प्रेरणा कम्युनिस्टों के द्वारा मिली, यह यथास्थिति का पोषक है, आदि। इन आपत्तियों की चर्चा करते हुए जवाब के तौर पर 29 दिसम्बर, 1954 को पंडित नेहरू ने लोकसभा में कहा था—''लोगों ने पंचशील का विरोध किया है। वे कहते हैं आप यह कैसे विश्वास करते हैं कि इन सिद्धान्तों का पालन किया जायगाँ निःसन्देह यदि आप किसी बात पर विश्वास नहीं सकते तो इसको चर्चा करने और उसके बारे में लिखने से कोई लाभ नहीं है और फिर आपके लिए कोई दूसरी बात शेष नहीं रह जाती सिवाय इसके आप अकेले रहें और लड़ कर दूसरे को परास्त करें—इसके अतिरिक्त अन्य कोई रास्ता नहीं है। यह दूसरे पक्ष के वचन पर विश्वास करने का प्रश्न नहीं है अपितु ऐसी परिस्थितियाँ उत्पन्न करने का सवाल है जिसमें दूसरा पक्ष अपने वचन को भंग न कर सके। यह सम्भव है कि दूसरा पक्ष अपने वचन को भंग करे और यह भी सम्भव है कि वह अपने को अधिक विषम परिस्थितियों में प्राप्त करे। यदि विश्व के विभिन्न देश पारस्परिक सम्बन्धों के लिए इन पाँच सिद्धान्तों को बार-बार दुहराते हैं तो उसके लिए एक वातावरण उपस्थित करते हैं।''

जहाँ तक सिद्धान्त के रूप में पंचशील का सवाल है, इस पर कोई विशेष आपत्ति नहीं हो सकती। लेकिन व्यावहारिक राजनीति की दृष्टि से और विशेषकर भारत-चीन सम्बन्ध की पृष्ठभूमि में हुए समझौते के समय हुआ था। इसके द्वारा भारत ने तिब्बत में चीन की सर्वोच्च सत्ता को स्वीकार करके ''तिब्बत की स्वायत्तता के अपहरण में चीन का समर्थन किया था। इस कारण भारत में शुरू से ही कुछ लोगों द्वारा इसकी कटु आलोचना होती रही। उदाहरणार्थ, पंचशील के उदय के समय आचार्य कृपलानी ने कहा था— ''यह महान् सिद्धान्त पापपूर्ण परिस्थितियों की उपज है, क्योंकि यह आध्यात्मिक और सांस्कृतिक रूप से हमारे साथ सम्बद्ध एक प्राचीन राष्ट्र के विनाश पर हमारी स्वीकृति पाने के लिए प्रतिपादन किया गया था।'' आचार्य कृपलानी की यह उक्ति शायद सही न हो, क्योंकि तिब्बत के प्रति भारत की यह नीति गलत नहीं थी, लेकिन 1962 के अक्टूबर में चीन ने भारत पर आक्रमण करके जिस प्रकार का व्यवहार किया उसके परिणामस्वरूप पंचशील का नामोनिशान मिट गया है। इसके उदार सिद्धान्तों का उल्लंघन इसके आदि प्रवर्त्तक एक राष्ट्र (चीन) के द्वारा हुआ और इस कारण पंचशील में लोगों की आस्था अब नहीं रह गयी है। यह भारतीय विदेश-नीति की एक बहुत बड़ी असफलता मानी जायगी।

साम्राज्यवाद और प्रजातीय विभेद का विरोध

भारत साम्राज्यवाद को शान्ति का बहुत बड़ा शत्रु मानता था इसलिए इसका विरोध करता था। प्रजातीय विभेद के कारण भी अन्तर्राष्ट्रीय वातावरण दूषित होता है और युद्ध के कारण पैदा होता है। अतएव भारत इन दोनों का विरोध करता रहा। यह भारतीय विदेश नीति का एक मुख्य तत्त्व रहा। यही कारण है कि विश्व में जहाँ कहीं भी राष्ट्रवादी आन्दोलन विदेशी सत्ता से मुक्ति पाने के लिये हुए हैं, भारत ने खुल कर उनका सहयोग किया। इण्डोनेशिया पर जब हालैंड ने द्वितीय विश्व-युद्ध के बाद पुनः अपनी सत्ता स्थापित करने का प्रयास किया तो भारत ने एशियाई देशों को संगठित किया, संयुक्त राष्ट्रसंघ में इस मामले को प्रस्तुत किया और अन्य कई उपायों का अवलम्बन करके हालैंड को पीछे हटने पर मजबूर कर दिया। इण्डोनेशिया की स्वतन्त्रता के लिए भारत ने जो प्रयास किये वे सचमुच प्रशंसनीय हैं। इसलिये इण्डोनेशिया वाले नेहरू को डॉ. सुकर्णो के बाद अपनी स्वतन्त्रता का दूसरा जनक मानते हैं।

1956 में इंग्लैंड और फ्रांस स्वेज नहर पर अधिकार करने के लिए मिस्त्र पर आक्रमण किया। भारत ने इस नवीन साम्राज्यवाद का विरोध किया। इस अवसर पर मिस्र को भारत से जैसी सहायता मिली वैसी सहायता किसी अन्य देश से नहीं। इसी प्रकार भारत ने लीबिया, ट्यूनिसिया, मोरक्को, मलाया, अल्जीरिया आदि राष्ट्रों के स्वतन्त्रता-संग्राम का पूरा समर्थन किया। जब संयुक्त राज्य अमेरिका द्वारा क्यूबा पर अधिकार करने का प्रयत्न किया तो भारत ने भारी विरोध किया। इतना ही नहीं, संयुक्त राष्ट्रसंघ में भारत सक्रिय रूप से भाग लेता रहा है। उसने संरक्षित प्रश्न के सम्बन्ध में संयुक्त राष्ट्रसंघ के पूर्ण नियंत्रण और संरक्षण का समर्थन किया। उसने इस बात पर भी जोर दिया कि स्वशासन न करने वाले प्रदेशों का शासन चार्टर के सिद्धान्तों के अनुसार किया जाना चाहिये। साम्राज्यवाद को खत्म करने में भारत का अद्वितीय योगदान है।

वर्तमान समय में विश्व में कुछ संकुचित प्रवृत्ति के लोग हैं जो रंग-भेद की नीति में विश्वास करते हैं। फलतः संसार के कुछ भागों में गोरी और काली प्रजातियों के बीच भेदभाव बना रहता है। समय-समय पर यह भेदभाव यूरोप और अफ्रीकी राष्ट्रों में दृष्टिगत हो जाता है। वहाँ की गोरी सरकार काले चमड़े वाले आदिवासियों और भारतीयों पर प्रजाति के आधार पर घोर अत्यचार करती थी। भारत इस नीति का जोरदार विरोध करता आ रहा है। संयुक्त राष्ट्रसंघ में भारत बराबर यह सवाल उठाता

रहा है। इसको दुनिया के प्रगतिशील राष्ट्रों का समर्थन भी मिलता रहा है। भारत प्रजातीय विभेद का इतना घोर विरोधी है कि उसने दक्षिण अफ्रीका के साथ अपना कूटनीतिक सम्बन्ध भी विच्छेद कर लिया।

उपनिवेशवाद और 1975 के बाद भारतीय नीति—भारत की प्रारम्भिक विदेश-नीति उग्र रूप से उपनिवेशवाद विरोधी थी। कुछ विद्वानों का विचार है, कि 1957 के बाद से भारत का उपनिवेशवाद विरोधी जोश ठंडा पड़ गया और उपनिवेशवाद की आलोचना वह दबी जबान से करने लगाँ इस तथ्य के समर्थन में एक-दो तथ्य प्रस्तुत किए जा सकते हैं। जिस समय अल्जीरिया के राष्ट्रवादी फ्रांसीसी साम्राज्यवाद के खिलाफ अपना राष्ट्रीय आन्दोलन चला रहे थे, उस समय उन लोंगों ने एक "अन्तरिम अल्जीरिया सरकार" की स्थापना कर ली थी। इस सरकार के नेता कम्युनिस्ट और एशियाई देशों से मान्यता के लिए अनुरोध कर रहे थे। चीन, मिस्र आदि देशों ने इस सरकार को मान्यता प्रदान कर दी और अल्जीरिया की इस सरकार ने भारत सरकार से भी अनुरोध किया कि वह उसे मान्यता दे दे। उन्हें विश्वास था कि यदि भारत मान्यता प्रदान कर देता है तो फ्रांस के खिलाफ उनके राष्ट्रीय मुक्ति संग्राम को अपार बल मिलेगाँ भारत में अधिकांश लोग भी चाहते थे कि भारत सरकार इसको मान्यता प्रदान कर दे, लेकिन फ्रांस को नाराज नहीं करने की भावना से प्रेरित होकर भारत ने ऐसा करने से इन्कार कर दिया। भारत के हक में इसका परिणाम अच्छा नहीं हुआ। अफ्रीका के देशों में उसकी लोकप्रियता घटने लगी और चीन ने इस स्थिति का पूरा लाभ उठाया।

1961 के बाद भारत का उपनिवेशवाद-विरोधी जोश और ठंडा पड़ गया। पहले भारत उपनिवेशवाद को विश्व की सभी समस्याओं की जड़ मानता था और किसी भी मूल्य पर इसके साथ समझौता करने को तैयार नहीं था। जब भी मौका आया उसने डटकर और दृढ़तापूर्वक इसका विरोध किया। लेकिन 1961 से भारतीय विदेश नीति ने इस उग्रता को परित्याग कर दिया। इसका संकेत सितम्बर 1961 में हुए तटस्थ राज्यों के बेलग्रेड सम्मेलन में मिला। सम्मेलन में बोलते हुए चीन के समर्थक इण्डोनेशियाई राष्ट्रपति सुकर्णो ने कहा—

"विश्व का वर्तमान जनमत हमसे यह अपेक्षा रखता है कि हम यह विश्वास करें कि अन्तर्राष्ट्रीय तनाव और संघर्ष का वास्तविक स्रोत महाशक्तियों का सैद्धान्तिक मतभेद है। मैं इसे गलत मानता हूँ। वर्तमान में यदि कोई संघर्ष है तो वह स्वतन्त्रता और न्याय की नवीन शक्ति तथा उपनिवेशवाद की प्राचीन शक्ति में है।"

स्पष्ट है कि डॉ. सुकर्णो ने तनाव और संघर्ष का उद्गम सैद्धान्तिक मतभेद या शीत-युद्ध को न मानकर उपनिवेशवाद को माना। इसके विपरीत उसी सम्मेलन में पंडित नेहरू ने उपनिवेशवाद के विरोध को प्राथमिकता न देकर शान्ति की समस्या को महत्त्व दिया। उन्होंने कहा कि साम्राज्यवाद, उपनिवेशवाद, प्रजातीय विभेदवाद और इस तरह की सभी अन्य बातें अन्तर्राष्ट्रीय संकटों के सामने नगण्य हैं। अफ्रीका के प्रतिनिधियों और उसकी जनता को सम्भवतः नेहरू के विचार पसन्द नहीं आये क्योंकि पराधीन व्यक्ति के लिए शान्तिपूर्ण सुखमय संसार का कोई महत्त्व नहीं है। उसके लिए स्वतन्त्रता का सवाल ही सर्वाधिक महत्त्वपूर्ण होता है।

इस विश्लेषण से समझ लेना कि भारत ने उपनिवेशावाद का विरोध करना छोड़ दिया है, गलत होगाँ सिद्धान्त के रूप में उपनिवेशवाद के विरोध भारतीय विदेश-नीति का मुख्य तत्त्व बना हुआ है यद्यपि इस पर पूर्व की तरह बल जरूर कम हुआ है।

एशियाई-अफ्रीकी देशों का संगठन

दिल्ली का एशियाई सम्मेलन—भारत शुरू से ही एशियाई देशों को संगठित करना चाहता था। स्वतन्त्रता आंदोलन के समय से ही भारत इस ओर क्रियाशील था। जब भारत स्वतन्त्र भी नहीं हुआ था। पंडित नेहरू के प्रोत्साहन से इण्डिया कौंसिल ऑफ वर्ल्ड अफैयर्स ने मार्च 1947 को दिल्ली में एक एशियाई सम्मेलन का आयोजन किया। जिसमें एशिया के प्रायः सभी राष्ट्रों के राष्ट्रवादी नेता सम्मिलित हुए थे और इसमें भारत ने मुख्य भूमिका अदा की सम्मेलन ने उपनिवेशवाद और प्रजातीय विभेद का घोर विरोध किया। यद्यपि इस सम्मेलन से बहुत अधिक फायदा नहीं हुआ, लेकिन जैसा कि नेहरू ने कहा था– "इस सम्मेलन के बारे में सबसे महत्त्वपूर्ण बात यह है कि इस प्रकार का एक सम्मेलन हुआ। सम्मेलन ने एक स्वर से यह विचार व्यक्त किया कि एशिया से उपनिवेशवाद का शीघ्रातिशीघ्र अन्त होना चाहिये, उसके अन्त का मार्ग प्रशस्त कर दिया।" इसके पश्चात् एशिया के किसी राष्ट्र पर जब कभी भी साम्राज्यवादी देश ने अधिकार करना चाहा तो सम्पूर्ण एशिया ने एक सुर में उसका विरोध किया। जब दिसम्बर 1948 में हालैंड की सरकार ने इंडोनेशियाई गणराज्य को पुनः अपना उपनिवेश बनाने का प्रयास किया तो एक दूसरा एशियाई सम्मेलन आवश्यक हो गया।

डच द्वारा इंडोनेशिया पर हमला करने के कारण बर्मा की सरकार ने पं. नेहरू से आग्रह किया कि वे तुरन्त एक एशियाई सम्मेलन बुला कर प्रयास करें जिसमें

डच आक्रमण पर विचार विमर्श किया जाये। जनवरी 1949 में नयी दिल्ली में इस तरह के एक सम्मेलन का आयोजन हुआ जिसमें एशिया के पन्द्रह देश तथा आस्ट्रेलिया और न्यूजीलैंड शामिल हुए। इस सम्मेलन में भारत ने भी भाग लिया और डच साम्राज्यवाद की पुनर्स्थापना को असम्भव बना दिया।

बांडुग सम्मेलन—इंडोनेशिया की समस्या पर विचार करने वाला दिल्ली एशियाई सम्मेलन एशिया के इतिहास में एक परिवर्तन-बिन्दु माना जा सकता है। इस सफलता ने इस तथ्य को सिद्ध कर दिया कि यदि एशिया के राज्य एक दूसरे के साथ सहयोग करते रहे तो उनकी अधिकांश समस्याओं का समाधान हो सकता है। अतएव उसी समय से एक दूसरे सम्मेलन की जरूरत महसूस की जाने लगी। इसी समय जनवरी, 1954 में लंका के प्रधान मंत्री सर जॉन कोटेलवाला भारत आये और उनके सुझाव पर बर्मा, लंका, भारत हिन्देशिया तथा पाकिस्तान के प्रधान मन्त्रियों का एक सम्मेलन 28 अप्रैल, 1954 को कोलम्बो में हुआ। यहीं पर अनेक प्रश्नों पर विचार हुआ और यह तय किया गया कि एशिया और अफ्रीकी देशों का एक वृहत् सम्मेलन बुलाने का प्रयास किया जाय। इस सम्मेलन के स्वरूप पर विचार करने के लिए इन पाँचों राष्ट्रों के प्रधान मन्त्रियों का एक और सम्मेलन 28 दिसम्बर, 1954 को बोगीर में हुआ। यहाँ इंडोनेशिया के नगर बांडुंग में एक सम्मेलन बुलाने का निर्णय लिया गया।

18 अप्रैल 1955 को बांडुंग सम्मेलन शुरू हुआ। सम्मेलन ने उपनिवेशवाद का विरोध किया। पंचशील को सिद्धान्तों के और अधिक विस्तृत किया गया। उसमें पाँच सिद्धांतों के अनुरूप आचरण करने का वचन दिया गया। एशिया और अफ्रीका के देशों ने एक दूसरे के साथ सहयोग करने का वादा किया और इस प्रकार ''बांडुंग के वातावरण'' का आविर्भाव हुआ। बांडुंग सम्मेलन को आशातीत सफलता मिली। इसका मुख्य श्रेय भारतीय प्रतिनिधि नेहरू को दिया जा सकता है।

इस प्रकार आजाद भारत ने एशियाई-अफ्रीकी देशों को संगठित करने का प्रयास किया ताकि एशिया-अफ्रीका से पश्चिम साम्राज्यवाद को समाप्त किया जाए तथा उनका आर्थिक विकास हो। एशियाई-अफ्रीका देशों को संगठित करने के भारतीय प्रयास का एक और महत्त्वपूर्ण परिणाम निकला, संयुक्त राष्ट्रसंघ में एशियाई-अफ्रीकी देशों का एक गुट तैयार हो गया है जिसने संयुक्त राष्ट्रसंघ के स्वरूप को बहुत हद तक परिवर्तित कर दिया। संयुक्त राष्ट्रसंघ की साधारण सभा में अब कोई भी निर्णय इस गुट की उपेक्षा करके नहीं किया जा सकता है।

1960 से चीन भारत पर यह आरोप लगाता रहा है कि भारत अफ्रीकी-एशियाई संगठन में फूट पैदा करने की नीति का सहारा ले रहा है। यह आरोप निराधार और गलत है। वास्तविक तथ्य यह है कि चीन स्वयं अफ्रीकी-एशियाई संगठन के मंच को अपने प्रचार का प्रमुख स्थल बनाने का प्रयास करता आ रहा है और जब भारत इसका विरोध करता है तो चीन उसके खिलाफ आरोप लगाने लगता है। अफ्रीकी-एशियाई संगठन की भावना में भारत का अटूट विश्वास है और यह उसकी विदेश-नीति का एक प्रमुख तत्त्व है। इसीलिये भारत ने बांडुंग सम्मेलन के बाद अफ्रोएशियाई देशों के सभी सम्मेलनों में भाग लेता रहा है।

बेलग्रेड और दारेस्लाम सम्मेलन तथा भारत—1964 के काहिरा सम्मेलन के बाद तटस्थ देशों का कोई सम्मेलन नहीं हुआ था। अतः तटस्थतावाद को जीवित रखने के लिए तटस्थ देशों को एक दूसरे सम्मेलन की तैयारी करना आवश्यक प्रतीत हुआ। जुलाई 1969 में पचास तटस्थ देशों का एक सम्मेलन बेलग्रेड में आयोजित हुआ जिसका मुख्य उद्देश्य तटस्थ राष्ट्रों के एक शिखर सम्मेलन की तैयारी करना था। इसमें भारत की तरफ से विदेश सचिव त्रिलोकी नाथ कौल ने भाग लिया। बेलग्रेड सम्मेलन में यह सवाल उठा कि किन-किन राज्यों को तटस्थ माना जाये। कुछ प्रतिनिधिमण्डलों ने निरपेक्ष राष्ट्रों की परिभाषा बदलने का प्रयास किया जिस पर भारत ने आपत्ति जताई। भारतीय प्रतिनिधि का कहना था कि गुट निरपेक्षता के बुनियादी सिद्धान्तों में कोई भी परिवर्तन नहीं हुआ है जिससे निरपेक्षता का स्वरूप ही बदल जाए। भारत ने निरपेक्षता की पहचान के लिए पाँच आधार सिद्धान्त सम्मेलन को भेजे।

अप्रैल 1970 में गुटनिरपेक्ष राज्यों का द्वितीय सम्मेलन आयोजित हुआ। इसका उद्देश्य एक बृहत् शिखर सम्मेलन की तैयारी करना था। अनेक पेचीदे सवालों पर विचार-विमर्श के बाद यह निश्चय किया गया कि गुट निरपेक्ष देशों का शिखर सम्मेलन जाँम्बिया की राजधानी लुसाका में हो।

लुसाका सम्मेलन में भारत की भूमिका—लुसाका सम्मेलन 8 सितंबर 1970 को शुरू हुआ। भारत सहित 63 देशों ने हिस्सा लिया। सम्मेलन में उपनिवेशवाद, प्रजातिवाद तथा गुटनिरपेक्ष देशों की आर्थिक समस्याओं पर कई दृष्टिकोणों से विचार किये गए। भारत शुरुआत में कई सालों तक टाल-मटोल की, फिर जब देखा कि अधिकांश गुट निरपेक्ष देश यह चाहते हैं कि सम्मेलन हो तो भारत भी अनमने मन से तैयार हो गया। इस में गुट-निरपेक्षता के स्तम्भ तीन देश रहे हैं— भारत, यूगोस्लाविया और संयुक्त अरब गणराज्य। पहला सम्मेलन यूगोस्लाविया की राजधानी बेलग्रेड में हुआ

था, दूसरा संयुक्त अरब गणराज्य की राजधानी काहिरा में। इसलिए तीसरा शिखर सम्मेलन भारत की राजधानी दिल्ली में होना चाहिए था और इस बात पर अनेक राष्ट्रों द्वारा जोर दिया गया था लेकिन भारत की ओर से यह बात नहीं मानी गयी। क्योंकि भारत इस सम्मेलन को कुछ समय के लिए टालना चाहता था। फिर भारत को यह भी भय था कि कहीं पाकिस्तान इसमें भाग लेने के लिए न आ टपके। पाकिस्तान को गुट निरपेक्ष सम्मेलन से बाहर रखने के प्रयास में भारत दारेस्सलाम बैठक में ही सफल हो गया था।

उपर्युक्त कारणों से लुसाका सम्मेलन में भारत की सम्भावित भूमिका की ओर सबका ध्यान पहले से ही लगा हुआ था। इस बात को याद किया गया कि नेहरू ने बेलग्रेड में पहले शिखर सम्मेलन का नेतृत्व किया था। लेकिन काहिरा में 1964 में हुए दूसरे शिखर सम्मेलन में लाल बहादुर शास्त्री कई कारणों से हिस्सा नहीं ले पाये थे और सबसे बड़ा कारण था, 1962 के भारत-चीन युद्ध में हमारी इज्जत पर आयी आँच। लेकिन तीसरे शिखर सम्मेलन पर प्रधान मंत्री इन्दिरा गाँधी का प्रभाव छाया रहा। उन्होंने भारतीय आकांक्षाओं का प्रतिनिधित्व करते हुए तटस्थ देशों की इस दुनिया पर अपना निर्णायक असर डाला। सम्मेलन में भारतीय प्रतिनिधिमण्डल के अन्य सदस्य भी छाये रहे। सम्मेलन से पूर्व हुई परराष्ट्रमन्त्रियों की बैठक का प्रायः पूरा संचालन सरदार स्वर्णसिंह ने किया। वे राजनीतिक समिति के अध्यक्ष भी थे और सभी राजनीतिक समिति के अध्यक्ष भी सभी राजनीतिक फैसलों पर भारत की मुहर थी। फिर विभिन्न प्रस्तावों तथा घोषणा-पत्र का मसविदा तैयार करने वाली समितियों में भारतीय अधिकारी थे और उन्हीं के मसविदों को थोड़े परिवर्तन के बाद स्वीकार किया गया।

मोटे तौर से यह कहा जा सकता है कि भारतीय प्रतिनिधिमण्डल जो कुछ दिल्ली से लिख कर ले गया था और सोच कर गया था, वही लुसाका सम्मेलन ने माना। दिल्ली से रवाना होने से पूर्व सरदार स्वर्णसिंह ने दिल्ली में पत्रकारों को जो बताया था, ठीक वैसा ही हुआ।

इस प्रकार गुट-निरपेक्ष दुनिया में भारत ने पुनः चोटी का स्थान प्राप्त कर लिया। दूसरे शब्दों में कहा जा सकता है कि भारत-चीन युद्ध के समय अन्तर्राष्ट्रीय रंगमंच पर भारत ने जो खोया था, वह फिर प्राप्त कर लिया।

इस प्रकार भारत ने एशिया और अफ्रीका के देशों को संगठित करने और उनमें सहयोग की भावना पैदा करने का प्रयास किया। यह उसकी विदेश-नीति का एक मुख्य लक्ष्य रहा है। लेकिन यह आन्दोलन अब लुप्त-सा होता जा रहा है और इसको

जीवित रखने के लिए भारतीय कूटनीति फिलहाल बिलकुल निष्क्रिय है। एशिया और अफ्रीका के देशों के संगठन का मुख्य आधार पश्चिमी साम्राज्यवाद का विरोध था और जैसे-जैसे उपनिवेशवाद का अन्त होता गया वैसे-वैसे संगठन की भावना भी कमजोर होती गयी। एशिया और अफ्रीका के देशों के अपने अलग-अलग हित और स्वार्थ हैं और इन हितों के बीच परस्पर संघर्ष का हो जाना स्वाभाविक है। एशिया के महान् देश, भारत और चीन अपनी बाँसुरी अलग-अलग बजा रहे हैं। इसके कारण इस आन्दोलन को गहरा धक्का लगाँ इसके अतिरिक्त एशियाई-अफ्रीकी देशों में संगठन की भावना कभी सुनिश्चित और स्पष्ट नहीं थी। अन्तर्राष्ट्रीय राजनीति का यह एक अस्थायी और क्षणभंगुर आन्दोलन था जिसका प्रयोग कुछ अंशों में उपनिवेशवाद के विरोध में किया गया। एशियाई एकता और संगठन के आन्दोलन को इससे अधिक महत्त्व नहीं दिया जा सकता है।

फिर भी, इसी सीमित दायरे में एशियाई देशों को संगठित करने में भारत की भूमिका अत्यन्त महत्त्वपूर्ण रही है। भारत का मत है कि औद्योगिक क्षेत्र एवं जनसंख्या की दृष्टि से एशिया और अफ्रीका का पर्याप्त महत्त्व होना चाहिए और उनकी आवाज को प्रभावपूर्ण माना जाना चाहिए। भारत ने इनके देशों की मैत्री अर्जित करने के लिए इनके आर्थिक विकास में यथासम्भव सहयोग दिया और उनके हित एवं प्रभाव को बढ़ाने के प्रत्येक अवसर का लाभ उठाया। जब कभी भी एशिया के लोगों के हितों को ठेस पहुँचायी जाती रही है अथवा उनकी आवाज को दबाया गया है तो सम्पूर्ण ताकत के साथ इसका घोर विरोध किया। प्राचीन समय में भारतीय संस्कृति ने इन देशों को प्रभावित किया था। और स्वयं भी कई क्षेत्रों में इनसे प्रभावित हुआ था।

भारत शुरू से ही एशियाई देशों की प्रतिष्ठा बढ़ाने के लिए प्रयासरत रहा है लेकिन उसने कभी भी इस महाद्वीप को अन्य महाद्वीपों के लोगों से पूरी तरह अलग रखना न चाहा और न दूसरों की तुलना में अनावश्यक सर्वोच्चता प्रदान करने का पक्ष लिया। एशियाई देशों का लम्बे समय तक साम्राज्यवादियों द्वारा शोषण किया गया था इसलिए भारत एशियाई लोगों को अन्य महाद्वीपों के निवासियों की तरह प्रतिष्ठा व सम्मान दिलाना चाहता था।

भारत और संयुक्त राष्ट्रसंघ

संयुक्त राष्ट्रसंघ में भारत अटूट विश्वास रखता है। नेहरू ने एक बार कहा था कि "हम संयुक्त राष्ट्रसंघ के बिना आधुनिक संसार की कल्पना नहीं कर

सकते।" संयुक्त राष्ट्रसंघ में भारत का अटूट विश्वास है और उसकी यह नीति है कि दुनिया के अन्तर्राष्ट्रीय विवादों को सुलझाने में इस विश्व-संस्था का अधिकाधिक प्रयोग किया जाय। संयुक्त राष्ट्रसंघ के प्रति भारत के अटूट विश्वास का प्रबल प्रमाण भारत-पाकिस्तान युद्ध के समय सुरक्षा-परिषद् के युद्ध-विराम प्रस्तावों का भारत द्वारा तत्काल स्वीकृति है। इस काल में एक महीने के अन्दर सुरक्षा-परिषद् की तीन बैठकें हुईं और प्रस्ताव पारित हुए। इन प्रस्तावों को स्वीकार करने मे जहाँ आनाकानी की वहाँ भारत युद्ध में विजयी होते हुए भी के प्रस्तावों को सहर्ष स्वीकार कर लिया।

उपर्युक्त तथ्यों से यह साबित होता है कि भारत आरंभ से ही संयुक्त राष्ट्रसंघ का समर्थन किया है। इसी कारण वह 1966 के अन्त में दुबारा सुरक्षा-परिषद् का अस्थायी सदस्य चुना गया। विश्व राजनीति के क्षेत्र में यह उसकी एक बड़ी उपलब्धि मानी जायेगी। इस चुनाव के फलस्वरूप 1 जनवरी, 1967 को भारत से सुरक्षा-परिषद् में अपना स्थान लिया। 1968 के फरवरी अप्रैल में भारत ने नयी दिल्ली में 'अंकटाड' का द्वितीय सम्मेलन बुलाकर भी संघ के प्रति अपनी सत्यनिष्ठा से प्रदर्शित किया।